U0865059

21 世纪高职高专规划教材

高等职业教育规划教材编委会专家审定

电子信息类企业管理

李婷 主编

北京邮电大学出版社
www.buptpress.com

内容简介

本书紧密结合电子电器行业的特点，根据当前高等职业教育的实践性、专业性和职业性的需要，深入浅出地介绍了电子电器行业在国内外的发展现状；电子电器企业的安全生产管理、人力资源管理、生产设备管理和企业的资产构成；电子电器产品的质量检验、物流管理和市场营销等。

本书在编写中，采用由案例引出问题，再由案例结束的方式来分析每章的理论和基本原理，有利于提高学生分析问题和解决问题的能力，提高学生的学习兴趣，并在每章都安排有小贴士，增强了教材的可读性。

本书主要作为高等职业技术学院电子信息专业的教学用书，也可作为相关岗位培训用书。

图书在版编目(CIP)数据

电子信息类企业管理 / 李婷主编. -- 北京：北京邮电大学出版社，2017.8
ISBN 978-7-5635-5042-5

Ⅰ. ①电… Ⅱ. ①李… Ⅲ. ①电信企业—企业管理—高等职业教育—教材 Ⅳ. ①F626

中国版本图书馆 CIP 数据核字(2017)第 014060 号

书　　名：电子信息类企业管理
著作责任者：李　婷　主编
责 任 编 辑：张珊珊
出 版 发 行：北京邮电大学出版社
社　　址：北京市海淀区西土城路 10 号(邮编：100876)
发 行 部：电话：010-62282185　传真：010-62283578
E-mail：publish@bupt.edu.cn
经　　销：各地新华书店
印　　刷：保定市中画美凯印刷有限公司
开　　本：787 mm×1 092 mm　1/16
印　　张：18
字　　数：466 千字
版　　次：2017 年 8 月第 1 版　2017 年 8 月第 1 次印刷

ISBN 978-7-5635-5042-5　　定价：36.00 元

·如有印装质量问题，请与北京邮电大学出版社发行部联系·

前　　言

本书紧密结合电子电器行业的特点，根据当前高等职业教育的实践性、专业性和职业性的需要，深入浅出地介绍了：电信行业在国内外的发展现状；电子信息类企业的安全生产管理、人力资源管理、生产设备管理和企业的资产构成；电子电器产品的质量检验、物流管理和市场营销等。

本书在编写中采用由案例引出问题，再由案例结束的方式来分析每章的理论和基本原理，有利于提高学生分析问题和解决问题的能力，提高学生的学习兴趣，并在每章都安排有管理故事小贴士，增强了教材的可读性。

本教材贯彻了课题教学改革的成果，以行业需求、专业特色为宗旨，以体现当前高等职业教育的实践性、专业性和职业性为目的，重点突出电子信息行业的职业特色，让学生了解电子电器企业的生产运作模式、工种岗位设置、电子产品的营销与物流等专业职业常识，是符合电子信息行业需求、符合本专业人才培养目标的高等职业技术学校的电子信息专业教学用书。

本书由武汉职业技术学院李婷担任主编，她对本书的编写思想与大纲进行了总体策划，对全文进行统稿，并编写了第1章。武汉职业技术学院朱婷、姜薇、杨雁冰、蔡静和廖骏杰参与了本书的编写，其中朱婷编写了第3章和第4章，姜薇编写了第6章，杨雁冰编写了第2章，蔡静编写了第5章和第8章，廖骏杰编写了第7章。

由于作者水平有限，加之电子信息类企业管理技术的发展迅速，书中错误和不妥之处在所难免，恳请广大读者批评指正。

编　者

目　录

第1章　电子信息行业的定位

本章知识点

1. 电子信息类企业主产品、电子电器的定义及分类。
2. 电子信息类企业的行业分类。
3. 电子信息行业新发展。

导入案例：

现代洗衣机的发展经历了三个阶段：第一，“去污型”阶段，实现了从手洗到机洗的飞跃；第二，“智能型”阶段，实现了全自动洗衣；第三，“健康型”阶段，不仅去污、自动化程度高，而且还要对衣物进行消毒处理，彻底消除衣物上的有害残留物质。随着洗衣机在城市居民中的普及，人们再也不满足于简单的“能洗就行”的低层次功能，而是在洗净度、磨损情况、智能化、节水节能等方面提出了更新更高的要求。一些洗衣机生产厂家如海尔、TCL等纷纷推出各种健康型洗衣机，其中TCL一举推出了以“金变频”和“搓揉王”为代表的五大系列20款新品洗衣机，倡导健康洗衣的新概念。“金变频”系列洗衣机采用了五大成熟变频洗涤技术：变频健康洗涤程序、变频节水节能控制、变频智能模糊控制、变频静音、变频脱水程序，充分体现了变频科技的完美与成熟。

洗衣机尚且如此，那么其他电子产品又是什么发展趋势呢？电子信息类企业又应如何把握这些发展趋势呢？

1.1　电子产品的含义及分类

1.1.1　电子产品的概念

电子产品是指人们家庭日常生活中使用或类似条件下使用的电子和电气器具。所谓“类似条件”指的是如学校、医院、娱乐中心等以服务为主的场所。电子产品不仅能减轻和简化人们的家务劳动，丰富人们的家庭生活，为人们创造舒适的生活环境，提高人们的生活质量，而且也体现了现代文明，使人类社会由“工业社会”开始向更文明的“信息化社会”过渡。因此，电子产品越来越受到各个国家的重视。电子产品工业已经成为耐用消费品工业的重要组成部分，在整个社会发展中占有重要的地位。

1.1.2 电子产品的分类

目前，国际上对电子产品尚无统一的分类标准。许多国家由于历史的原因和习惯，有着自己的分类方法，常见的有以下几种。

1. 按能量转换方式分类

按能量转换方式分类是从学术研究及专业化生产角度常采用的分类方法。

(1) 电动器具

电动器具即能够将电能转化为机械能的器具，如电风扇、洗衣机、榨汁机、电动剃须刀、真空吸尘器等。

(2) 电热器具

电热器具即能够将电能转化为热能的器具，如传统的电饭煲、电热炉、电暖风器、电熨斗、电热炊具等。

(3) 制冷器具

制冷器具即能够将电能转化为制冷能量的器具，如冰箱、空调器、除湿机、制冷机、冷饮器等。

(4) 声像器具

声像器具即能够将电能转化为声音或图像的器具，这是一类以电子元件为基础的器具，一般称为电讯商品，它包括电声器具，如收音机、录放机、电唱机等；视像器具，如电视机、录像机、影碟机等。

(5) 照明器具

照明器具即能够将电能转化为光能的器具，如各类吊灯、台灯、壁灯、吸顶灯等。

2. 按用途分类

按用途分类是日本、韩国等国家的常用分类方法。

(1) 空调器具

空调器具包括调节室内温度和湿度，加速空气的流动或将室内浊气排到室外的电器器具，如空调器、换气扇、电风扇、除湿机等。

(2) 取暖器具

取暖器具包括提高房间及人体接触的物体温度的电器器具，如空间加热器、电热褥、电暖炉、暖脚器、电热油汀等。

(3) 清洁器具

清洁器具包括个人与环境卫生的清理与清洗用电器器具，如洗衣机、干洗机、熨衣机、真空吸尘器、擦鞋机、地板打蜡机、电热水器等。

(4) 厨房用具

厨房用具包括食物准备、食具清洗、食物制作、烹调用具等电器器具，如开罐器、果汁机、搅拌机、绞肉机、洗碗机、各类电热饮具等。

(5) 整容与保健器具

整容与保健器具包括个人容颜整饰和体育保健用的电器器具，如电热梳、电动牙刷、电动剃须刀、超声波洗脸器、电吹风、电按摩器等。

(6) 声像器具

声像器具包括电子音响及视像器具，如收音机、电视机、录放机、录像机等。

(7) 冷冻器具

冷冻器具包括以人工方法获得低温以存储食品的器具，如冰箱、冷冻机、冷柜等。

(8) 照明器具

照明器具包括室内各类照明及艺术装饰用的灯具，如吊灯、台灯、壁灯等。

(9) 通信器具

通信器具包括固定或移动传达声音、文字、图片等信息的通信终端设备，如电话机、传真机、手机、BP 机等。

(10) 办公器具

办公器具包括家庭或办公室使用的文字处理及通信联络设备，如计算机、复印机、打印机、碎纸机等。

(11) IT 电器

IT 电器包括传递和接收数字的各种终端设备，如计算机、扫描仪、MP3 播放机、投影仪、调制解调器等。

(12) 其他器具

其他器具凡不适合划归上述 11 类的家用电器，可归于此，如电动缝纫机、电动割草机、电动削笔刀、电钟等。

3. 根据我国信息产业部发布的电子产品分类标准分类

(1) 计算机类

计算机类包括个人电脑、服务器、打印机、显示器及其配套件、光磁盘驱动器及其关键部件、网络产品(路由器、调制解调器等)、多媒体设备、机房设备、计算机软件、办公自动化设备等。

(2) 消费电子电器类

消费电子电器类包括小家电、厨房设备、电视机、监视器、冰箱、冷柜、录像机、摄像机、照相机、电暖气、电风扇、吸尘器、影碟机、空调器、热水器、音响设备、录放机、专业音响设备、洗衣机、数字电视、摄录一体机、可抹可录小型数字唱机、家用数字音响设备及汽车电子信息产品等。

(3) 通信类

通信类包括蜂窝移动通信产品(手机、基站、程控交换机等)、卫星移动通信产品、无绳电话、无线本地环路；低损耗光纤光缆、光电端机、光电器件、光纤同轴混合接入设备及网控网管系统出口；有线通信终端设备、无线电基站设备、广播电视设备等。

(4) 基础元器件类

基础元器件类包括电容器、电阻/电位器、电连接元件、控制元件、磁性材料电感变压器、电声器件、频率控制和选择用元件、印制电路板、电子管、电子束管、光电子器件、电光源、半导体分立器件、集成电路、彩色显像管、平板显示器件、新型元器件、电子专用材料、设备、仪器等。

4. 按结构原理分类

这是传统家用电器的分类。

(1) 电子类器具

电子类器具包括收音机、录放机、收录机、扩音机、电唱机、组合音响、电视机、录音磁带及电子元器件等。

（2）电气类器具

电气类器具包括电风扇（台扇、吊扇、落地扇、壁扇）、排风扇、凉风扇、热风扇、空调器、冰箱、冷饮水器、冷藏柜、制冰机、电灶、电磁灶、真空吸尘器、地板打蜡机、擦玻璃机、取暖电炉、电热褥、电热水器、微波电灶、电烤箱、电饭煲、电水壶、电热水杯、洗衣机、电熨斗、电坐垫及电气器具维修元件等。

5．按行业的俗称（简称）分类

（1）黑家电

黑家电包括电视机、录放机、组合音响、影碟机、摄像机、照相机、脱排油烟机等以黑色外壳为主的电子电器产品。

（2）白家电

白家电包括冰箱、空调器、热水器、洗衣机等以白色外壳为主的电子电器产品。

（3）小家电

小家电包括微波炉、电饭煲、电水壶、电热水杯、电风扇、电熨斗等小件电子电器产品。

（4）网络家电

网络家电包括个人电脑、服务器、打印机、显示器及其配套件、光磁盘驱动器及其关键部件、扫描仪等信息产品。

（5）通信家电

通信家电包括手机、寻呼机、无绳电话等移动通信产品。

随着电子电器的不断发展，新颖的产品将更多更快地问世，上述分类必将不断充实和完善。

1.2　电子信息类企业的行业分类

根据我国电子信息产业部发布的电子信息产业行业分类标准，电子信息类企业大致可分为以下几种。

1．雷达工业行业

（1）雷达整机制造企业

雷达整机制造企业指雷达整机产品的制造。包括战术导弹配套产品、地面雷达、机载雷达、舰载雷达等。

（2）雷达专用配套设备及部件制造企业

雷达专用配套设备及部件制造企业指为雷达整机产品配套的专用设备及部件产品。包括二次雷达应答机、高度表、指挥仪、雷达侦察干扰设备、敌我识别器、雷达装备配套产品、指挥仪装备配套产品、雷达车厢、雷达天线、雷达用油机、雷达维护备件。

2．通信设备工业行业

（1）通信传输设备制造企业

通信传输设备制造企业指有线或无线通信传输设备的制造。包括通信发射机、通信接收机、微波通信设备、卫星应用产品、散射通信设备、通信导航定向设备、载波通信设备、光通信设备。

(2) 通信交换设备制造企业

通信交换设备制造企业指实现电路(信息)交换或接口功能设备的制造。包括模拟电话交换设备、数字程控电话交换设备、IP 电话信号转换设备、数字移动通信交换设备、电报交换设备、综合业务数字交换设备、数据交换、光通信交换设备;网管、监控设备;无线接入设备、电缆线接入设备、光纤接入设备等。

(3) 通信终端设备制造企业

通信终端设备制造企业指电台、有线电话单机、数据通信设备、通信电子对抗设备、通信导航设备等各种有线通信终端接收设备的制造。包括收发合一中小型电台、电话单机(普通、录音、可视、IC 卡、投币等)、数据通信设备(传真机、数传机、数字分组交换机)、通信电子对抗设备(侦察、测向、干扰、保密等设备)、通信导航车辆(无线通信车、有线通信车、通信对抗车)、通信配套产品等。

(4) 移动通信设备制造企业

移动通信设备制造企业指移动通信设备的制造企业。包括蜂窝移动通信设备、无线寻呼设备、集群移动通信设备、中小自动无线电电话系统设备、无中心选址通信系统设备、移动通信基站。

(5) 移动通信终端制造企业

移动通信终端制造企业包括手持(包括车载)无线电话机、无线寻呼机、对讲机、小灵通等产品。

(6) 通信设备修理及其他通信设备制造企业

通信设备修理及其他通信设备制造企业包括通信设备的修理和其他通信设备(通信用调制解调器、配线分线设备等产品)。

3. 广播电视设备工业行业

(1) 广播电视发射、传输、接收设备制造企业

广播电视发射、传输、接收设备制造企业指广播电视发射、传输、接收设备及器材的制造。包括广播发射设备:中波、短波、调频等发射机;电视发射、差转配套设备:电视发射机、电视差转机、数字电视发射机、电视发射、差转配套设备等;电视接收设备:投影电视机、视像监视机、视像投影机;广播接收设备:电子管广播接收设备、机动车辆用广播接收设备、广播模拟电视接收装置。

(2) 广播电视制作及播控设备制造企业

广播电视制作及播控设备制造企业指广播电视节目及专业用录音录像重放、音响设备及其配套的广播电视设备等产品的制造。包括音频节目制作和播控设备:广播专用录音放音设备、调音台、监听机(组)等;视频节目制作和播控设备:电视录制和播出中心设备、新闻采访设备、专业录像机、专业摄录一体机、录像编辑设备、专业电视摄像设备和信号源设备、视频信息处理设备、电视信号同步设备、电视图文创作系统设备等;专业录音和录像及重放设备:音频功率放大设备、录音转播机、电唱机、语音语言实验室设备;录像或重放像设备:电视光盘重放设备、磁带型录像机、摄像机编码器等;音响设备配件或附件:音频电子放大器、拾音器、磁头、传声器(话筒)及其支架、麦克风、扬声器、头戴受话机、耳塞机及组合式成套话筒-扬声器等;电缆

电视分配电视系统设备、有线电视配套设备；船用卫星电视单收站；所有类型的天线、天线发射器和天线转子。

(3) 应用电视设备及其他广播电视设备制造企业

应用电视设备及其他广播电视设备制造企业指应用电视设备、其他电视设备和器材的制造，以及对广播电视专用设备的修理。包括应用电视设备：通用应用电视设备、特殊环境应用电视监视设备、特殊功能应用电视设备、特种功能应用电视设备、特种成像应用电视设备等；应用电视设备器材；其他广播电视设备：立体电视设备、多工广播设备、大屏幕彩色显示系统；对广播电视专用设备的修理活动。

4. 电子计算机工业行业

(1) 电子计算机整机制造企业

电子计算机整机制造企业指可进行算术运算或逻辑运算，包括中央处理机，并配有输入、输出装置和存储功能及其他外围设备的成套数字系统装置的制造(包括来件组装电子计算机的加工活动)。包括大中小型计算机及工作站：大中型计算机、小型计算机、工作站等；微型计算机：台式个人电脑、IA 架构服务器、工控机、便携式微型计算机(笔记本式计算机、掌上型电脑)、学习机、个人数字处理(PDA、电子快译通、电子记事本、电子词典)。

(2) 计算机网络设备制造企业

计算机网络设备制造企业指建立某一计算机系统网络所需各种相关设备或装置的制造。包括网络控制设备：通信控制处理机、集中器、终端控制器等；网络接口和适配器：网络收发器、网络转发器、网络分配器、以太网络交换器等；网络连接设备：集线器、网卡、网桥、路由器等；网络检测设备：协议分析器、协议测试设备、差错检测设备等。

(3) 电子计算机外部设备制造企业

电子计算机外部设备制造企业指电子计算机外部设备产品的制造。包括终端显示设备：字符显示终端、图形显示终端、显示器(单色、彩色、平板等)；输入设备：一般输入设备、识别输入设备、图形图像输入设备、语音输入设备、数据制备设备；输出装置：打印设备、图形图像输出设备、语音输出设备；半导体存储器；外存储设备：磁带机、软磁盘机、硬磁盘机、光盘机等；其他计算机外部设备及装置。

(4) 电子计算机配套产品及耗材制造企业

电子计算机配套产品及耗材制造企业指为计算机整机服务的配套产品及耗材制造。包括微型板卡：微机主机板、内存条、声卡、显卡、网卡、其他功能卡和接口卡；电源：开关电源、UPS 电源等；其他配套产品及耗材：机箱、硬盘片、软盘片、光盘、打印头、磁卡、墨盒、IC 卡等。

(5) 电子计算机应用产品制造企业

电子计算机应用产品制造企业指应用计算机技术推广应用的产品制造。包括：电子出版系统，如精密照排系统、轻印刷系统；计算机辅助教学系统；计算器及货币专用设备；金融计算机应用产品，如点钞机、清分机、复点机、自动存款机、银行自助终端等；投影设备等；其他应用产品：加油机税控计量器、电话计费器等产品。

5. 软件产业行业

(1) 软件产品企业

软件产品企业指从事各种软件产品设计、开发、测试及推广应用的业务活动。包括：系统软件:操作系统、数据库系统等;支撑软件:中间件、网络及通信管理软件、安全保密软件、语言及工具软件及平台等;应用软件:通用软件、各行业应用软件、文字语言处理软件等;嵌入式软件。

(2) 系统集成制造企业

系统集成制造企业指用应用软件将软(硬)件组成的面向实际应用的进程与结果。

(3) 软件信息服务企业

软件信息服务企业包括:应用软件系统集成服务,软件发散传播服务,软件维护、培训、咨询服务等。

6. 家用视听设备工业行业

(1) 电视机制造企业

电视机制造企业指家用电视机整机产品的制造。包括:黑白电视机、彩色电视机、背投电视机及等离子电视机等。

(2) 摄像机、录像机、激光视盘机制造企业

摄像机、录像机、激光视盘机制造企业指家用摄像机、录像机、激光视盘机整机产品的制造。包括:录放像机、放像机、家用摄录一体机、数字激光音、视盘机等。

(3) 家用音响电子设备制造企业

家用音响电子设备制造企业指家用无线电收音机、收录音机、唱机等家用整机设备的制造。包括:收音机、收录放机、组合音响、CD机、MP3、家用功率放大器等产品;汽车音响设备等产品。

(4) 其他家用电子电器及家用电子电器配套件制造企业

其他家用电子电器及家用电子电器配套件制造企业指其他家用电子电器产品及为整机配套的主要配套件产品的制造。包括:其他家用电子电器产品,如电子琴、电子游戏机、洗衣机、电冰箱、空调器、电风扇、微波炉、电磁灶、电子钟等;家用电子电器整机用配套件,如调谐器、行输出变压器、偏转线圈、录音录像机芯、磁头、光学头、天线、磁带、音像片、录音录像磁鼓及VCD、DVD开关电源等产品。

7. 电子测量仪器工业行业

(1) 电子测量仪器制造企业

电子测量仪器制造企业指用电子技术实现对被测对象(电子产品)的电参数定量检测装置的制造。

包括:频率测量仪器、电压测量仪器、示波器、器件参数测量仪器、元件参数测量仪器、脉冲测量仪器、扫描频谱波形分析仪器、微波测量仪器、通信测量仪器、广播电视测量仪器、超低频测量仪器、声学测量仪器、干扰场强测量仪器、稳压电源、记录显示仪、信号源功率计及其他测量仪器等产品。

(2) 医疗电子仪器及设备制造企业

医疗电子仪器及设备制造企业指用于医疗专用诊断、监护、治疗等方面的电子仪器及设备的制造。

包括:医用电子仪器设备、医用超声仪器、医用激光仪器及设备、医用生化分析仪器、医用高频微波射线核素仪器、中医用仪器及其他医疗电子仪器等产品。

(3) 汽车用电子仪器制造企业

汽车用电子仪器制造企业指汽车制造方面应用的各种电子信息产业产品。

包括:转数器、速度测量仪表及加速度计;生产产量计数器;出租汽车计价器、里程记录器、

汽车电脑报站器；计步器、频闪观测仪及类似计量仪表；速度指示器及转速计、闪光仪等；汽车定位系统。

(4) 应用电子仪器制造企业

应用电子仪器制造企业指用于国民经济各部门产品制造或工作中应用的电子仪器及各种专用电表等产品的制造。

包括：农业、工业、文教等部门的电子应用仪器及其他仪器等产品；环境监测、导航、气象、海洋、地质勘探、地震、核子及核辐射等专用测量仪器；电子电表：直流(交流)电流电压表、热电式高频电流表、功率表和电平表等产品；电子专用表：特殊用途电表、IC卡智能电(水、煤气、热能)表。

8. 电子工业专用设备工业行业

(1) 电子工业专用设备制造企业

电子工业专用设备制造企业指生产半导体器件、集成电路、电子元件、电真空器件以及电子设备整机装配专用设备的制造。

包括：半导体器件及集成电路专用设备，如材料加工、制版、光刻和图形加工、烧结扩散和掺杂、外延镀膜溅射和生长、中测焊接组装和封装等设备；真空电子器件专用设备，如显像管、电光源等设备；电子元件专用设备，如电阻、电位器、电容器、陶瓷元件、磁性材料及元件、敏感元件等片式(传统组容)生产设备；LED、LCD、DDP、VFD等生产设备；电子实验设备，如力学实验、气候环境试验、可靠性试验等设备，如电子净化设备：空气净化、过滤设备；水纯化设备；净化检测等设备；电子整机装联设备，如自动插片机、自动贴片机、装配生产线、波峰焊接、再流焊接等设备；电子通用设备，如真空获得、超声波、精密焊接、干燥、空调、塑料加工、电加工、压力加工等设备。

(2) 电子工业模具及齿轮制造企业

电子工业模具及齿轮制造企业指电子工业用金属、橡胶、塑料等材料模具的制造。

包括：各种材料的模具、模架及模具标准件；各种气动、电动、焊接等工具。

(3) 其他电子设备制造企业

其他电子设备制造企业包括电子计算机自动控制的工业机器人，如智能机器人等。

9. 电子元件工业行业

(1) 电子元件及组件制造企业

电子元件及组件制造企业包括电容器：纸介、薄膜、瓷介、双电层、云母、玻璃釉、铝电解、钽电解、铌电解等固定、可变、真空电容器；电阻、电位器，如固定、敏感、可变等电阻器及电位器；电连接元件，如低频、射频、光纤光缆等连接器及开关、管座(插入式)等产品；控制元件，如继电器、斩波器等；磁性材料及变压器，如金属软磁元件、铁氧体软磁元件、铁氧体永磁元件、永磁合金、电感器、微波器件、电阻变压器、线圈等；电声器件，如通信电传声器、传声器、扬声器、扬声器单元音箱、音柱、耳机、拾音器、蜂鸣器、蜂鸣片等；频率控制和选择用元件，如压电陶瓷及超声元件、压电石英晶体元器件；其他元件及零件，如电子陶瓷零件、面板元件、减震器、硒堆、硒片、紧固件及电声器件零部件。

(2) 电子印刷电路板制造企业

电子印刷电路板制造企业指在绝缘板上通过常规或非常规的印刷工艺，使导电元件、触点或电感器件、电阻器和电容器等其他印刷元件组成的电路及专用元件的制造。包括：单面、双面、多层、挠性、刚-挠结合、碳膜等印刷电路板。

(3) 电子敏感元件及传感器企业

电子敏感元件及传感器企业包括：力敏元器件、电压敏感电阻器、光敏元器件、温度敏元器件、磁敏感元器件、湿敏感元器件、气敏元器件、离子敏感器件、声敏感器件、射线敏感器件、生物敏感器件、静电感器件等。

(4) 电子塑料零件制造企业

电子塑料零件制造企业指为各种电子整机产品及电子元器件配套用塑料零件。

10. 电子器件工业行业

(1) 电子真空器件制造企业

电子真空器件制造企业指电子热离子管、冷阴极管或光电阴极管及其他真空电子器件，以及电子管零件的制造。包括：电子管，如收讯放大管、锁式管、发射管、超高频管、稳定管等产品；电子束管，如黑白显像管、彩色显像管及其他电子束管、离子管、射线管、X 光管、真空开关管及配件等；点光源，如高压钠灯、卤素灯、汽车用等、日光灯、节能灯等。

(2) 光电子器件及其他电子器件制造企业

光电子器件及其他电子器件制造企业指光电子器件、显示器件和组件，以及其他未列明的电子器件的制造。包括：电子束光电子器件，如光电广、光电倍增管、X 射线图像增强管、电子倍管、摄像管、光电图像器件等；电真空光电子器件，如显示器件、发光器件、光敏器件、光电耦合器件、红外器件等；半导体光电器件，如光电转换器、光电探测器等；激光器件，如气体激光器件、半导体激光器件、固体激光器件、静电感应器件等；光通信电路及其他器件。

(3) 半导体分立器件制造企业

半导体分立器件制造企业包括：半导体二极管、半导体三极管、特种器件、电力半导体器件等。

(4) 集成电路制造企业

集成电路制造企业指单片集成电路、混合式集成电路和组装好的模压组件、微型组件或类似组件的制造。

包括：双极数字电路、MOS 数字电路、接口电路、线性电路、电源电路、专用电路、存储器、微波集成电路、其他电路及集成电路芯片。

11. 电子信息机电产品工业行业

(1) 电子微电机制造企业

电子微电机制造企业指自动化系统中一种主要用于传递和交换信号等方面的元件，即电子信息产品用控制微电机的制造。包括：驱动微电机，如异步电动机、同步电动机、直流电动机、直线电动机、冷却用小型电机、平面无刷电动机等；控制微电机，如自整角机、旋转变压器、感应移相器及同步器、伺服电动机、测速发电机、步进电机、力矩电机等；专用微特电机，如传真机、电传机、唱机、激光视盘机、计算机、复印机、录像机、录音机等整机产品用电机及手机、BP 机用微型振动马达；电源电机，如手摇发电机组、变频变流电机等；其他电机，如洗衣机、电风扇、压缩机等家电产品用电机。

(2) 电子电线电缆制造企业

电子电线电缆制造企业指在通信传送，声音、文字、图像等信息传播，以及其他弱电传送等方面使用的电子电线电缆的制造。包括：安装线缆，如安装线、安装电缆、带状电缆，电话机、计算机用弹簧绳，电源插头线等；射频电缆，如 CATV 用同轴电缆、皱纹外导体射频电缆、通用射频电缆等；综合电缆；通信及电子网络用电缆，如军用通信电缆、电话通信电缆、井下及隧道用监控和通信电缆、计算机网络用电缆;电子元器件引线,如裸铜线、铜包钢线、微细漆包线、纱包线和绕包线及其他电子线材。

(3) 光导纤维电缆制造企业

光导纤维电缆制造企业指将电的信号变成光的信号,进行声音、文字、图像等信息传输的光导纤维电缆的制造。包括:光纤、光缆,如单模光纤、多模光纤、特种光纤及光缆等;光导纤维电缆附件,如光纤光缆连接器、光纤光缆密头、光纤光缆终端分线盒等。

(4) 电池制造企业

电池制造企业指以正极活性材料、负极活性材料,配合电介质,以密封式结构制成的,并具有一定公称电压和额定容量的化学电源的制造。包括一次性、不可充电和二次可充电,重复使用的干电池、蓄电池,以及利用氢与氧的合成转换成电能的装置,即燃料电池和利用太阳光转换成电能的太阳能电池的制造。包括:碱性蓄电池,如锌银、铁镍、圆柱形密封镉镍、扣式镉镍、非密封镉镍、镍氢及其他碱性蓄电池;酸性蓄电池,如密封、非密封铅酸电池;锂蓄电池,如液体、聚合物锂离子蓄电池及其他锂蓄电池等;原电池,如锌锰干电池、碱性锌锰电池、锌空电池、锌锰扣式电池、锌银扣式电池、锌汞电池等;储备电池,如银激活电池、热电池、铅激活电池、镁储备电池等;物理电池:硅太阳能电池、其他太阳能、温差发电器等;物理-化学电源能电源系统;蓄电池充电器;电池专用配件。

12. 电子信息产品专用材料工业行业

(1) 电子元件材料制造企业

电子元件材料制造企业包括:纸绝缘板、纸基敷铜板、玻璃布基敷铜板、电子光学玻璃、专用钢丝、电解二氧化锰粉、电容器用铝箔材料等。

(2) 电真空材料制造企业

电真空材料制造企业包括:钨制品、钼制品、镍基合金、复合金属电子材料、触头材料、电真空器件用玻璃、合金材料及其他电真空材料。

(3) 半导体材料制造企业

半导体材料制造企业包括:半导体单晶、压电材料、半导体外延片、光刻板、石英制品、液晶材料、金丝、硅铝丝、铜箔、塑封料。

(4) 信息化学品材料制造企业

信息化学品材料制造企业包括:荧光粉、碳酸盐、消气剂、光刻胶等。

1.3 电子信息行业新发展

1.3.1 电子电器产业现状

电子电器产业发展的历史比较短。尽管一般认为,1879 年实用电灯的出现标志着电子电器时代的开始,但实际是在 1900 年前后,电熨斗的大量生产并投放市场以后,才真正为电子电器的广泛使用开拓了广阔道路。此后,真空吸尘器、面包烤炉、洗衣机、冰箱等相继问世,到 20 世纪 20 年代,电子电器产业首先在美国形成并迅速发展起来。世界电子电器产业发展至今可以划分为三个阶段:第一阶段以第二次工业革命为契机,从发展照明业开始,逐步生产收音机、电视机、冰箱、洗衣机等,直至开始建立电信系统;第二阶段从1945年开始,家用电器类产品开始普及,消费类电子产品逐步兴起;第三阶段从20世纪70年代开始,小家电开始进入消费者家庭,一些具有个性化、携带方便的电子产品受到消费者的青睐。

世界电子电器的生产主要集中在北美、亚洲和欧洲,全球83%的电子电器产品由这三个地区生产。其中,北美80%的产量集中在美国以及美墨边境;欧洲则以意大利为制造中心;东欧以其廉价的劳动力和接近西欧市场两大优势日渐兴起;亚洲市场潜力巨大,当地劳动力价格低廉,成为21世纪最大的电子电器生产基地。电子电器产品由于体积较大以及区域贸易壁垒的缘故,就地生产多而出口规模小。消费类电子产品中,附加值高的产品由日本以及欧洲厂商占据;韩国以低价位的产品进入市场;新兴工业国家生产一些成熟期的产品;中国则成为世界各大家电厂家降低成本和抢占市场的焦点。

我国电子电器产业的发展历史较短。20世纪50年代才能独立生产收音机,50年代末至60年代初开始试制电视机。电子电器产品真正起步于70年代末,当时主要是靠引进发达国家的产品,但发展速度很快。在发达国家,电子电器的发展过程从导入期进入成长期要10年左右的时间,而我国只用了3年。80年代初期,各地政府部门和企业受高额利润和巨大市场需求的推动,集中引进了大批生产线,使电子电器的生产得到了迅速的发展,特别是在1986—1995年的10年间,我国电子电器工业总产值年增长率达32%以上。1996年,我国主要电子电器产品产量已进入世界前列,如冰箱、洗衣机、电熨斗、电风扇、电饭锅产量居世界首位,空调器和电视机的产量也已进入世界前列。1998年,我国电子电器工业销售额达到了1 320亿元,约占世界总量的7%,仅次于美国、日本,居世界第三位。自20世纪80年代以来,电子电器工业已成为我国国民经济中的重要支柱,并且形成了一个庞大的工业体系,我国也跻入了电子电器生产大国的行列。

20世纪90年代以来,随着市场竞争的日益加剧,电子电器行业进入产业结构整合阶段。在国家、地方产业政策的扶持和市场内需要求的推动下,我国电子电器行业逐步从前期多而松散的企业结构向大型企业集团的方向迈进。目前,我国电子电器行业已形成了一批能够主导市场,具有知名品牌和较高营销水平的企业集团。1998年,中国电子电器行业有18家企业销售收入超过10亿美元,有6家企业出口超过5 000万美元。科龙、海尔、新飞、美菱的冰箱,海尔、小天鹅、荣事达的洗衣机,格力、春兰、海尔、美的的空调器,格兰仕的微波炉产量都超过百万台。我国电子电器行业基本上形成了规模经济,并已开始进入产业升级的结构整合阶段。一些有实力的大企业集团通过资产重组、联合兼并、多元化经营,其经营优势和品牌优势得到了充分发挥。不少企业已从单一的产品扩大到多品种。白色家电和黑色家电有交叉也有结合,许多综合型大公司正在发展形成。在国际市场的开拓方面,近几年我国电子电器产品出口以每年20%左右的速度持续发展。1998年,我国的外贸出口虽然受到了东南亚金融危机的影响,但电子电器产品的出口却在困境中保持了较高的增长速度,1998年,我国外贸出口同比增长了0.5%,而电子电器行业全年出口同比增长了9.3%。1999年,电子电器进出口持续稳定增长,全年电子电器进出口总额57.15亿美元,比1998年净增加10.62亿美元,增长22.82%。其中出口43.19亿美元,比1998年净增加7.45亿美元,增长20.84%。

回顾全球电子电器产业,经历了一百多年的发展,逐渐呈现以下特点:从产业结构上看,首先，电子电器产业是一个高度竞争的产业，电子电器厂商一般追求规模经济，努力通过扩大规模降低生产成本；其次，电子电器产业是一个高资本投入的产业，由于投入高，大家电行业的新进入者减少；再次，随着全球经济一体化进程的加快，电子电器产业的竞争逐步打破国与国之间的界限，大的电子电器厂商在全球范围内进行生产以及市场的战略部署，企业之间的竞争已由过去的国内企业之间的竞争演变为跨国集团之间的较量；最后，国际范围内电子电器产业的资产重组步伐日益加快。从产销结构上看，电子电器产业由过去的产量不足发展到过度生产；产品由量的提升发展到质的提升；企业由过去的单一品牌发展到多品牌以及副品牌；由完全自行生产发展到由其他企业代为生产；由企业间的技术合作发展到战略联盟；由原来的生产导向发展到营销导向。

1.3.2 电子电器产业发展趋势

1. 技术因素越来越显示出重要地位

电子电器产品的技术总体发展目标是功能智慧化、系统化。电子电器的技术发展应遵循社会生活的发展趋势，朝着安全、健康、快捷便利、经济效率等方向迈进。在设计方向上，广泛采用模糊控制，力争达到功能多样化、操作简单化的效果。消费电子类产品的技术发展趋势是大量应用数字技术，整体朝着 3C(指计算机 Computer、通信 Communication、消费类电子产品 Consumer Electronics)整合的目标迈进。由于数字技术的飞速发展及广泛应用，消费电子类产品、计算机以及通信产品出现相互融合的趋势，技术上的融合导致了产品功能的融合，产品的融合导致了家电厂商、计算机厂商以及通信产品生产厂商纷纷染指 3C 的相关领域。目前，这一趋势正成为全球电子产业的发展潮流，全球电子电器厂商将在此展开新一轮竞争。电子电器产品的技术创新主要体现为“六化”：

健康化——进入 21 世纪，健康消费成为电子电器产品创新的主流之一。从冰箱到洗衣机，从空气净化器到彩电，从微波炉到电风扇，绿色、环保成为各家争相高举的一面大旗。抗菌冰箱、无氟冰箱、全能冰箱的出现，健康分洗洗衣机的问世，保健电风扇的畅销，绿色空调器的盛行，环保彩电的诞生等，都表明电子电器产品的健康化已成为时尚。

节能化——随着消费者节能意识的不断增强，高能耗的电子电器已不再能满足人们全方位的需求。生产企业为了赢得市场，在全面提升整体品质的同时，开发生产节能产品已是大势所趋。如改造后的炉灶比传统产品节能达 30％以上；智能化电烤箱把以前需要 7 min 左右的烹饪时间缩短到 2.5 min 左右；冰箱业的海尔、长岭、新飞、容声、荣事达纷纷打出节能牌，节能型产品已经成为当前电子电器市场新的产销热点。

简单化——随着人们工作、生活的快节奏化，电子电器产品的操作简单、方便越来越受到消费者的关注。人们不仅要求买回家的电器质量有保证、经济实用，而且希望操作简单、方便。操作简单化已成为电子电器开拓市场的有效武器，如荣事达推出多种型号的微型计算机模糊控制全自动洗衣机，承诺用户“只需轻轻一按”；家庭影院产品则普遍运用数字影音技术，实现“一个手指控制各种功能”；许多厂家的变频空调器则拟定以室温调节功率，实现恒温效果，省去了用户人工调节的麻烦。诸如“傻瓜”相机、“模糊”洗衣机、“智能”空调器一类的新产品得以风靡全球，正是顺应了这一趋势。

多能化——伴随着消费者心理日趋成熟，人们在购买电子电器时越来越注重产品功能的多样性和实用性。功能化设计被各电子电器企业日渐重视，如最近出现的软驱计算机VCD即是一例，这种新型VCD集多种功能于一体，在功能化设计上迈进了一步。市场上流行的分洗洗衣机更因其可同时实现多种洗涤功能而备受消费者青睐。此外，随着智能化冰箱、数字彩电、数字变频空调器、模糊控制全自动洗衣机、多媒体电脑、电视、彩电机顶盒的诞生等也纷纷在功能化设计方面不断翻新。

迷你化——便于消费者随身携带的迷你型电子电器产品日益受宠，如移动电话越来越小、越来越轻。1999年日本松下电器公司开发的一款MD迷你唱机加上充电电池总质量也只有94 g，是世界上最小最轻的MD机，该机零件组装技术也进行了改良，实现了微型化；夏普2001年7月推出世界上最薄的笔记本式计算机，厚度仅为16.6 mm，质量为1.31 kg；日本的NTT公司新上市质量最轻的彩显手机只有59 g。

情感化、趣味化——人性化、个性化的设计将打破电子电器产品传统的功能和外形。“我们周围的高技术越多，就越需要人的情感”。未来学家约翰·奈斯比特在《大趋势——改变我们生活的十个新方向》一书中如此认为，随着技术无孔不入的侵袭，人们对高技术的要求就是发展出一种非常个性化的系统，对技术的非人性加以补偿。如曾经风靡全球的“电子宠物”就是人性化设计的成功一例。彩色冰箱、个性化设计的计算机开始赢得消费者青睐。

2. 生产重心转向消费电子领域以及信息领域，而逐步淡出传统的家电业

世界性家电生产基地逐步由发达国家向发展中国家转移，中国和东南亚国家成为家电产业转移的主要承接地。

3. 大家电产品升级换代，小家电产品急速开发

20世纪80年代以来，世界家电工业飞速发展，并形成了一个庞大的工业体系。洗衣机、电风扇、冰箱、电视机等大中型家用电器在国际市场上已趋于饱和，在我国的城镇中也已接近饱和。因此，世界上一些主要家电生产国一方面加快大家电产品升级换代的研制工作，另一方面转向开发小家电产品。比如国际上继现在的彩色电视机后，正在向数字化及高清晰度电视(HDTV)方向发展。1988年年底，汉城奥运会HDTV已首次试播成功。现在，国际上的家电产品已进入了微型计算机、传感器控制和智能模糊逻辑控制的新时代，所有大、小家电将实行全自动集中程序控制。1987年5月，在第38届国际家电技术会议(IATC)上，著名美国学者雷诺德提出：国际家电市场曾先后出现过四次冲击波。第一次发生于20世纪50年代，冲击产品是收音机、黑白电视机、冰箱、洗衣机；第二次在60年代，冲击产品是空调器、彩色电视机；第三次发生在70年代，冲击产品是录像机、微波炉；第四次发生于80年代，冲击产品是小家电。可以肯定，从20世纪80年代一直到21世纪，小家电的生产与需求都将呈持续上升的趋势。根据美国家用电器协会(AHAM)公布的数字，1984年西欧15国平均每人每年用于购买小家电产品的金额达到10.15美元，美国1970年小家电销售额为19.22亿美元，而1986年剧增至55.95亿美元，平均每个家庭花63美元购买小家电。近几年小家电产值已占家用电器产值的1/3以上，有的国家已超过了一半，如日本小家电与大家电的产值比达2∶3，法国为4.5∶5.5，美国为3∶7。尽管如此，小家电的产量与需求量仍然呈上升趋势。我国目前小家电与大家电的市场销售额之比仅为1∶9左右，要跟上世界家用电器工业的发展趋势，克服“重大轻小”，树立“小家电大市场”的观念，应积极开发小家电产品。

4. 农村电子电器市场的前景广阔

由于我国农业人口众多，有9亿多消费对象，而且目前农村地区的电子电器普及率较低，再加上近几年农村经济的飞速发展，决定了农村市场具有巨大的潜力。因此，我国电子电器产品的生产与经营不能老把眼光盯住城市市场，而应该大力发掘农村市场。

5. 价格竞争仍将十分激烈

随着WTO的加入，全球经济一体化和区域经济集团化已成为世界经济发展的一种趋势，在这样的市场背景下，电子电器企业出于自身生存和企业发展需要，将自觉地运用价格这种手段来推动行业的重组，扩展市场的份额。降价狂潮已在彩电、微波炉、空调器市场铺开。

管理小故事

袋鼠与笼子

一天动物园管理员发现袋鼠从笼子里跑出来了，于是开会讨论，一致认为是笼子的高度过低，所以他们决定将笼子的高度由原来的10米加高到20米，结果第二天他们发现袋鼠还是跑到外面来，所以他们又决定再将高度加高到30米。没想到隔天居然又看到袋鼠全跑到外面，于是管理员们大为紧张，决定一不做二不休，将笼子的高度加高到100米。

一天长颈鹿和几只袋鼠们在闲聊。"你们看，这些人会不会再继续加高你们的笼子？"长颈鹿问，"很难说。"袋鼠说，"如果他们再继续忘记关门的话！"

管理心得：

事有"本末""轻重""缓急"，关门是本，加高笼子是末，舍本而逐末，当然就不得要领了。管理是什么？管理就是先分析事情的主要矛盾，认清事情的"本末""轻重""缓急"，然后从重要的方面下手。

案例分析

用洋葱替代胡萝卜的尴尬！

一家制药业的巨无霸刚刚获得了一项评审极其严格的质量产品奖。广大的员工废寝忘食，牺牲了个人的正常生活，通过半年多的努力，最终赢得了这个奖项。当宣读获得这个奖项的人员及公司的名称的时候，大家都兴奋不已。公司领导很快就召集全体员工开庆祝会。这之前他们先召开了会议，会议并没有宣布嘉奖事宜。然后，他们把员工召集到自助餐厅开庆祝会，由总裁表达对每位员工的感谢，宣布这个奖项对公司的意义。他总结性地说道："为了庆祝这次巨大的成功，大家都会得到一份很有意义的礼物。"此时，从后面传来一句："现在就发吧！"大家都笑了，那时大家的心情就像过节一样。CEO点了点头，示意公关部经理揭开了罩在神秘礼物上的帷幕。啊！竟是由无数塑料杯子搭建起的金字塔造型。会场上先是死一般的寂静，接着爆发出震耳欲聋的喊声。员工们几乎被这个场面所震晕，就像他们看到的是一个巨大的发了霉的圣诞水果蛋糕一样。

后来，大家排着队，陆续领走了自己的杯子。在员工们摇着头、苦笑着领走奖品时，可怜的CEO好像只剩下最后一点呼吸了。随后的几个星期里，杯子就成了公司里新的(令人嘲讽和挖苦的)质量的象征品了。

问题:

1. 请点评一下这家制药厂 CEO 的做法。
2. 请谈谈你对这家制药厂 CEO 做法的启示。你有什么好的见解?

本章思考题

1. 常见的电子电器产品分为哪几类?
2. 电子电器行业分为哪几类?
3. 选择你熟悉的一种电子电器产品,试分析其发展现状和未来发展趋势?

第2章　电子信息类企业安全生产管理

本章知识点

1. 电子信息类企业生产管理概述、生产过程空间组织和时间组织。
2. 电子信息类企业生产经营模式。
3. 电子信息类企业工艺流程技术介绍。
4. 电子信息类企业安全生产常识。

导入案例：

无论是市场份额还是利润，戴尔公司都已成为PC行业的佼佼者，成为PC行业增长最快的计算机公司。那么，戴尔公司的成功之道是什么呢？首先，这要归功于戴尔公司的直销模式。戴尔公司把PC直接销售给顾客，省略了不必要且没有效率的中间商，节省了大量消耗在中间商身上的成本。在最初几年中，戴尔公司的PC订单是通过邮箱接受的，现在戴尔公司已经在互联网上接受订单了。其次，借助于信息技术，戴尔公司采用根据顾客的要求定制PC的生产方式，只要3～5天的时间就可以完成从接受顾客订单到PC送入顾客手中的全部过程；此外，其价格相对合理，为顾客提供了高性能价格比的超值PC产品。戴尔公司成功之道的范例可以帮助我们更好地理解运营战略的理念、企业生产管理模式新思维和新概念。

在21世纪，全球经济突飞猛进的发展，当今市场竞争越来越激烈，为什么有一些企业能站稳脚跟，逐渐壮大，成为上市企业、行业领头兵，而又有许多新型企业纷纷进入衰落期。从生产、制造、销售为一体的经营模式来分析企业的命运沉浮之道，存在很多种因素，但是最关键的因素就是搞好企业生产管理。对于生产型企业来说，企业生产管理是生产型企业管理的最核心、最重要的环节。因为生产管理直接影响企业产品的质量、数量、价格、交期，而这四大方面正是关系到客户满意度的重要因素。此外，有效的生产管理实现对生产要素的优化组合与合理配置，可以减少资源消耗，促进环保，从而提高生产型企业的社会效益。总而言之，科学的企业生产管理，是生产型企业提高经济效益和社会效益的重要保证。

本章主要介绍企业生产管理概述、生产过程空间组织和时间组织、电子信息类企业生产经营模式、电子信息类企业工艺流程技术、电子电器企业安全生产常识等方面内容。通过本章节学习，可以对现代企业管理有一个新的认识和理解。

2.1　企业生产管理概述

企业进行生产管理的目标是使生产效率和效果俱佳，达到提高企业竞争力的目的。有效率的过程意味着以最小的资源投入生产出最好的产品。有效性是指通过正确的途径为企业创造最大的价值。企业生产管理的核心就是运用各种方法，包括组织机构的设立和撤销、生产计划的执行、生产过程的管理等，使生产过程有序、均衡、减少资源及人力浪费，实现准时生产。

2.1.1　生产管理概念及基本原则

1. 生产管理的概念

生产管理(Production Management)是对企业生产系统的设置和运行的各项管理工作的总称，又称生产控制。生产管理分为：①生产组织，即选择厂址、布置工厂、组织生产线、实行劳动定额和劳动组织、设置生产管理系统等；②生产计划，即编制生产计划、生产技术准备计划和生产作业计划等；③生产控制工作，即控制生产进度、生产库存、生产质量和生产成本等内容。

2. 生产管理的基本原则

搞好生产管理必须遵循以下几个原则。

(1) 实行科学管理

对生产实行科学管理，就是首先要从生产的客观条件出发，根据企业的特点，不断改进生产组织和劳动组织，提高工作场地的专业化程度，并实行先进合理的各种定额。同时，还要创造条件，运用先进的监、测、控设备和手段，对生产的全过程实行现代化企业的管理。

(2) 组织均衡生产

所谓均衡生产，就是企业的产品产量均衡稳定。组织均衡生产，是现代化大生产的客观要求，它对于充分挖掘企业的内部潜力，建立正常的生产秩序，全面提高生产的经济效益，具有十分重要的意义。

(3) 坚持以销定产、以产促销

以销定产就是要按照国家的指导性计划和社会需求，制订生产计划并组织生产，按期、按质、按量、按品种向国家和用户提供所需的产品或劳务。这是商品生产经济规律所要求的。同时，企业还应以新品种的产品带动市场，进而追求以产促销的良性生产经营循环。

(4) 讲求经济效益

讲求经济效益就是通过合理的计划和组织生产，努力提高生产效率，降低生产消耗，减少资金占用，以达到提高经济效益的目的。

在生产管理中，要坚持上述原则，不能以条件不同而违背。生产管理不仅要有科学性，而且还要有适应性和经济性。适应性和经济性为科学性的前提，而科学性又必须满足适应性和经济性的要求。

2.1.2　生产管理主要方法及主要任务

生产管理的工作内容繁多，涉及面广，因而工作方法也是各有不同、多种多样的，其基本方法有三种。

1. 生产管理的主要方法

(1) 标准化

企业里有各种各样的规范，如规程、规定、规则、标准、要领等，这些规范形成文字化的东西统称为标准(或称标准书)。制定标准，而后依标准付诸行动则称为标准化。那些认为编制或改定了标准即已完成标准化的观点是错误的，只有经过指导、训练才能算是实施了标准化。

创新改善与标准化是企业提升管理水平的两大轮子。改善创新是使企业管理水平不断提升的驱动力，而标准化则是防止企业管理水平下滑的制动力。没有标准化，企业不可能维持在较高的管理水平。

(2) 目视管理

目视管理实施得如何，很大程度上反映了一个企业的现场管理水平。无论是在现场，还是在办公室，目视管理均大有用武之地。在领会其要点及水准的基础上，大量使用目视管理将会给企业内部管理带来巨大的好处。

所谓目视管理，就是通过视觉导致人的意识变化的一种管理方法。目视管理有三个要点：

① 无论是谁都能判明是好是坏(异常)；

② 能迅速判断，精度高；

③ 判断结果不会因人而异。

在日常活动中，我们是通过"五感"(视觉、嗅觉、听觉、触摸、味觉)来感知事物的。其中，最常用的是"视觉"。据统计，人的行动的60%是从"视觉"的感知开始的。因此，在企业管理中，强调各种管理状态、管理方法清楚明了，达到"一目了然"，从而容易明白、易于遵守，让员工自主地完全理解、接受、执行各项工作，这将会给管理带来极大的好处。

在商品已过剩的今天，生产企业需要从各个方面满足消费者的需求，其结果使得企业不得不进行多品种、少量、短交期的生产，从而导致对现场、现物的各种管理难度增大。而目视管理作为一种管理手段，能使企业全体人员减少差错、轻松地进行各种管理工作。

(3) 管理看板

管理看板是管理可视化的一种表现形式，即对数据、情报等的状况一目了然地表现，主要是对于管理项目，特别是情报进行的透明化管理活动。它通过各种形式如标语/现况板/图表/电子屏等把文件上、脑子里或现场等隐藏的情报揭示出来，以便任何人都可以及时掌握管理现状和必要的情报，从而能够快速制定并实施应对措施。因此，管理看板是发现问题、解决问题的非常有效且直观的手段，是优秀的现场管理必不可少的工具之一。

管理看板是一种高效而又轻松的管理方法，有效地应用对于企业来说是大有效用的。

管理是一门科学，根据我国基本国情，在进行生产管理工作时，要把我们的有关理论和长期的工作经验，同国外先进的基本理论和方法相结合，更好地做好生产管理工作。如网络计划技术、严格的管理规范、科学的方法和手段等，已被国外工业企业的长期实践证明，确实是现代化工业生产管理的成功经验。我们要进一步学好用好这些人类共同的财富和科学，搞好生产管理。

2. 生产管理的主要任务

(1) 企业生产管理的主要任务

① 按照规定的产品品种质量完成生产任务。

② 按照规定的产品计划成本完成生产任务。

③ 按照规定的产品交货期限完成生产任务。

产品质量(quality)、成本(cost)、交货期(delivery)即 QCD,是衡量企业生产管理成败的三个要素。

保证质量、成本、交货期要求的三种职能,是相互关联、相互制约的。提高质量,可能引起成本的增加;增加数量,可能降低成本;但为了保证交货期而过分赶工,也可能引起成本的增加和质量的降低。为了取得最好的经济效益,就需要在生产管理中加以合理的组织、协调和控制。

生产管理作为一个子系统,有它本身的运动规律。其运动规律如图 2-1 所示。

从图 2-1 中可以看出,生产系统的运动规律就是输入生产要素,经过生产过程,输出产品或劳务并在生产过程中不断地进行信息反馈。从本质上讲,生产系统的运行过程既是物质的转换过程又是价值的增值过程。

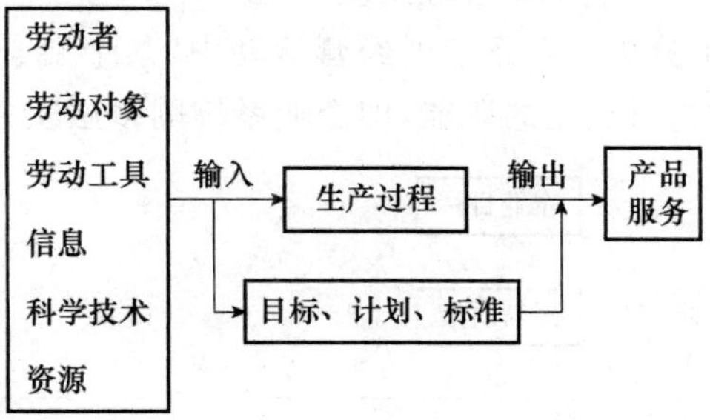

图 2-1　生产管理系统图

(2) 生成管理系统结构

生产管理系统有以下四个部分。

① 产品或劳务

产品是指能够提供给市场,被人们使用和消费,并能满足人们某种需求的任何东西,包括有形的物品、无形的服务、组织、观念或它们的组合。产品一般可以分为三个层次,即核心产品、形式产品、延伸产品。劳务是以活劳动形式为他人提供某种特殊使用价值的劳动。这种劳动不是以实物形式,而是以活劳动形式提供某种服务。这种服务可以是满足人们精神上的需要,也可以是满足人们物质生产的需要。

② 生产要素

生产要素是指进行社会生产经营活动时所需要的各种社会资源,是维系国民经济运行及市场主体生产经营过程中所必须具备的基本因素。生产要素是经济学中的一个基本范畴。现代西方经济学认为生产要素包括劳动力、土地、资本、企业家四种,随着科技的发展和知识产权制度的建立,技术、信息也作为相对独立的要素投入生产。这些生产要素进行市场交换,形成各种各样的生产要素价格及其体系。

③ 生产过程

生产过程是工业企业资金循环的第二阶段。在生产过程中,工人借助于劳动资料对劳动对象进行加工,制成劳动产品。因此,生产过程既是产品制造过程,又是物化劳动(劳动资料和劳动对象)和活劳动的消耗过程。机械产品的生产过程是指从原材料(或半成品)开始直到制造成产品之间的各个相互联系的全部劳动过程的总和。

④ 反馈

反馈是指把生产过程输出的信息返回到输出端。目的就是使生产管理人员掌握生产过程的运行情况，使出现的问题能够及时得到解决，以保证生产过程正常运行和生产任务的完成。

以上四个部分组成了生产管理系统，它们之间互相影响，互相制约。从整个运行规律来看，生产管理的任务就是运用计划、组织、控制的职能，把投入生产过程的各种生产要素有效结合起来，形成有机的系统，按照最经济的方式，生产出满足社会需要的产品或劳务。

2.1.3 生产管理在企业管理中的地位

1. 生产管理和其他子系统的关系

企业是由各种要素，如车间、工段、班组、设备、人员等所构成，并服从于企业的统一目标。生产管理作为一个子系统，在整个企业管理系统中处于什么地位，需要从生产管理子系统与其他子系统间的相互关系上来分析。在系统的经营活动中，某个要素或几个要素之间又可构成相对独立的子系统，并具有相对独立的职能，即企业系统的多层次性。如图 2-2 所示。

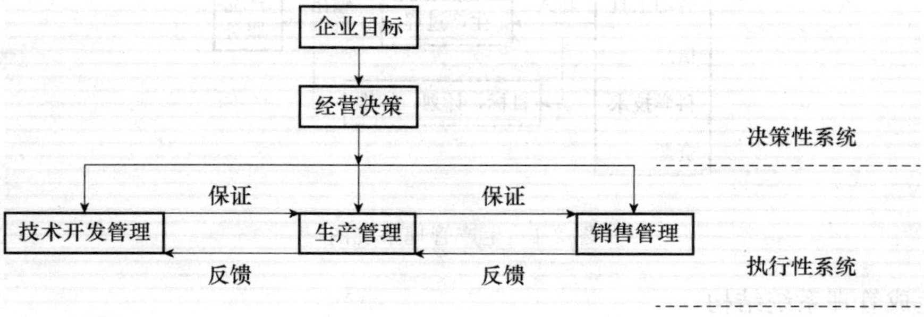

图 2-2 企业生产管理主系统构成

首先，从管理层次上看，经营决策属上层，即企业领导层，生产管理属中层，即管理层，生产管理相对经营决策来说，在企业管理系统中处于执行地位，是执行系统，而经营计划则属于决策系统。

从管理功能角度看，经营决策主要解决企业的经营目标，即企业内部的生产活动如何同企业外部的环境取得动态平衡的问题；而生产管理主要解决企业的生产活动如何同企业内部的人、材料、设备、资金等达到动态平衡的问题。由此可见，生产经营目标、经营计划必须通过生产活动和生产管理才能得以实现，才能为社会和消费者提供满意的社会需求和社会服务。

技术开发管理、销售管理同生产管理一样，在企业管理系统中都属于执行系统。

技术开发是企业生产活动和生产管理的依据和保证，它为生产提供设计图纸、工艺方案、技术准备和原材料供应等，而生产管理又为技术开发创造条件和反馈信息。

销售管理为生产管理提供市场信息，为企业生产适销对路的产品提供依据；生产管理又是销售的前提和保证，为销售提供市场所需的产品。没有产品，也就没有销售。所以，生产管理是销售服务的强大后盾。

从图 2-2 中可以看出生产管理和其他执行系统的关系。

(1) 生产管理和经营决策的关系

经营决策确定了企业经营方针、目标、战略、计划，决定企业一定时期生产的品种、质量、产量以及成本、利润等财务指标，但规定的这些具体任务需由生产管理保证实现。从企业管理系统的分层看，经营决策处于企业的上层（即领导层），而生产管理则处于企业的中层（即管理层），它们之间是决策与执行的关系。生产管理对经营决策的实现起保证作用。

在企业管理系统中，经营决策处于核心地位。因为它决定着企业的全局，为企业管理其他各个子系统提供正确的奋斗目标和方向，而其他各个管理子系统则是围绕着保证企业的经营目标实现而活动的。应该指出的是，随着社会主义市场经济体制的建立，应当摒弃生产过程在企业生产经营活动中处于核心地位，生产管理在企业管理系统中处于领导层的旧观念，合理发挥生产管理保证和执行的作用。

(2) 生产管理和技术开发管理的关系

技术开发管理是生产管理的技术保证和后盾。技术开发管理是生产管理组织生产活动、实现计划任务必须具有的一项前提条件。当然，生产管理也要为技术开发管理进行科学实验提供信息和条件。它们在企业管理系统中同处于执行性地位，保持着密切的协调关系。

(3) 生产管理和销售管理的关系

生产运作与市场营销是处在同一管理层次上，又相对独立。在企业经营过程中，市场营销是先导，企业生产什么产品，生产多少，什么时间生产等决策都必须在营销部门进行市场调查和预测之后才能做出。而且，产品在市场上的销售状况如何，又在一定程度上取决于营销工作质量的好坏。而生产管理则是在市场营销导向和销售计划的规定下，按质、按量、按时、低成本地制造产品或提供服务。因此，生产管理是市场营销的后盾，它为营销部门提供有竞争力的产品或服务。

两者是紧密联系、相互促进的。在认识两者关系时，我们一定要正确认识生产运作管理的基础作用。在市场竞争越来越激烈的今天，企业到底依靠什么去获得竞争优势，从而在市场上站稳脚跟并求得不断发展？只要企业所提供的产品或服务质量好、价格低，又能适应市场需求及时推出，就能在市场竞争中获胜。对于一个企业来说，它可能面临许多问题，如管理体制问题、资金短缺问题、设备陈旧问题、人员素质问题、债务问题等，这些问题都是属于企业内部问题。虽然任何一个问题的存在都会影响企业的正常运行，但对于消费者来说，他们并不过分关心一个企业内部的运行状况，他们真正关心的是企业所提供的产品和服务是否能满足需要。所以，市场竞争实际上是不同企业产品和服务之间的竞争，而企业产品竞争力的大小在很大程度上取决于企业生产运作管理的绩效。因此，从这个意义上说，生产管理是企业竞争力的真正源泉。

2. 生产管理在企业管理中的地位

在企业管理系统中，经营决策是企业的核心，其他各个子系统是围绕经营决策所确定的企业目标而服务的。其中生产管理子系统，在目前企业由生产型向生产经营型转变的形势下，显得更加重要，其主要表现有以下几个方面。

(1) 生产管理是企业管理系统的基本组成部分

工业企业经营不同于商业经营，其经营目标是生产何种产品，如何满足社会的需求，并实现企业的利润目标。为实现企业理想的经营目标，把目标产品转化为现实产品，必须通过产品的加工和生产管理来实现，所以生产管理是为企业经营创造物质基础，是实现经营目标的重要保证。

(2) 在企业转型的情况下，对生产管理的要求更高

一般在生产型情况下，任务的下达、材料的供应、产品的销售均由国家统管。企业生产管理比较简单，重点是提高效率，增加产量，完成国家计划。但是在生产经营型管理条件下，由于

市场竞争激烈，用户不仅要求产品多样化，而且对质量、价格、交货期等方面均有比较和选择、为解决用户和企业经济效益之间的矛盾。上述要求对生产管理来说，无疑比单纯生产型管理要求更高。

(3) 加强生产管理有利于提高整个企业的管理水平

生产管理是企业管理系统的最基本部分，是基础性管理，搞好生产管理可为企业各项管理打下良好基础，尤其是可以使企业领导层摆脱日常管理。集中精力抓好企业的经营决策。掌握好企业的发展方向。使企业无论在宏观管理水平上，还是在微观管理水平上，都得到不断的提高。社会发展，科技发展，使人民的生活水平不断提高，对各种产品的需求日趋多样化，社会主义企业为满足社会不断增长的物质多样化的需求，为了适应经济体制的改革和社会主义有计划的商品经济下的激烈竞争，企业为了在国内和国际市场竞争中获胜，必须不断地开发新的产品，提高产品质量，缩短产品生产周期和降低产品成本，这种多品种生产和需求的不断变化使企业的产品生产越来越复杂，要求企业加强生产管理，运用现代化的组织、计划和方法手段来进行产品的生产，才能适应这种需要。

2.1.4 生产管理的组织机构

为了有效地从事生产管理，需要建立一个良好的生产管理的组织机构。这个机构在企业的组织机构中占有重要地位。生产管理机构的设置，应符合三个要求：一是能够实行正确的、迅速的、有力的生产指挥；二是机构和人员要精简，工作效率要高，有明确的责任制；三是建立一个有效的、上下左右情报畅通的信息系统。由于企业的规模、生产类型、技术特点不同，生产管理组织机构的设置形式也不一样。尽管如此，它总是由两部分组成：一是生产管理的行政指挥机构，二是生产管理的职能机构。

1. 生产管理的行政指挥机构

由于有效管理幅度的限制，一名生产管理人员不可能直接有效地指挥许多人，需要分级指挥，组成一个多级的生产管理指挥系统。在企业中一般采用三级生产指挥系统，如图 2-3 所示。

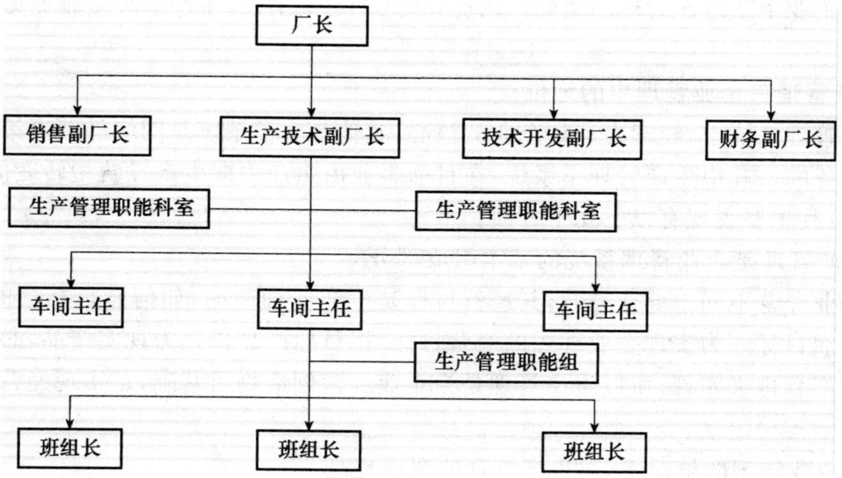

图 2-3 三级生产指挥系统组织机构图

生产技术副厂长是厂长在生产管理方面的助手，在厂长领导下，负责企业的日常生产技术管理工作，直接领导各个基本生产车间和辅助车间，以及生产调度科、生产技术科等职能科室。

车间主任是车间生产行政工作的责任人，在厂长和生产技术副厂长的领导下，全面指挥车间的生产技术经济工作。在三班制连续生产的车间，可设置班长为车间主任，作为在中、夜班中统一指挥车间生产技术活动的全权代理人。

班长是生产班组的行政负责人，其主要职责是：一是根据车间下达的计划，组织指挥班组的生产工作；二是在技术上指导工人工作；三是检查和贯彻工人岗位责任制；四是组织工人管理员的工作。

在三级生产指挥系统中，必须加强厂级的集中统一指挥，同时注意发挥车间和班组的生产指挥作用。

2. 生产管理的职能机构

生产管理的职能机构是各级生产行政指挥人员的参谋和办事机构，在业务上起指导、帮助和监督下级行政组织的作用。生产管理职能机构的设置是多种多样的，现介绍一种典型形式，如图 2-4 所示。

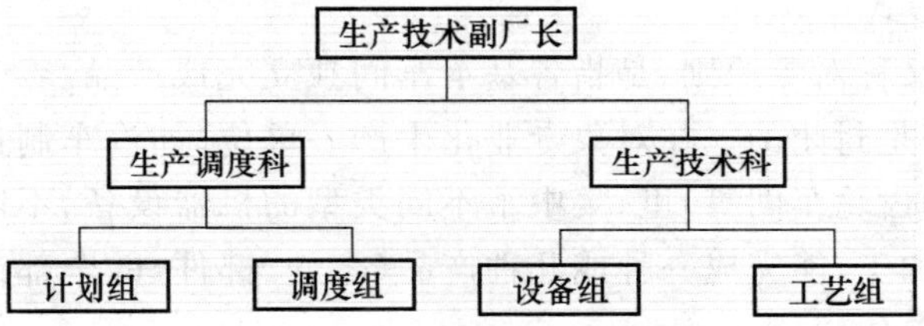

图 2-4　生产管理职能机构典型形式图

这种生产管理职能机构典型形式的特点是以直线为基础，在各级行政负责人之下设置相应的职能部门，分别从事专业管理，作为该级领导者的参谋，实行主管统一指挥与职能部门参谋、指导相结合的组织结构形式。职能部门拟订的计划、方案以及有关指令，统一由直线领导者批准下达，职能部门无权直接下达命令或进行指挥，只起业务指导作用，各级行政领导人实行逐级负责，高度集权。

2.2　生产过程空间组织和时间组织

2.2.1　生产过程空间组织

生产过程的空间组织是指企业内部各生产阶段和生产单位的组织和空间布局。为了使生产过程达到连续性、协调性和节奏性的要求，必须从空间上把生产过程的各个环节合理地组织起来，使它们密切配合，协调一致。在企业内部应当具体设置多少环节，每个生产环节又设置多少生产单位，这些生产单位应当具有怎样的规模，取决于企业的专业方向和工艺特点。

工业企业进行生产活动，实现产品的生产过程，不仅要有一定的场地、厂房建筑物和机器设备等，而且还要把这些生产物质条件按照一定的原则加以组合，划分成若干占有一定空间位置的车间、工段和小组等。工业产品就是按照预定的工艺路线，通过一定的生产单位加工，最后变成企业的成品。这里要从生产一单位(如车间)布置角度加以说明。

(1) 工艺专业化形式

工艺专业化形式又称工艺原则,就是按照生产工艺的特点来设置生产一单位。在工艺专业化的生产一单位内,集中着同种类型的生产设备和同工种的工人,每一个生产一单位只完成同种工艺方法的加工或同种功能,即加工对象是多样的,但工艺方法是同类的。每一个生产一单位只完成产品生产过程中的部分工艺阶段和部分工序的加工任务,产品的制造完成需要数个生产单位的协同努力。如机械制造业中的铸造车间、机加工车间、热处理车间及车间中的车工段、铣工段等,都是工艺专业化生产单位。

工艺专业化形式的优点是:可以充分利用设备;适应产品品种的要求,适应分工的要求;便于工艺管理和提高技术水平;利于加强专业管理和进行专业技术指导;个别设备出现故障或进行维修,对整个产品的生产制造影响小。它的缺点是:加工路线长;经过许多车间,增加交接等待时间;车间之间的相互联系比较复杂,使计划管理和品制管理工作更加复杂。

工艺专业化形式适用于企业生产品种多、变化大、产品制造工艺不确定的一单件小批生产类型,一般表现为按订货要求组织生产,特别适用于新产品的开发试制。

(2) 对象专业化形式

对象专业化形式又称对象原则,是指各基本车间独立完成产品、零件、部件的个部或大部分工艺过程,工艺过程是封闭的。在对象专业化生产一单位(如汽车制造厂中的发动机车间、底盘车间、机床厂中的齿轮车间等)里,集中了不同类型的机器设备、不同工种的工人,对同类产品进行不同的工艺加工,能完成一种或几种产品(零件、部件)的全部或部分的工艺过程,而不用跨越其他的生产单位。

对象专业化形式主要有两类:以成品或部件为对象的专业化形式和以同类零件为对象的专业化形式。其优点是:加工路线短;为采用先进的生产过程组织形式(流水线、自动化)创造条件;大大减少车间之间的联系,有利于在制品管理。它的缺点是:对产品变动的应变能力差;设备利用率低;工人之间的技术交流比较困难,因此工人技术水平的提高受到一定限制。

对象专业化形式适用于企业的专业方向已定、产品品种稳定、工艺稳定的大量大批生产,如家电、汽车、石油化工产品生产等。

在实际生产中,上述两种专业化形式往往是结合起来应用的。根据它们所占比重的不同,专业化形式又可分为:在对象专业化形式基础上,局部采用工艺专业化形式;在工艺专业化形式基础上,局部采用对象专业化形式。

1. 工厂总平面布置

(1) 厂址选择的重要性

厂址选择是企业建设的重要环节,包括了建厂地区的选择和工厂场地位置的选择。

厂址选择要根据建厂地区的自然环境、技术经济条件、行业特点综合考虑而定。厂址选择合理与否,将直接影响工厂前期的基建投资、建厂速度和企业后期的经济效益和社会效益。

因此,确定建厂地址是一项影响深远,具有高度科学性的包括政治、经济、技术的综合性工作,必须贯彻国家建设的各项方针政策,进行大量的可行性研究,综合考虑各种因素的影响作用,采取极为慎重的态度,多方案比较论证,选出投资省、建设快、运营费低、具有最佳经济效益、环境效益和社会效益的厂址。

(2) 厂址选择的原则

第一,厂址选择必须符合工业布局、符合所在地区、城市规划的要求,按照国家有关法律、法规及建设前期工作的规定进行。

第二，充分利用各地区的有利条件，避开或克服不利条件；充分利用当地人力、物力、财力和自然资源，保护环境；节约用地，不占用良田及经济效益高的土地，并符合国家现行土地管理、环境保护、水土保持等法规有关规定。尽量远离风景游览区和自然保护区，不污染水源，有利于三废处理，并符合现行环境保护法规规定。

第三，使企业接近原料、能源产地和产品消费区，消除不合理运输；总体经济效益好，有利于加快国民经济发展和人民生活的提高。

具体厂址所在地点的选择，则要从场地的自然条件、技术经济条件及所在行业的特点三方面考虑，依次满足相应的条件。

① 地理位置。选择厂址时应当了解所选厂址的方位及其与城镇的关系，并考虑工厂生产方式及产品销售的特点。

② 地形、面积和地势。地形应尽可能简单、整齐。以矩形场地为最佳，以利于总平面布置。面积应满足总平面布置的需要。地势要求以基本平坦、略有坡度为佳。以便于厂内建筑物的基础施工以及车间布置、运输道路的布置及厂区的排水（雨水）。对平原地区，自然地形坡度不小于 0.5%为宜，对于丘陵地区、山区，地势以不大于 5%为宜。此外，为了防止厂区受淹，厂区应在历年最高洪水线之上。如在山区建厂，还要注意周围塌方、滑坡和泥石流等问题。预选厂址的地形、地势的描述，是由地形图上的等高线和坐标网来描述的。

③ 地质条件。应避开地震断层、泥石流、滑坡、流沙、溶洞、沼泽等危害地段，以及具有开采价值的矿藏区、采空区，以及古井、古墓、坑穴密集的地区。场地地基承载力（地耐力）一般应不低于 $120\sim150\ kN/m^2$。如在寒冷地区建厂还要注意冻土层情况。应尽可能不在地震 7 度烈度或 7 度以上地区建厂，在 9 度地区不应建厂。

④ 气象条件。气象条件包括风向、风量、雨量和气温等，要考虑高温、高湿、云雾、风沙和雷击地区对生产的不良影响，这些有关影响空气质量的因素，对生物工程企业尤为重要。因此要收集十年以上的历史资料，对雨量和气温还应有最高、最低和平均数据。还要考虑冰冻线对建筑物基础和地下管线敷设的影响。

⑤ 水文条件。建厂地区的水资源状况（水质、水量、水价）直接会影响工厂建成后的生产和生活。水资源状况包括：地下水（深水井）、泉水（有压力）；地表水（江河、水库）、城市自来水的水源状况；了解相应的蓄水量，水量供应量、水价以及有关供应协议，取水点、水质情况（分析报告）等。

2. 车间设备的平面布置

车间设备平面布置是现代企业组织生产尤其是流水线生产过程中一项不可或缺的工艺设计工作，对高效、有序的文明生产起着重要作用。

所谓车间设备平面布置，是指在指定的车间场地上，综合考虑规划、工艺流程、设备状况、生产物流等方面的要求，将一系列相关设备合理有序地排列和定位的一项工艺设计工作。

在确定要生产某个产品后，产品工艺师首先要对产品的结构特性、设计技术要求、质量控制要点等作仔细分析和了解，并结合年产量预期制定出一个可行的工艺方案，包括完成产品制造的整个流程，及每道工序所需配备的设备和工装等。规划部门则从总体规划的角度，参考工艺方案，确定许用的场地或厂房。有了工艺方案和场地，设计者便可着手考虑车间设备平面布置了。

做设备布置方案过程中，设计者还需要知道设备的数量；每台设备的占地面积，是否需要加固地基；设备是否需要另外的辅助设施；设备的操作和维修方位及其所需空间；正常生产时还需有哪些工艺装备、工位器具及其数量；生产节拍；物流的供货方式、路线以及所用运输机械；使设备和生产正常运行所必需的水、电、气等公用管线及其布置空间等多方面因素。

车间设备布置的基本形式有两种：一种是把同类机器布置在一起，如按车床组、铣床组、磨床组等分区进行布置；另一种是按加工对象所需设备布置。这两种设备布置的优缺点与车间两种专业化形式的优缺点相同。

车间设备布置的方法很多，下面着重介绍按照加工对象所需设备的布置。在单一品种生产的条件下，设备的布置可采取直线式、蛇形式、U 字式、环形式、Z 字式等。

(1) 直线式是常用的方式，它排列比较简单，组织比较容易，流程比较畅通，如图 2-5 所示。

图 2-5　设备的布置形式

(2) 蛇行式适用于厂房长度较短，宽度较大的情况，它可以缩纵深流程，经济利用空间。蛇行式如图 2-6 所示。

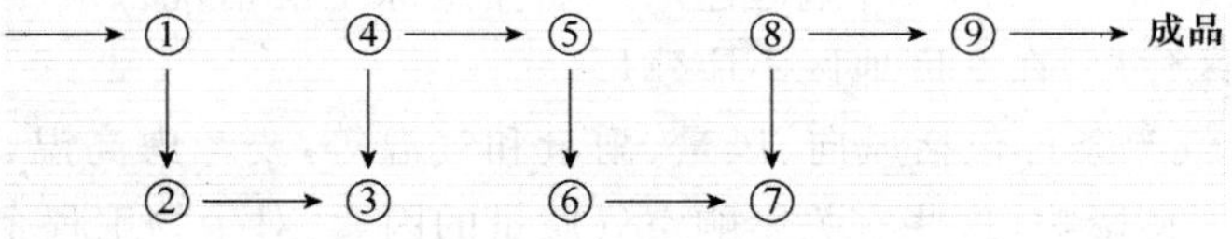

图 2-6　蛇行式车间设备布置图

(3) U 字式适用于场地受限制的情况，材料进口与成品出口位于同一侧，其图形如图 2-7 所示。

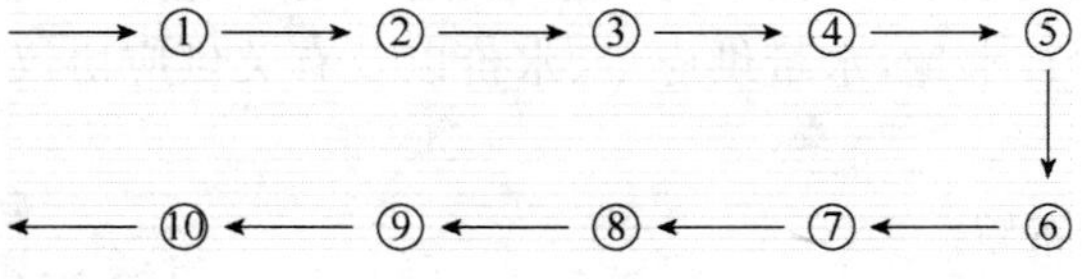

图 2-7　U 字式车间设备布置图

(4) 环形式适用于辅助工具、容器、运输工具必须周而复始地送回起点的情况。环形的中心可装置旋转式起重设备和工具存放设备。这种形式对于工作地之间的联系比较方便。其图形如图 2-8 所示。

(5) Z 字式适用于空间狭窄，零件体积较小的情况。如图 2-9 所示。

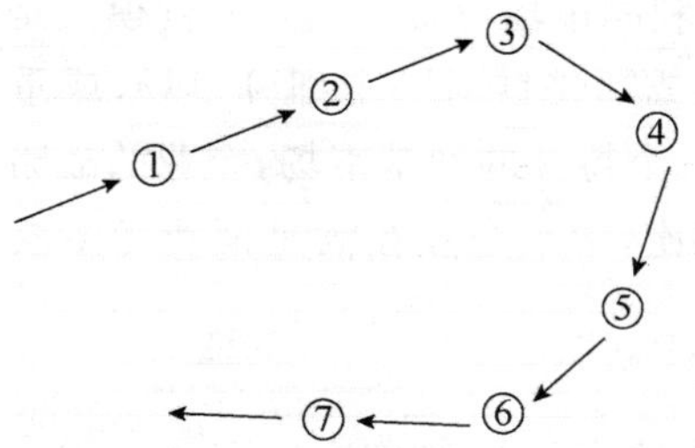

图 2-8　环形式车间设备布置图

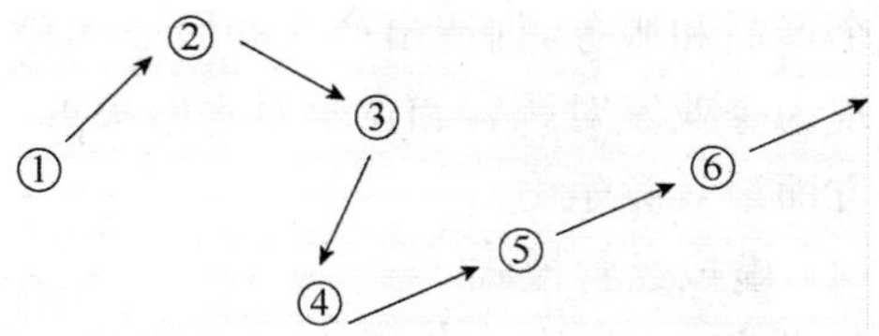

图 2-9　Z 字式车间设备布置图

在多品种生产条件下，设备的平面布局应重视运输路线和运量问题。这对减少运输费用、缩短生产周期、降低成本、有利于管理工作都是非常重要的。

2.2.2　生产过程时间组织

合理组织生产管理过程，不仅要求生产单位在空间上密切配合，而且要求劳动对象和机器设备在时间上紧密衔接，以实现有节奏的连续生产，达到提高劳动生产效率和设备利用率、减少资金占用、缩短生产周期的目的。生产过程的时间组织指研究产品生产过程的各生产一单位之间和各工序之间在时间上衔接和结合的方式。企业生产过程时间组织包括的内容很多，涉及的范围比较广，它同生产进度的安排、生产作业计划、生产调度等都有密切联系。生产过程在时间上的衔接程度，主要表现在劳动对象在生产过程中的移动方式。劳动对象的移动方式，与一次投入生产的劳动对象数量有关。以加工零件为例，当一次生产的零件只有一个时，零件只能顺序地经过各道工序。如果当一次投产的零件有两个或两个以上时，工序间就有不同的三种移动方式，即顺序移动、平行移动、平行顺序移动，不同移动方式下的零件加工周期也不同。

2.3　电子信息类企业生产经营模式

传统的以生产为中心的经营模式现在被认为是刚性企业经营模式，除了这种经营模式之外，还有以下四种经营模式。

(1) 分工协作经营模式

分工协作经营模式即把为大企业配套作为企业发展、走向市场的途径。成功的中小企业非常注意避免直接与大企业竞争，而是尽可能与大企业合作，做大企业发展中必不可少的伙伴。

(2) 特许权经营模式

特许权经营模式是连锁经营的一种重要形式。它是指特许经营机构将自己拥有的商标、产品、专利和专有技术等，以特许经营合同的形式授予被特许者使用，被特许者按合同规定在统一的业务模式下从事经营活动并支付相应的费用。

(3) 利基经营模式

作为中小企业，大多是市场补缺者。作为市场补缺者，他们应精心服务于市场的某个细小部分,不与主要竞争对手竞争,通过专门化经营来占据有利的市场位置。利基经营模式是指通过对市场的细分,企业集中力量于某个特定的目标市场,或严格针对一个细分市场,或重点经营一个产品和服务,创造出产品和服务优势。通过选择一个特殊的利基市场,企业的战略更突出表现为企业家对顾客和竞争对手的决策。与大企业相比,中小企业在满足消费者多层次需求的方面最具竞争力。

(4) 虚拟经营模式

20 世纪 90 年代以来,全球正在发生一场由物质型经济向知识型经济的深刻转变。知识和信息通过对传统生产要素即资本、劳动力和土地等自然资源的整合和改造,为企业的发展创造了一种新的经营模式即虚拟企业经营。

在虚拟企业中,企业只掌握核心功能,也即把企业知识和技术依赖性强的高增值部分掌握在自己手里,而把其他低增值部门虚拟化。通过借助外力进行整合,其目的就是在竞争中最大效率地利用企业资源。

2.3.1 电子信息类企业生产运作模式

现代科技的飞速发展,知识经济时代的到来,人们的需求日新月异,使产品更新换代的周期越来越短,多样化、个性化的市场已经形成。众所周知,在当今全球激烈的市场竞争环境中,综合竞争优势(市场、研发、制造、组织优势等)才是企业制胜的根本。企业的综合竞争优势则表现为快速满足用户多样化、个性化的需求的能力。

需求转换成产品的过程要求快速且需满足客户多样化、个性化的需求,必然使公司生产的产品向多品种、小批量、多批次、短周期方向发展,导致了产品实现过程的复杂度和多变性,也必然带来企业整个生产模式(需求—设计—制造—销售与服务)的变革,使之具有高效率和高柔性的功能。

生产模式的变革是随着科学技术的发展及市场化程度状况的变化而不断发展变化的。纵观制造工业发展史,总的来说共经历了三次生产模式的转变。

第一次转变是单件小批量生产替代手工作坊式生产模式:在制造业形成早期,科学技术水平低下,整个世界的市场化程度极低,一般人均是在定期设置的集市或市场中进行商品交换或贸易活动。此时的生产基本是用简单的工具在手工作坊里进行。随着蒸汽机、纺织机及火车的出现,市场经济交易范围迅速发展并开始超越国界。工厂大量出现,以纺织、钢铁、造船、化工等为代表的现代工业生产方式基本建立,新技术不断涌现。但世界性的战争频繁,普通平民生活在物质匮乏的时代,消费水平低,单一品种可以长年生产,产品更新换代慢。至 20 世纪初,在技术上开始使用电力,但电子技术仍以电子管为主,此时的制造设备广泛使用皮带式流水线,以解决生产过程的搬运、移载等产生效率低的问题。

第二次转变是大规模定制生产替代单件小批量生产模式:单一或少品种大量生产是 20 世纪 20 年代美国福特公司开创的机械式(刚性)自动流水线生产模式,即大规模定制生产模式。随着世界的相对和平,西方发达国家经济的发展,许多大众使用的产品(如电视、摩托车、汽车、复印机、照相机等)真正推向市场。这个时期人们收入提高,消费能力也迅猛提高,消费者的争购带动产品产量的增加,以生产为中心的卖方市场形成。为满足市场的需求及电脑的发明,出现了大规模智能化的流水线,使高效率低成本的大量生产得以实现。

第三次转变是多品种小批量柔性生产替代大规模定制生产模式:20 世纪 60 年代英国的

Molins 公司在世界上首次建成柔性制造系统(当时称为可变任务系统,只针对制造而未考虑产品实现全过程的柔性)应视为多品种小批量柔性生产模式的发端。随着社会经济的发展与大量的产品生产,使原先"饥渴"的市场逐渐趋于饱和。进入 20 世纪八九十年代,要求快捷的多元化、个性化的需求开始凸显,买方市场时代到来。此时市场对单一品种的产品需求量急剧减少,企业普遍面临着大量生产模式与快速变化的市场多元化需求之间的矛盾。于是,过去的大量生产模式被现代多种少量、富有柔性且具有相同低成本的先进生产模式所替代就成为必然趋势。在这个转变过程中,对于解决大量生产模式与快速变化的市场多元化需求之间的矛盾的理论研究和具体实践就没有停止过,并出现了一系列基于柔性生产模式的先进制造技术与管理方法,主要有:成组技术 GT、独立制造岛 AMT、计算机集成制造系统 CIMS、智能制造 IMS、精益生产 LP、虚拟制造 VM、灵捷制造 AM 及制造资源计划 MRPⅡ、公司资源计划 ERP 等。

1. 多品种小批量柔性生产模式

柔性指的是按照成本效益原则,以"及时"的方式,对产品品种变化的适应能力。一般认为,为更好地响应市场需求的迅速变化,要求企业生产系统的管理对产品的品种与产量能做到快速而灵活的调整,就是所谓柔性化的要求。其实进一步而言,企业柔性的本质是对不可预测变化因素迅速重构的能力,以适应当代和未来的市场环境。

企业柔性同已有的制造设备柔性的狭义概念是不同的,它意味着员工、制造机器设备与仪器以及软件三方面柔性的综合。简而言之,企业柔性不仅要求设备仪器有可变性,而且要求在系统中工作的人和软件都有柔性;是从市场研究与规划、设计与开发直到制造生产、市场营销各个产品生产过程环节综合可变性的表现;企业柔性指的是整体可变性,它是企业从组织管理到技术系统和支撑环境适应市场需求变化的快速重构能力的表现。就制造设备来说,柔性企业一般采用可塑性强的可任意组合拼装的或有兼容能力的单元及模块化结构,以进行多品种小批量的产品生产。

柔性生产模式是一个大概念,是针对整个企业而言的。它在企业中的具体运作是基于上文中提到的一系列先进制造技术和方法的集成管理。20 世纪 70 年代美国提出了计算机集成制造的概念后推动了企业集成管理(即将集成的思想和观念创造性地运用于管理实践的过程)的理论与实践的发展,而柔性生产模式下的一系列先进制造技术和管理方法在企业运用上的融合贯通,就是集成管理的典型代表。本书将重点介绍目前在世界一流企业中广泛采用的精益生产(LP)、准时制生产(JIT)和灵捷制造(AM)管理方法。

2. 精益生产(LP)与准时化生产(JIT)

一般认为精益生产是指丰田生产方式,其中"准时制生产(JIT)"是其典型代表。精益生产的核心思想是以整体优化的观点合理地配置和利用企业拥有的生产要素,消除生产全过程一切不产生附加价值的劳动和资源,追求"尽善尽美",达到增强企业适应市场多元需求的应变能力,获得更高的经济效益。精益生产的核心其实是关于生产计划和控制以及库存管理的基本思想,而在计算机网络支持下的小组工作方式是实施精益生产的基础。

精益生产要求以少而精的生产要素投入管理和追求效益经济的指导思想,是对传统的"大规模生产模式"的挑战。它的基本目标是零库存、高柔性、无缺陷。精益生产的特点如下。

第一,以销售部门作为生产过程的起点,按订货合同组织多品种小批量生产。

第二,在产品开发上有独特的办法,采用类似"项目经理负责制",项目经理被赋予极大的权力去组织人力物力资源并会得到各级领导的支持,以保障开发的顺利进行。开发过程中采用的是并行工程(简称 CE),即在产品设计时,就将其后续的工艺、制造、装配、检测、使用、维修、服务等产品整个生命周期中的相关过程全部考虑并一同设计，以减少反复修改的次数，争取一次成功。确保产品质量、成本目标和用户需求，缩短开发周期是设计开发精益化的要求。

第三，在供应与营销管理上利用利益准则的同时，力求与协作厂和零部件供应商、销售商及用户保持长期而稳定的全面合作关系，形成“命运共同体”。在企业的协作配套领域还可通过参股、控股办法，建立起资金联合的血缘关系，主厂对协作厂实行分层管理，建立金字塔形的协作体系。在营销上建立统一的营销体系，提倡主动销售，同时做好服务，使用户满意并形成长期稳定的销售服务网络。有了比较畅通的供应链与销售网络流通体系，才能形成真正的准时制生产(JIT)。

第四，在生产计划与库存管理体系上，精益生产的一大特色是其生产计划与库存管理方法——准时制生产(JIT)。在“只能生产能够卖得出去的产品”的时代，JIT是一种有效利用各种资源，降低成本的生产准则，其含义是：在需要的时间和地点，生产必要的数量和完美质量的产品和零件，以杜绝超量生产，消除无效劳动和浪费，达到用最小的投入实现最大产出的目的。JIT是在消除一切浪费和无效劳动、生产系统最优化的基础上缩短生产周期，加快资金周转和降低生产成本，实现零库存的主要方法。传统管理对在制品制造实行供足供饱的“推动式”管理(如MRPⅡ就是受主生产计划的“推动”，在需要的时间、地点制造需用的零部件，设有安全库存应付市场需求的波动)。而追求零库存的JIT是一种“拉动(Pull)式”管理。准时制生产首先制定年度、季度、月度生产计划并向最后一道工序以外的各工序出示每月大致的生产品种和数量，作为其安排生产的参考基准。而每日的准时制生产指令只下达到最后一个工序。也就是说，前道工序的零部件仅在后续工序提出要求时才生产，后工序取走多少，前工序就生产多少，决不积压。这样，从最后一道工序层层向前工序领取零部件，直至原材料供应部门，把各个工序连接起来，中间不存在任何库存缓冲环节，形成“拉动式”管理。总的来说，JIT以“拉动式”管理、“一个流”管理和作为JIT现场控制技术核心的“看板”管理的结合运用，实现生产制造环节的精益化管理。

第五，在人力资源与组织管理方面，采用团队组织和团队工作方式(即计算机网络支持下的工作小组方式，可以是一个生产小组，也可以由整个车间、公司、甚至协作厂和用户在内组成不同层次的团队)，通过建立“共荣”“忠诚”的团队精神来调动各方的积极性和创造性，这是精益生产组织管理的重要特色。另一个组织管理特色体现在信息沟通及全员参与管理上。决策是自下而上进行的，即首先由最底层团队员工提出并讨论一致后报上一级管理部门。企业鼓励员工对企业所有工作提出合理化建议并给予奖励。

第六，在质量控制体系上，精益生产采用的是全面质量管理，由所有人员共同参与并贯穿于从设计到制造的全过程中。生产现场的“工作小组”一般运用QC小组形式进行自我质量检验与改善，取消昂贵的专用检验场所和修补加工区，既保证了质量又降低成本，使生产成为真正的“精益”。

精益生产与传统大规模生产对比，优越性体现在：所需人力资源减至1/2；新产品开发周期减至1/2或2/3；在制品库存减至1/10；工厂面积减至1/2；成品库存减至1/4；产品质量提高3倍以上。

应该指出，精益生产从某种意义上说也有局限性。如工程师和经理在工作小组中忙于改进产品和工艺，一方面不能从本质上提高自己的知识，另一方面连续的微观改进掩盖了技术创新的必要性，这种现象已造成日本在知识经济时代来临之际落后于美国。但追求完美的不断改进活动是精益生产得以存在和发展的根本保障。

2.3.2 电子信息类企业商业模式

所谓的商业模式是指企业根据自己的战略性资源，结合市场状况与合作伙伴的利益要求，而设计的一种商业运行组织，这种商业运行组织一般会涉及供应商、制造商、经销商、终端商以及消费者等综合性利益，因此，商业模式是一种多赢价值体系下，主导企业一种战略性构思。商业模式不同于单一的渠道策略，商业模式更多的是一种基于利润结构为导向的组织结构性设计，而不是简单的一种渠道铺货策略。

制造商、品牌商、经销商、终端商都有自己比较独特的商业模式。这里主要针对快速消费品与耐用消费品制造企业，因此，所说的商业模式主要是制造商(含品牌商)商业模式。目前，制造商的商业模式主要有如下六种形式。

(1) 直供商业模式

主要应用在一些市场半径比较小、产品价格比较低或者是流程比较清晰、资本实力雄厚的国际性大公司。直供商业模式需要制造商具有强大的执行力，现金流状况良好，市场基础平台稳固，具备市场产品流动速度很快的特点。由于中国市场战略纵深很大，市场特点迥异，渠道系统复杂，市场规范化程度比较低，在全国市场范围内选择直供商业模式是难以想象的，因此，即使强大如口可可乐、康师傅等跨国企业也开始放弃直供这样商业模式。但是，利润比较丰厚一些行业与产业还是会选择直供方式商业模式，如白酒行业，很多公司就选择了直供的商业模式。云峰酒业为了精耕市场，在全国各地成立了销售性公司，直接控制市场终端，广州云峰酒业、西安云峰酒业、合肥云峰酒业、湖北云峰酒业等公司在当地市场上均具备一定的实力与良好的基础；如很多 OTC 产品也会选择直供市场。

(2) 总代理制商业模式

这种商业模式为中国广大的中小企业所广泛使用。由于中国广大的中小企业在发展过程中面临着两个最为核心的苦难，一是团队执行力比较差，他们很难在短时间内构建一个庞大的执行团队，而选择经销商做总代理可以省去很多当地市场执行面的困难；二是资金实力上困难，中国中小企业普遍资金实力比较薄弱，选择总代理制商业模式可以在一定程度上占有总代理的一部分资金，更有甚者，他们可以通过这种方式完成最初原始资金的积累，实现企业快速发展。

(3) 联销体商业模式

随着大量中小企业选择采取总代理商业模式，市场上好的经销商成为一种稀缺的战略性资源，很多经销商对于鱼目混珠的招商产生了严重的戒备心理，在这样的市场状况下，很多比较有实力的经销商为了降低商业风险选择了与企业进行捆绑式合作，即制造商与经销商分别出资，成立联销体机构，这种联销体既可以控制经销商市场风险，也可以保证制造商始终有一个很好的销售平台。联销体这种方式受到了很多有理想、有长期发展企图的制造商的欢迎。如食品行业的龙头企业娃哈哈就采取了这种联销体的商业模式；空调行业巨头格力空调也选择了与区域性代理商合资成立公司共同运营市场，取得了不错的市场业绩。

(4) 仓储式商业模式

仓储式商业模式也是很多消费品企业选择商业模式。很多强势品牌基于渠道分级成本很好，制造商竞争能力大幅度下降的现实，选择了仓储式商业模式，通过价格策略打造企业核心竞争力。比如 20 世纪 90 年代，四川长虹电视在中国市场如日中天，为降低渠道系统成本，提高企业在市场上价格竞争能力，长虹集团就选择了仓储式商业模式，企业直接将产品配送到消费者手里。

仓储式商业模式与直供最大的不同是，直供是企业不拥有直接的店铺，通过第三方平台完成产品销售，企业将货源直接供应给第三方销售平台。而仓储式商业模式是企业拥有自己的销售平台，通过自己的销售平台完成市场配货功能。

（5）专卖式商业模式

随着中国市场渠道终端资源越来越稀缺，越来越多的中国消费品企业选择专卖形式的商业模式。如 TCL 幸福村专卖系统，五粮液提出的全国两千家专卖店计划，蒙牛乳业提出的蒙牛专卖店加盟计划，云南乳业出现的牛奶专卖店与牛奶总汇等。选择专卖店商业模式需要具备三种资源中的任何一种模式或者三种特征均具备。一是品牌。选择专卖商业模式的企业基本上属于具备很好的品牌基础，消费者自愿消费比较多，而且市场认知也比较成熟；二是产品线比较全。要维系一个专卖店具有稳定的利润，专卖店产品结构就应该比较合理，因此，选择专卖渠道的企业必须具备比较丰富的产品线；三是消费者行为习惯。必须看到，在广大的农村市场，可能我们这种专卖模式就很难起到推动市场销售的功能，因此，专卖商业模式需要成熟的市场环境。

专卖式商业模式与仓储式商业模式完全不同，仓储式商业模式是以价格策略为商业模式核心，而专卖商业模式则是以形象与高端为核心。

（6）复合式商业模式

由于中国市场环境异常复杂，中国很多快速消费品企业在营销策略上也选择了多重形式。复合式商业模式是一直基于企业发展阶段而做出的策略性选择。但是，要特别注意的是，一般情况下，无论多么复杂的企业与多么复杂的市场，都应该有主流的商业模式，而不能将商业模式复杂化作为朝令夕改的借口，使得营销系统在商业模式上出现重大的摇摆。而且，我们应该了解，一旦我们选择了一种商业模式，往往需要在组织建构、人力资源配备、物流系统、营销策略等方面都做出相应的调整，否则，我们就不能认为这个企业已经建立起了成熟的商业模式。

2.4 电子信息类企业工艺流程技术

电子产品系统是由整机组成，整机是由部件组成，部件是由零件。元器件等组成。由整机组成系统的工作主要是连接和调试，生产的工作不多，所以我们这里讲的电子产品生产工艺是指整机的生产工艺。电子产品的装配过程是先将零件、元器件组装成部件，再将部件组装成整机，其工作是将元器件组装成具有一定功能的电路板部件或叫组件（PCBA）。

本书所指的电子工艺基本上是指电路板组件的装配工艺。在电路板组装中，可以划分为机器自动装配和人工装配两类。机器装配主要指自动贴片装配（SMT）。

2.4.1 电子产品生产工艺概述

1. SMT 工艺分类

（1）按焊接方式分

① 再流焊工艺

首先将微量的锡铅(SN/PB)焊膏施加到印制板的焊盘上,其次将片式元器件贴放在印刷板表面规定的位置上,最后将贴装好元器件的印制板放在再流焊设备的传送带上,从炉子入口到出口(5～6 min)完成干燥、预热、熔化、冷却全部焊接过程。

② 波峰焊工艺

先将微量的贴片胶(绝缘粘接胶)施加到印制板的元器件底部或边缘位置上,再将片式元器件贴放在印制表面规定的位置上,并进行胶固化。片式元器件被牢固地粘接在印制板的焊接面,然后插装分立元器件,最后对片式元器件与插装元器件同时进行波峰焊接。

(2) 按组装方式分

可分为全表面组装、单面混装、双面混装三种方式(见表 2-1)。

表 2-1　SMT 工艺组装方式分类

组装方式		示意图	电路基板	元器件	特征
全表面组装	单面表面组装	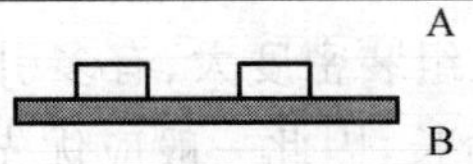	单面 PCB 陶瓷基板	表面组装元器件	工艺简单、适用于小型、薄型简单电路
	双面表面组装	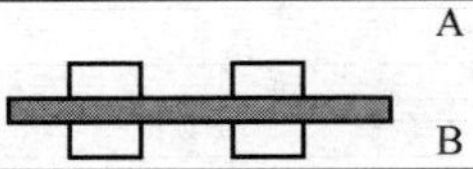	双面 PCB 陶瓷基板	表面组装元器件	高密度组装、薄型化
单面混装	SMD 和 THC 都在 A 面	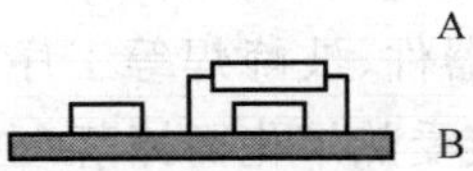	双面 PCB	表面组装元器件和通孔插装元器件	一般采用先贴后插,工艺简单
	THC 在 A 面 SMD 在 B 面	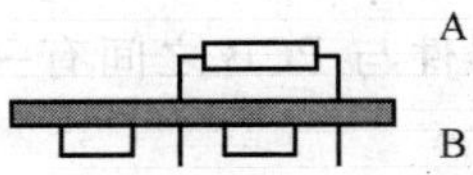	单面 PCB	表面组装元器件和通孔插装元器件	PCB 成本低,工艺简单,先贴后插如采用先插后贴,工艺复杂
双面混装	THC 在 A 面,A、B 两面都有 SMD	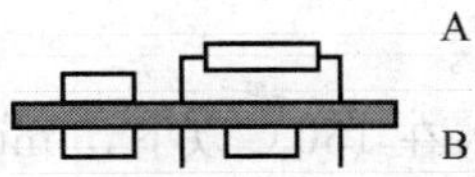	双面 PCB	表面组装元器件和通孔插装元器件	适合高密度组装
	A、B 两面都有 SMD 和 THC	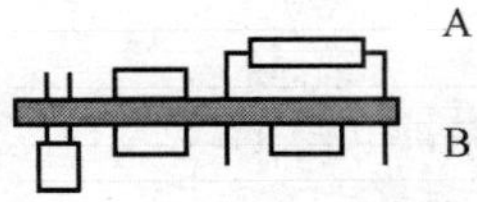	双面 PCB	表面组装元器件和通孔插装元器件	工艺复杂,尽量不采用

2. 施加焊膏工艺

(1) 工艺目的

把适量的 SN/PB 焊膏均匀地施加在 PCB 焊盘上,以保证片式元器件与 PCB 相对应的焊盘达到良好的电气连接。

(2) 施加焊膏的要求

① 要求施加的焊膏量均匀,一致性好。焊膏图形要清晰,相邻的图形之间尽量不要粘连,焊膏图形与焊盘图形要一致,尽量不要错位。

② 一般情况下，焊盘上单位面积的焊膏量应为 0.8 mg/mm² 左右，窄间距元器件应为 0.5 mg/mm² 左右。

③ 焊膏应覆盖每个焊盘的面积，应在 75%以上。

④ 焊膏印刷后，应无严重塌落，边缘整齐，错位不大于 0.2 mm；对窄间距元器件焊盘，错位不大于 0.1 mm。

⑤ 基板不允许被焊膏污染。

(3) 施加焊膏的方法

施加焊膏的方法有三种：滴涂式（即注射式，滴涂式又分为手工操作和机器制作）、丝网印刷和金属模板印刷。各种方法的适用范围如下。

① 手工滴涂法——用于极小批量生产或新产品的模型样机和性能样机的研制阶段，以及生产过程中修补、更换元器件等。

② 丝网印刷——用于元器件焊盘间距较大，组装密度不高的中小批量生产中。

③ 金属模板印刷——用于大批量生产以及组装密度大、有多引线窄间距元器件的产品。

金属模板印刷的质量比较好，模板使用寿命长，因此一般应优先采用金属模板印刷工艺。

3. 施加焊膏工艺

(1) 工艺目的

在片式元件与插装元器件混装采用波峰焊工艺时，需要用贴片胶把片式元件暂时固定在 PCB 的焊盘位置上，防止在传递过程或插装元器件、波峰焊等工序中元件掉落。在双面再流焊工艺中，为防止已焊好面上的大型器件因焊接受热熔化而掉落，也需要用贴片胶起辅助固定作用。

(2) 表面组装工艺对贴片胶的要求

a. 具有一定黏度，胶滴之间不拉丝，在元器件与 PCB 之间有一定的粘接强度，元器件贴装后在搬运过程中不掉落。

b. 触变性好，涂敷后胶滴不变形，不漫流，能保持足够的高度。

c. 对印制板和元器件无腐蚀，绝缘电阻高和高频特性好。

d. 常温下使用寿命长（常温下固化速度慢）。

e. 在固化温度下固化速度快，固化温度要求在 150℃以下，5 min 以内完全固化。

f. 固化后粘接强度高，能经得住波峰焊时 260℃的高温以及熔融的锡流波剪切刀的冲击；在焊接过程中无释放气体现象，波峰焊过程中元件不掉落；有颜色，便于目视检查和自动检测。

g. 应无毒、无嗅、不可燃，符合环保要求。

(3) 贴片胶的选择方法

用于表面组装的贴片胶主要有两种类型：环氧树脂和聚丙烯。

环氧树脂型贴片胶属于热固型，一般固化温度在(140±20)℃/5 min 以内；聚丙烯型贴片胶属于光固型，需要先用 UV（紫外）灯照一下，打开化学键，然后再用(150±10)℃/1～2 min 完成完全固化。

① 目前普遍采用热固型贴片胶，对设备和工艺的要求都比较简单。由于光固型贴片胶比较充分，粘接牢度高，对于较宽大的元器件应选择光固型贴片胶。

② 要考虑固化前性能、固化性能及固化后性能，应满足表面组装工艺对贴片胶的要求。

③ 应优先选择固化温度较低、固化时间较短的贴片胶。目前较好的贴片胶的固化条件一般在 120～130℃/60～120 s.

(4) 贴片胶的使用与保管

① 必须储存在 5～10 ℃的条件下，并在有效期(一般 3～6 个月)内使用。

② 要求使用前一天从冰箱中取出贴片胶，待贴片胶达到室温后才能打开容器盖，防止水汽凝结。

③ 使用前用不锈钢搅拌棒将贴片胶搅拌均匀，待贴片胶完全无气泡状态下装入注射器，添加完贴片胶后，应盖好容器盖。

④ 点胶或印刷操作工艺应在恒温条件下(23 ℃±3 ℃)进行，因为贴片胶的黏度随温度而变化，以防影响涂敷质量。

⑤ 采用印刷工艺时，不能使用回收的贴片胶。

⑥ 为预防贴片胶硬化和变质，搅拌后贴片胶应在 24 小时内使用完。剩余的贴片胶要单独存放，不能与新贴片胶混装一起。

⑦ 点胶或印刷后，应在 24 小时内完成固化。

⑧ 操作者尽量避免贴片胶与皮肤接触，若不慎接触，应及时用乙醇擦洗干净。

(5) 施加贴片胶的技术要求

① 采用光固型贴片胶，元器件下面的贴片胶至少有一半的量处于被照射状态；采用热固型贴片胶，贴片胶可完全被元器件覆盖，见图 2-10。

(a) 光固型贴片胶位置　　(b) 热固型贴片胶位置

图 2-10　贴装胶涂敷位置示意图

② 小元件可涂敷一个胶滴，大尺寸元器件可涂敷多个胶滴。

③ 胶滴的尺寸与高度取决于元器件的类型，胶滴的高度应达到元器件贴装后胶滴能充分接触到元器件底部的高度。胶滴量(尺寸大小或胶滴数量)应根据元器件的尺寸和重量而定；尺寸和重量大的元器件胶滴量应大一些，但也不宜过大，以保证足够的粘接强度为准。

④ 为了保护可焊接以及焊点的完整性，要求贴片胶在贴装前和贴装后都不能污染元器件端头和 PCB 焊盘。

(6) 施加贴片胶的方法和各种方法的适用范围

施加贴片胶主要有三种方法：分配器滴涂、针式转印和印刷。

① 分配器滴涂贴片胶

分配器滴涂可分为手动和全自动两种方式。手动滴涂用于试验或小批量生产中；全自动滴涂用于大批量生产中。全自动滴涂需要专门的全自动点胶设备，也有些全自动贴片机上配有点胶头，具备点胶和贴片两种功能。手动滴涂方法与焊膏滴涂相同，只是要选择更细的针嘴，压力与时间参数的控制有所不同。

② 针式转印贴片胶

针式转印机是采用针矩阵组件，先在贴片胶供料盘上蘸取适量的贴片胶，然后转移到 PCB 的点胶位置上同时进行多点涂敷。此方法效率较高，用于单一品种大批量生产中。

③ 印刷贴片胶

印刷贴片胶的生产效率较高,用于大批量生产中,有丝网和模板两种印刷方法。印刷贴片胶的方法与焊膏印刷工艺相同,只是丝网和模板的设计要求,印刷参数的设置有所不同。

4. 贴装元器件

(1) 定义

用贴装机或人工将片式元器件准确地贴放在印好焊膏或贴片胶的 PCB 表面上。

(2) 贴装元器件的工艺要求

① 各装配位号元器件的型号、标称值和极性等特征标记要符合装配图和明细表要求。

② 贴装好的元器件要完好无损。

③ 元器件焊端或引脚不小于 1/2 的厚度要浸入焊膏。

元器件的端头或引脚均应与焊盘图形对齐、居中。由于再流焊时有自定位效应,因此元器件贴装位置允许有一定的偏差。

5. 再流焊

(1) 定义

再流焊是通过重新熔化预先分配到印制板焊盘上的膏状软纤焊料,实现表面组装元器件焊端或引脚与印制板焊盘之间机械与电气连接的软钎焊。

(2) 再流焊原理

从温度曲线(见图 2-11)分析再流焊的原理:当 PCB 进入升温区(干燥区)时,焊膏中的溶剂、气体蒸发掉,同时,焊膏中的助焊剂润湿焊盘、元器件端头和引脚,焊膏软化、塌落、覆盖了焊盘、元器件端头和引脚与氧气隔离;PCB 进入保温区时,PCB 和元器件得到充分的预热,以防 PCB 突然进入焊接高温区而损坏 PCB 和元器件;当 PCB 进入焊接区时,温度迅速上升使焊膏达到熔化状态,液态焊锡对 PCB 的焊盘、元器件端头和引脚润湿、扩散、漫流或回流混合形成焊锡接点;PCB 进入冷却区,使焊点凝固,此时完成了再流焊。

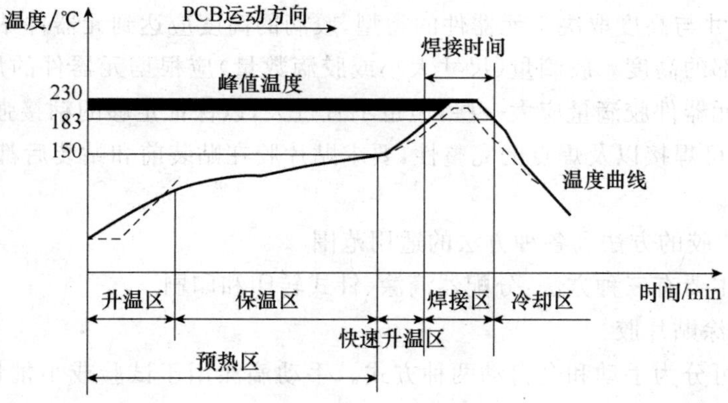

图 2-11 再流焊温度曲线

(3) 再流焊特点

与波峰焊技术相比,再流焊有以下特点。

① 不像波峰焊那样,要把元器件直接浸渍在熔融的焊料中,所以元器件受到的热冲小。

② 能控制焊料的施加量,避免了虚焊 、桥接等焊接缺陷,因此焊接质量好,可靠性高。

③ 有自定位效应(Self Alignment)——当元器件贴放位置有一定偏离时,由于熔焊料表面张力的作用,当全部焊端或引脚与相应焊盘同时被浸润时,能在表面张力的作用下自动被拉

回到近似目标位置的现象。

④ 焊接中一般不会混入不纯物，使用焊膏时，能正确地保证焊料的组分。

⑤ 可以采用局部加热热源，从而可在同一基板上采用不同焊接工艺进行焊接。

⑥ 工艺简单，修板的工作极小。

(4) 再流焊的分类

① 按再流焊加热区域可分为两大类：一类是对 PCB 整体加热，另一类是对 PCB 局部加热。

② 对 PCB 整体加热再流焊可分为：热板、红外、热风、热风加红外、气相再流焊。

③ 对 PCB 局部加热再流焊可分为：激光再流焊、聚焦红外再流焊、光束再流焊、热气流再流焊。

(5) 再流焊的工艺要求

① 要设置合理的再流焊温度曲线——再流焊是 SMT 生产中的关键工序，不恰当的温度曲线设置会导致出现焊接不完全、虚焊、元件翘立、锡珠多等焊接缺陷，影响产品质量。

② 要按照 PCB 设计时的焊接方向进行焊接。

③ 焊接过程中，严防传送带震动。

④ 必须对首块印制板的焊接效果进行检查。检查焊接是否完全、有无焊膏融化不充分的痕迹、焊点表面是否光滑、焊点开头否呈半状、焊料球和残留物的情况、连焊和虚焊的情况等；此外，还要检查 PCB 表面颜色变化情况等。在批量生产过程中要定时检查焊接质量的情况，及时对温度曲线进行调整。

2.4.2　电子信息类企业的生产管理

生产管理(Production Management)对企业生产系统的设置和运行的各项管理工作的总称。又称生产控制。MBA、CEO 及 EMBA 等主流商管教育将生产管理分为：①生产组织，即选择厂址、布置工厂、组织生产线、实行劳动定额和劳动组织、设置生产管理系统等；②生产计划，即编制生产计划、生产技术准备计划和生产作业计划等；③生产控制工作，即控制生产进度、生产库存、生产质量和生产成本等内容。生产管理的主要模块主要有计划管理、采购管理、制造管理、品质管理、效率管理、设备管理、库存管理、士气管理及精益生产管理这九大模块。

管理中最核心的问题是对人的激励问题激励不是操纵，不是牵制，而是对人的需要的满足，是通过满足需要对人的行为的引导和对人的积极性的调动。人的需要就是人的本性，认识人性的特点，适应人性的特点，是激励有效性的保证。人的心理和行为具有共同的特征，只有设身处地、将心比心，才能赢得员工的真心。人是千差万别又不断变化的，对张三适用的激励方法，对李四未必有效，因此，必须有区别地对待。

1. 生产管理绩效考核

生产管理绩效是指生产部所有人员通过不断丰富自己的知识、提高自己的技能、改善自己的工作态度，努力创造良好的工作环境及工作机会，不断提高生产效率、提高产品质量、提高员工士气、降低成本以及保证交期和安全生产的结果和行为。生产部门的职能就是根据企业的经营目标和经营计划，从产品品种、质量、数量、成本、交货期等市场需求出发，采取有效的方法和措施，对企业的人力、材料、设备、资金等资源进行计划、组织、指挥、协调和控制，生产出满足市场需求的产品。相应地，生产管理绩效主要分为以下六大主要方面。

(1) 效率(P:Productivity)

效率是指在给定的资源下实现产出最大。也可理解为相对作业目的所采用的工具及方法,是否最适合并被充分利用。效率提高了,单位时间人均产量就会提高,生产成本就会降低。

(2) 品质(Q:Quality)

品质,就是把顾客的要求分解,转化成具体的设计数据,形成预期的目标值,最终生产出成本低、性能稳定、质量可靠、物美价廉的产品。产品品质是一个企业生存的根本。对于生产主管来说,品质管理和控制的效果是评价其生产管理绩效的重要指标之一。所谓品质管理,就是为了充分满足客户要求,企业集合全体的智慧经验等各种管理手段,活用所有组织体系,实施所有管理及改善的全部,从而达到优良品质、短交货期、低成本、优质服务来满足客户的要求。

(3) 成本(C:Cost)

成本是产品生产活动中所发生的各种费用。企业效益的好坏在很大程度上取决于相对成本的高低,如果成本所挤占的利润空间很大,那么相应的企业的净利润则相对降低。因此,生产主管在进行绩效管理时,必须将成本绩效管理作为其工作的主要内容之一。

(4) 交货期(D:Delivery)

交货期是指及时送达所需数量的产品或服务。准时是在用户需要的时间,按用户需要的数量,提供所需的产品和服务。一个企业即便有先进的技术、先进的检测手段,能够确保所生产的产品质量,而且生产的产品成本低、价格便宜,但是没有良好的交货期管理体系,不能按照客户指定的交货期交货,直接影响客户的商业活动,客户也不会购买你的产品。因此交货期管理的好坏是直接影响客户进行商业活动的关键,不能严守交货期也就失去了生存权,这比品质、成本更为重要。

(5) 安全(S:Safety)

安全生产管理就是为了保护员工的安全与健康,保护财产免遭损失,安全地进行生产,提高经济效益而进行的计划、组织、指挥、协调和控制的一系列活动。安全生产对于任何一个企业来说都是非常重要的,因为一旦出现工作事故,不仅会影响产品质量、生产效率、交货期,还会对员工个人、企业带来很大的损失,甚至对国家也产生很大的损失。

(6) 士气(M:Morale)

员工士气主要表现在三个方面:离职率、出勤率、工作满意度。高昂的士气是企业活力的表现,是取之不尽、用之不竭的宝贵资源。只有不断提高员工士气,才能充分发挥人的积极性和创造性,让员工发挥最大的潜能,从而为公司的发展做出尽可能大的贡献,从而使公司尽可能地快速发展。

因此,要想考核生产管理绩效,就应该从以上六个方面进行全面的考核。

2. 生产管理内容

(1) 生产组织工作

生产组织工作即选择厂址,布置工厂,组织生产线,实行劳动定额和劳动组织,设置生产管理系统等。

(2) 生产计划工作

生产计划工作即编制生产计划、生产技术准备计划和生产作业计划等。

(3) 生产控制工作

生产控制工作即控制生产进度、生产库存、生产质量和生产成本等。

3. 生产管理目标

高效、低耗、灵活、准时地生产合格产品，提供满意的生产管理服务。

高效：迅速满足用户需要，缩短订货提前期，争取用户。

低耗：人力、物力、财力消耗最少。实现低成本、低价格。

灵活：能很快适应市场变化，生产不同品种和新品种。

准时：在用户需要的时间，按用户需要的数量，提供所需的产品和服务。

合格产品和满意服务：是指产品和服务质量达到顾客满意。

4. 生产管理任务

生产管理的任务有：通过生产组织工作，按照企业目标的要求，设置技术上可行、经济上合算、物质技术条件和环境条件允许的生产系统；通过生产计划工作，制定生产系统优化运行的方案；通过生产控制工作，及时有效地调节企业生产过程内外的各种关系，使生产系统的运行符合既定生产计划的要求，实现预期生产的品种、质量、产量、出产期限和生产成本的目标。生产管理的目的就在于，做到投入少、产出多，取得最佳经济效益。

5. 生产管理细节突破

(1) 在生产技术及生产管理技术方面

企业要注意做好行业生产基础技术的积累和创新工作，在细节方面认真做好每一步骤。在生产管理技术方面就更需要深入到细节中，因为生产管理本身就是细节的管理，需要注意每一数据的变化情况，在生产计划、组织、指挥、协调、控制诸方面做到细致、细心、关注细节。

(2) 在生产设备层面

注重设备功能在细节方面的改进和优化，注重前后流程间相关设备的对接和协同一致，在引进先进设备的同时也一定要注意设备维护和生产环境维护等工作。提高设备使用率，降低设备使用成本。

(3) 在员工素质层面

要做到努力从点滴的操作规程、设备使用技巧、工艺技术等方面提高其工作能力，强化提升员工在市场中的细节意识，并明确其细节工作对于整个组织的意义和重要性，努力培育注重细节的工作氛围和车间生产环境等。充分提高员工素质以提高工作效率。

2.4.3 电子信息类企业工艺流程技术新发展

1. 何谓电子装联技术

电子装联技术（俗称电装技术）研究的对象是：按照电子装备总体设计的技术要求，通过一定的连接技术和连接用辅料等手段，将构成电子装备的各种各样的光、电元器件、部件和组件等，在电气上互连成一个具有特定功能和预期的技术性能的完整的功能系统的全过程。它包含了从板级组装互连、机柜组装互连以及它们之间通过线缆互连而构成一个满足预期设计技术要求的设备体系的所有工序的集合。

2. 现代电子装联工程体系是一项系统工程

为什么说现代电子装联工程体系是一项系统工程？这主要是由其本身的技术结构和多学科知识的聚集等特征所决定。

(1) 现代电子装备构成的复杂性

① 在早期的电子装备和产品中，产品系统的构成，基本上是由大量分立元器件、零部件等

构成，电路的功能比较单一。产品预期的技术指标和性能主要是由设计的完善性和设计质量所决定。产品的制造难度也并不很高。由于组装的空间比较大，焊点形状比较单一，焊点数相对也不是太多。因此，装联工程技术在整个产品系统的形成中，所占的权重并不占有特别的地位。

② 随着微电子技术的极速发展，其封装形式快速实现了密、微、薄、轻化，使得今天的电子装备和产品也跟随着这种势头迅速实现了轻、薄、短、小化。当今的超薄型智能手机的发展就是一个极好的例证。虽然外形尺寸大幅度地缩小了，然而其功能却成倍甚至数十倍地增强了，产品功能愈来愈复杂化、智能化、精准化、人性化和高效能化。它表明了现代电子装联工程技术在现代电子装备和产品的形成过程中的权重大幅度增大，达到了举足轻重的地步。

(2) 现代电子装联工程体系涉及多行业和多学科的协调发展和参与

① 电子装联工程体系的核心是电子装联工艺

电子装联工艺的定义是：将构成产品的各单个组成部分（元器件、机电部件、结构件、功能组件和模块等）组合并互连成能满足系统技术条件要求的完整的产品过程，也有人习惯将电子装联工艺简称为电装工艺。电子装联工艺过程通常分两步。第一步完成内部组装：即解决形成各个别结构成分和电路元器件布置等的基本问题；第二步完成外部组装：即根据最佳满足各个别装置和仪器的使用条件和技术要求，解决成形和组装中的特殊问题。

② 电子装联工艺的技术内含

"产品工艺"即产品的生产制造技术，它包括从原材料进厂、加工制造、运输，一直到产品包装、入库等一系列加工制造和管理工作的集成。它是以"时间""效率"和"能源"为基准，以"人""机""料""法""测""环"为研究对象的科学。显然"工艺"的内涵包括：工艺技术、工艺管理、工艺装备、工艺材料、操作者技能等技术内容的集合。

③ 电子装联工程技术未来的发展必定是更高科技化的多行业的协作

电子装备和产品的高密度化、复杂化、智能化、精准化和高效能化的发展势头，表明了未来电子装备和产品的组装工艺过程可视化的程度越来越不良，甚至成为不可视；手工的可接触性越来越差，甚至成为不可能。为了应对上述挑战，它揭示了未来电子组装技术的发展必定是多学科和高科技的多行业的紧密配合和协同发展。

3. 电子产品装联工程的层次和内涵

现代电子装备的结构构成及组装互连的层次关系和内涵，可以粗略地用图 2-12 来描述。

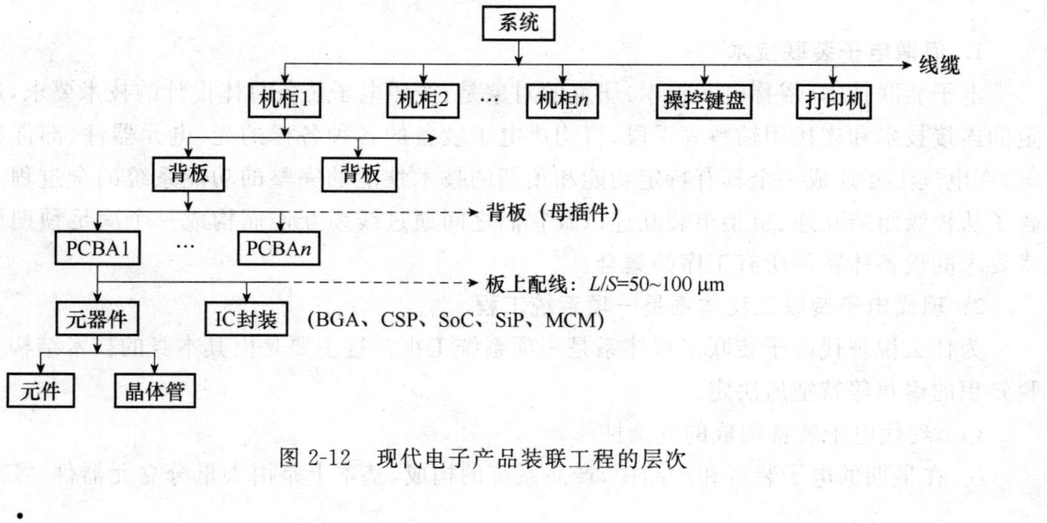

图 2-12　现代电子产品装联工程的层次

随着电子设备和安装技术的高密度化程度的不同，具体的安装层次也有所差异。例如，将未封装的IC裸芯片直接搭载在PCB板上(裸芯片安装)时，最前端的IC布线间的间距(L/S)约为0.091 mm。但是，当由多个IC、LSI及其他元器件等集合构成超精密图形互连，它还不能成为人们能操作的系统。只有最终配上键盘、开关等后才能达到人们能操作的尺寸，此时布线的间距就可能扩大了上万倍。

电子设备系统是由若干装配单位逐步累积而成的结构。制作最简单的装配单位的根基是基础元件(电路元件)，它是最低的、不可分割的结构层次。基础元件包括通用的电路元件或分立元件。在微电子设备中，微型电路也是基础元件。

装配等级由组装单位的尺寸和复杂程度表征。在采用分立元件的电子设备中，结构的最小装配单位是简单的部件、小单元、组件或典型的替换元件，我们把这样的装配单元称为第一结构层次。当利用微型电路作为基础元件尺寸时，第一级结构层次的功能将大为复杂化。微型电路的集成度可以使组装的结构层次变得更高。由第一结构层次的部件装配成的分单元、单元是第二结构层次。而第三结构层次等构成单一单元或包括分单元、单元的机架。装在设备机架(机柜、机箱)上的一组单元、单一单元或一组安装好的机架便构成装置，它是最高装配单位即第四结构层次。

4. 电子装联技术发展的驱动力

(1) 元器件复合化和半导体封装的三维化和微小型化，驱动了板级系统安装设计的高密度化，从而牵动了电子装联工艺必须跟随其跨入微组装和微焊接技术的新阶段，甚至一个新时代。

(2) 芯片重叠和芯片包重叠加速发展，如图2-13所示。从而驱使了板级组装加速向3D化发展。

(3) 将无源元件及IC等全部埋置在基板内部的终极三维封装，不仅能使电子设备性能和功能提高，利于轻薄短小化，而且由于焊接连接部位减少，有利于提高可靠性和有效降低安装成本。

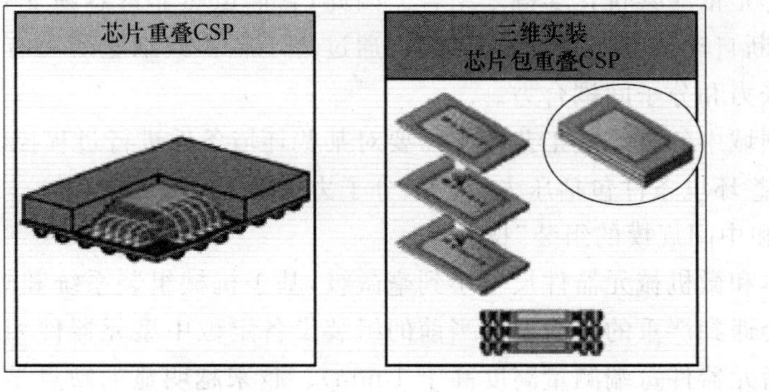

图2-13 芯片重叠CSP

(4) 阻容元件尺寸不断微型化，01005已近极限。

(5) 为了提高板级组装密度，在PCB中埋入R、C、L将进入实用。

(6) 互连柔性PCB将普遍替代线缆，而进入普及阶段。如图2-14所示。

(7) 将多个无源功能块集成在同一器件内，形成无源CSP。

(8) PCB、封装和器件将可能融合成一体，传统的使用机械凿刻(通过化学反应)最终达到非常小尺度的工具不再有意义。抛弃过去的工具、技术和模型，最终沿着分子生物学的线索走到分子水平。

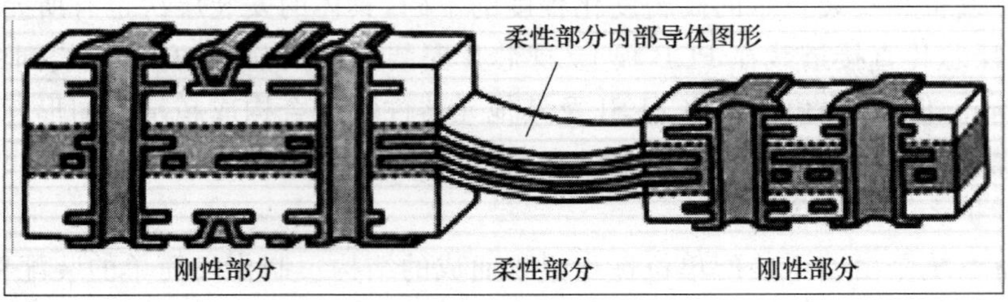

图 2-14 互连柔性 PCB

(9) 预计 20 年内会看到分子电路板领域的发展。到时电路板将不再是印制的。

(10) 多个同种或异种无源元件以二维或三维形式相组合,制成复合元件会明显改善安装效率和工艺性。

(11) 伴随着便携式电子设备的急速发展,复合元件上搭载 IC 器件的模块化制品正在迅速普及与推广。

(12) 元器件间安装间距由 0.15 mm 将减小到 0.1 mm。

(13) 随着互连密度的不断提高,零缺陷制造技术越来越重要,因生产成品率极易受到缺陷率的影响。

(14) 环保要求和产品的绿色化。

5. 中、长期的发展方向

(1)"自组装"技术

万物都可以小到毫微级,如半导体设备、显示器以及未来的电路组装技术。自然界用其自身的方式形成高度复杂的物质对象,使物质本身连续不断地耦合无数同样的基本元素来形成自身,小到分子,大到肉眼可见的颗粒及万物。DNA 是生物学领域中自组装系统的例证,实际上晶体栅格的形成过程也可以用同样的原理解释。所有这些结构的共同点在于:在热动力学平衡中它们并非是依靠共价化学键来结合。因此,它们虽然非常容易受到机械力或热力的冲击,但却可以不断自动调整或自身修复,还可通过每个颗粒或细胞所固有的属性来形成,这些属性包括表面张力和分子间耦合力。

合成技术领域中的自组装工艺技术需要对某些环境条件进行过程控制才能获得所想要的属性和结构,这些环境条件包括压力、温度、分子力或电场/电磁场。

(2)"微型和中间规模的组装"技术

随着半导体和微机械元器件尺寸小到毫微级,基于机械组装系统和焊接技术的传统组装和连接技术将会遇到严重的挑战。用当前的组装设备定位中型元器件相对较为简单(中型元器件的定义是指元器件每端测量高度高于 1 mm)。越来越明显的缺点是:原理上拾取和贴装环节是连续的过程,每次只能贴装一个元器件。主要的物理效应是利用地心吸引力和摩擦力。在不久的将来,如果元器件的尺寸再继续减小的话,将会由毫米级缩减到微米级,并且还将会继续减小。因此,必须使用地面效应、静电学来处理微小的元器件,使用移动的方式将预先搭建整个系统的薄膜图形转移到基板上,使用"印刷"的方式可以并行地制造整个电路图形。在并行处理时将大量的中型级元器件放置于临时的基板上,再将它们互连后移离临时基板(作为贴装工作台的临时基板是可以反复使用的)。在液体中或喷射印刷推进的方式下,应用扩散原理可以将元器件放置于该平台上,这样可以使元器件接近其最终的位置。

2.5　电子信息类企业安全生产常识

安全生产是我们国家的一项重要政策，也是企业管理的重要内容之一。做好安全生产工作，对于保障员工在生产过程中的安全与健康、搞好企业生产经营、促进企业发展具有非常重要的意义。

2.5.1　电信运营企业安全生产管理机制

在市场经济环境下，企业必须遵循利益最大化的原则来组织生产，这类利益不仅涉及企业整体经济效益，也涉及职工个人的经济利益，更重要的是涉及确保广大职工生命财产安全和身体健康，推进全面小康社会的大问题。要达到避免事故发生的目的，特别是杜绝重特大事故的发生，需要积极推进思想观念的创新、事故防范机制的创新、监管手段的创新、以构建企业安全生产监督管理的长效机制。

1. 各级领导应高度重视安全生产工作

建立安全生产长效管理机制，是实现安全生产"全面负责"的重要基础性工作。各级领导、各级管理干部，特别是企业领导，必须充分认识到安全生产的长期性、复杂性、艰巨性和极端重要性，以保证职工身体健康和生命财产安全为己任，在安全生产工作上要以身作则，自觉依法办事，按照规章制度进行管理，明确责任。但极端重要的安全工作单靠企业领导的自觉性是不行的，必须从机制上加以约束，政府在任命、考核企业领导时，应把安全目标任务完成情况作为重要的指标，真正做到"政府统一领导"。除安全监察部门的依法严格监察外，企业内部必须形成对领导，特别是第一把手履行安全生产职责的监管制度，利用工会监督网络依法进行实时监督，确保其认真履行安全职责，确保"三同时"制度的贯彻落实，依法保证本单位安全生产所必需的资金投入。

2. 建立健全企业安全生产规章制度，做到安全监管有章可循

国家已颁布实施了《安全生产法》等法律法规，走上依法开展安全生产之路。在良好的大气候下，企业应根据各自实际情况，建立以安全生产责任为基础的，完善且切实可行的安全生产规章制度，确保安全监管有章可循、有章必循、违章必究。

(1) 确保设置安全管理机构，配备安全管理人员

企业必须按规定设置安全管理机构，并配备注册安全主任，另外，还可通过实施安全督导员制度，加强安全督导等形式，培养建设一支责任心强、技术水平高、懂安全知识和规范，掌握安全技能、有比较丰富的管理经验和较强的单兵作战能力的基层骨干队伍，从而能及时发现、整改事故隐患。

(2) 落实企业各级领导和企业全员安全生产责任制

作为生产经营单位，企业必须依法加强安全生产基础工作，明确制定各级领导的安全管理职责和所有从业人员的安全生产职责，实行安全生产目标管理，要层层落实安全生产责任，层层签订安全生产责任书，确保各项工作措施落实到位。

(3) 建立、完善宣传教育体系，增强全员安全生产意识

要将安全生产教育作为重要的基础工作来抓，严格遵照国家和省市关于安全生产教育工

作的各项规定，在坚持三级安全教育的基础上，强化对职工的教育培训，并形成制度。对各级安全生产责任人，要通过认真学习《安全生产法》和《职业病防治法》等法律法规，进行安全责任教育；对各级管理干部进行安全责任教育；对广大员工进行安全责任教育。各级领导不仅要自己具备安全生产意识，还必须懂得且主动采用多种形式，深入、持久地对职工进行安全意识教育，培养全员安全生产意识，使广大职工知其任、明其责、尽其职，提高职工的安全生产素质，提高防范事故和应急救援的能力。

(4) 安全检查要有针对性，要求实效

要着重于事故的防范，系统、有效地检查是发现事故隐患、控制事故发生的有效途径。企业要形成规范的安全检查制度，在落实上级规定的安全检查内容和频次等要求的基础上，要积极创新安全检查模式，理论和检查形式均要创新，检查的内容更要创新，不但要查一些明显存在的隐患，还要查各单位的安全管理制度、操作规程缺陷等潜在的安全隐患。对检查中发现的问题和隐患，实行“三定”，即定责任、定时间、定措施，限期把存在问题和隐患进行全部整改。

(5) 健全、完善安全责任考核、激励机制

在市场经济条件下，企业要搞好安全工作，离不开经济杠杆的调节作用。为此，要进一步健全和完善安全责任奖罚机制，健全和完善安全生产责任考核机制时，要从本单位实际出发，制定安全生产责任制考核方案，并尽量做到量化、细化、具体化。

(6) 健全、完善安全责任追究机制

发生各类事故时，要认真组织调查分析，对于连续发生事故或发生重大事故的单位要给予重罚，按“四不放过”原则追究领导和责任人的责任，首先从各级领导责任查起，把安全工作的好坏直接与各级领导的利益挂钩，在此基础上，对各类事故的责任人也要进行责任追究，把安全指标完成情况纳入干部考核机制中。

(7) 加强班组安全管理，树立群体安全意识

班组是企业最基层的组织，其安全管理的水平关系到企业安全生产工作的全局，如何坚持不懈地开展班组安全工作建设，将班组安全生产工作纳入经常化、标准化、规范化的轨道，是安全生产管理长期努力的一个目标。要建立起一种“群体安全意识”，必须加强对班组长这个集体核心的教育培训，增强其安全管理技能。加强班组安全管理，使班组安全管理逐步达到标准化、规范化，生产一线职工严格遵守安全操作规程是预防事故发生和扩大的关键因素。

3. 积极推进“以人为本”的企业安全文化建设

建立安全生产长效机制最主要的目的就是要避免重大事故的发生，安全文化建设是预防企业事故的基础性工程，安全文化作为企业文化的重要一环，是企业安全建设的灵魂，对保障安全生产具有战略性意义，培养和增强安全文化意识，对提高企业从业人员的安全防范意识，减少安全生产事故，尤其是重大、特大事故具有重要意义。企业安全管理只有形成自己独特的、有效的一种文化，才能长久维持。

(1) 企业要通过宣传、教育，特别是本单位以往典型事故案例教育，条件允许时可让事故的当事人现身说法，使职工在心灵深处受到震撼，加深对遵章守纪重要性的认识；通过创建群体安全意识，结合适当的奖惩等手段，开展讨论交流等活动，提高企业职工的安全修养，增强安全意识。

要抓好反习惯性违章行为工作。习惯性违章行为有两类，一类是个人习惯性违章，另一类是群体习惯性违章，个人习惯性违章如不及时加以控制，就会蔓延成群体习惯性违章。因此，要从制度上、职工心理等方面分析习惯性违章行为形成的原因，采取教育、奖惩、教化等办法进

行治理，不能让习惯违章成为风气。

在加强职工遵章守纪的教育基础上，在执行上要求要严，使职工从不得不服从管理制度的被动执行状态，转变为自觉做到"三不伤害"，实现从"要我安全"到"我要安全"的根本性转变，使"人人事事保安全"在企业内部蔚然成风。

(2) 鼓励理论探索和应用，结合信息化管理，促进安全文化发展。企业虽然不是开展理论研究的单位，但通过理论的学习探讨和应用，可以开拓安全管理人员的视野，提高其思考问题的深度，从而使企业安全管理能做到与时俱进，不断发展创新。因此，企业要搭建方便交流、沟通的平台，从资金、时间和精神上提供有力支持，鼓励企业安全管理学术交流，结合信息化管理，利用先进的理论指导安全生产实践，使其成为安全生产不竭的动力。

安全文化是企业安全生产中对安全技术措施和安全管理措施的补充，但企业安全文化建设应该建立在良好的安全管理基础上，必须在确保基本的安全技术措施和管理措施得到落实的基础上，做好规划，制定切实可行的、便于操作的措施，将安全文化融合于企业的各项工作中，这样，才能真正创造安全生产的良好氛围，更好地促进企业发展，达到良性循环，达到长期有效的目的。

4. 积极推行职业健康安全管理体系，实现安全生产的持续改进

OHSMS18001(职业安全健康管理体系)是一种安全管理先进模式，其最重要的特点是贯彻一切事故都可以预防的思想，按照PDCA(规划—实施—验证—改进)模式进行事前风险分析，确定其活动、生产及服务过程可能发生的危害及后果，通过系统化的预防管理机制，彻底消除各种事故隐患，以便最大限度地减少事故和职业病的发生，从而持续改善企业职业安全健康业绩。企业建立和实施管理体系，就是实现向系统化、规范化的职业安全健康管理的过度，也是企业员工树立"以人为本"的理念，贯彻"安全第一，预防为主"方针的过程，通过推行OHSMS18001，实施全员、全过程、全方位的安全管理，可以使企业达到最佳的状态，实现持续有效改进和规范化管理。

5. 要通地大力发展生产经营来推动安全工作

安全工作要常抓不懈，但安全措施的落实离不开企业的经济实力的支持，如果企业没有认真抓好生产经营活动，导致经济滑坡，如果企业没有认真抓好生产经营活动，导致经济滑坡，无法保证资金的有效投入，无法进行隐患的整改，无法为职工提供必需的职业安全健康保护用品，必然容易发生事故，根本无从谈安全。因此，在确保安全的前提下，企业必须大力搞好生产经营工作，以搞好生产经营来促进安全管理。只有以强大的经济实力作后盾，才能确保安全管理持续有效地实施。

2.5.2 电信运营企业安全生产保障

安全生产保障机制是企业为了实现安全生产的目标，利用多方制约的理论，把从事企业生产的有关制度、人员、设备进行有机地组合，并使这种组合在企业生产的全过程中进行合理的运作，形成合力，在保证安全的各个环节上发挥最大的作用，从而在完成生产任务的同时，确保安全生产。

安全生产人才是安全发展第一资源，是实现安全生产状况根本好转的重要保障。健全完善安全人才保障机制，关键是要加强安全生产人才队伍建设，立足增强自主创新能力，依靠科技进步、加强管理和提高素质保安全，全面推进"平安企业、和谐企业"建设进程。

1. 建设一支高素质安全生产监管监察人才队伍

以提高公司安全生产管理水平和执法能力为核心，以基层安全生产管理人员为重点，坚持正确用人导向，健全选拔任用机制，加大竞争性选拔工作力度，有效拓宽选人用人渠道，重视从基层和生产一线选拔人才，更是促进了优秀人才脱颖而出；通过构建"主要领导抓全面系统安全管理，副职领导抓过程安全管理，业务部室抓专业安全管理，安全管理部门抓系统监督管理，班组长抓细节安全管理"的安全管理体系和"横向到边、纵向到底"的安全管理网络。从上到下，人人肩上都有了抓好安全管理工作的责任。

2. 建设一支高层次安全生产科技人才队伍

以提高安全生产创新能力和促进科技进步为核心，以安全生产科技领军人才为重点，实施安全生产科技领军人才推进工程，建立学校培养和实践锻炼相结合、国内培养和国际交流合作相衔接的开放式培养体系；加大高水平安全科技人才培养和引进力度。

3. 建设一支复合型公司安全生产管理人才队伍

以提高安全生产管理水平为核心，以公司主要负责人和安全生产管理人员为重点，实施大规模人才教育培训和人才网络教育培训与考核体系建设工程；落实安全生产职业资格制度，不断加强安全资格培训和考核，促进安全生产管理人才职业化、专业化建设；充分借鉴国内外先进经验和典型做法，提升公司安全生产管理水平；建立安全生产管理人才激励机制，提高人才地位和待遇，增强安全生产管理岗位的吸引力和竞争力。

4. 建设一支实用型安全生产高技能人才队伍

根据岗位安全操作要求和应急救援能力建设需要，以提升安全意识和实用技能为核心，以技师和高级技师为重点，积极开展安全生产高技能人才培训与交流，有效拓宽了高技能人才交流渠道，推进安全生产高技能人才培养；落实公司高技能人才评选表彰制度，定期开展职业技能竞赛、岗位练兵和应急救援技术比武活动。

5. 建设一支职业化安全生产专业服务人才队伍

以提升职业素质和专业服务水平为核心，以安全生产专业技术人才为重点，制定完善职业资格管理办法，加强执业准则和职业道德建设，规范执业行为；不断完善安全生产专业服务体系，壮大专业服务人才队伍；严格职业资格准入制度，完善注册安全工程师执业资格制度，逐步形成以注册安全工程师为主体的职业化安全生产人才队伍。

2.5.3 机房安全

机房作为企业各个节点进行协同工作的必不可少的中心环节，其重要性是不言而喻的。只有保障机房的安全有效，才能保证企业在日常业务工作的正常进行。本节首先说明机房安全管理的必要性，然后从机房环境条件的安全管理、网络故障的防范和处置、安全管理制度的完善和执行三个方面来全面阐述如何进行机房的安全管理，保障企业心脏的坚强动力。

越来越多的企业办公已离不开计算机，离不开网络。如果把网络比喻成一个人，当成百上千的计算机接入网络的时候，一个人的四经八脉也就形成了，那么机房无疑就是这个人的心脏，只有心脏正常起搏，向人体各器官提供足够的氧和能量，人体才能够正常运作。同理，企业机房作为承载各种重要局域网财务及业务的数据中心，只有保障其正常运转，才能促进数据信息在网内畅通地传递，保证企业适应日益激烈的市场竞争的需要。然而，不少企业对机房安全重要性的认识往往存有一种片面性，即对机房网络硬件、常规服务器及存储等方面的安全需求比较重视，但对机房环境安全方面的需求重视不够，因此机房的稳定、安全很难实现。

1. 对机房环境条件的安全管理

机房环境条件是指机房内的温湿环境、电力系统、制冷系统、消防系统、线缆布局及空间设置等，这些环境因素对机房安全有直接影响，不可掉以轻心。现对机房环境条件安全管理的内容和目标分述如下。

（1）温湿环境

要保障机房的恒温与恒湿处在合理范围内。如果机房的温度过高，会引起服务器因CPU温度过高而非正常宕机现象，更有甚者，会造成服务器硬件损坏，给企业带来不必要的损失，故机房温度控制在20～22 ℃为宜。湿度的控制同样重要，如果机房室内湿度过高，就会在电子元件上形成凝结的水滴，导致设备寿命缩短，会使冷却设备效率降低，最终形成运营成本增加。如果湿度过低，室内可能出现静电现象。这种情况会导致电力设备突然断电，严重时可能损坏设备，一般来说机房最佳湿度范围是40%～55%。

（2）电力系统

要保障机房的用电不间断。所选择的UPS（不间断电源）取决于机房大小与用电规模，大型机房如果只靠大功率UPS维持7×24×365机房用电不间断，显然并不理智。因为大功率UPS往往需要大量蓄电池组，而这些蓄电池组所占的空间相当可观，这对于寸土寸金的物理机房空间而言，显然顾此失彼。因此，大型机房在使用大功率UPS同时，可搭配在线柴油发电机一起使用，为机房提供可靠的电力保障。

（3）制冷系统

要保障机房的降温效果。机房的降温主要以空调制冷为主，随着设备使用年限增长，设备自身往往会出现一些意外情况，比如空调漏水，有可能造成机房各种线缆和电源设备的短路。大型机房一般多采用通过中央空调将冷空气从机房地板下引入到各机柜的方法，在温度上有严格的控制，用冷空气带走各机柜中服务器、交换机等设备产生的热量，并以机柜自带风扇为辅助，保持降温效果。

（4）消防系统

要保障落实机房的防火要求。火灾是机房中发生的较普遍且危害极大的灾害。机房应选择防火建筑材料，配置有效的报警装置和灭火器具等消防设备，建立严格的防火管理制度。

（5）线缆布局

要保障机房的美观整洁且适用。这就要做到：机房的线缆通常采用下走线（地板下布线）；各机柜服务器所用网线和电源线应独立分开，并以相反的方向走线；网线接入端或汇聚端贴好相应标签，端端之间标示保持一致，以便于日后统计维护。在外观整洁的前提下，内在施工也应该一丝不苟，这主要体现在：地板下最好用架空方式设置线缆槽，避免空调漏水带来的麻烦；地板下网线最好按使用类型分开，并按照一定规则敷设线缆，以便于将来查线撤线；需要拐弯时，不能呈直角状态，否则会造成通信障碍；设备更替时应及时将旧线缆撤出，以免造成越来越多的线缆杂乱无章，给撤换线缆带来麻烦。

另外，机房空间应保障足够宽大，服务器、交换机及防火墙等设备最好安置在机柜里，机柜架之间要留出足够的空间，以便于安全地维护、移动设备而不必担心撞上设备架。

2. 对机房网络故障的防范和处置

网络安全是机房安全的核心部位，影响网络畅通的问题多种多样。例如，BT、多线程下载占带宽、ARP欺骗、病毒蠕虫爆发、ISP物理故障等。网络管理员需要的是当发生网络运转变慢、中断等突发情况时，可以迅速定位故障点，封堵故障点，确保其他人员的网络畅通。这就需要做到：

(1) 安装网络版杀毒软件

通过统一的控制台对数据中心的所有病毒防范系统进行管理，定期对杀毒软件进行管理维护以及更新病毒特征码数据库。

(2) 安装防火墙

在内部网和外部网之间设置防火墙，把公共数据和服务置于防火墙外，同时在服务器和内部网之间加设防火墙，以保护服务器系统不受来自绕过外部防火墙的攻击以及来自内部的攻击。

(3) 安装网络安全监测防护系统，对服务器、网络、业务流程等进行全面监测

动态地监测网络内部活动并做出及时的响应，要依靠基于网络的实时入侵监测技术，监控网络上的数据流，从中检测出攻击的行为并给予响应和处理。网络监测系统要能够寻找安全漏洞、提供报警功能，尽最大可能弥补新的安全漏洞并消除安全隐患。

在局域网内，对于网络管理员来说最担心的是服务器出现故障，造成这种情况的原因，除了机房环境因素外，更多的情况就是来自于病毒攻击。首先，令网管头疼的是ARP病毒，此病毒往往导致整个网段的服务器或终端PC无法正常工作。目前最好的解决方法都是被动进行，即将网关和服务器的IP地址与其各自的MAC地址进行静态绑定，接着在每台服务器上安装ARP病毒专杀防御工具，可主动防御ARP病毒攻击。再就是DDOS攻击，即很多DOS攻击源利用合理的服务请求来占用过多的服务资源，从而使服务器无法处理合法用户的指令。这就需要购置入侵防御系统或专防DDOS攻击产品，接入所有机房数据流量经过之处，可达到一定安全防御效果。

鉴于目前的科技水平，企业在网络上的数据丢失问题有其不可避免性，而数据丢失所造成的损失是不可估量的。因此在努力做好防范的同时，备份数据及恢复措施很有必要也非常重要。为确保企业系统数据的安全，必须通过各种手段进行数据备份。在原始数据丢失或遭到破坏的情况下，利用备份数据把原始数据恢复出来，尽快使系统恢复正常工作。目前企业数据备份的手段是网络备份和移动磁盘备份同时进行，有条件的情况下可考虑异地备份，以确保数据更加安全。另外，光进行备份是不够的，还要制定详细的系统恢复措施，以保证信息系统的顺利运行。

3. 对机房安全管理制度的完善和执行

没有规矩，不成方圆，一个完善的安全管理制度并严格的执行是机房安全的重要保证。现状是不少企业机房不是没有制度，而是制度不完善或者制度被束之高阁，导致机房管理随意松散，各种安全隐患不断。为了确保企业心脏的动力永不衰竭，必须不断加强机房的安全管理制度建设，努力做到：

(1) 健全制度，规范管理

健全机房安全管理制度、操作权限管理制度等相关规章制度，严格按制度对机房进行管理。对企业信息系统要建立信息系统操作流程、网络安全管理制度等相关的规章制度。所有人员必须按照规章制度、操作权限和操作规程进行操作。

(2) 明确职责，专人管理

明确人员职责，机房、服务器的管理由专人负责，不相关人员不得越权访问服务器，以免造

成数据丢失。

(3) 定期检查,细化管理

定期检查系统日志文件以及关键配置文件,建立安全事故的报告与响应制度,并严格实施,同时要建立完整的设备故障及处理记录。使机房的制度建设在执行中不断完善,在完善中得到提高。

机房安全管理是一项系统工程,只有全面地、客观地按照机房安全运行的内在规律进行管理,才能确保机房正常运转,保障企业心脏的坚强动力。

2.5.4 电气安全

安全是人类生产和生活的基本需要。安全管理始终贯穿于各个行业和领域,电气安全管理是企业安全管理领域的重要组成部分。随着企业安全管理的不断发展,需要应用科学的管理方式,不断提高电气安全管理水平,真正把企业电气安全管理工作做好。企业做好电气安全管理的措施有如下几点。

1. 组织管理及措施

(1) 建立、健全规章制度

根据不同的电气设备和环境特点,建立健全各种安全操作的规章制度。如电气安全管理制度、变配电室安全管理制度(岗位责任制、操作规程、交接班制度、工作票制度、高低压配电室安全管理及维修保养制度、交配电室来访人员登记制度及安全保卫制度等)、巡视检查制度、电气设备定期维修和预防试验制度、临时用电、临时线路、临时设备管理制度、重点电气设备防事故预案等。

(2) 安全检查

安全检查是安全管理的一项行之有效的方法,是电气安全及预防电气事故发生的一项重要措施。

检查内容包括:检查各项安全规章制度是否完全及落实情况;电气设备的绝缘有无损坏、绝缘电阻是否合格、保护接零或保护接地是否可靠、保护装置是否符合要求、手提照明灯电压是否为安全电压、安全用具和灭火器材是否齐全、电气连接部分是否完好等。检查出来的隐患,应列出计划,及时进行整改。

(3) 用电安全教育

积极做好电气安全宣传教育工作,是电气安全及预防电气事故的另一项重要措施。要使每一个员工都认识安全用电的重要性,掌握安全用电的知识和触电急救的方法。

1) 企业新员工上岗前必须进行三级安全教育。对一般职工应要求了解安全用电的一般常识。

2) 独立工作的电气工作人员,应懂得电气设备、装置在安装、使用、维护、检修过程的安全要求,应熟悉电气安全操作规程,学会电气灭火的方法,掌握触电急救的技能,取得特种作业资格证书后方能上岗。

3) 新参加电气工作的人员、实习人员必须经过安全知识教育后,方能到现场参加指定的工作。

4) 根据预定的防事故预案对在重点电气设备场所作业的员工进行演练,提高员工自我保护的能力。

(4) 电工管理

1) 电工作业人员应自觉遵守执行岗位责任制。

2) 电工作业人员应经安全技术培训,考核合格,取得相应的资格证书后,才能从事电工作业,禁止非电工作业人员从事任何电工作业。

3) 电工作业人员作业时应按规定使用试验合格的电工防护用品。

4) 当进行现场电气工作时,应有熟悉该工作和对现场有足够了解的电工作业人员来执行,并采取安全技术措施。

2. 用电安全的基本要求

(1) 电气设备、装置在使用前应认真阅读产品说明书,了解使用可能出现的危险及预防措施,并按产品说明书的要求正确使用。

(2) 掌握所使用的电气设备、装置的额定容量、保护方式和要求、保护装置的额定值和保护元件的规格。不得擅自更改电气装置或延长电气线路。不得擅自增大电气装置的额定容量,不得任意改动保护装置的额定值。

(3) 任何电气装置都不应超负荷运行或带故障使用。

(4) 用电设备和电气线路的周围应留有足够的安全通道,电气装置附近不应堆放易燃、易爆和腐蚀性物品。禁止在架空线上放置或悬挂物品。

(5) 使用的电气线路须具有足够的绝缘强度、机械强度和导电能力并应定期检查。禁止使用绝缘老化或失去绝缘性能的电气线路。

(6) 软电缆或软线中的绿/黄双色线在任何情况下只能用作保护线。

(7) 移动使用的配电箱(板)应采用完整的、带保护线的多股铜芯橡皮护套电缆或护套软线作电源线,同时应装设漏电保护器。

(8) 在使用移动式设备时,应先确认其金属外壳或构架已可靠接地,使用带保护接地极的插座,同时宜装设漏电保护器,禁止使用无线保护线插头插座。

(9) 手提式和局部照明灯具应选用安全电压或双重绝缘结构。在使用螺口灯头时,灯头螺纹端应接至电源的工作中性线。

(10) 临时用电应经有关主管部门审查批准,并由专人负责管理,限期拆除。

(11) 用电设备在暂停或停止使用、发生故障或遇突然停电时均应及时切断电源,必要时应采取相应技术措施。

(12) 当保护装置动作或熔断器的熔体熔断后,应先查明原因、排除故障,并确认电气装置已恢复正常后才能重新接通电源、继续使用。更换熔体时不应任意改变熔断器的熔体规格或用其他导线代替。

(13) 当电气装置的绝缘或外壳损坏,可能导致人体触电时,应立即停止使用,并及时修复或更换。

(14) 露天使用的用电设备、配电装置采取防雨、防雾和防尘的措施。

(15) 禁止利用大地作中性线。

(16) 当发生人身触电事故时,应立即断开电源,使触电人员与带电部分脱离,并立即进行急救。在切断电源之前禁止其他人员直接接触触点人员。

(17) 当发生电气火灾时,应立即断开电源,并采用专用的消防器材进行灭火。

(18) 长期放置不用的或新使用的用电设备应经过安全检查或试验后才能使用。当电气设备、装置拆除时,应对其电源连接部位做妥善处理,不应留有任何可能带电的外露可导电部分。

(19) 电气设备、装置的检查、维护以及修理应根据实际需要采取全部停电、部分停电和不停电三种形式，并应采取相应的安全技术和组织措施。

(20) 全部停电和部分停电工作应严格执行停送电制度，将可能来电方面的电源全部断开，对可能有残留电荷的部位进行放电，验明无电后方可工作。必要时应在电源断开处挂设标识牌和在工作侧各相上挂接保护接地线。

当然，企业电气安全管理是一项非常复杂的工作，单凭上述的管理和技术措施是不够的，还需要采取各种措施，在充分发挥专业安全管理人员骨干作用的同时，吸引全体员工参加安全管理，提高全体员工的安全素质，增强员工执行安全规章的自觉性和自我保护能力，逐步实现从“要我安全”到“我要安全”的思想跨越，进一步升华到“我会安全”的境界，形成“安全工作，人人有责”的共识，才有可能真正使企业电气管理水平上一个新台阶。

2.5.5　通信线路施工维护安全技术

21 世纪通信网的发展趋势是宽带综合业务数字网，其关键技术同步数字传输(SDH)、异步转移模式(ATM)交换、光纤用户环路等已日趋成熟，它们所依赖的传输通道的稳定和可靠，是整个通信网不可忽视的问题，这就对通信线路传输质量提出了更高的要求。随着电力系统特种光缆技术的发展，凭借电力系统的可利用资源，大力发展光纤通信，这是电力通信发展历史上的一次重要革命，其意义非常深远。

1. 通信线路存在的主要问题

(1) 光缆构成、结构不合理

目前全国各个地市大部分光缆为普通架空光缆，特种光缆相对较少，未能充分发挥电力系统的杆路优势。主环光缆未达到可靠性相对较高的管道或 OPGW 光缆，部分光缆通道路径单一，可靠性、安全性不高。

(2) 外力破坏

大多数的通信光缆线路经多年的使用，存在部分线路光纤和接头盒老化、光缆线路被老鼠咬伤次数较多、经常遭遇施工损坏、施工方违规作业等情况，导致线路损耗增大，光缆传输能力下降。

(3) 电信企业自身情况

从电信企业自身情况来看，随着近年来企业机构改革精减，基层线路人员的大幅度裁减，还有地方线路施工及维护体制改革后带来的种种后遗症。同时，企业新旧体制交替和更换，企业内部分中青年员工的责任心下降也是不可忽视的原因。

(4) 社会原因

近年来各个城市的光缆经常被盗，且愈演愈烈，严重影响了通信服务质量，干扰了电信企业正常的工作秩序，主要原因还是社会治安环境的日趋恶化、地方上基层治安机构人力财力匮乏以及对通信线路安全不够重视而造成的。

2. 通信线路的维护

(1) 加强员工管理

1) 对员工的管理，最基本的要做到分工明确，落实责任制。这样可以很好地调动维护人员的积极性，利于管理，更可以有效促进线路维护质量的提高。所以，较合理的方式是推行承包制。根据实际承包的任务量,并参照一定标准,将岗位、员工人数、材料费等确定下来。这样,节约意识就会大大增强,维护和建设材料严重浪费,丢失被盗的情况也会减少。同时,应该让安全管理与员工的切身利益挂钩,建立标本兼治的有效机制,使安全管理落到实处。

2) 加强技术培训,提高维护人员的业务水平,提高维护人员的业务素质。良好的技术素质可以迅速地判断出通信光缆线路故障的性质和地点,尽量缩短故障检修时间。

(2) 加强巡视、及时抢修、提高线路运行率

光纤线路的巡视主要包括定期巡视、金具抽检、OrIDR 定期测试、SDH 设备做连续监视等。把检查结果与原始记录做比较,发现变化应及时做进一步检查,分析和采取必要的纠正措施。一旦发生中断应分三步进行抢修:应急抢修、临时恢复和永久恢复。利用原缆中的备用纤或其他保护的光缆,在被损光缆两头重新做旁路接头等。临时恢复和永久恢复的区别取决于原缆种类、代用时间等。有时并无明确界限,如 OPGW 故障后,拉一段 ADSS 用两年,然后再更换已损坏的 OPGW,则 ADSS 就是临时恢复,OPGW 是永久恢复。永久恢复:如果原来就是 ADSS,则换 ADSS 就一步到位。

(3) 合理选用光纤配线系统及光缆尾纤

光缆配线系统应包括光纤配线柜、光纤配线单元、光纤直熔单元、光缆同定与接地单元、光纤收线区。其容量要满足远景的最大容量需求,杜绝进行光纤配线系统的改造;其结构应保证施工和运行维护时的安全性,避免对运行系统造成影响;光缆的安装与固定、尾缆的安装与固定、光纤跳线的安装与固定要有足够的空间:对光纤走线要有保护措施,并具有较大的光纤弯曲半径和盘纤空间。

应确保光器件优异的物理性能、机械性能、光学特性和良好的产品稳定性。能适应环境温度变化范围,连接器插入衰耗要小,重复和互换附加衰耗要低,连接处的光波反射衰耗要大,光纤种类和工作波长与光缆中的光纤相对应,活动连接器件的允许插拔次数多、寿命长、制造工艺精度高、表面处理精细。

(4) 做好线路的防雷措施

① 光缆线路应尽量敷设在雷击活动相对较少的平原地区或整体土壤电阻率较低的地域,如其必须经过山地,也应力求避免敷设在山顶上。

② 对采用架空方式敷设的光缆,可充分利用原金属吊线和线路杆的避雷措施来避雷。同时将吊挂光缆的钢绞线每间隔 500~1 000 m 接地一次,钢绞线不必断开。但要将光缆中的金属部件在接头处全部做电气断开,且吊线两端应做接地处理。

③ 在雷电灾害频繁的地区,根据具体情况,既可安装防直击雷效果较好的架空避雷线,也可采用非金属加强芯或超厚 PE 外护层光缆。

2.5.6 电信运营企业防火防爆

企业火灾、爆炸事故具有原因复杂、后果严重、事故突发、难以控制的特征,必须要采取消除和控制点火源、控制可燃物与助燃物的结合、防止燃烧释放有毒有害气体的扩散、防止反应失控型火灾爆炸事故、建立完善的消防灭火系统等对策,按照"预防为主,防消结合"的消防工作方针,依据《中华人民共和国消防法》,切实加强工业企业防火防爆及消防安全管理工作。

1. 火灾爆炸事故特征分析

在生产过程中,凡是超出有效范围的燃烧都可造成火灾事故;在有限空间迅速燃烧蔓延,

就形成爆炸事故，两者常可同时进行，互相转化、相互促发，并具有以下特征。

(1) 复杂性和严重性

各工业企业由于生产原料、半成品和成品不同，使火灾和爆炸事故的起因（如从点火源、可燃物性质等方面考虑）、灾害范围、后果以及事故类型也各不相同。如泄漏类火灾和爆炸、燃烧类火灾和爆炸、自燃类火灾和爆炸、反应失控类爆炸等等，具有一定的复杂性。一旦发生火灾爆炸事故，不仅可毁坏物质财富，造成直接和间接损失，还会导致生态环境破坏、人员伤残，而火灾现场高浓度有害烟气、缺氧，更有导致人员窒息死亡的危险，往往造成间接损失比直接损失更为严重。在可燃物较集中的场所，由于燃烧猛烈、辐射强以及可燃气体的快速扩散，可使火势迅速蔓延，其后果更为严重。

(2) 突发性和难以控制性

由于操作者违章作业或各种原因导致的误操作，也由于生产管理者效益第一的陈旧观念或知识水平、经验阅历所限，对安全生产疏于管理，加上目前火灾和爆炸事故监测设备和手段的局限性，造成工业企业的火灾、爆炸事故往往具有明显的突发性和难以预料性。对某些生产易燃易爆危险品和有毒有害产品的工业企业，火灾、爆炸事故往往伴有危险品燃烧和有毒有害气体或放射性物质的扩散，给现场扑救带来相当大的难度。

2. 预防对策

(1) 企业管理者要树立以人为本的全新理念，从企业社会形象、人权和法制的高度去关注职工的身体健康和生命财产安全，认清其中企业方的法律责任和义务。坚持"安全第一，预防为主"的企业管理方针，针对企业防火防爆事故隐患的自身特点，从产品设计、工艺、生产组织、操作等方面采取各种技术手段，预防火灾、爆炸事故的发生。

(2) 搞好企业自身以及车间、厂房、设备设施的防火防爆安全设计及预评价工作，从源头控制火灾爆炸事故的发生。

(3) 建立健全安全隐患检查程序，企业安全负责人应该经常对企业内各系统的功能、操作、环境、可靠性等进行分析和监测，并做好数据记载和资料保存，及时清除火灾、爆炸隐患。请求安全评价单位对企业进行安全评估，以使企业物质、设备、工艺过程管理和人-机-环境系统相互适应、相互协调，提高安全生产水平。

(4) 消除和控制点火源：燃烧的基本条件是燃烧三要素——可燃物、助燃物、着火源的相互作用。作为火灾爆炸最初原因的点火源，能使可燃物得到活化能，并使燃烧反应得以开始和继续。因此，企业在生产、运输、贮存等各个环节中，既要合理利用作为能源的火源，又要从防火防爆的角度控制和消除火源。为此，易燃易爆场所常采用以下措施：①防止明火；②防止摩擦和撞击产生火花；③防止易燃物料与高温设备表面接触着火；④防止热辐射在某些部位聚集形成高温点，使某些物质发生自燃；⑤防止可燃气体绝热、压缩而着火；⑥使用防火防爆电器；⑦静电接地系统；⑧避雷措施；⑨防非生产用火。另外，禁止烟火、隔离、控温或控制引发化学物质燃烧反应的物质条件等也是消除着火源常用的方法。

(5) 控制可燃物与助燃物的结合：可燃物是指可以燃烧的有机物和部分无机物。助燃物是指能使可燃物发生燃烧反应的物质，既包括化学危险物品中的氧化剂类物质，也包括诸如液态氧、纯氧、液态空气、空气及某些富氧空气（空气中氧气含量在21%以上）等没有列入化学危险物品分类中的氧化剂类物质。可燃气体或蒸汽与空气形成的爆炸性气体混合物，以及可燃粉尘或液雾与空气形成的爆炸性粉尘或液雾混合物是导致工业企业火灾和爆炸的物质条件。爆炸性混合物遇点火源，在足够助燃物条件下便会发生爆炸火灾事故。控制可燃物与助燃物结合的常用方法有：①生产中尽量不用或少用可燃物，在生产条件允许下，尽量以难燃和不燃材料代替可燃材料；②应防止密闭压力容器或管道内可燃气体或粉尘等物质的泄漏，负压设备要防止空气的渗入；③加强生产车间的通风换气，稀释可燃物在燃点浓度以下；④采用惰性介质稀释的方法冲淡易燃易爆物料系统助燃物的燃点浓度，阻止燃爆；⑤在有燃爆危险的场所安装可燃气体（粉尘）监测与报警装置；⑥根据易燃易爆物质的理化特性，在储存、保管、运输过程中采用相应预防措施。

（6）配置有毒有害气体探测器和气体驱散、缓冲系统：对火灾、爆炸事故会释放出大量有毒有害气体的企业，必须配备完善的有毒有害气体监测和治理装置，严防因气体扩散污染环境、危害现场人员。

（7）做好相互作用系统的防火防爆：对一些相互接触且相互作用又存在火灾、爆炸危险的设备设施，要保证危险装置之间结合处的完整统一性，作好结合点的防火防爆，避免因其中一种装置发生火灾、爆炸而引起其他设备连锁发生，扩大事故范围。

（8）做好反应失控型火灾、爆炸事故的预防：对大量生产、储存具有较大化学活泼性或热敏性物质的企业，要严格储存容器隔热和冷却系统的设计、制造和产品检验，要根据试验预测数据，限时限量储存，定期清理并添加足量的抑制剂，以防止容器内因反应放热速度超过散热速度而引发反应失控型火灾、爆炸事故。

（9）做好易燃易爆物品储存及其废料的管理：对性质相互抵触、易引起燃烧反应的危险物质，应严格实施隔离贮存，妥善管理；并根据危险性质采取相应的防火、防爆措施；对含有易燃、可燃液体的工业废水，应在回收利用的前提下，做好排放管道、废水处理设施的防火管理。

（10）限制火灾、爆炸事故的蔓延和扩大：易燃易爆场所要防止危险品超量堆积、储存，防止可燃液体、气体泄漏并保持安全距离。应在设备设施和管路上采取安装阻火、防爆泄压等安全装置，场所要设防火、防爆墙、泄压门等，以限制火灾、爆炸事故的扩大蔓延。

（11）建立完善的消防灭火系统：应根据企业生产场所的危险等级和可能的火灾危险类别，建立完善的消防灭火系统，设置方便的消防栓，备齐灭火器材及合适的灭火剂，组建专业消防队伍，并做到训练有素。企业建筑物之间要有足够的防火安全距离，要设置通畅的消防通道以及安全门、疏散楼梯、通道等，确保一旦发生火灾，灭火手段能迅速展开，人员和重要物资能迅速撤离，以避免伤亡和减少经济损失。

3. 加强消防安全的组织管理

应按照“预防为主，防消结合”的消防工作方针，依据《中华人民共和国消防法》，从人、机、环境、管理 4 要素分析火灾、爆炸事故的起因，做好消防安全管理工作。

（1）工业企业要建立健全消防安全网络体系，各级防火负责人应对自己管辖范围的防火安全负责，并通过学习不断提高自身的思想、知识、业务和身体素质。同时，要加强消防法制和消防知识的宣传教育和培训，不断提高企业员工的消防安全意识。要结合工业企业实际情况制定出相应的消防安全制度并认真落实，做好各项消防安全工作。

（2）企业内的消防安全重点部位应设置明显的防火防爆标志，并进行严格管理。要做好其配套系统，包括供电、供水系统、厂区内道路交通系统等的防火防爆工作，及时清除各种火灾、爆炸危险隐患。对负责易燃易爆品运输的部门，更要针对运输条件做好运输中防火防爆技术及消防措施的管理。

（3）为堵塞防火漏洞，要做好闲置厂房及设备设施的消防安全管理，经常检查闲置厂房的消防设施配备情况、电线的敷设情况和被闲置设备设施的老化情况等。

(4) 工业企业应建立火灾、爆炸事故报警网络系统,并设专职人员负责管理、维护,保证一旦出现异常能及时、准确报告和报警。也可将自动报警系统与灭火系统连动匹配,一旦发生火灾、爆炸事故,灭火系统能自动启动,以尽量减少损失。

(5) 中小型企业可使用计算机网络控制系统、闭路电视监控系统,对所有易燃易爆点进行全方位安全监控,并通过网络连接企业各站点,方便企业安全管理部门同上级管理部门的网上联系。大中型企业还可使用消防管理 GIS 系统,将企业所有易燃易爆设备设施以图标形式反映在厂区地形图上,并为各个设备设施配以对应的安全管理及使用规程,以方便管理者进行图、文双向查询。

(6) 企业应实施软硬件结合的现代化管理,运用安全系统工程的方法不断改进消防安全管理水平。可结合自身实际情况,分别进行消防安全管理决策支持系统、消防安全管理实施支持系统和火灾、爆炸事故处理专家系统(采用人工智能的方法)的设计开发,提高工业企业安全管理的信息化水平。

管理小故事

都有爷爷

从前,有一个人在树下卖草帽,不料被树上的一群猴子把草帽哄抢去了。这个人急中生智,想到猴子有模仿的习性,就将头上戴的草帽取下来,扔到地上。果然,树上的猴子都将草帽纷纷地扔了下来。后来,这个人的孙子也来到树下卖草帽,同样遭到树上猴子哄抢。孙子想到爷爷的方法,他也将头上戴的草帽取下来,扔到地上。但是,没有一只猴子把帽子从树上扔下来。孙子无奈地望着树上的猴子,心里纳闷:“爷爷的这一招怎么不灵了?”这时,猴群中有一只猴子下了树,对孙子说:“不是只有你才有爷爷的。”

管理心得:循规蹈矩、没有创新意识的人,会在工作中四处碰壁;墨守成规、缺少创新理念的企业,会在竞争中遭到淘汰。创新是个人进步的动力、企业发展的灵魂。优秀的管理者应该在企业中营造创新环境、激发员工的创新精神。

案例分析

×年×月×日,某港商独资工艺玩具厂发生特大火灾事故,死亡 84 人,伤 45 人,直接经济损失达 260 余万元(时价)。

该厂厂房是一栋三层钢筋混凝土建筑。一楼为裁床车间,内用木板和铁栅栏分隔出一个库房。库房内总电闸的保险丝用两根铜丝代替,穿过库房顶部并搭在铁栅栏上的电线没有用套管绝缘,下面堆放了 2 m 高的布料和海绵等易燃物。二楼是手缝和包装车间及办公室,一间厕所改作厨房,内放有两瓶液化气。三楼是车衣车间。该厂实施封闭式管理。厂房内唯一的上下楼梯平台上还堆放杂物;楼下 4 个门,2 个被封死,1 个用铁栅栏与厂房隔开,只有 1 个门供职工上下班进出,还要通过一条 0.8 m 宽的通道打卡;全部窗户外都安装了铁栏杆加铁丝网。起火原因是库房内电线短路时产生的高温熔珠引燃堆在下面的易燃物所致。起火初期火势不大,有工人试图拧开消火栓和用灭火器灭火,但因不会操作未果。在一楼东南角敞开式货物提升机的烟囱效应作用下,火势迅速蔓延至二楼、三楼。一楼工人全部逃出。正在二楼办公的厂长不组织工人疏散,自顾逃命。二楼、三楼 300 多名工人,在无人指挥的情况下慌乱逃生。由于要下楼梯,拐弯,再经打卡通道才能逃出厂房,路窄人多,浓烟烈火,致使人员中毒窒息,造成重大伤亡。

经调查确认以下事实：1. 该厂雇用无证电工，长期超负荷用电，电线、电器安装不符合有关安全规定要求。2. 厂方平时未对工人进行安全防火教育培训；发生火灾时，厂长未指挥工人撤离，自顾逃生。3. 该厂多处违反消防安全规定。对于消防部门所发"火险整改通知书"未认真整改，留下重大火灾隐患，以向整治小组个别成员行贿等手段取得整改合格证。该厂所在地镇政府对此完全了解，不但不督促整改，还由镇长授意给整治小组送钱说情。

试根据上述材料：

1. 分析火灾的直接原因、造成重大人员伤亡的主要原因和间接原因；
2. 根据有关法律法规，提出处理建议；
3. 提出整改措施。

本章思考题

1. 生产管理的概念是什么？
2. 电子信息类企业商业模式有哪些？
3. 生产管理的主要方法是什么？
4. 生产管理系统的四个部分是什么？分别起什么作用？

第3章　电子信息类企业质量管理与物流管理

本章知识点

1. 熟悉电子产品全面质量管理(TQM)的定义、目标;熟悉检验的基本知识以及电子产品检验项目、内容和方法。

2. 掌握电子产品ISO9000族质量标准、ISO9000族标准的四个核心标准、IPC标准等。

导入引言:

质量是企业的生命,物流是企业的动脉,产品质量通过贯彻、执行标准和生产过程中检验把关来保证,物流通过存储、运输、交付来实现,本章介绍了电子产品质量特性及其质量保证方法、体系,检验的基本知识及产品检验的方法、分类。另外介绍了电子产品存储、运输、交付等物流环节的工作方法及注意事项。并通过实例进行了说明。

3.1　电子信息类企业质量管理与品质管理

质量水平的高低,反映一个国家的综合经济实力,质量问题是影响国民经济和社会发展的重要因素。在我国经济发展到了一个新阶段的今天,无论是经济运行的总体质量,还是产品质量、工程质量和服务质量,都比以往任何时候更需要人们的关注和重视。电子产品广泛应用于工业、农业、交通、冶金、电力等国民经济各个部门、各个行业以及国防和人民日常生活。电子产品的质量已成为消费者关注的焦点,是用户取向的重要因素,介绍电子产品的技术要求及检验方法则成为特别重要的方面。

3.1.1　电子信息类企业质量管理基础知识

1. 质量的概念以及特性

质量就是一组固有特性满足要求的程度。

特性可以是固有的或赋予的。"固有的"就是指某事或某物中本来就有的,尤其是那种永久的特性。"赋予的"是完成产品后因不同的要求而对产品所增加的特性,如产品的价格、供货时间和运输要求等。

2. 电工电子产品的质量及特性

(1) 电子产品功能

性能指标:指电子产品实际能够完成的物理性能或化学性能,以及相应的电气参数。

操作功能:指产品在操作时的方便程度及使用安全程度。

结构功能:指产品的整机结构的轻巧性,维修、互换的方便性。

外观性能:指整机的外观色泽及外包装等。

经济特性:指产品的工作效率、制作成本、使用费用、原料消耗等特性。

(2) 电子产品可靠性

可靠性是一个时间的函数,是产品在规定的条件下和规定的时间内完成规定功能的能力。

电子产品可靠性有一系列的数学特征量值(主要指标)(如图 3-1 所示):

① 可靠度 $R(t)$:它是产品在规定条件和规定时间内完成规定功能的概率。一批产品的数量为 N,从 $t=0$ 时开始使用,随着时间的推移,失效的产品件数逐渐增加,而正常工作的产品件数 $n(t)$逐渐减少,用 $R(t)$表示产品在任意时刻 t 的可靠度。

② 可靠寿命:它与一般理解的寿命有不同含义,概念也不同,设产品的可靠度为 $R(t)$,使可靠度等于规定值 r 时的时间 tr 的,即被定义为可靠寿命。

③ 失效率(故障率)$\lambda(t)$:它是指某产品(零部件)工作到时间 t 之后,在单位时间 Δt 内发生失效的概率。

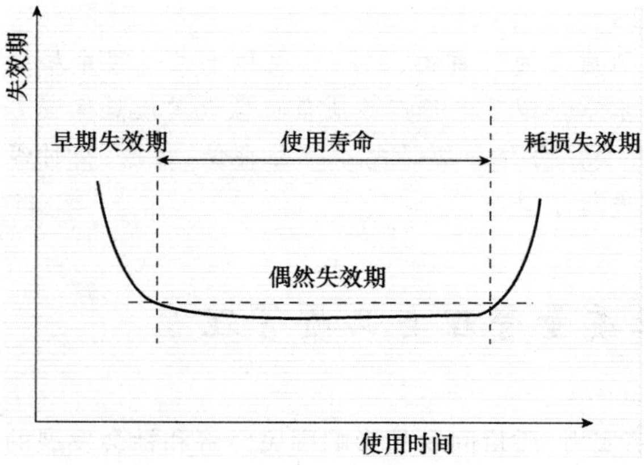

图 3-1　浴盆曲线

④ 有效寿命与平均寿命:有效寿命一般是指产品投入使用后至达到某规定失效率水平之前的一段工作时间。而平均寿命 MTTF 对于不可修复产品,指从开始使用直到发生失效这一段工作时间的平均值;对于可修复的产品,是指在整个使用阶段和除维修时间之后的各段有效工作时间的平均值。

⑤ 平均故障间隔时间:可维修的产品,其可靠性主要的参数是 MTBF(Mean Time Between Fail),即平均故障间隔时间,也就是两次维修间的平均时间;不可维修的产品,其可靠性的主要参数是 MTTB(Mean Time To Fail);两个参数的计算没有区别,下文只提到 MTBF。MTBF 越大,说明产品的可靠性越高。

电子产品可靠性按以下几类进行分类:

固有可靠性:指由产品设计方案,选用材料及元器件,产品制作工艺过程所决定的可靠性因素,固有可靠性在产品使用前就已经确定了。

使用可靠性:是指使用、操作、保养、维护等因素对其寿命的影响。使用可靠性会因使用时间的增加而逐渐下降。

环境可靠性:是指产品对各种温度、湿度、酸碱度、振动、灰尘等环境因素的适应能力。电子产品的使用环境,对产品的可靠性有一定的影响。

(3) 有效度

有效度的定义:电子产品实际工作时间与产品使用寿命(工作和不工作的时间之和)的

比值。

有效度的意义:反映了电子产品有效的工作效率。

3.1.2　全面质量管理体系的建立与运行

1. 全面质量管理的原理与特点

全面质量管理是基于对质量形成的全过程,即质量环的控制,并通过有效的质量体系或系统工程为基础来实施和体现。质量环和系统工程可以用过程来体现,过程的不稳定性,正是全面质量管理的控制目标。

• 全面质量管理(TQM)的定义

全面质量管理是指企业单位开展以质量为中心,全员参与为基础的一种管理途径。

• 全面质量管理(TQM)的目标

通过使顾客满意、本单位成员和社会受益,而达到长期成功。

• 全面质量管理的特点

全员、全过程、全范围及多方法的质量管理。

2. 质量与标准化

质量管理与标准化有着密切的关系,标准化是质量管理的依据和基础,产品(包括服务)质量的形成,必须使用一系列标准来控制和指导设计、生产和使用全过程。因此,标准化活动贯穿于质量管理的始终。

(1) 标准的定义

为在一定的范围内获得最佳秩序,对活动或其结果规定共同的和重复使用的规则、导则或特性文件。该文件经协商一致制定并经过一个公认机构的批准。该文件是公众可以得到的,是可以重复和普遍应用的文件。

(2) 标准化的定义

为在一定范围内获得最佳秩序,对实际的或潜在的问题制定共同和重复使用的规则的活动。上述活动主要是包括制定、发布及实施标准的过程。标准化的重要意义是改进产品、过程和服务的适用性,减少和消除贸易技术壁垒,并促进技术合作。

(3) 标准化与标准之间的关系

标准化是一个活动过程,主要是指制定标准、宣传贯彻标准、对标准的实施进行监督管理、根据标准实施情况修订标准的过程。这个过程不是一次性的,而是一个不断循环、不断提高、不断发展的运动过程。标准是标准化活动的产物。标准化的目的和作用,都是通过制定和贯彻具体的标准来体现的。所以标准化活动不能脱离制定、修订和贯彻标准,这是标准化最主要的内容。

(4) 国际标准化组织介绍

ISO(International Organization for Standardization)是“国际标准化组织”的简称。ISO是世界上最大的非政府性国际标准化组织,它成立于 1947 年 2 月 23 日,总部设在瑞士日内瓦。它的前身是 1928 年成立的“国际标准化协会国际联合会”(简称 ISA)。其他如“国际电工委员会”(简称 IEC)也比较大。IEC 主要负责电工、电子领域的标准化活动。而 ISO 负责除此之外的所有其他领域的标准化活动。ISO 的宗旨是:“在世界上促进标准化及其相关活动的发展,以便于商品和服务的国际交换,在智力、科学、技术和经济领域开展合作。”ISO 的主要工作是制定国际标准，协调世界范围内的标准化工作，组织各成员国和技术委员会进行情报交流，以及与其他国际性组织进行合作，共同研究有关标准化问题。

（5）我国质量标准的分类

我国标准分为四级，即国家标准、行业标准、地方标准和企业标准。

国家标准是指由国家的官方标准化机构或国家政府授权的有关机构批准、发布，在全国范围内统一和适用的标准。我国国家标准的代号，用“国标”两个字汉语拼音的第一个字母“G”和“B”表示。强制性国家标准的代号为“GB”，推荐性国家标准的代号为“GB/T”。国家标准的编号由国家标准的代号、国家标准发布的顺序号和国家标准发布的年号三部分构成。国家标准、行业标准分为强制性标准和推荐性标准。保障人体健康，人身、财产安全的标准和法律、行政法规规定强制执行的标准是强制性标准，其他标准是推荐性标准。企业标准是指企业所制定的产品标准和在企业内需要协调、统一的技术要求和管理、工作要求所制定的标准。企业生产的产品在没有相应的国家标准、行业标准和地方标准时，应当制定企业标准，作为组织生产的依据。

（6）企业标准体系的构成

所谓企业标准体系是指企业内部的标准按其内在联系形成的科学有机整体。企业标准体系的构成以技术标准为主体，包括管理标准和工作标准。

① 企业技术标准主要包括：技术基础标准、设计标准、产品标准、采购技术标准、工艺标准、工装标准、原材料及半成品标准、能源和公用设施标准、信息技术标准、零部件和器件标准、包装和储运标准、检验和试验方法标准、安全技术标准、职业卫生和环境保护标准等。

② 企业管理标准主要包括：管理基础标准、营销管理标准、设计与开发管理标准、采购管理标准、生产管理标准、设备管理标准、产品验证管理标准、不合格品纠正措施管理标准、人员管理标准、安全管理标准、环境保护和卫生管理标准、能源管理标准和质量成本管理标准等。

③ 企业工作标准主要包括：中层以上管理人员通过工作标准、一般管理人员通过工作标准和操作人员通用工作标准等。

3. 质量管理体系

（1）质量手册

规定组织质量管理体系的文件。质量手册的内容是质量管理体系。组织编制质量手册的目的是通过文件的形式来规定组织的质量管理体系。满足 GB/T19001－2015 标准要求的质量手册的内容至少应包括：质量管理体系的范围、为质量管理体系编制的形成文件的程序或对其引用、质量管理体系过程之间相互作用的描述。

（2）质量管理体系介绍

在质量方面指挥和控制组织的建立方针和目标并实现这些目标的相互关联或相互作用的一组要素。质量管理体系的作用是用以指挥和控制组织质量方针、目标的建立与实施，目的是实现质量目标，结构和内容是相互关联或相互作用的一组要素，而目前最新的 2009 的 ISO9000 族标准适用所有行业和各种规模的组织，它包含：

- ISO9000 2005《质量管理体系 基础和术语》；
- ISO9001 2008《质量管理体系 要求》；
- ISO9004 2009《质量管理体系 业绩改进指南》；
- ISO19011 2002《质量和环境管理体系审核指南》。

2009 版 ISO9000 族标准引入了质量管理的八项原则，突出了以顾客为关注焦点的思想，强化了最高管理者的作用，明确了持续改进是提高质量管理体系有效性和效率的重要手段，对文件化的要求更加灵活，采用“过程方法”结构，加强了 GB/T19001 和 GB/T19004 的协调一致，从而使 GB/T19000 族标准具有广泛的通用性。

（3）实施 ISO9000 族标准的作用

在国际贸易中，要求提供按 ISO9000 系列标准通过质量体系认证的证明，作为签订合同的一个条件，这已是一个趋势，各企业应顺应国际贸易的趋势。实施 ISO9000 标准，有利于提高产品质量，保护消费者利益；有利于提高组织的运作能力和质量管理；有利于增进国际贸易，消除技术壁垒；有利于持续改进和持续满足顾客的需求和期望。

为了保证产品质量，在产品设计、生产的自始至终都应贯彻、执行全面质量管理（TQM）和 ISO9000 族质量标准，增强企业的市场竞争力。

4. 质量认证

（1）合格评定

“合格评定”是指对产品、过程或体系满足规定要求的程度所进行的系统检查和确认活动。WTO/TBT 协定（世界贸易组织关于技术壁垒协定）更明确地指出了合格评定是指“为证明符合技术法规和标准而进行的第一方自我声明、第二方验收、第三方认证以及认可的活动”。

（2）产品质量认证

产品质量认证是指依据产品标准和相应的技术要求，由产品认证机构对某一产品实施合格评定，并通过颁发产品认证书和认证标志，以证明某一产品符合相应标准和要求的活动。

（3）国内外产品质量认证标识

（4）产品质量认证和质量管理体系认证的区别

产品质量和质量管理体系认证最主要的区别是认证的对象不同，产品质量认证的对象是特定产品，而质量管理体系认证的对象是组织质量管理体系。由于认证对象的不同引起了获准认证条件、证明方式、证明的使用等一系列不同。两者也有共同点，即都要求对组织的质量管理体系进行审核。但在具体实施上有若干不同，如表 3-1 所示。

表 3-1 产品质量认证和质量管理体系认证对照表

项目	产品质量认证	质量管理体系认证
对象	选定产品	组织的质量管理体系
获准认证条件	(1) 产品质量符合指定标准要求 (2) 质量管理体系符合指定的质量管理体系标准(一般是 GB/T19001)及特定产品的补充要求	质量管理体系符合申请的质量管理体系标准(GB/T19001)和必要的补充要求
证明方式	产品认证证书;产品认证标志	体系认证证书
证明的使用	证书不能用于产品,标志用于获准认证的产品上	证书和标志都不能用于产品上,但可用于正确的宣传
性质	自愿/强制	自愿

3.1.3 电子信息类企业品质管理概述

1. 品质管理的两大要素

(1) 什么是品质管控

① 认识品质:对于企业来说,品质有狭义和广义之分。狭义的品质仅指企业生产输出面所具有的品质,如产品质量、服务等。而广义的品质则除了包含狭义的品质外,还包括企业及其人员的品质,如企业形象、品牌知名度、人文状态等。ISO9000:2000 国际标准是这样解释的:品质是一组固有特性满足要求的程度。

② 管理品质:通过采取具体的措施或建立并完善管理体系制度等方法,促使产品品质符合标准。比如常见的检验、监督、纠正、预防和标准化等。

③ 控制品质:通过设定某种品质活动来确保过程按照预定的方向发展,不仅要保持品管结果向上,还要做到持续改善。如建立控制系统、使用控制工具等。

(2) 品质管控的两大要素

一是会用品管工具,二是掌握产品标准。

2. 企业的品质屋

(1) 品质保证

通过采取事先措施,把不良现象消灭在萌芽状态,从而确保所生产的产品符合要求。

(2) 企业的品质屋

① 供应商品质保证

采购部门要选择品质保证能力强的供应商开展业务。供应商可以看作是企业的上一道工序,就像企业的业务分支体系一样,他们是否愿意与企业一起保证品质,且实现保证的效果如何,将直接关系到企业的品质保证水准。供应商品质保证不仅要求供应商建立体系,而且还要定期提供相关信息,并且对此负责到底。

② IQC 进料检查

IQC(INCOME QUALITY CONTROL)部门利用抽样或其他方法对采购品实施验证,确保符合企业要求。这些内容包括:

- 抽样检查时使用 AQL(ACCEPTED QUALITY LEVEL)抽样标准;

- 对于贵重的或质量影响大的产品实施全数检查；
- 对于难以检查的物品通过验证供应商的检查报告实施规定的数量确认；
- 对于生产中的返纳不良品按 PPM(100 万个中不良数)进行统计；
- 品质异常时发出 CAR(纠正措施要求单)给供应商，要求纠正。

③ IPQC(PQC)制程检查

IPQC(IN PROCESS QUALITY CONTROL)部门利用巡检、定期或其他方法对过程参数和过程结果实施定时验证，这些方法主要有：

- 使用查检表确认过程参数；
- 重点关注工程更改后的结果；
- 关注过程调整状况及其结果；
- 品质异常时发出 CAR(纠正措施要求单)；
- 确认品质工程效果和产品结果。

④ FQC 生产最终检查

FQC(FINAL QUALITY CONTROL)是专职的产品检查工位，“QC PASS”(质检通过)的执行者，其工作特点是：

- 全数、全功能的专职检查产品；
- 遵守作业指导书和产品标准。

⑤ QA 品质审查

QA(QUALITY AUDIT)就是审查品质管理过程及其结果的有效性。方法是：

- 使用 AQL 抽样计划实施产品检查、确认、决定批量是否合格；
- 实施首件确认与末件对比，控制产品的品质风险与水准。

⑥ TEST 产品试验

- 特定的精密性检查试验，全方位确认产品；
- 模拟环境试验，验证产品的耐受性；
- 破坏性试验，检验产品极限；
- 长期寿命试验；
- 其他安全指标测试。

⑦ OQC 出货检查

OQC(OUTCOME QUALITY CONTROL)利用抽样或其他方法对准备出货的产品实施验证。操作方法有：

- 使用 AQL 抽样计划实施产品出货检查；
- 决定要出货的产品是否合格和可以出货。

(3) 品质保证的意义

- 降低品质成本，提高利润；
- 提高产品可靠度；
- 提升公司形象。

3. 持续改进品质与 PDCA 循环

(1) 什么是持续改进

首先要区别维持与改进是两个不同的概念，对于出现的问题实施纠正措施是一种维持行为，并不属于改进；改进是以品质稳定为前提的，在品质稳定的基础上看看还能不能有所提高。

所以,要实现持续改进就先要打好品质基础。企业实施品质持续改进的内容一般有如下方面。

① 人员方面:通过培训、实习与教育等措施,提升人员的工作技能和素质,实行技术等级管理制度,强化重要岗位作业人员的资格。

② 机器设备方面:更新换代或淘汰功能落后的旧机器,购置先进的新机器,尽可能实现机械化、自动化作业。

③ 材料方面:以降低成本、环保节能为原则,多使用新材料。在满足顾客要求的前提下尽可能压缩材料成本。

④ 工艺技术方面:开展工艺技术革新,适当引进先进的生产技术,通过科学管理提高效益。

⑤ 环境方面:改进生产布局、创造对产品有益的生产环境,逐步消除各种阻碍因素,实现良性循环。

(2) 品质改进的基本方法

(3) PDCA 循环

① 什么是 PDCA

- P:PLAN 计划
- D:DO 实施
- C:CHECK 检查
- A:ACTION:改善

PDCA 循环也叫戴明环,是美国品管大师戴明发明的一种品管工具,现在已被广泛应用于各行各业。因为 PDCA 过程一般可以循环使用,所以通常又叫 PDCA 循环。

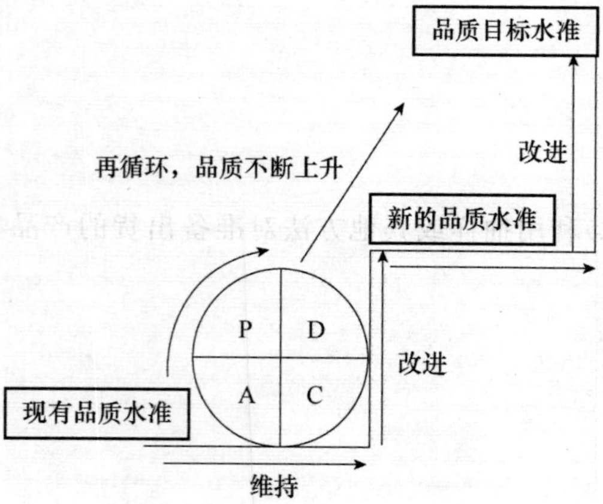

图 3-2　PDCA 循环图

PDCA 循环是实施品质改进的一种有效方法,它的特点是实用性强、持续有效。在实际使用时,首先针对问题制订好战略计划,然后集中优势兵力有一个消灭一个,保持持续不断的实施,使过程改善的进程一步步向前推进。对于本循环解决不了的问题,留到下一个循环中去重新改善,直到最终解决为止。

② PDCA 循环图

PDCA 循环图如图 3-2 所示。

③ PDCA 的内容

计划阶段"P":针对所要改善的问题制定目标,并识别达成这些目标的具体措施和方法。其步骤是:

- 分析现状,利用柏拉图(PARETO)法找出需要优先解决的主要问题;
- 利用特性要因图法分析形成问题的各种原因,并找出其中的主要原因;

• 针对主要原因制订改善计划；

• 把计划付诸实施，并预期其效果。

实施阶段“D”：有效地执行已制订的改善计划及其措施方案。

检查阶段“C”：根据改进计划的要求，检查、验证实际执行效果，看是否达到预期的目标。

总结阶段“A”：检讨总结前面三个阶段的效果。要做到：

• 根据检查的结果进行总结，把成功的经验和失败的教训纳入有关的文件和规定中；

• 提出尚未解决的问题，把它们转入下一次 PDCA 循环中去。

④ PDCA 循环的特点

大环套小环，环环相扣，相互促进，不断循环上升。

PDCA 作为企业进行品质管理的一种科学方法，适用于工作的各个层面。整个企业是一个大的 PDCA 循环，各部门又有其内部的 PDCA 分循环，依次类推，还有小循环、更小的循环，直到具体的每一件事例、每一个人。上一级的 PDCA 循环是下一级 PDCA 循环的根据，下一级 PDCA 循环又是上一级 PDCA 循环的延伸。不同阶段的 PDCA 循环之间有着有机的联系，它们之间相互协同，相互促进。这样周而复始的持续转动，每一次都会注入了新的内容和目标，就像爬楼梯一样，不断向上爬，爬到新的高度，则质量管理体系也就到达一个新的高点。PDCA 循环中最关键的一环是 A 阶段，能否总结好上一级的 PDCA 循环的实施结果是关系到下一级 PDCA 循环能否有效实施的根本保证。

4. 品质管理七大手法

(1) 检查表

① 什么是检查表

检查表又叫查核表或调查表等，它是一种按拟订要求对过程实施系统化检查的工具。实施时要针对所检查的项目事先列表，然后，依据表逐项进行检查并记录结果。

② 检查表的应用方法

检查表因检查需要而使用，虽然检查项目可以改变，但必须在使用前就确定好。

③ 常用的检查表类别

a. 点检用检查表：此类表格只记录结果的是与否、好与坏、有与无。

b. 记录用的检查表：此类表格用来收集计量或计数资料。

c. 标准类检查表：这类表格是按检查标准制定的，其类别也是多种多样，常见的有审核认证检查表、竞赛评比检查表、作业指导书、产品规格、公司制度等。

d. 检查项目必须根据需要更新：检查表的缺点是用起来比较机械和死板，要克服此缺点，最好的方法就是及时更新检查项目内容。

(2) 层别法

① 什么是层别法

层别法又叫分类法、分层法等。它是把混杂在一起的不同类型的一组数据按一定的性质、范围或目的进行分门别类，从而归纳成可以分析或具有某种意义的数据表的方法。层别法是一种最基本的质量管理方法，它经常需要和其他手法联合在一起使用。

② 层别法的应用

a. 层别法进行步骤

• 收集原始数据(或识别需要整理的数据)；

• 确定数据的性质、范围或要求的目的；

- 将数据分层归类；
- 根据数据结果进行处理或改进措施。

b. 层别法示例

然湖厂为了降低产品的不良率，生产部把 A、B、C、D 四种不同的产品分别做了统计，其统计结果见表 3-2。据研究分析发现，产品 C 的不良率最高，而且主要是外观方面不良品居多造成。于是他们针对外观方面采取了纠正措施，降低了不良率。

表 3-2 不良率层别表

	产品 A	产品 B	产品 C	产品 D	合计
生产数量	50 000	48 000	39 000	56 000	193 000
性能不良数	3	2	3	1	9
外观不良数	18	14	35	20	87
总不良数	21	16	38	21	96
不良率	420 PPM	333 PPM	974 PPM	375 PPM	497 PPM

(3) 柏拉图法

① 什么是柏拉图法

柏拉图法的原理是引用了“关键的少数和次要的多数”的经济理论而形成的，它认为过程的大多数不合格品是由关键的少数原因造成的，就像主宰这个世界的人是少数有钱人一样。

柏拉图法又叫重点管理法、排列图或主次分析图表等，它针对众多方方面面的问题中占 70%以上的主要问题，通过排列次序把它们突出表现出来而首先加以解决。

② 柏拉图的制作步骤

- 选择项目，分析问题；
- 针对所选择的项目收集、处理数据并按其占有的量进行排列；
- 制作图表。

③ 柏拉图法应用事例

然湖公司生产车间生产产品 A 的日产量为 50 000 PCS，不良品是 117 PCS，为了分析原因降低不良率，他们按表 3-3 所示问题点的原因归类排列并绘制柏拉图：

表 3-3 原因归类排列表

项次	不良情形	不良数(PCS)	不良率	累计不良数	累计不良率	备注
1	外壳异物	56	47.86%	56	47.86%	
2	外壳破损	30	25.64%	86	73.50%	
3	针歪	21	17.95%	107	91.45%	
4	插入不良	10	8.55%	117	100%	
合计		117	100%			

根据以上归类表绘制的柏拉图如图 3-3 所示。

从表 3-3 可以看出，形成问题的主要原因是外壳异物和外壳破损，其所占的比例在 70%以上，那么优先解决这些问题，则不良率会大大降低。

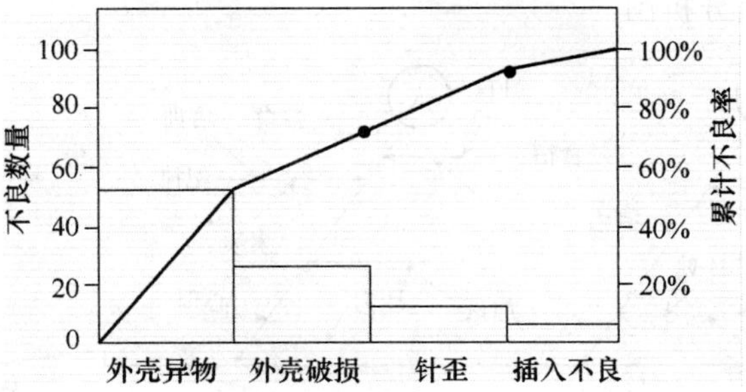

图 3-3　柏拉图

(4) 特性要因图

1) 什么是特性要因图

用图解的方式表示出某种特性与其可能形成原因之间的关系，这个图表就是特性要因图或者因果图，又根据它的形状也叫鱼骨图或羽状图，也因为日本质量专家石川磐博士首先使用之故而叫石川图。

2) 特性要因图的应用方法

特性要因图一般按如下的步骤制作：

- 确定项目，即需要解决的是什么问题；
- 从 4M1E(man，machine，material，method，environment)的五大方面分析原因，包括大原因、中原因、小原因和最直接最细小的根本原因；
- 展开确定的原因，绘制图表；
- 筛选主要原因(可以结合柏拉图法)；
- 针对主要原因优先采取措施；
- 确认实施措施的效果。

3) 特性要因图的应用(指引案例)

① 现象

惠州三星电子投诉 20017 WS 系列假焊不良，不良率 100%。然湖电子各部门为了解决此不良现象，对此进行了商议，打算用特性要因图法分析和寻找原因。

② 分析

- 人员方面：虽然有部分新员工，但其他产品也一样；
- 机器方面：基本上没有更新或修理过的设备；
- 材料方面：都是由韩国然湖提供的原材料，为前电镀产品；
- 技术方面：技术指标、工作方法等也没有什么大的改变；
- 环境方面：最近下雨较多，空气湿度相对较大。

③ 结果

从上面 4M1E 等五大方面所展开的原因分析中，发现影响产品假焊的直接原因为材料与环境方面。

在南方，3～5 月为雨水较多的季节，空气的湿度相对较大。存放物料的仓库湿度经常处于 75%以上，易造成端子氧化。虽然仓库设有抽湿机，但没有落实人员对温湿度进行点检。

但为什么只有 20017WS 系列的产品会发生氧化呢，这就和产品的原材料电镀层的加工方式有关了。此系列产品的端子为前电镀端子，端子的切割面没有电镀层覆盖，也是导致端子易氧化的原因之一。

④ 过程的特性要因分析图

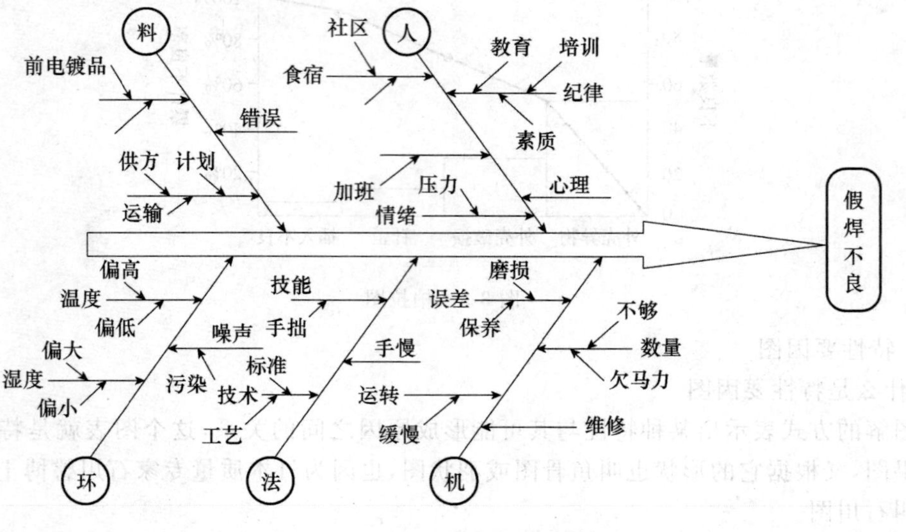

图 3-4 过程的特性要因分析图

⑤ 措施结果

a. 将此系列产品的端子电镀工艺进行变更，由前电镀端子变更为后电镀端子。

b. 资材人员落实对温湿度的点检，当湿度偏大时，立即使用空调进行抽湿处理。

c. 措施结果确认：在采取了上述措施以后，彻底解决了假焊不良。

(5) 散布图

① 什么是散布图

散布图又叫相关图，是用来表示对应的变量与变量之间相互影响与相互作用范围的图表。这些变量之间往往存在着某种关系，如相互关联、制约，或在一定条件下可以转化等。通过对这种关联状况分析，总结其变化规律进而采取措施实施管理，就是散布图的应用目的。

例如：温度与压强的变化关系，在一定的体积下随着温度的增高，压强也随之增大，它们之间显然是正比的散布关系。如图 3-5 所示。

② 散布图应用方法

a. 收集收据，这种数应该是具有对应或关联性质的成对数据，而且数据量不宜太少，一般要 25 组以上；

b. 建立二维坐标系统，根据变更的值设定坐标的刻度；

c. 根据变量在坐标上的刻度描出坐标点；

d. 根据坐标点的阵群分布状况判定变量之间的关系；

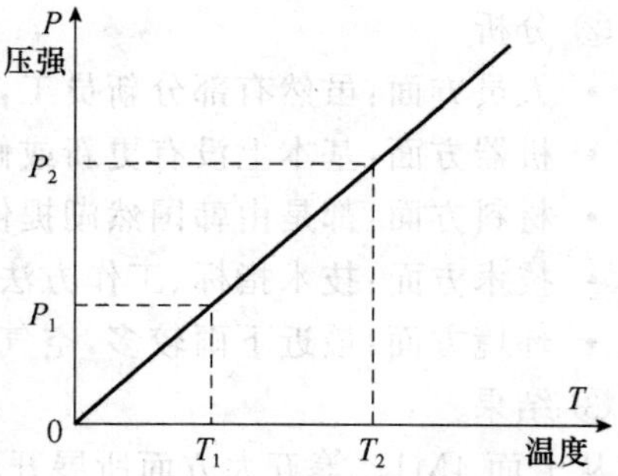

图 3-5 温度与压强的关系图

e. 确定判定结果，实施对策。

(6) 直方图

① 什么是直方图

直方图也叫柱状图，这是因为它的图面里面有许多像柱子一样的矩形。在图中用这一系列宽度相同、高度各异的矩形的排列状态表示数据分布状况，从而达到分析过程状态的目的，这种方法就是直方图。

a. 直方图示意图(如图 3-6 所示)

b. 组成直方图的主要参数

• 极差 R:数据的最大值与最小值之差,$R=X_{max}-X_{min}$

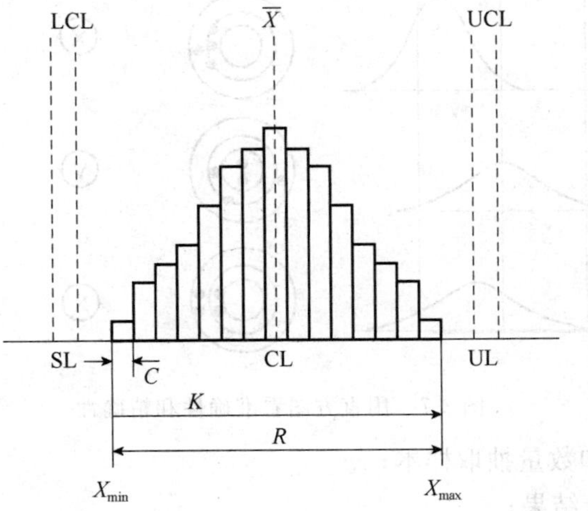

图 3-6　直方图示意图

• 组距 C:矩形的宽度,极差与组数的商,$C=R/N$

• 组数 N:根据经验设置的数目,组数可以参照表 3-4:

表 3-4　组数 N 数据表

样本数据的数目	组数 N
50～100	6～10
100～250	9～12
250 以上	10～20

• 组界:第 1 组的组界$=X_{min}\pm 1/2XC$,要注意应使数据不能落在组界上

第 2 组的下界为第 1 组的上界,下界+组距 C=上界

第 3 组及以后各组的界限参照第 2 组进行

• 偏倚 K:规格中心值与数据平均值之差,$K=CL-X$

• 组的中心值:上下界之和的一半即为中心值

② 直方图的作用

直方图是一种最直观地反映过程状况的图表,从图中可以看出制程的准确性和精确性,也就是数据群的对准倾向和散布状态。具体方法如图 3-7 所示。

(7) 管制图

① 什么是管制图

管制图是用来表示一个过程的图像,图上标有根据该过程特性收集到的一些统计数据。如 1 条中心线,1～2 条控制界限,数据分布点等。其制作方法是:

将某过程中一些样本的特性值(数据)描点绘制于二维坐标中,用横坐标表示样本的编号,纵坐标表示样本的特性值,并在纵坐标上规定了数值上控制限(UCL)、下控制限(LCL)和中心限(CL),然后依据特性值的点位和变化趋势判断和控制过程是否属于受控状态,进而实施质量改进。我们把这种图表叫作管制图。

② 管制图的实施步骤

a. 确定需要实施控制的项目,如特别特性、重要工序、过程参数等;

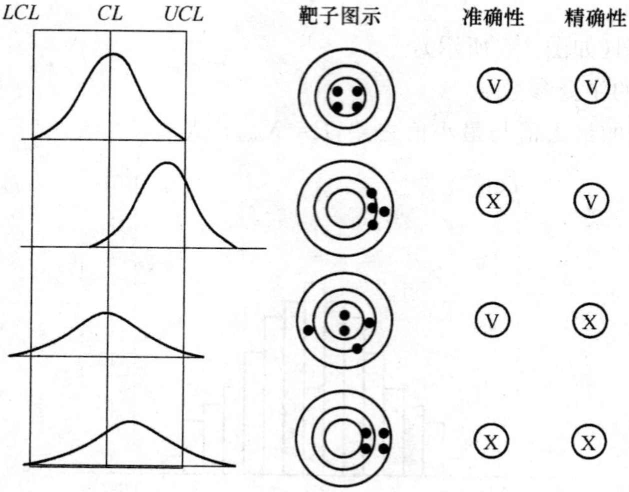

图 3-7　用直方图看准确性和精确性

b. 按一定的频次和数量抽取样本；

c. 检查样本并记录结果；

d. 将结果绘制于管制图上；

e. 制定变异(属于特殊原因或普通原因)，进而采取处理措施；

f. 确认改进后的效果。

③ 管制图的实施流程示意图(如图 3-8 所示)

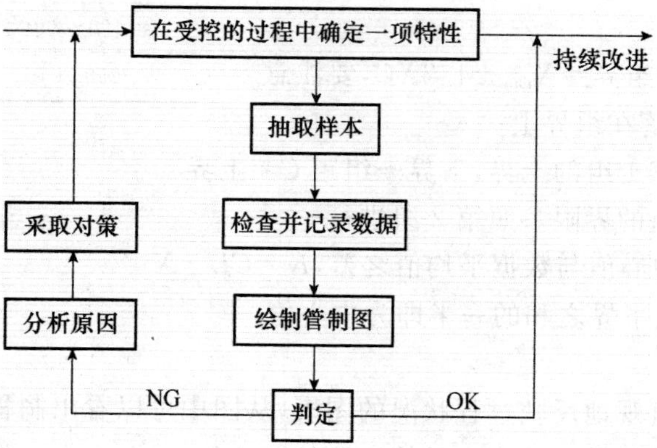

图 3-8　管制图的实施流程示意图

④ 管制图的作用

统计过程控制是基于过程数据而建立的一种反馈系统，当收集并分析有关数据得到某种信息后，对过程以及过程输出采取措施，从而达到有效的控制。当合理使用控制图时能产生下面的作用：

- 给操作者提供可靠(慎重识别)的信息；
- 为讨论过程的性能提供共同的语言；
- 区别变差的特殊原因和变通原因，作为采取局部措施和系统采取措施的依据和指南；
- 有助于在质量和成本上持续地、可预测地保持下去；
- 确保过程的有效性。

3.2　电工电子产品质量检测标准与实施

1. 电工电子产品质量检测行业标准

IEC:国际电工委员会

International Electro technical Commission

静电标准 IEC61340

变电站自动化标准 IEC61850

能量管理系统应用程序接口(EMSAPI)标准 IEC61970

配电管理系统标准 IEC61968

以 IEC61340(静电标准)为例,它由下列部分组成,其总标题为:静电。

IEC61340－1:总论;

IEC61340－2－1:静电测试方法——充电率;

IEC61340－2－2:静电测试方法——电阻和电阻率;

IEC61340－3－1:模拟静电效果方法——静电放电模拟——人体模型(HBM);

IEC61340－3－2:模拟静电效果方法——静电放电模拟——机器模型(MM);

IEC61340－3－3:模拟静电效果方法——静电放电模拟——带电器件模型(CDM);

IEC61340－4－1:特定应用的标准测试方法——地面覆盖物和安装地板的静电性能;

IEC61340－4－4:软性中间散装货物集装箱(FIBC)的静电防护测试方法;

IEC61340－4－3:特定应用的标准测试方法——静电防护鞋特性的测试方法;

IEC61340－5－1:电子器件的静电防护——基本要求;

IEC61340－5－2:电子器件的静电防护——用户指南。

这些标准都是电工电子产品在生产、检验、流通及使用时必须要遵守的标准。

IPC:美国连接电子行业协会

Association Connecting Electronics Industries

The Institute for Interconnecting and Packaging Electronic Circuits

注:IPC 现在叫"国际电子工业连接协会 "

IPC 是全球电子制造业最有影响力的组织之一。IPC 制定了数以千计的标准和规范,其中有三个标准在行业里得到了最广泛的应用:

- IPC-A-600《印制板的验收条件》
- IPC-A-610《电子组件的可接受条件》
- IPC-J-STD-001《电子/电气组装的焊接要求》

这三个标准作为最常用的生产现场电子组装件外观质量的目视检验规范。使用 IPC 标准,可以掌握最终产品的质量和可靠性,改善与供应商及公司员工之间的沟通,并且能够帮助控制成本。

IPC-A-600 根据工作可靠性和性能要求将印制板分为三个通用等级:

1 级——一般电子产品:包括消费类产品,某些计算机和计算机外围设备,用于这些产品的印制板其外观缺陷并不重要,主要要求是印制板的功能。

2 级——专用服务电子产品:包括通信设备、高级商用机器和仪器。这些产品要求高性能和长寿命，同时希望能够不间断地工作，但这不是关键要求，允许有某些外观缺陷。

3级——高可靠性电子产品：包括要求连续工作或所要求的性能是很关键的那些设备和产品。对这些设备(例如生命保障系统或飞行控制系统)来说，不允许出现停机时间，并且一旦需要就必须工作。本登记的印制板适合应用在那些要求高度质量保证且服务是极其重要的产品。

IPC-A-600作为最低验收要求的文件，不用做印制板制造或采购的性能规范，一旦各种质量要求与适用的产品性能规范发生抵触，按以下文件优先顺序进行实施：①认可的印制板采购文件，②适用的性能规范，③通用规范，④印制板验收标准(IPC-A-600)

2. IPC验收标准范例

SMT外观品质检验标准

D-4双列封装IC元件放置标准：

标准：1. 元件脚放置于焊盘中央。
2. 元件脚平贴于焊盘上。

图D016 IC元件放置标准

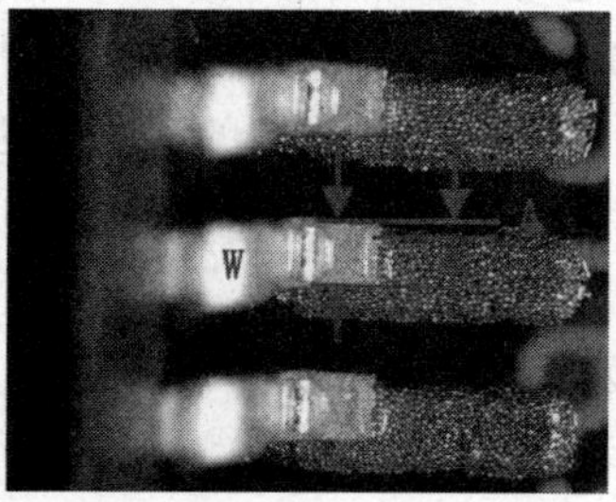

允收：1. 元件脚偏移 $A \leqslant 20\%W$。
2. 元件脚前端不可以超出焊盘。
3. 元件脚扭曲并悬空于焊盘部分小于1/2脚厚。
4. 元件脚与相邻未遮护铜箔或焊盘距离大于0.13 mm

图D017 IC元件放置允许

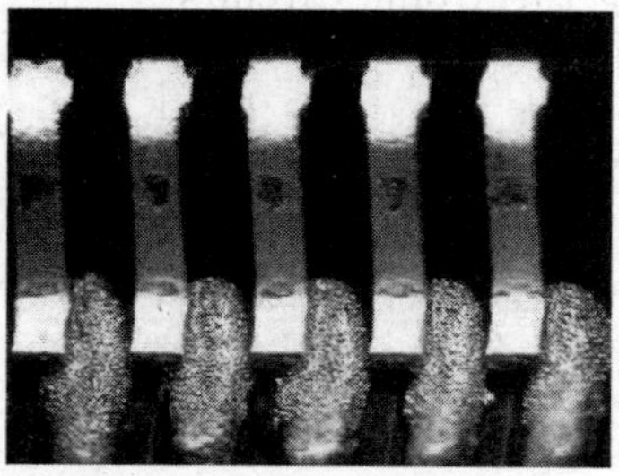

拒收：1. 元件脚偏移 $A > 20\%$ 焊盘宽W。
2. 元件脚与相邻未遮护铜箔或焊盘距离小于0.13 mm，过炉后引起炉后短路。

图D018 IC元件放置拒收

3. 我国电工电子产品质量检测标准

GB：中华人民共和国国家标准，简称国标，是包括语编码系统的国家标准码，都能由在国际标准化组织(ISO)和国际电工委员会(或称国际电工协会，IEC)代表中华人民共和国的会员机构——国家标准化管理委员会发布。强制标准冠以"GB"。推荐标准冠以"GB/T"。在1994年及之前发布的标准，以2位数字代表年份。例：

GB 3100-93/EQV ISO 1000:1992/国际单位制及其应用

GB 3101-93/EQV ISO 31-0:1992/有关量、单位和符号的一般原则

GB 13000.1-93/IDT ISO/IEC10646.1:1993/信息技术通用多八位编码字符集

GB 18030-2000//信息技术 信息交换用汉字编码字符集

4. 电工电子产品检验的实施

检验:就是对产品的质量进行质量特征检测、检查、试验、度量,并将检验结果与质量标准进行比对,做出该产品质量是否合格的结论。检验具有鉴别产品质量、预防产品质量问题、反馈产品质量信息的综合作用。

(1) 电工电子产品检验的基本知识

① 电子产品检验项目

电气性能检验,安全性能检验,电磁兼容性试验(干扰特性试验),型式试验,例行试验,外观检验。

② 电工电子产品检验工作概要

熟悉和掌握标准:采用 IEC 标准(国际电工委员会制定),ISO9000 质量认证标准和国家标准等。

测定:采用测验、试验、化验、分析和感官等多种方法实现产品的测定。

比较:将测定结果与质量标准进行对照,明确结果与标准的一致程度。

判断:根据比较的结果判断产品达到质量要求为合格,反之为不合格。

处理:对被判为不合格的产品,视其性质和严重程度,区分为返修品、次品或废品等。

记录:记录测定的结果,填写相应的质量文件,以反馈质量信息,评价产品,推动质量改进。

③ 电工电子产品检验分类

a. 全数检验

全数检验是对产品进行百分之百的检验。检验后的产品可靠性很高,但要消耗大量的人力、物力,造成生产成本的增加。

b. 抽样检验

抽样检验是从待检产品中抽取若干件样品进行检验,来推断总体质量的一种检验方式。抽样检验是目前生产中广泛应用的一种检验方法。

全数检验和抽样检验的区别如表 3-5 所示。

表 3-5　全数检验和抽样检验的区别

全数检验	抽样检验
(1) 对全部产品逐件进行检验,实际上是判定单位产品是否合格	(1) 随机抽取部分产品进行检验,由样本推断产品批是否合格
(2) 检验工作量大,费时、费力、费用高,经济性差	(2) 检验工作量小,可能节省大量人力、物力和时间,有利于降低检验成本
(3) 当检验本身不出错时,合格批中只有合格品	(3) 合格批中可能含有不合格品;不合格批中也可能含有合格品
(4) 检验工处于长期紧张的工作状态中,易于疲劳,造成检验的无意差错,有可能使不合格品混入合格产品中	(4) 检验时间比较宽裕,有利于减少或避免检验差错,弥补抽样检验固有的缺陷
(5) 有可能所不合格品判为合格品,或把合格品判为不合格品,错判的是单位产品	(5) 有可能把不合格批判定为合格批,或把合格批判定为不合格批,错判的是整批产品

续 表

全数检验	抽样检验
(6) 当产品不合格时，拒收的仅是单位产品，生产方损失不大	(6) 当批不合格时，拒收的是整个产品批，生产方损失严重，迫使生产方不得不重视提高产品质量，强化质量管理
(7) 检验工无须抽样技术的特别专门训练	(7) 检验工需要合理的抽样方案和采样技术，掌握数理统计推断知识和方法
(8) 适用于费用低，易于判定合格与否的产品检验。对于需要保证每件产品的质量，不允许有不合格品的产品以及涉及人身安全和社会环境安全的产品必须采取全数检验	(8) 适用于大批量生产的产品及广大面积(如资源及社会调查)调查。对于破坏性检验只能采取抽样检验

④ 电工电子产品生产检验程序

a. 元器件、零部件、外协件及材料入库前的检验

入库前的检验是保证产品质量可靠性的重要前提。入库前的检验一般采用抽检的检验方式。

进料检验规范的案例

印刷电路板(PCB)

Bear board

(一) 适用范围：在制品进厂检验作业、过程中过程检验，最终成品检验作业等作业人员提供品质确认的依据

(二) 使用工具：游标卡尺、细针、棉质细手套、10X 以上放大镜、胶带、三用电表、平台、孔径规、承认书、底片

检验项目	MIL—STD—105E—II　GR:0　MA:0.65　MI:1.0	判定	
	缺点项目	主要	次要
(1) PCB 线路部分	1. 沾锡：不允许线路露铜沾锡等情形	√	
	2. 线路翘皮：不允许 PCB 线路翘起情形	√	
	3. 焊点翘起：PCB 线路的 PAD 不得有翘起之情形	√	
	4. 割线：依工单指示须予以断路的线路，不得导通	√	
	5. 断路：线路应导通而未导通	√	
	6. 短路：线路不应导通而导通	√	
	7. 线细：线路宽度不得≤原始线路宽度的 80%	√	
	8. 线路：线路边缘呈锯齿状、缺角或线路铜箔中出现针孔，其面积≥原始线宽之 20%	√	
	9. 锡垫：PAD 锡垫中间打孔，孔位偏移，或 PAD 受损，单边不足≥30%	√	
	10. 补线：IPCS 基板中允许 5 条补线，仅 1 个范围不被零件遮盖，其长度必须≤7 mm。并排与非并排总数不得超过 5 处。且经过锡炉及烘烤后，线路及防焊漆不得有剥离等情形	√	
	11. 不能修补：金手指、GHIPS 之 PAD，拒绝线路之修补	√	
	12. 沾漆：线路沾漆，PAD 上沾漆面积必须≤10%原始面积	√	
	13. 残铜：非线路之导体需离线路 2.5mm 以上，面积必须≤2.5 mm^2	√	

来料品检验报告

机型		品名		货号	
批号		批量		入库数	
供应商		订单号		交货日期	
缺点性质		严重：		轻微	抽检数

续 表

海外侨胞品接受程度		严重：				轻微			PCS		
次品数别		数量	缺陷 DEF		SPEC	读数 READING					
			严重	轻微	规格	项目	1	2	3	4	5
1											
2											
3											
4											
5											
6											
7											
8											
9											
10											

通知有关部门 ☐ 生产部 ☐ 技术部	1. 严重 ▭ 2. 轻微 ▭	
	最后处理结果	
	☐ 合格 ☐ 不合格	☐ 全检 ☐ 特采 ☐ 退供应商
备注	检查员	批准人
	日期　/　/	日期　/　/

条例	1. 任何物料厂，必须经由品检部抽检，合格及放行则方可仓。 2. 如因严重缺料而采品未符合标准的来料，则品检部必须通知有关部门。 3. 各供应商在接到品检报告通知退货时，必须在十四天内收回退货，逾期则如同损坏，恕不负责。

b. 生产过程中的逐级检验

检验合格的原材料、元器件、外协件在部件装配过程中，可能因操作人员的技能水平、质量意识及装配工艺、设备、工装等因素，使组装后的部件不完全符合质量要求。因此对生产过程中的各道工序都应进行检验，并采用操作人员自检、生产班组互检和专职人员检验相结合的方式。生产过程中的检验一般采用全检的检验方式。

过程异常联络单

生产单： **编号：**

产品名称/编 号		工单NO		制造时间	月 日 时	检验记录 NO（验收单）
不良品名称/编 号		生产数量		不良数		批号 LOT NO
异常内容	异常处理：□ 批退 □ 停线 □ 停机 □ 模具维修 核定： 复核： 经办：					
原因分析与建议	□ 零件来料不良 □ 设备模具(治)不良 □ 作业(条件)不良 □ 设计(文件)不良 核定： 复核： 经办： 责任归属：					
协办单位	改善对策及异常处理方式			预计完成日 期	签 核	
品质确认	□ 合格；继续生产 □ 不合格处理方式____________					
分发单位	□ □ □ □ □ □ □ □ □ □ □ □ □					

c. 整机检验

整机检验是针对整机产品进行的一种检验工作，检查产品经过总装、总调之后是否达到预定功能要求和技术指标的过程，一般入库采取全检的方式，出库多采取抽检的方式。

QA 检验记录表

品管部 日期： 年 月 日

客户名称		名称/规格		序号范围 S/N NO：		
入库单		产品料号				
制造通知单	入库数量	抽样数量	抽样标准	缺点区分	主要缺点	次要缺点
			MIL—STD—105D	AQL		
				Ac/Re	/	/
主要检查项目						
1			6			
2			7			
3			8			
4			9			
5			10			
检 查 记 录						
备注	判定					

品管主管： 检验者：

d. 外观检验

一般用目测法对产品的外观、包装、附件等进行检验。

外观：要求外观无损伤、无污染，标志清晰，机械装配符合技术要求。

包装：要求包装完好无损伤、无污染，各标志清晰。

附件：产品所需所有附件、连接件等齐全、完好且符合要求。

(2) 电工电子产品的检验方法

通常我们用试验的方法来考核电工、电子产品性能的好坏。试验形式一般分为型式试验及例行试验。

① 型式试验

型式试验用于考核指定产品的设计是否符合有关产品标准和验证产品是否满足设计要求。试验可以包括以下考核具体内容：

a. 结构要求

b. 性能要求

工作极限值、温升、绝缘性能、工作性能、振动与冲击、电磁兼容性、噪声、气候试验。

② 例行试验

例行试验是对批量制作完成的每件产品进行的交付试验，以确定其是否符合有关标准中产品交付的要求。试验可以包括以下考核具体内容：①外观；②运行情况；③介电性能；④调整、整定及校正；⑤气动设备的气密性；⑥液压设备的密封性；⑦电阻或阻抗测量。

如果产品的结构和性能进行了重大的改进，必须制作样机进行型式试验。

如果相关产品标准中规定，且工程和统计分析表明产品质量稳定，产品生产批量又很大时，可以不对每台产品进行例行试验，可进行抽样试验，但抽样试验应包括与例行试验相同的一组试验。

研究性试验是用于考核设备特殊性能与特性的选择性试验，由产品生产者或与生产者、顾客协商确定。

(3) 电工电子产品的检验内容

① 结构要求

可从外观检查、绝缘电阻和耐压试验三个方面来考核，以确保产品的结构可以满足规定要求。

② 性能要求

a. 工作限值。该试验应在产品使用(或应能正常工作)条件时的最低和最高环境温度下进行，以考核产品的正常工作能力。

b. 温升试验。温升试验分为环境空气温度测量、部件温度测量、部件温升；主电路温升、控制电路温升、电磁线圈温升、辅助电路温升。不同的电路、不同的绝缘等级温升的规定值是不同的。

c. 绝缘性能试验。根据被试产品规定的额定工作电压，确定绝缘电阻阻值及额定冲击耐受电压的等级。

d. 工作性能试验。根据有关产品标准中的规定，对被试产品的工作性能需进行逐项试验，包括限流、过流保护、电压波动、压力保护等试验。

e. 振动和冲击试验。振动和冲击试验，首先在同一个方向进行增强随机振动量级的模拟长寿命试验，其次做冲击试验，最后做功能性随机振动试验。一个方向完成后，再在其他方向进行试验。

f. 电磁兼容性试验。电磁兼容性试验应按产品类别、使用场所、安装位置等综合考虑，来确定试验项目、试验等级和性能评定。一般有浪涌、静电放电、电快速瞬变脉冲群、射频电磁场辐射抗扰度、射频场感应的传导骚扰抗扰度、电磁辐射骚扰和电源端骚扰电压等试验。

g. 噪声试验。应按产品标准或相关标准进行试验。

h. 气候试验。必要时，应进行低温、干热、湿热、盐雾等一系列试验测试，以检验产品适应环境条件的能力。

国家标准 GB/T2421、GB/T 2422、GB/T 2423.1-51 全面、系统规定了电工电子产品的环境条件的试验方法。

3.3 电子信息类企业仓储物流管理

3.3.1 企业仓储物流管理概述

1. 仓储管理的内涵

仓储管理，简单来说是指对仓库和仓库储存物料所进行的管理，是仓储机构为了充分利用自己具有的仓储资源提供高效的仓储服务所进行的计划、组织、指挥、控制和协调的过程。具体来说，仓储管理包括仓储资源的获得、经营决策、商务管理、作业管理、仓储保管、安全管理、人事管理、经济管理等一系列管理工作，其目标是实现仓储合理化。

仓储合理化的含义，就是用最经济的仓储管理来实现仓储的功能，仓储的功能是满足物品的储存需要以实现储存物品的“时间效用”等(如图 3-9 所示)。

2. 仓储管理的内容

仓储管理的内容包括：仓储网点的布置和选址，仓储设施的选择，仓库规模的确定，仓储商务管理，特殊物品的仓储管理，库存货源组织，仓储计划，仓库作业，货物包装和养护，仓库治安、消防和生产安全，仓储经济效益分析，仓储货物的保税制度和政策，库存控制与管理，仓储管理中信息技术的应用以及仓储系统的优化等。

图 3-9　企业仓储

3. 仓储管理的意义

(1) 科学的仓储管理是顺利实现社会再生产过程的必要条件。

① 衔接生产与消费的时间差。

② 克服生产与消费地理上的分离。

③ 调节生产与消费方式上的差别。

(2) 科学的仓储管理可以保持物品的使用价值。

(3) 科学的仓储管理可以创造时间效用，极大地获取“第三利润源”。

(4) 科学的仓储管理可以优化物品流通中的各节点，提高库存的信息反馈作用。

4. 仓储管理技术作业流程

(1) 仓储管理技术作业概念

仓储管理技术作业，是指以保管保养活动为核心，从仓库接收物品入库开始，到按客户需要把物品全部完好地发送出去的全过程的作业。仓储管理技术作业按作业的顺序来分，主要由入库阶段、保管阶段、出库阶段三个阶段构成。

(2) 仓储管理技术作业流程

仓储管理技术作业流程如图 3-10 所示。

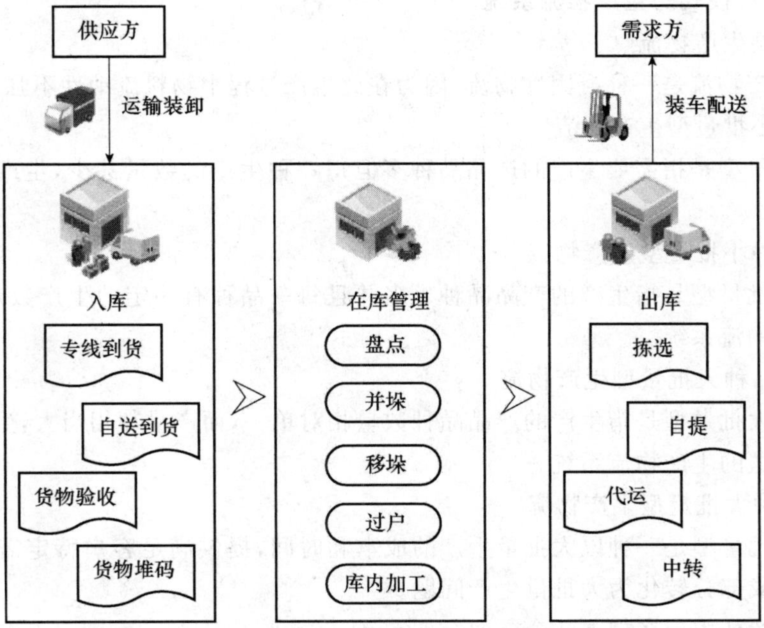

图 3-10　仓储管理技术作业流程图

3.3.2 企业生产物流管理概述

1. 基本概念

企业生产系统含义：企业生产系统是以企业生产过程为对象的系统，它由系统的硬件和软件两部分组成。

生产物流含义：生产物流是将原材料、半成品、燃料、外购件投入生产后，经过下料、发料，运送到各加工点和存储点，以及在制品形态从一个生产单位流入另一个生产单位，按照规定的工艺路线进行加工、存储，借助一定的运输工具在某个点内流转，又从某个点流出，物料始终处于实物形态的流转过程。

2. 企业生产物流的特征

(1) 生产系统中的物流特征

① 物料按照工艺流程流动。

② 物流作业与生产作业紧密关联相互交叉。

③ 物流连续地有节奏按比例运转。

（2）合理组织生产物流的要求

① 连续性

② 节奏性

③ 适应性

④ 比例性

⑤ 平行性

⑥ 准时性

3. 不同生产模式的生产物流系统

（1）项目型生产物流

项目型生产物流是一种凝固性物流，因为在此生产过程中物料流动性不强。

（2）单件小批量型生产物流

单件小批量型是指需要生产的产品品种多但每一种生产的数量甚少，生产重复度低的生产物流系统。

（3）多品种小批量型生产物流

多品种小批量型是指生产的产品品种繁多并且每一品种有一定的生产数量，生产的重复度中等的生产物流系统。

（4）单一品种大批量型生产物流

单一品种大批量型是指生产的产品品种数量相对单一，而产量却相当大，生产重复度非常高且大批量配送的生产物流系统。

（5）多品种大批量型生产物流

多品种大批量型是一种以大批量生产的成本和时间，提供满足客户特定需求产品重组和过程重组转化或部分转化为大批量生产问题。

生产物流特征表现在如下几个方面。

① 由于要按照大批量生产模式生产出标准化的基型产品，并在此基础上按客户订单的实际要求对基型产品进行重新配置和变形，所以物料被加工成基型产品的重复度高，而对装配流水线则有更高的柔性要求，从而实现大批量生产和传统订制生产的有机结合。

② 物料的采购、设计、加工、装配、销售等流程要满足个性化定制要求，这就促使物流必须有一坚实的基础——订单信息化、工艺过程管理计算机化与物流配送网络化。

③ 产品设计的可定制性与零部件制造过程中由于标准化、通用化、集中化带来的可操作性的矛盾，往往与物料的性质与选购、生产技术手段的柔性与敏捷性有很大关联。

④ 库存不再是生产物流的终结点，基于快速响应客户需求为目标的物流配送与合理化库存将真正体现出基于时间竞争的物流速度效益。

⑤ 生产品种的多样性和规模化制造，要求物料的供应商、零部件的制造商以及成品的销售商之间的选择将是全球化、电子化、网络化。

3.3.3 电工电子产品的存储与运输注意事项

1. 电工电子产品的储存

电子元器件应在常温常湿的环境中存储。保存器件的库房，温度应控制在－10 ℃～＋40 ℃，相对湿度在85％以下，更严格的存储条件为温度5 ℃～30 ℃，相对湿度40％～60％。要避免过分悬殊的温度差或湿度差，温度的急剧变化，会使空气中的水汽凝结成水珠。

在冬季非常干燥的地区，如有必要可用加湿器进行加湿。加湿最好用纯水或蒸馏水，以免自来水中含有的氯使器件引线或金属管壳被腐蚀。

储存环境中应无腐蚀性气体存在，而且尘埃要少。器件长期储存时，其引线最好是处于未经机械加工的状态。因为在引线成形后的拐弯处或是引线切断后的端口处容易生锈。电子元器件裸芯片的保存环境应更加严格，要满足低湿、洁净和避光条件。一般应在规定的密闭容器中存放，开封后最好在干燥氮气(－30 ℃霜点以下)中存放，存放时间尽可能短。

物料叠放要求上小下大，上轻下重，一个托盘只能放置同一种物料，堆放高度有特殊要求的依据特殊要求堆放，但最高不得超过 160 cm(如图 3-11 所示)。

对于真空包装的 PCB 光板、IC 等要将其完好包装，不能让铜箔和引脚直接暴露在空气中，以防止产品氧化。

对有防静电要求的物品必须根据实际情况选择以下方法：装入防静电袋和防静电周转箱存放(如图 3-12 所示)。

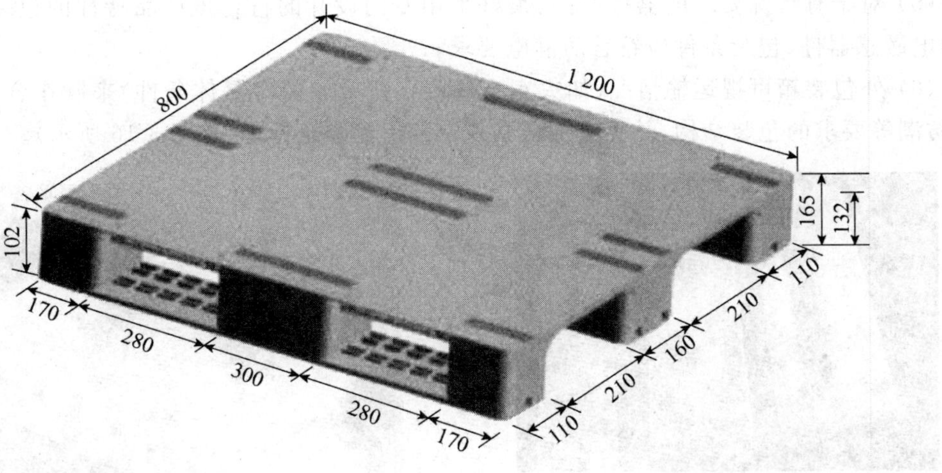

图 3-11　塑料托盘

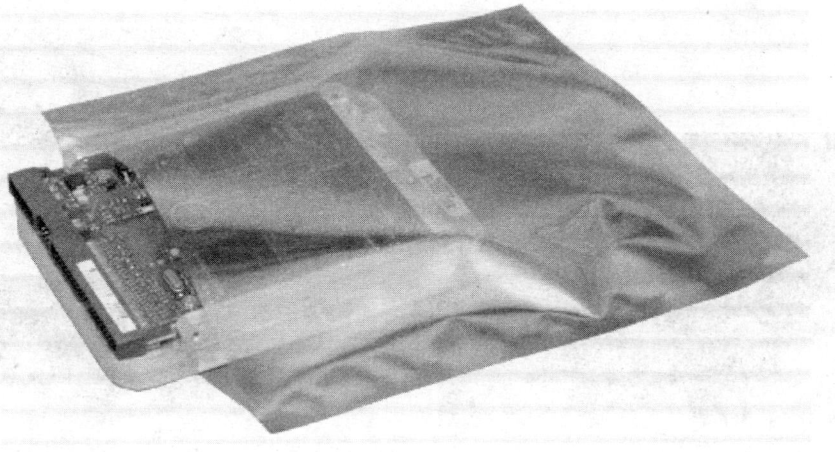

图 3-12　防静电袋

2. 电子产品的运输

在电子元器件的运输、储存和保管时，应有良好的包装，以保证产品不会受到环境气氛或不当应力的作用而遭到损坏。对其包装材料和包装形式应做如下要求：

(1) 产品应具有内、外两种包装形式。内包装应采用对产品无任何腐蚀性的材料制成的包装盒；外包装则采用具有一定机械强度且能防雨防潮的材料制成的轻便的包装箱(如图3-13所示)。

(2) 包装盒应采用无化学气体释放、无毒、无污染和无腐蚀的材料制成。如用纸盒，则必须用中性纸，而不能用任何酸性纸或碱性纸。某些容器(如硬壳纸制的盒子或有黑色橡胶的包装材料)含有硫化物，会使引线表面发黑，降低可焊性，应严禁使用(如图3-15所示)。

(3) 包装盒应保证不会出现任何碰撞、挤压等现象，并能明显的观察到产品上标有的所有标志(如图3-14所示)。

(4) 包装盒应能适应产品保存温度为－10～＋40 ℃，相对湿度不大于60%的干燥通风和无腐蚀性气体的保管条件，使其在两年的保存期内不应包装盒的质量导致产品的损坏。

(5) 对于有特殊要求的器件产品，最好采用专门设计的符合该产品特性的包装盒。如对于静电敏感器件，包装条件应符合防静电要求。

(6) 外包装箱可视运输情况(如火车、汽车、飞机及轮船等具体条件)来制作合乎防震、防水、防潮等要求的包装结构，并且应加上必须有的运输安全标志(如图3-16所示)。

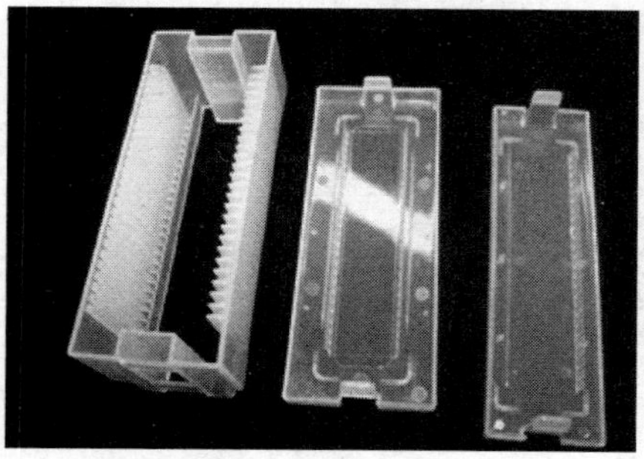

图3-13　晶片包装盒

图3-14　芯片托盘

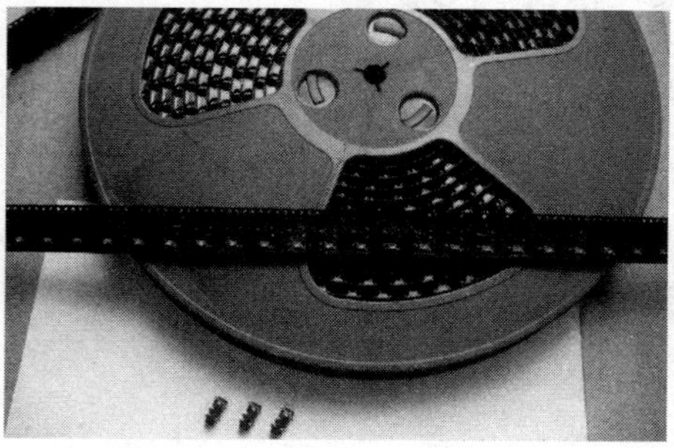

图3-15　SMD包装带

图3-16　静音小推车

搬运电子元器件时，要注意防止撞击和跌落。特别是玻璃封装的器件为易碎物品，装入包装盒或包装箱之后，如果受到跌落等强烈冲击，有可能和邻近器件相互碰撞、发生管壳破碎，所以在搬运或堆放时，应该充分注意不要掉到地上。点接触二极管和玻壳封装二极管要防止跌落在水泥、大理石等坚硬的地面上。陶瓷封装的器件较重，在整个使用过程中也应防止摔跌。

管理小故事

去过寺庙的人都知道，一进庙门，首先是弥勒佛，笑脸迎客，而在他的北面，则是黑口黑脸的韦陀。但相传在很久以前，他们并不在同一个庙里，而是分别掌管不同的庙。弥勒佛热情快乐，所以来的人非常多，但他什么都不在乎，丢三落四，没有好好地管理账务，所以依然入不敷出。而韦陀虽然管账是一把好手，但成天阴着个脸，太过严肃，搞得人越来越少，最后香火断绝。

佛祖在查香火的时候发现了这个问题，就将他们俩放在同一个庙里，由弥勒佛负责公关，笑迎八方客，于是香火大旺。而韦陀铁面无私，锱铢必较，则让他负责财务，严格把关。在两人的分工合作中，庙里又呈现出一派欣欣向荣的景象。

管理心得：

在用人大师的眼里，没有废人。正如武功高手，不需名贵宝剑，摘花飞叶即可伤人，关键看如何运用。

案例分析

通信设备有限公司通用工艺文件

潮湿敏感器件、PCB、PCBA 保存、烘烤通用指导书

WI－021

A

拟　制：

审　核：

批　准：

共 12 页

2011-07-16

通信设备有限公司

范围

适用于仓储、生产、维修中所有涉及的潮湿敏感元器件、PCB 板、PCBA 板。

正文

一、概述：

为规范、指引潮湿敏感元器件、PCB、PCBA 在储存、使用、加工过程中的储存、烘烤行为，特制定本操作指导书。

二、术语定义

SMD：表面贴装器件，主要指通过 SMT 生产的 PSMD(Plastic Surface Mount Devices)，也即塑封表面贴（封装）器件，如表 1 项目描述的器件。

表 1　封装名称表

项目描述	说　　明
SOP ××	塑封小外形封装元件（含表面贴装变压器等）
SOIC(SO) ××	塑封小外形封装 IC（集成电路）
SOJ ××	J 引脚小外形封装 IC
MSOP××	微型小外形封装 IC
SSOP××	缩小型小外形封装 IC
TSOP××	薄型小外形封装 IC
TSSOP××	薄型细间距小外形封装 IC
TVSOP××	薄型超细间距小外形封装 IC
PQFP××	塑封四面引出扁平封装 IC
(P)BGA ××	球栅阵列封装 IC
PLCC××	塑封芯片载体封装 IC

潮湿敏感器件：指易于吸收湿气，受热（回流焊或波峰焊）后湿气膨胀，导致内部损坏或分层的器件，基本上都是 SMD。

一般器件：指除潮湿敏感器件以外，组装时需要焊接的所有元器件。

存储条件：是指与所有元器件封装体和引脚直接接触的外部环境。

存储期限：是指元器件从生产日期到使用日期间的允许最长保存时间。

PCB：印制电路板，printed circuit board 的简称。在绝缘基材上，按预定设计形成印制元件或印制线路以及两者结合的导电图形的印制板。

检验批：由相同材料、相同制程、相同结构、大体状况相同，前后制造未超过一个月时间并一次送检的产品，谓之检验批。

三、操作指导说明

烘烤所涉及的设备

a）柜式高温烘箱。

b）柜式低温、除湿烘箱。

c）防静电、耐高温的托盘。

d）防静电手腕带。

3.1　潮湿敏感器件存储

3.1.1　包装要求

表 2　潮湿敏感器件包装要求

潮湿敏感等级	包装袋 (Bag)	干燥材料 (Desiccant)	潮湿显示卡 (HIC)	警告标签 (Warning Label)
1	无要求	无要求	无要求	无要求
2	MBB 要求	要求	要求	要求
2a ～5a	MBB 要求	要求	要求	要求
6	特殊 MBB	特殊干燥材料	要求	要求

其中：

MBB：Moisture Barrier Bag，即防潮包装袋，该包装袋同时要具备 ESD 保护功能；

干燥材料：必须满足 MIL-D-3464 Class Ⅱ标准的干燥材料；

HIC：Humidity Indicator Card，即防潮包装袋内的满足 MIL-I-8835、MIL-P-116，Method Ⅱ 等标准要求的湿度指示卡。HIC 指示包装袋内的潮湿程度(一般 HIC 上有至少 3 个圆圈，分别代表不同的相对湿度值，如：8%、10%、20%等(如图 1 所示)，各圆圈内原色为蓝色，当某圆圈内由蓝色变为紫红色时，表明袋内已达到该圆圈对应的相对湿度；当该圆圈再由紫红色变为淡红色时，则表明袋内已超过该圆圈对应的相对湿度)；如果湿度指示卡指示袋内湿度已达到或超过需要烘烤的湿度界限(按照厂家规定执行，如果厂家未提供湿度界限值，我司规定此值为 20%RH)，需要对器件进行烘烤后再焊接。

说明：有的公司无湿度指示卡，而是在干燥剂中加蓝色晶体，蓝色晶体受潮后会变红，如果拆封后干燥剂袋内有晶体已变为红色，则表明器件已受潮，生产前需要烘烤。

MSIL：Moisture-sensitive identification label，即潮敏标签(如图 1 所示)，用来指示包装袋内装的是潮湿敏感器件。

警告标签：Caution Label，即防潮包装袋外含 MSIL(Moisture Sensitive Identification Label)符号、芯片的潮湿敏感等级、芯片存储条件和拆封后最长存放时间、受潮后烘烤条件及包装袋本身密封日期等信息的标签，如图 1 所示。

Moisture-sensitive identification label(Example)

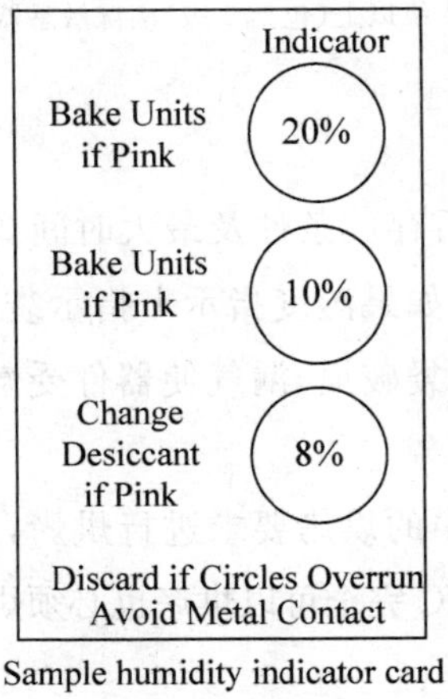

Sample humidity indicator card

Moisture-sensitive caution label(Example)

图 1　潮敏指示卡、潮敏标签、潮敏警告标签示例

注:引脚镀银器件比较容易硫化,对包装要求比较严,要求在存储时采用双层塑料袋包装,且需采用热压封口以加强密封作用。最外层塑料袋包装推荐选用气泡袋,防止在运输中袋子被刺穿。

3.1.2 存储条件

仓储存储潮湿敏感器件,存储须满足以下两条之一:

a. 保持在有干燥材料的 MBB 密封包装(真空或充氮气包装)状态下存储。

b. 存储在 Mcdry 干燥箱内(相对湿度设置 5%RH)。

3.1.3 拆封后存放条件及最大时间

器件拆封后最大存放时间一般都是在温度低于 30 ℃、RH(相对湿度)小于 60%的情况下确定的,但因实际存储环境不能满足该条件,根据 JEDEC 标准及实际情况,对我司潮敏器件的存放按照降额执行,如表 3 所示。

表 3 拆封后最大存放时间(降额)

MSL	拆封后存放条件及最大时间(标准)	拆封后存放条件及最大时间(降额 1)	拆封后存放条件及最大时间(降额 2)
1	无限制,≤85%RH	无限制,≤85%RH	无限制,≤85%RH
2	一年,≤30℃/60%RH	半年,≤30℃/70%RH	3 月,≤30℃/85%RH
2a	四周,≤30℃/60%RH	10 天,≤30℃/70%RH	7 天,≤30℃/85%RH
3	一周,≤30℃/60%RH	72 小时,≤30℃/70%RH	36 小时,≤30℃/85%RH
4	72 小时,≤30℃/60%RH	36 小时,≤30℃/70%RH	18 小时,≤30℃/85%RH
5	48 小时,≤30℃/60%RH	24 小时,≤30℃/70%RH	12 小时,≤30℃/85%RH
5a	24 小时,≤30℃/60%RH	12 小时,≤30℃/70%RH	8 小时,≤30℃/85%RH
6	使用前烘烤,烘烤后最大存放时间按警告标签要求	使用前烘烤,烘烤后在≤30℃/70%RH 条件下 3 小时内完成焊接	使用前烘烤,烘烤后在≤30℃/85%RH 条件下 2 小时内完成焊接

注:在 RH ≥85%的环境条件下,若暴露时间大于 2 小时,则所有 2 级以上(包括 2 级)潮湿敏感器件必须烘烤再进行焊接。

3.1.4 烘烤技术要求

2 级以上(包括 2 级)潮湿敏感器件,若超过拆封后存放条件及最大时间要求,或密封包装下存放时间过长(见警告标签上密封日期及存放条件,如果湿度指示卡指示袋内湿度已达到或超过需要烘烤的湿度界限)或存放、运输器件造成密封袋破损、漏气使器件受潮,则要求焊接前必须进行烘烤。

对于受潮器件,要按照厂家原包装袋上警告标签中的烘烤要求进行烘烤,对于厂家没有相应要求的,可采用以下两个条件之一进行烘烤(已吸湿 IC 完全可以烘烤也必须烘烤),高温烘烤条件见表 4。

表 4　烘烤条件

封装厚度	潮湿敏感等级	烘烤@110±5 ℃	备注
≤1.4 mm	2	8 小时	烘烤环境湿度≤60%RH
	2a		
	3		
	4	16 小时	
	5		
	5a		
≤2.0 mm	2	24 小时	
	2a		
	3		
	4	32 小时	
	5	40 小时	
	5a	48 小时	
≤4.0 mm	2	48 小时	
	2a		
	3		
	4		
	5		
	5a		

注：① 对同一器件，在 110±5 ℃条件下多次烘烤累计时间须小于 96 小时 。② 低温烘烤：在 45 ℃、RH≤5%条件下烘烤 192 小时。

3.1.5　存储和使用注意事项

(1) 拆封要求

对于潮湿敏感等级为 2 级以上(包括 2 级)的 SMD 器件，拆封时首先查看真空包装内有无 HIC、HIC 上显示的受潮程度，如果湿度指示卡指示袋内湿度已达到或超过需要烘烤的湿度界限，则需要烘烤再上 SMT 生产。

(2) 发料要求

对于需要拆包分料的潮敏器件，2～4 级的要在 1 小时内完成并重新干燥保存，5～6 级的要在 30 min 内完成分料并干燥保存(重新抽真空或置于干燥箱中)，对于当天还需分料的 2 级潮敏器件，不做此要求，但每天最后未发完的 2 级以上(包括 2 级)潮敏器件都必须重新抽真空或放入干燥箱保存。

仓库发到车间的 2 级以上(包括 2 级)的潮湿敏感器件，在分料时一律采用抽真空密封包装方法发往车间。

潮敏器件未处在密封状态或未存放于干燥状态的时间需要记录在“潮湿敏感元件开封时间控制标签”上。

(3) 用剩器件存放

为了减少潮敏器件的烘烤，开封后未用完且未受潮的潮敏器件，应立即置于运行中的干燥箱中或重新进行真空防潮包装保存。

表面镀层为银的器件，在库房发料后剩下部分器件，需要采用两层自粘袋把器件保护好再放入包装箱中。

(4) 潮敏器件开封及使用时的“潮湿敏感元件开封时间控制标签”记录要求

每个物料的最小包装上面必须贴有涵盖下面内容的标签并据实填写相关内容。如果没有该标签，则下道工序须拒收。如果一张标签填满则计算该器件剩余可开封时间并将数据填写到下一张标签上，同时将烘烤记录抄写到下一张表格上。

对同一器件，在 110±5 ℃条件下多次烘烤累计时间须小于 96 小时。

标签模板如下：

潮湿敏感元件开封时间控制标签

H3C 料号：__________ 潮湿敏感等级：__________ 原始车间寿命：__________

记录上一标签的剩余时间，如果此为第一张，则填：NA			上次剩余时间：			
使用记录	打开时间	封袋时间	暴露时间	可用车间寿命	部门	签名
第　次						
第　次						
第　次						
第　次						
第　次						
第　次						
第　次						
第　次						
第　次						
第　次						

烘烤记录	开始时间	结束时间	累计烘烤时间	部门	签名	备注
第　次						
第　次						
第　次						
第　次						

定义说明：

原始车间寿命：器件开封后按潮敏等级管控及规范降额要求的允许开封暴露时间。

备注：

每个存放或使用单位可以使用各自格式的潮敏器件开封时间控制标签，但需涵盖上面标签的内容。

(5) 烘烤要求

对于已经受潮的 SMD，进行 SMT 生产前，必须进行烘烤；但对于 110 ℃条件下的烘烤还要注意一些问题：要确认其内包装(托盘式、管式、卷式)是否具有“耐高温”的能力(某些供应商会在内包装上标明“HEATPROOF”字样)，否则只能按低温 45 ℃条件烘烤。另外在前述两种烘烤条件下，烘烤期间皆不得随意开关烘箱门，以保持烘箱内干燥环境。

(6) 回流焊接要求

SMD 在进行回流焊接时，其一要严格控制温度的变化速率：其升温速率小于 2.5 ℃/s；其二要严格控制最高温度和高温持续时间(厂家要求),对于每一种器件要满足各自所规定的要求。

(7) 返修要求

对已受潮的 SMD 进行热风返修时,如果器件需要再利用,拆卸器件前需要对单板进行烘烤,烘烤条件依据下文描述的 PCBA 烘烤要求;如果器件不需要再利用,则返修前不作烘板要求。但如果返修过程中需要整板加热到 110 ℃以上的,或者返修工作区域周边 5 mm 以内存在其他潮敏感器件的,必须根据潮敏等级和存储条件对 PCBA 组件进行预烘烤去湿处理。

3.1.6　存储环境条件

对于存储条件要求按厂家元器件要求进行(潮敏器件按其要求进行),对于厂家没有要求的,存储环境条件要求见表 5,公司应该每年对库房进行至少一次监测,如果超标寻找污染源并清除。

表 5　存储条件

相对湿度	≤80%
温度	0～30 ℃
可还原性硫(H_2S)	≤0.1 mg/m^3
二氧化硫	≤0.3 mg/m^3
氯化物(氯化氢)	≤0.1 μg/m^3
氨气	≤0.1 μg/m^3
灰尘	≤20 μg/m^3

3.2　PCB 存储及烘烤

PCB 潮敏等级默认为三级潮敏元器件

3.2.1　仓储条件要求

温度:0～ 30 ℃。

湿度:小于 80%RH 的无腐蚀气体的环境条件下。

印制板采用无色气珠塑料袋真空包装,且真空包装袋内应附有干燥剂并保证包装紧密。IQC 拆开真空包装检验后,应拆包后 8 小时内采用真空包装的方式将检验合格的 PCB 重新包装,并做好相应 H3C 型号、编码、生产周期等信息的标识;库房发料后剩余的已开包印制板需在 8 小时内重新真空包装。真空包装时每袋包装数量按表 6 或表 7 要求执行。

表 6　针对板厚的单板数量要求

板厚/mm	每袋最多包装数量(PCS)
小于等于 1.6 mm	20
大于 1.6 mm 小于等于 2.5 mm	10
大于 2.5 mm 小于等于 5 mm	5

表 7　针对单板外形尺寸的单板数量要求

外形尺寸/mm	每袋最多包装数量(PCS)
小于等于 100×150 mm	20
大于 100×150 mm 小于等于 300×400 mm	10
大于 300×400 mm 小于等于 450×600 mm	5

对于超出表6、表7范围的PCB板包装均以1PCS包装，包装时注意板子要平放在箱内，不允许竖放，避免运输、堆压、取板过程中造成板子变形和损坏板子。

3.2.2 存储期规定

1）PCB的有效存储期：以Datecode为准，在供方和我司总有效存储时间为1年。

2）对于超有效存储期的PCB需重新检验。以Datecode为准，重新检验合格PCB的存储期可延长6个月（对同一PCB，最多允许两次延长存储期，每次检验合格，均可将存储期延长6个月）；检验不合格的PCB需报废处理，特殊的，针对“仅有表面处理缺陷的OSP板”可联系PCB厂商进行重工处理（注意：OSP板最多只允许重工两次）。

3）PCB一次送检储存期限：指从物料生产日期DATE CODE时开始算起所允许的可存储时间；PCB二、三次送检存储期限：指分别依照上一次送检时间进行推算所允许的可存储时间。

4）以Datecode为准，任何PCB的存储期超过两年则直接报废处理。

5）超有效存储期印制板应依照《PCB通用检验操作指导书》重新检验。

3.2.3 拿板和运输要求

不能直接用手接触印制电路板，拿取印制板时必须戴上手套，以防止印制板被汗渍或油污等污染印制板板面；手持板边，不要碰到焊盘表面，要防止焊盘表面的划伤、擦伤和污染；尤其是化学镍金和OSP板。在拿板和操作过程中应轻拿轻放，PCB不能相互搓磨，以免机械损伤印制板。

已包装好的印制板在运输时应防止日晒、雨淋、受潮、受热、机械损伤和重物堆压。

3.2.4 PCB上线前的检查和处理

(1) 拆包时必须检查，PCB不允许有包装破损，超存储期以及划伤、起泡、焊盘氧化等明显外观缺陷；

(2) 对真空包装破损的PCB上线前必须进行烘板干燥处理（OSP板和无焊接母板除外）；

(3) 对超存储期检验合格的PCB上线之前无论真空包装是否完好，都必须烘板处理（OSP板只能采用真空烘箱除湿）；

烘板按表8要求执行。

表8 烘板工艺参数

类别	烘板温度范围/℃	最小时间/h	平均时间/h	最长时间/h	设备
高温烘烤	110	1.5	2	4	对流式烘箱
低温烘烤	70	3	6	16	对流式烘箱
真空除湿	50	1	2	3	真空烘箱(1torr)

3.2.5 生产过程中停留时间规定

生产过程中停留时间包含以下几个方面的内容：

(1) PCB拆包至SMT前的停留时间；

(2) SMT与SMT工序间的停留时间；

(3) SMT至波峰焊工序间停留时间；

(4) 直接过波峰焊的单板从拆包至波峰焊的停留时间。

表面处理为热风整平和化学镍金的单板生产过程中停留时间的规定如表9所示。

表 9　生产过程中停留时间规定

环境温度/℃	相对湿度/RH	停留时间/h
20～28	≤45%	无限制
20～28	45%＜相对湿度≤60%	≤48
20～28	60%＜相对湿度≤75%	≤24
20～28	＞75%	≤12

对于超过停留时间规定的单板必须按如表 8 要求进行烘板处理，烘板结束后停留时间按表 9 规定执行。

对 OSP 板要求拆包至回流焊接、回流焊接后至补焊之间的停留时间必须严格控制在 24 小时之内。如停留时间超过 24 小时，则未贴装元器件的单板换料生产，已贴装元器件的单板可以通过提高焊接温度、延长焊接时间进行补焊。

注：对 OSP 板，回流焊接后至波峰焊或补焊之间，停留时间必须严格控制在 24 小时之内。

3.2.6　OSP 板的使用要求

在印刷过程中，因印刷不良清洗焊盘的次数不可超过一次，且清洗力度不要太大，清洗过后完全吹干，立即印刷焊膏，停留时间不可超过 15 min。采用 HASL 表面处理的 PCB 如改用 OSP 表面处理工艺，使用原 HASL 板编制的 ICT 程序时，需对程序进行调整。

3.2.7　化学镍金板的使用要求

在印刷过程中，因印刷不良清洗焊盘的次数不可超过两次，且清洗力度不要太大，清洗过后完全吹干，立即印刷焊膏，停留时间不可超过 15 min。

3.3　PCBA 存储与烘烤

3.3.1　PCBA 存储

PCBA 存储满足车间环境通用环境即可，无特殊要求。

3.3.2　PCBA 烘烤

PCBA 烘烤时间如表 10 所示。

表 10　PCBA 烘烤时间

类别	烘板温度范围/℃	最小时间/h	平均时间/h	最长时间/h	设备
高温烘烤	110	1.5	2	4	对流式烘箱
低温烘烤	70	3	6	16	对流式烘箱
真空除湿	50	1	2	3	真空烘箱(1 torr)

对于返修后不再利用的器件，原则上不对 PCBA 组件进行烘烤去湿处理，但如果返修过程中需要整板加热到 110 ℃以上的，或者返修工作区域周边 0.5 cm 以内存在其他潮敏感器件的，必须根据潮敏等级和存储条件的要求对 PCBA 组件进行预烘烤去湿处理，如果 PCBA 含有插件电解电容，必须对流式烘箱低温烘烤。如果无插件电解电容，可以使用高温烘烤。

对于返修后再利用的潮湿敏感器件，如果采用热风回流、红外等通过器件封装体加热焊点的返修工艺，必须根据被返修器件的潮敏等级和存储条件的要求对 PCBA 组件进行低温烘烤；对采用手工烙铁加热焊点的返修工艺，在加热过程得到控制的前提下，无须对潮敏器件进行预烘烤处理。

3.3.3 PCBA和器件返修加热次数的要求

PCBA组件和器件累计返修加热次数要求不同。PCBA组件同一位号允许的返修加热次数不超过4次;器件允许的返修加热次数不超过5次。超过返修加热次数的,由于组件和器件的可靠性急剧下降,不建议再发给客户,但可作试验用途。

修订记录

日期	修订版本	修改描述	作者
2011-07-16	A	初版发行	

本章思考题

1. 什么是PDCA循环?
2. 什么是全面质量管理TQM?
3. 企业仓储物流管理内容有哪些?
4. 简述企业生产物流的特点。

第4章　电子信息类企业人力资源管理

本章知识点

1. 企业人力资源管理基本理论
2. 企业人力资源管理规划
3. 电子信息类企业人员招聘与配置
4. 电子信息类企业绩效管理与薪酬管理
5. 企业劳动关系管理

4.1　企业人力资源管理概述

4.1.1　人力资源管理的内容

1. 人力资源规划

(1) 组织机构的设置;(2) 企业组织机构的调整与分析;(3) 企业人员供给需求分析;(4) 企业人力资源制度的制定;(5) 人力资源管理费用预算的编制与执行。

2. 招聘与配置

(1) 招聘需求分析;(2) 工作分析和胜任能力分析;(3) 招聘程序和策略;(4)招聘渠道分析与选择;(5) 招聘实施;(6) 特殊政策与应变方案;(7) 离职面谈;(8) 降低员工流失的措施。

3. 培训和开发

(1) 理论学习;(2) 项目评估;(3) 调查与评估;(4) 培训与发展;(5) 需求评估与培训;(6) 培训建议的构成;(7) 培训;(8) 培训的设计;(9) 开发管理与企业领导;开发自己和他人;(10) 项目管理:项目开发与管理惯例。

4. 绩效管理

(1) 绩效管理准备阶段;(2) 实施阶段;(3) 考评阶段;(4) 总结阶段;(5) 应用开发阶段;(6) 绩效管理的面谈;(7) 绩效改进的方法;(8) 行为导向型考评方法;(9) 结果导向型考评方法。

5. 薪酬福利管理:(补偿、激励和收益)

(1) 薪酬;(2) 构建全面的薪酬体系(岗位评价与薪酬等级、薪酬调查、薪酬计划、薪酬结构、薪酬制度的制定、薪酬制度的调整、人工成本核算);(3) 福利和其他薪酬问题(福利保险管理、企业福利项目的设计、企业补充养老保险和补充医疗保险的设计;(4)评估绩效和提供反馈。

6. 劳动关系

(1) 就业法;(2) 劳动关系和社会;(3) 行业关系和社会;(4) 劳资谈判;(5) 工会化和劳资谈判(安全、保安和健康、安全和健康项目、安全和健康的工作环境、促进工作场所的安全和健康、管理执业健康和安全)。

7. 人事管理

包括员工入职手续、员工信息档案、人事档案以及员工奖惩制度等,是人力资源的重要组成。

8. 职业生涯管理

职业生涯管理是企业通过规划员工的职业生涯,引导员工把自身发展目标与企业发展目标充分结合,有效发挥自身优势,实现良好发展的人力资源管理措施。良好的职业生涯管理体系可以充分发挥员工的潜能,给优秀员工一个明确而具体的职业发展引导,从人力资本增值的角度达成企业价值最大化。借助教育测量学、现代心理学、组织行为学、管理学、职业规划与职业发展理论等相关科学经典理论,结合中国特色的企业管理实践和个人性格特征,形成了比较成熟、完善的职业生涯规划体系。

4.1.2 人力资源管理的核心

人力资源管理的核心是价值链管理。这条价值链上有三个主要环节:

第一个环节是“价值创造”;

第二个环节是“价值评价”;

第三个环节是“价值分配”。

1. 价值创造

“价值创造”强调的是创造要素的吸纳与开发。它要求人们确定这样一种理念:知识创新者、企业家和员工是企业价值的创造者,而其中的主导要素是知识创新者和企业家,尽管他们的人数占不到企业的20%,但他们却创造了企业80%以上的价值。因此,企业一定要注重吸纳一流人才,同时也要注重开发员工的价值。

2. 价值评价

“价值评估”强调的是要建立科学的价值评价考核体系,这一体系包括个性特质评价、职业行为能力评价和关键业绩指标考核。

个性特质评价指的是评价员工是否具备某一职务所要求的个性特质,或者说是“主题特征”。进行个性特质评价首先要建立企业内部各种职务的素质模型。比方说,开发岗位要求任职者具备创新、成就追求、重团队协作,善沟通、学习等方面的个性特质;中试岗位要求任职者具备爱挑毛病,刨根问底,影响需求高于亲和需求,影响冲动强于避免讨厌的冲动等方面的个性特质;销售岗位要求任职者具备主动性、敏感性,能把握商机,对别人施加影响,能经受挫折,不怕被拒绝,善于谈吐等个性特质。以上所说的不同素质要求也就形成了不同职务的素质模型。在这个基础上,也就可以建立相应的测评体系,用以测定有关员工是否具备某一职务所要求的个性特质。

3. 价值分配

“价值分配”的内容不仅包括工资、奖金、红利、股权,还包括职权、信息、机会、学习等,其中最重要的是企业薪酬体系的设计。

薪酬设计首先要根据人力资源市场的价格和企业所处的发展阶段确定企业的总体工资水平。一般而言,处于高速成长阶段采取领先型,处于成熟阶段采取追中型,处于收缩阶段采取落后型。至于工资的波动,核心人才的工资是随企业效益的波动而波动,保安、卫生类人员的工资则是随市场价格的波动而波动。

另外,要通过职位评估,确定企业内部各个职位的相对价值,从而确定其工资的等级标准。从激励的角度看,人力资源价值链的三个环节具有环环相扣的内在联系,可以说,激励的依据是价值评价,激励的手段是价值分配,而激励的目的在于使企业价值的创造者发挥主动性和创造力,从而为企业带来更多的利益。

4.2 企业人力资源管理规划

航行出海的船只都需要确立一个航标以定位目的地,同时需要一个有效的导航系统以确保它航行在正确的路线之上。人力资源管理也一样,需要确定 HR 工作目标定位和实现途径。人力资源规划的目的在于结合企业发展战略,通过对企业资源状况以及人力资源管理现状的分析,找到未来人力资源工作的重点和方向,并制订具体的工作方案和计划,以保证企业目标的顺利实现。人力资源规划的重点在于对企业人力资源管理现状信息进行收集、分析和统计,依据这些数据和结果,结合企业战略,制订未来人力资源工作的方案。正如出海船只的导航仪,人力资源规划在 HR 工作中起到一个定位目标和把握路线的作用。

4.2.1 人力资源规划定义

人力资源规划是一项系统的战略工程,它以企业发展战略为指导,以全面核查现有人力资源、分析企业内外部条件为基础,以预测组织对人员的未来供需为切入点,内容包括晋升规划、补充规划、培训开发规划、人员调配规划、工资规划等,基本涵盖了人力资源的各项管理工作,人力资源规划还通过人事政策的制定对人力资源管理活动产生持续和重要的影响。

狭义定义:企业从战略规划和发展目标出发,根据其内外部环境的变化,预测企业未来发展对人力资源的需求,以及为满足这种需要所提供人力资源的活动过程。

广义定义:企业所有各类人力资源规划的总称。

按期限分:长期(五年以上)、短期(一年及以内),介于两者的中期计划。

按内容分:战略发展规划、组织人事规划、制度建设规划、员工开发规划。

人力资源规划是将企业经营战略和目标转化成人力需求,以企业整体的超前和量化的角度分析和制定人力资源管理的一些具体目标。

4.2.2 人力资源规划的作用

1. 有利于组织制定战略目标和发展规划

人力资源规划是组织发展战略的重要组成部分,同时也是实现组织战略目标的重要保证。

2. 确保组织生存发展过程中对人力资源的需求

人力资源部门必须分析组织人力资源的需求和供给之间的差距，制订各种规划来满足对人力资源的需求。

3. 有利于人力资源管理活动的有序化

人力资源规划是企业人力资源管理的基础，它由总体规划和各种业务计划构成，为管理活动（如确定人员的需求量、供给量、调整职务和任务、培训等）提供可靠的信息和依据，进而保证管理活动的有序化。

4. 有利于调动员工的积极性和创造性

人力资源管理要求在实现组织目标的同时，也要满足员工的个人需要（包括物质需要和精神需要），这样才能激发员工持久的积极性，只有在人力资源规划的条件下，员工对自己可满足的东西和满足的水平才是可知的。

5. 有利于控制人力资源成本

人力资源规划有助于检查和测算出人力资源规划方案的实施成本及其带来的效益。要通过人力资源规划预测组织人员的变化，调整组织的人员结构，把人工成本控制在合理的水平上，这是组织持续发展不可缺少的环节。

4.2.3 人力资源规划的内容

人力资源规划包括五个方面。

1. 战略规划

战略规划是根据企业总体发展战略的目标，对企业人力资源开发和利用的方针，政策和策略的规定，是各种人力资源具体计划的核心，是事关全局的关键性计划。

2. 组织规划

组织规划是对企业整体框架的设计，主要包括组织信息的采集、处理和应用，组织结构图的绘制，组织调查，诊断和评价，组织设计与调整，以及组织机构的设置等。

3. 制度规划

制度规划是人力资源总规划目标实现的重要保证，包括人力资源管理制度体系建设的程序、制度化管理等内容。

4. 人员规划

人员规划是对企业人员总量、构成、流动的整体规划，包括人力资源现状分析、企业定员、人员需求和供给预测和人员供需平衡等。

5. 费用规划

费用规划是对企业人工成本，人力资源管理费用的整体规划，包括人力资源费用的预算、核算、结算，以及人力资源费用控制。

人力资源规划又可分为战略性的长期规划、策略性的中期规划和具体作业性的短期计划，这些规划与组织的其他规划相互协调联系，既受制于其他规划，又为其他规划服务。

人力资源规划是预测未来的组织任务和环境对组织的要求，以及为了完成这些任务和满足这些要求而设计的提供人力资源的过程。通过收集和利用现有的信息对人力资源管理中的资源使用情况进行评估预测。对于我们现在来说，人力资源规划的实质是根据公司经营方针，通过确定未来公司人力资源管理目标来实现公司的既定目标。

4.3　电子信息类企业人员招聘与配置

4.3.1　电子信息类企业工艺流程及岗位设置

1. 电子信息类企业工艺流程简介

电子信息类企业工艺流程如图 4-1 所示。

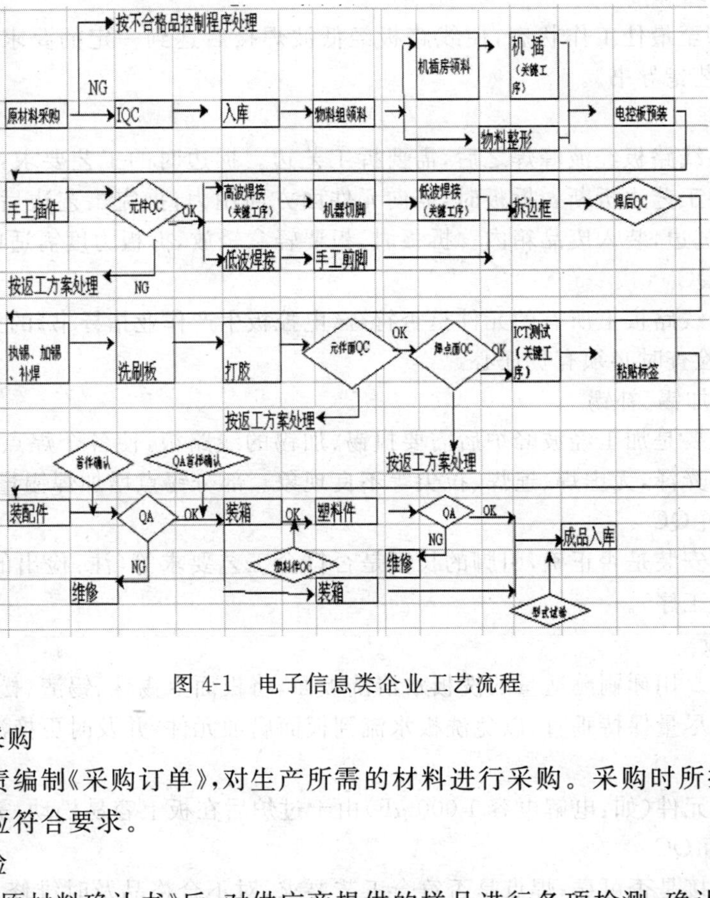

图 4-1　电子信息类企业工艺流程

（1）原材料采购

由供销部负责编制《采购订单》，对生产所需的材料进行采购。采购时所提供材料的规格型号、日期、数量应符合要求。

（2）IQC 检验

品质部接到《原材料确认书》后，对供应商提供的样品进行各项检测，确认合格填写《原材料确认书》送交供销部。

（3）物料领料、整形

物料组接到《生产通知单》，根据生产所需材料进行领料。所领材料要求与材料清单相符，如规格、型号、数量、认证等。

（4）机插（关键工序）

机插时应有《机插材料表》《料站表》《编程顺序表》等相关文件对照生产。

（5）电控板预装、插件

插件工序主要是加工机插的线路板或无须机插（未经机插）的线路板，一般是由手工把各个元器件插到线路板上而完成的插件。

(6) 元件 QC

主要是检查线路板上(彩色框内)的元件是否符合《电控板生产作业指导书》的要求。工作要求认真、细心、有责任心。

(7) 高波焊接

工作前先调至最佳的工作状态,使线路板经高波焊接后达到一定的要求,操作时严格《按波峰焊操作规程》作业。

(8) 自动切脚机(短脚作业略)

切脚时应注意规定的长度,使切出的引脚符合脚长 2.5 mm 以下的工艺要求。机器运作时一定要装防护套,以免因操作不当引起的安全事故。

(9) 二次波峰焊接

工作前先调至最佳工作状态,使线路板经低波焊接后达到一定的要求,详细情况可参照《波峰焊操作工艺指导书》。

(10) 拆边框

有工艺边的线路板经波峰焊之后,需要拆工艺边。拆边时的工艺要求:佩戴静电环作业,按照相关要求将工艺边折断。拆板时,需向元件面方向用力;拆完工艺边后,应检查主板有无损伤,拆下的工艺边,装入废品箱内。拆板时,板要轻拿轻放,拆板力度需适中,不可损伤主板。

(11) 焊后 QC

主要是检查线路板上所有的元件是否符合《电控板生产作业指导书》的要求。它是插件线最后一道工序,检查时必须有责任心。

(12) 执锡、加锡、补锡

执锡工位主要是加工经波峰炉后需要执锡、加锡的线路板,使各个焊点满足焊接的要求。如:焊点应饱满、光泽,无虚焊、连焊、拉尖等不良现象。部分锡点增加焊锡量(如接插件)。

(13) 元件面 QC

检查元件的安装是否正确,引脚的长度是否符合工艺要求等(注:检出的不良品经维修后方可流入下一道工序)。

(14) 刷洗板

佩戴静电环。用牙刷蘸适量的洗板水清洗板面,将板面上锡珠、锡渣、松香残留物等洗净。洗板时板与桌面尽量保持垂直,以免洗板水流到板面腐蚀元件,并及时更换洗板水。

(15) 打胶

对于板上的元件(如:电解电容 1 000 μF)由于过炉后在板上容易松动,需要用胶固定。

(16) 焊点面 QC

检查元件焊接是否可靠,焊点是否符合工艺要求,对不合格品及时维修。若经元件面 QC 检查发现存在焊锡不饱满时,就要求加锡补锡,并保证焊点合格。

(17) ICT 在线测试仪测试

ICT 相当于一块多功能万用表,通过对每块产品上各元件的测量与设置值对比,进行判断。它能对在线电路板上的元件测试进行有效的隔离,而万用表却不能。

(18) 装配件

装配件时要注意规格型号应正确,与显示板等其他配件相符;并按照《电控板生产作业指导书》的具体要求把配件插到相应的位置上。注:装配件工序后如果不需要装塑料件时就可以直接检验、装箱、入库,若需装塑料件时则完成工序后进行检验、装箱、入库。

(19) QA 检验

检验时参照《成品检验作业指导书》进行，合格后贴上检验工号，包装入库。不合格则送维修处进行维修，处理合格后经检验再入库。

(20) 装塑料件

在装塑料件时先确认规格型号是否正确，做到匹配安装，切勿划伤塑料件。安装完毕后，QA 检验合格加盖印章入库，不合格则送维修，处理合格后经检验再入库。

2. 当前的电子信息类企业中适合高等职业教育的工种岗位设置表

表 4-1　本专业岗位群及岗位能力要求分析表

就业岗位群	工作岗位	典型工作任务	能力要求
电子产品研发岗位群	产品研发助理 软件设计助理 硬件设计助理 单片机工程师助理 PCB 绘图员	1. 使用电工基本工具和仪器 2. 识别及应用电路基本元件 3. 安全用电方案选择与触电急救 4. 选择与检测电子电路元器件 5. 装配与焊接功能单元电路 6. 分析与设计功能单元电路 7. 使用与维护电子测量仪器 8. 调试与测试电子电路 9. 制作元器件符号和封装 10. 绘制电路原理图 11. 设计印制电路板 12. 创建元器件清单 13. 设计电子产品外观 14. 识读电子产品工艺文件 15. 编制电子产品工艺文件 16. 采购电子元器件 17. 检验电子产品质量 18. 电子产品生产管理 19. 分析产品质量统计 20. 提出品质改进措施 21. 编制生产工艺文件 22. 处理产品质量事故 23. 操作自动化生产设备 24. 分析设计单片机小系统 25. 制作与调试单片机功能单元 26. 设计与调试电子产品程序 27. 测试电子产品功能与性能 28. 设计产品整机的结构 29. 撰写整理产品技术文件 30. 调研分析电子产品市场	1. 掌握电子技术基础知识并具有基本工程计算能力 2. 熟练识读电路图 3. 熟悉各类元器件的性能 4. 掌握各种元器件的特性及使用方法 5. 熟练掌握各种电子仪器的使用 6. 能读懂工程图纸 7. 掌握产品常用的测试方法 8. 能进行电子产品硬件测试 9. 能进行电子产品软件调试跟踪 10. 熟悉电子产品相关技术标准，具有整机测试能力 11. 能够读懂各种英文文档，包括产品说明书、元器件说明书等。 12. 能编制设计资料的文件 13. 能设计电子产品整体方案 14. 能设计工程图纸 15. 能进行 PCB 设计 16. 能进行电子产品硬件设计 17. 能进行电子产品软件编程 18. 能进行一般电子产品设计 19. 能分析加工过程中出现的各种品质问题，并及时提出解决方案 20. 熟练掌握各种检测设备的使用方法 21. 能编制规范的工艺文件 22. 能选择加工方法及采用设备等 23. 能安排合理的加工顺序 24. 能计算工时定额和加工技术 25. 能检测电子产品 26. 能维修电子产品 27. 掌握电力电子技术知识并具备基本工程计算能力
智能电网配电、用电设备研发岗位群	研发工程师助理 嵌入式开发助理 嵌入式软件设计助理 嵌入式硬件设计助理 绘图员		
电子产品测试质检岗位群	测试工程师助理 品质检验员 产品测试员 QC 专员 质检员		
智能电网配电、用电设备测试质检岗位群	测试工程师助理 测试实验员 质检员		
电子产品销售和售后服务岗位群	销售代表 销售工程师 技术支持工程师 售后服务员		
智能电网配电、用电设备销售和售后服务岗位群	销售代表 销售工程师 技术支持工程师 售后服务员		
电子信息工程项目实施岗位群	弱电施工管理技术员 设备及安装技术员 现场应用工程技术员		

续 表

就业岗位群	工作岗位	典型工作任务	能力要求
	施工预算工程 技术员工程督导	31. 设计选择电子产品方案 32. 检测维修电子产品 33. 识读分析嵌入式小系统 34. 调试检测嵌入式小系统 35. 制作维修工装设备 36. 维护检修生产设备 37. 弱电工程设备安装 38. 销售电子产品 39. 产品售后技术服务	28. 了解电子产品营销业务知识与技巧 29. 能进行计算机应用操作 30. 具有良好的语言发达能力和快速应变能力 31. 资料收集与整理的能力、文字处理能力 32. 具有较好的语言表达能力，掌握处理好人际关系的方法技巧 33. 具有良好的客户服务能力 34. 具有吃苦耐劳、敬业爱岗、团结协作、耐心细致的职业素质
电子产品 生产工艺 管理岗位群	元器件采购技术员 产品工艺技术员 产品生产管理技术员		

4.3.2 招聘的定义

招聘就是指在企业总体发展战略规划的指导下，制订相应的职位空缺计划，寻找合适的人员来填补这些职位空缺的过程。

招聘工作的有效实施不仅对人力资源管理本身，而且对整个企业都具有非常重要的作用：招聘工作决定了企业能否吸纳到优秀的人力资源，招聘工作影响着人员的流动，招聘工作影响着人力资源管理的费用，招聘工作还是企业进行对外宣传的一条有效途径。

招聘的原则：效率优先选择，双向选择原则，公平公正原则，确保质量原则。

4.3.3 电子信息类企业招聘工作流程及方法

1. 电子信息类企业招聘前的准备工作

(1) 工作分析(职务分析)

工作分析的基本流程：

① 准备阶段

- 确定目标与重点；
- 制订总体实施方案；
- 收集和分析有关资料。

外部资料：国家职业分类标准；相关同类组织资料。

内部资料：组织架构图；部门职能权责分配；工作流程图；工作说明岗位描述。

② 实施阶段

- 人员沟通协调；
- 制订实施操作计划；
- 实际收集和分析工作信息。

③ 结果形成阶段

- 审核确认工作信息；
- 编制岗位说明书。

④ 应用反馈阶段

- 岗位说明书的使用培训；
- 使用岗位说明书的反馈与调整。

(2) 胜任能力(任职条件)分析

① 关键胜任能力因素

- 认知(学习)能力；
- 工作风格；
- 人际交往(沟通协调、团队合作)能力。

② 胜任能力分析步骤

- 根据工作需要发现胜任特征；
- 界定胜任特征因素的内涵与水平；
- 评估胜任特征水平。

(3) 招聘程序设计

① 准备阶段

- 招聘需求分析；
- 工作特征分析；
- 招聘计划编制。

② 实施阶段

- 招募登记；
- 测试鉴定；
- 遴选录用。

③ 评估阶段

- 数量质量评估；
- 成本效益评估；
- 整改措施研究。

(4) 招聘计划编制

招聘计划的内容：

① 人员需求清单，招聘信息发布的时间和渠道；

② 招聘组织人选，招聘测试方法；

③ 招聘费用预算，招聘工作进度；

④ 招聘广告样稿，招聘表格工具。

(5) 招聘策略安排

招聘策略内容：①招聘人员的组成与资格；②招聘渠道的选择；③招聘测试方法和工具的设计；④招聘时间、地点的选择。

(6) 电子信息类企业各岗位任职说明书范例

质量工程师(QE)

职位名称	质量工程师	职位代码		所属部门	品管部
职　　系		职等职级		直属上级	品管主管
薪金标准		填写日期		核 准 人	

职位概要：

对生产材料进行质量检验、判定与控制。

工作内容：

1. 经品管主管授权，有权制止未经检验或检验不合格的原辅材料投入使用，有权对不合格的原辅材料向采购部下达隔离存放指令，有权直接向总经理报告违反“不合格品控制程序”的情况。

2. 根据原辅材料技术要求，制修订原辅材料检验规程，报品管主管审核。

3. 所有进入公司的原辅材料检验把关，及时向有关部门报送检验报告；按月向品管主管报送统计报表。不断提高检验操作水平，完善检验项目。

4. 跟踪监控不合格原辅材料流向，参与对不合格原辅材料的处理。

5. 对原材料不合格进行确认，并反馈给供方，追踪后续的质量改进状况。

6. 对供应商进行考核并评价。

7. 监视公司内部所有测试仪器的校准，内校，外校。

8. 完成上级交办工作。

任职资格：

教育背景：

◆ 理工科专业大专以上学历。

培训经历：

◆ 受过生产管理、品质管理、产品知识等方面的培训。

经　　验：

◆ 2 年以上的质量管理工作经验。

技能技巧：

◆ 熟悉来料检验操作流程；

◆ 熟悉国际质量体系专业知识。

态　　度：

◆ 具有较强的学习、分析、理解、沟通和协调能力；

◆ 工作态度认真，积极负责，具有较强的创新意识。

工作条件：

工作场所：办公室及生产场所。

环境状况：舒适。

危 险 性：基本无危险，无职业病危险。

巡检员(IPQC)

职位名称	巡检员	职位代码		所属部门	品管部
职　　系		职等职级		直属上级	品管主管
薪金标准		填写日期		核 准 人	

职位概要：

对生产全部过程进行质量检验与控制。

工作内容：

1. 对生产过程进行全程检验，跟踪并记录；

续表

2. 按检验规程对工序产品进行首检和监督抽检，保证不合格品不混入下道工序；
3. 对生产部工序检验员、包装成品检验员的工作进行检查监督，进行技术指导；
4. 保证检验数据准确，质量记录真实、完整；
5. 完成领导交办工作；
6. 验证操作是否符合工艺的要求，对产品质量有异常情况时要及时汇报上级主管；
7. 对制程不合格品进行确认并反馈；
8. 对“PDCA”要及时进行跟踪确认；
9. 完成上级交办工作。

任职资格：

教育背景：

◆ 中专（含中）以上学历。

培训经历：

◆ 受过生产管理、品质管理、产品知识等方面的培训。

经　　验：

◆ 2 年以上的质量管理工作经验。

技能技巧：

◆ 熟悉来料检验操作流程；

◆ 熟悉国际质量体系专业知识。

态　　度：

◆ 具有较强的学习、分析、理解、沟通和协调能力；

◆ 工作态度认真，积极负责，具有较强的创新意识。

工作条件：

工作场所：办公室及生产场所。

环境状况：舒适。

危险性：基本无危险，无职业病危险。

操作工

职位名称	操作工	职位代码		所属部门	生产部
职　　系		职等职级		直属上级	工段长
薪金标准		填写日期		核 准 人	

职位概要：

保质保量完成本岗位生产工作任务。

工作内容：

1. 保质、保量完成工段长安排的生产任务。
2. 严格控制产品质量，如有异常状况，及时向上级反映。
3. 负责维护日常所用生产工具及设备。
4. 清理不良元器件及组件并记录 DA/DP。
5. 生产型号变换时，更换插件物料盒。
6. 按现场管理要求对责任区域进行清理。

任职资格：

教育背景：

◆ 初中以上学历。

经　　验：

◆ 有电子行业相关工作经验优先。

技能技巧：

续表

◆ 能按照工艺要求保质保量完成本岗位工作。 态　度： ◆ 工作责任心强，学习能力强，善于发现问题。
工作条件： 工作场所：生产场所。 环境状况：基本舒适。 危 险 性：基本无危险，无职业病危险。

2. 电子信息类企业员工招聘活动的实施与方法

表 4-2　招聘工作职责分工

用人部门	人力资源部门
1. 招聘计划的制订与审批	2. 招聘信息的发布
3. 招聘职位的职位说明书及录用标准的提出	3. 应聘者登记、资格审查
4. 应聘者初选，确定参加面试的人员名单	5. 通知参加面试的人员
7. 负责面试、考试工作	6. 面试、考试工作的组织
	8. 个人资料的核实、人员体检
9. 录用人员名单、人员安排及试用期待遇确定	10. 试用合同的修订
12. 正式录用决策	11. 试用人员报道及生活方面的安置
14. 员工培训决策	13. 正式合同的签订
16. 录用员工的绩效评估与招聘评估	15. 员工培训服务
17. 人力资源规划修订	16. 录用员工的绩效评估与招聘评估
	17 人力资源规划修订

说明：表中的数字表示招聘工作各项活动的顺序

(1) 招聘渠道的选择和人员招募的方法

1) 选择招聘渠道的主要步骤

- 分析企业的招聘需求；
- 分析潜在应聘人特点。

2) 内部招聘的渠道与方法

内部招聘的来源：

- 下级职位上的人员，以晋升方式来填补空缺职位；
- 同级职位上的人员，以工作调换或工作轮换来填补空缺职位；
- 上级职位上的人员，以降职的方式填补空缺职位。

内部招聘的方法：

- 工作公告(如图 4-2 所示)；
- 档案记录，现在已经有很多企业建立了人力资源招聘信息系统。

内部招聘渠道的利弊如表 4-3 所示。

工作公告

公告日期:__________ 结束日期:__________

在( )部门中有一全日制职位( )可供申请。此职位对/不对外部候选人开放。

薪资水平:最低( ) 中间值( ) 最高( )

职责(参见所附职位说明书)

所要求的技能和能力(候选人必须具备此职位所要求的所有技能和能力,否则不予考虑)

(1)在现在/过去职位上表现出良好的绩效,其中包括:

——有能力完整准确地完成任务; ——可以及时地完成工作并坚持到底;

——有同其他人合作共事的良好能力; ——能进行有效的沟通;

——可靠良好的判断力; ——较强的组织能力;

——解决问题的态度和方法; ——积极的工作态度:热心、自信、开放、乐于助人和献身精神。

(2)可优先考虑的技术和能力(这些技术和能力使候选人更具有竞争力):

员工申请程序如下

① 电话申请可打号码( ),每天下午 3:00 之前,( )除外。

② 确位在同一天将已填好的内部工作申请表连同截止目前的简历一同寄至( )对于所有的申请人将首先根据上面的资格要求进行审查。

筛选工作由( )负责。

机会对于每个人来说都是平等的!

图 4-2 工作公告

3)外部招聘的渠道与方法

外部招聘的来源:学校,竞争者和其他公司,失业者,老年群体,退伍军人,自由雇用者。

外部招聘的方法:

a. 广告招聘(各种平面媒体,流媒体,网络媒体)

b. 外出招聘(校园招聘会,人才市场招聘会等)

优点是:由招聘人员直接实施,可以有效地避免信息传递过程中的"漏斗现象"和失真现象,使潜在的应聘人员得到真实信息。招聘人员和应聘人员能够直接见面交流,这是一种初步筛选机制。可以很好地宣传企业的自我形象。缺点是:费用高,需要投入大量的人力和物力;并且会受时间限制。

c. 借助职业中介结构招聘(各种求职中介,猎头公司等)

优点是:节省时间,使招聘有针对性。缺点是:招聘的人员可能不符合要求,费用高。

d. 推荐招聘(由企业中的在职人员推荐)

优点是:招聘成本低;推荐人对应聘人员比较了解;离职率较低。

缺点是:容易形成非正式的小团体;容易出现任人唯亲现象;选拔范围小。

外部招聘渠道的利弊如表 4-4 所示。

表 4-3　内部招聘渠道的利弊

渠道	优势	劣势
内部招聘	• 有利于提高员工的士气和发展期望 • 对组织工作的程序、企业文化、领导方式等比较熟悉，能够迅速展开工作 • 对企业目标认同感强，辞职的可能性小，有利于个人和企业的长期发展 • 风险小，对员工的工作绩效、能力和人品有基本了解，可靠性较高 • 节约时间和费用	• 容易引起同事间的过度竞争，发生内耗 • 竞争失利者感到心理不平衡，难以安抚，容易降低士气 • 新上任者面对的是“老人”，难以建立起领导声望 • 容易近亲繁殖，思想、观念因循守旧，思考范围狭窄，缺乏创新与活力

表 4-4　外部招聘渠道的利弊

渠道	优势	劣势
外部招聘	• 为企业注入新鲜的“血液”，能够给企业带来活力 • 避免企业内部相互竞争所造成的紧张气氛 • 给企业内部人员以压力，激发他们的工作动力 • 选择的范围比较广，可以招聘到优秀的人才	• 对内部人员是一个打击，感到晋升无望，会影响工作热情 • 外部人员对企业情况不了解，需要较长的时间来适应 • 对外部人员不是很了解，不容易做出客观的评价，可靠性较差 • 外部人员不一定认同企业的价值观和企业文化，会给企业的稳定造成影响

（2）人员选拔方法

① 筛选简历的方法

a. 分析简历结构；b. 审查客观内容；c. 判断是否符合岗位技术和经验要求；d. 审查简历逻辑性；e. 对简历的整体印象。

② 笔试

笔试是通过纸笔测试的形式对应聘者的知识广度、知识深度和知识结构了解的一种方法。主要用于对被试者专业知识的考察。

③ 面试

面试的特点：a. 以谈话和观察为主要工具；b. 面试是一个双向沟通的过程；c. 面试具有明确的目的性；d. 面试是按照预先设计的程序进行的；e. 面试考官与应聘者在面试过程中的地位是不平等的。

④ 面试的基本程序

准备 — 开始 — 面谈 — 结束 — 评估

⑤ 面试的方法

a. 结构化面试

事前有一个固定的框架或问题清单，对所有的应聘者都问同样的题库。考官根据框架控制整个面试的进行，按设计好的问题和有关细节逐一发问。获得结构与形式相同的信息，便于分析比较，提高面试效率。

b. 非结构化面试

无固定模式，随意发问。面试者只需掌握组织、职位的基本情况。面试中所用的问题是非标准化的问题，对应聘同一岗位的同一位应聘者，不同的考官会提不同的问题。

c. 行为描述面试

面试人员问一些与当前工作紧密相关的情景问题，询问应聘者在以往工作中碰到类似的情景采取过什么样的行动，根据事先拟定的评分规则给应聘者打分。

d. 全面结构化面试

全面结构化综合了前面几种面试技术，询问应聘者面临工作相关的情景时如何处理（行为描述法）、具备哪些专业知识、在各种模拟的环境中应聘者如何表现等。

e. 面试问题设计

问题来源：岗位说明书及应聘材料。

问题举例：要有针对性，即通过问题想获得哪方面的信息。

f. 提问技巧

基本内容：问、听、观、评。

注意事项：标准语（普通话），问题的先后顺序，避免引导性问题，利用矛盾问题，了解求职动机，问题直接、简练，非语言行为等。

几种提问方式：

- 开放式：避免被动，有限开放与无限开放。
- 封闭式："是""否"回答，两种意思。
- 清单式：检验应聘者的判断、分析、决策能力。
- 假设式：探求应聘者的态度和观点。
- 重复式：检验信息的准确性。
- 确认式：鼓励应聘者继续交流。
- 举例式：核心技巧，即行为描述。"过去某事是怎么做的？"

g. 其他选拔方法——心理测试

能力测试，兴趣测试，人格测试。

h. 其他选拔方法——情景模拟测试

方法：公文处理、无领导小组讨论、决策模拟竞赛、访谈、角色扮演、即席发言、案例分析等。

主要有两个优点：多角度全面观察、分析、判断、评估应聘者，使企业得到最佳人选；选拔出来的人才往往可直接上岗，或只需有针对性地培训即可，为企业节省培训费用。

(3) 员工录用决策

录用决策的标准：主要以工作描述与岗位说明书为依据而制定，并随招聘情况的不同而有所改变，是职位和人的匹配。

① 多重淘汰式

② 补偿式

③ 结合式

3. 员工招聘活动的评估(如图4-3所示)

(1) 成本效益评估

① 招聘成本：分为招聘总成本和招聘单位成本

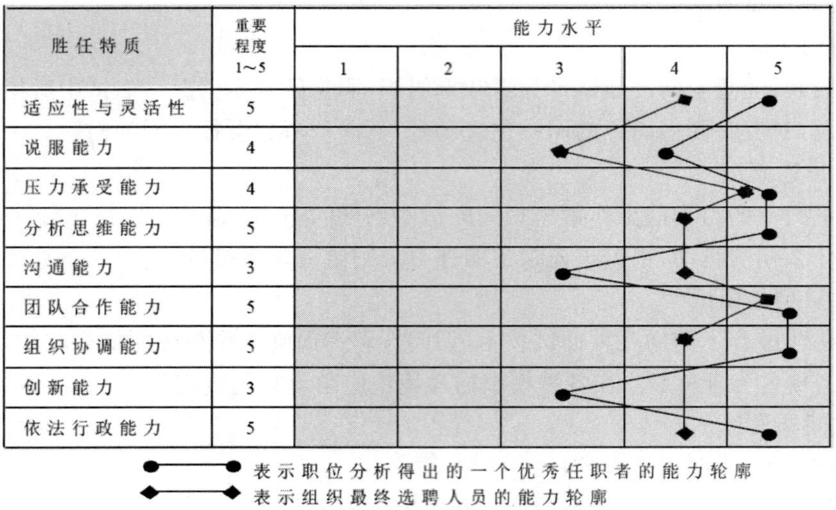

图 4-3　某部门人事主管职位能力轮廓图

招聘总成本：直接成本 、间接费用

招聘单位成本＝招聘总成本 / 实际录用人数

② 成本效用评估

总成本效用＝录用人数/招聘总成本

招募成本效用＝应聘人数 / 招募期间的费用

选拔成本效用＝被选中人数 /选拔期间的费用

人员录用效用＝正式录用的人数 / 录用期间的费用招聘

③ 收益成本比

收益成本比＝所有新员工为组织创造的总价值/招聘总成本

(2) 数量与质量评估

① 录用比的公式

录用比＝录用人数/应聘人数×100%

录用比值越小，相对来说录用者的素质就可能越高；反之录用者的素质则可能越低。

② 招聘完成比的公式

招聘完成比＝录用人数/计划招聘人数×100%

招聘完成比等于或大于 100%，则说明在数量上全面或超额完成了招聘计划。

③应聘比的公式

应聘比＝应聘人数/计划招聘人数×100%

应聘比越大，说明发布招聘信息的效果越好，同时说明录用人员的素质较高。

4. 电子企业人力资源的有效配置

(1) 人力资源的空间配置——人员配置原理

① 要素有用原理：任何人员都有可用之长处，同时也要创造条件让人员挖掘和发挥自己的长处。

② 能位对应原理：能力与岗位的对应。四个层次的工作：决策层、管理层、执行层与操作层。

③ 互补增值原理：1＋1＞2。

④ 动态适应原理：人与事的不适应不是绝对的，适应是相对的，因此，人适其位，位得其人是人力资源管理人员的工作目标。

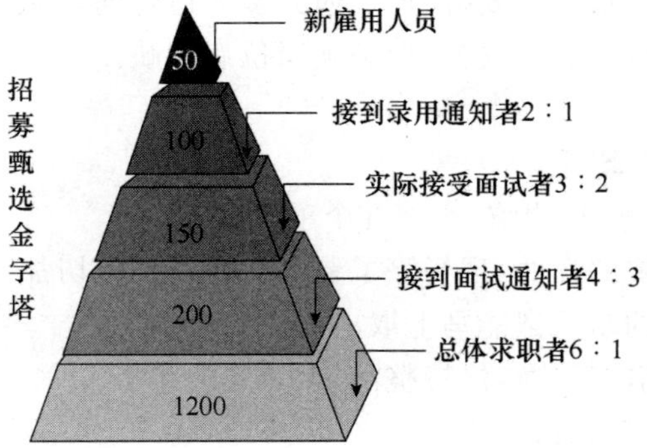

图 4-4　招募甄选图

⑤ 弹性冗余原理：工作标准与绩效标准得指定，既要达到工作得满负荷，又要符合人力资源的生理心理要求，工作安排要有一定的余地。

(2) 企业劳动分工

① 企业劳动分工内涵：在科学分解生产过程的基础上实现劳动专业化，使劳动者从事不同又互相联系的工作。

② 企业劳动分工层次。

a. 一般分工(社会分工)：按社会生产大类。

b. 特殊分工(社会分工)：一般分工的细化。

c. 个别分工(企业分工)：企业范围内的分工。

③ 企业劳动分工作用：a. 简化工作、专门化；b. 工具的改革与专门化；c. 发挥工人专长；d. 扩展劳动空间；e. 减少岗位转换引起的工时浪费。

④ 企业劳动分工形式：a. 职能分工；b. 专业(工种)分工；c. 技术分工。

⑤ 企业劳动分工原则：a. 接与生产、管理、服务分开；b. 把不同工艺阶段、工种分开；c. 把基本、辅助工作分开；d. 把技术高度不同的工作分开；e. 防止分工过细造成的消极影响。

(3) 企业劳动协作——作业组

① 内涵：在劳动分工的基础上，把为完成某项工作而相互协作的有关个人组织起来的劳动集体。

② 地位：是企业中最基本的协作关系和协作形式。

③ 组成作业组的情况：a. 生产需工人共同完成；b. 看管大型复杂设备；c. 工作密切相关；d. 为便于管理、交流；e. 加强联系；f. 无固定工作地、工作任务情况下，为便于分配与调动。

(4) 对过细的劳动分工进行改进

① 扩大业务法；

② 充实业务法；

③ 工作连贯法；

④ 轮换工作法；

⑤ 小组工作法；

⑥ 兼岗兼职；

⑦ 个人包干负责。

(5) 员工配置的基本方法

① 以人为标准：按员工最高分安排，但会遇到多人适合同一岗位。

② 以岗为标准：按岗位最高分安排，但必须岗位有空缺。

③ 双向选择。

(6) 加强现场管理的"5S"活动

"5S"就是整理、整顿、清扫、清洁、素养五个项目。

① 整理：区分要与不要的东西，现场除了要的东西以外一切都不放置。

② 整顿：任何人所要的东西都能马上取出。

③ 清扫：将工作场所清扫干净，保持整洁、无垃圾的状态。

④ 清洁：贯彻整理、整顿、清扫。

⑤ 素养：由心态上养成遵守规划，并正确去实行的习惯。

(7) 人力资源的时间配置——工作轮班组织形式

① 二班制：早、中二班，不上夜班。

② 三班制：早、中、晚。

a. 间断性：有固定公休日，正倒班(早－中－夜)、反倒班(早－夜－中)。

b. 连续性：公休日不休，8 天轮班 2 天轮休。

③ 四班制：四班三运转制的优点。人休设备不休，提高设备利用率，挖掘了设备潜力，在原有设备条件增加了产量，缩短了工人工作时间，减少了工人连续上夜班的时间。有利于工人的休息和生活，增加了工人学习技术的时间，可提高工人技术水平，有利于提高工作效率和产品质量水平，从而提高企业经济效益。有利于在现有工厂设备条件下，增加用工量，为社会提供了更多的就业岗位。

4.4 电子信息类企业绩效管理与薪酬管理

4.4.1 电子信息类企业绩效管理

1. 绩效的概念

(1) 绩效的定义

所谓绩效，就是指员工在工作过程中所表现出来的与组织目标相关的并且能够被评价的工作业绩、工作能力和工作态度。其中工作业绩就是指工作的结果，工作能力和工作态度则是指工作的行为。

① 绩效是基于工作而产生的，与员工的工作过程直接联系在一起。

② 绩效要与组织的目标有关，对组织的目标应当有直接的影响作用。

③ 绩效应当是能够被评价的工作行为和工作结果，那些不能被评价的行为和结果也不属于绩效。

④ 绩效还应当是表现出来的工作行为和工作结果，没有表现出来的就不属于绩效。

（2）绩效的特点

① 多因性：指员工绩效的优劣不是由单一因素决定的，而要受到主、客观多种因素的影响。

公式 $F=(S, M, O, E)$ 说明绩效是技能、激励、机会和环境的函数。

② 多维性：绩效的评价应从多个方面进行，即需沿多种维度去分析与考核。一般来说，绩效考核可以从工作业绩、工作能力和工作态度三方面（三个维度）进行。

③ 动态性：绩效是动态变化的，具有时间的概念，即员工的绩效会因时间、空间、工作任务和工作条件等相关因素的变化而不同，从而呈现出明显的动态变化特征。因此，评价员工的绩效，应该是全面的、发展的、多维度的和权变的，力戒主观片面和僵化。

2. 绩效管理的概念

（1）绩效管理的含义

绩效管理就是指制定员工的绩效目标并收集有关的信息，定期对员工的绩效目标完成情况做出评价和反馈，以改善员工工作绩效并最终提高企业整体绩效的制度化过程。

（2）绩效管理的内容

① 计划绩效：a. 岗位职责明确；b. 制订个人工作计划；c. 制订个人发展计划。

② 监控绩效：a. 日常监督与提醒；b. 指导与反馈。

③ 考核绩效：a. 年度绩效考核；b. 月度绩效考核。

④ 反馈绩效：a. 反馈绩效评价结果并进一步分析；b. 确定个人发展目标；c. 明确改进方向。

（3）绩效管理的目的

a. 奖惩（管理目的）；b. 有针对性地开发员工各种潜能（开发目的）；c. 为了改善员工的工作绩效并最终提高企业的整体绩效（战略目的）。

（4）绩效管理的作用

a. 进行奖金的分配；b. 绩效管理是企业 HRM 系统的核心；c. 绩效管理是企业管理的一个重要工具。

3. 绩效评价的概念

（1）绩效评价的定义

就是指在评价周期结束时，选择相应的考核主体（对员工评价的人员）和评价方法，收集相关的信息，对员工完成绩效目标的情况做出评价。

（2）绩效评价的原则

① 客观、公正、科学、简便的原则；② 注意实绩的原则；③ 多途径分能级的原则；④ 阶段性和连续性相结合的原则。

（3）绩效评价的主体

被评价对象与评价参与者的关系如图 4-5 所示。

（4）绩效评价的方法（如表 4-5 所示）

① 相对评价——比较法

比较法就是对评价对象进行相互比较。

a. 排序法，亦称排列法、排队法、排名法，即将员工按照工作绩效从好到坏的顺序进行排列。优点是设计和应用成本低，使用容易，能够有效避免宽大化倾向、中心化倾向和严格化倾向。

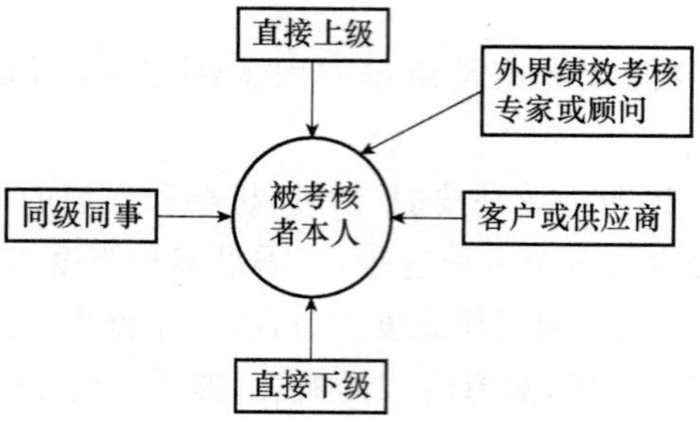

图 4-5　被评价对象与评价参与者的关系

b. 配对比较法亦称水平比较法、一一对比法、成对比较法。是将每一个评价对象按照所有的评价要素与其他评价对象一一进行对比，根据比较结果排出名次，即两两比较，然后排出名次。

c. 人物比较法，亦称标准人物比较法，是将所有的人与某一特定的“标准人物”进行比较，在一定程度上能够使评价的依据更客观。

d. 强制分配法：还成为硬性分配法，是按事先确定的比例，将评价对象分别分配在各个绩效等级上。

② 量表法

a. 图尺度量表法：将一定的分数或比重分配到各人绩效评价指标上，使每项评价指标都有一个权重，然后由评价者根据评价对象在各个评价指标上的表现情况，对照标准对评价对象做出判断并打分，最后计算出总分，得到最终的绩效评价结果。

b. 等级择一法：是指在事先规定各等级标准的基础上，由考评人员根据考评对象的实际状况对属于某一等级做出决定，等级择一法是最为简单而又实用的评价方法。

c. 行为锚定量表法：量表法与关键事件法相结合的产物。使用反映不同绩效水平的具体工作行为的例子来锚定每一个评价指标的标志，使用时先确定评价对象的典型行为，然后据以确定其相应的分数，可以加总求和计算最终得分。

d. 混合标准量表法：又称混合标准尺度法，简称混合量表法，作为与工作标准相比的一种绩效考评的方法，是由美国学者伯兰兹(Blanz)和吉塞利(Ghiselli)于 1972 年在传统的评价量表的基础上提出的。

e. 综合尺度量表法 ：综合尺度量表法是指将结果导向量表法与行为导向量表法相结合的一种评价方式。既能有效的引导员工的行为，又能对结果进行直接控制。

f. 行为对照表法：评价者只要根据人力资源部门提供的描述员工行为的量表，将员工的实际工作行为与表中的描述进行对照，找出准确描述了员工行为的陈述(即评价者只要做出符合、不符合二选一的决定)，评价者选定的项目不论多少都不会影响评价的结果。

g. 行为观察量表法分设各个评价项目给出一系列有关的有效行为，评价者根据所观察到的行为频率，选择相应的答案，实际上是图示量表法和行为导向量表法的结合。

③ 目标管理法

目标管理法指的是目标管理理论在绩效评价中的应用。

④ 描述法

a. 态度记录法；b. 工作业绩记录法；c. 指导记录法；d. 关键事件法。

表 4-5　绩效方法评价表

绩效评价方法	评价标准			
	成本最小化	员工开发（提供反馈指导）	分配奖金发展机会	有效性（避免评价错误）
鉴定法	一般	不确定	差	不确定
排序法	好	差	差/一般	一般
强制分配法	好	差	差/一般	一般
等级鉴定法	好	一般	一般	一般
行为对照表	一般	一般	好/一般	好
行为锚定法	一般	好	好	好
目标管理法	差	非常好	差	非常好

4. 绩效评价结果的运用

绩效评价实施成功与否的关键就是如何应用评估的结果。很多不成功的绩效评价，其失败的原因就在于没有很好地应用好绩效评价的结果。总体来说，绩效评价的主要目的是改善和提高员工的绩效，因此，预示着其结果的应用途径也多种多样（如图 4-6 所示）。

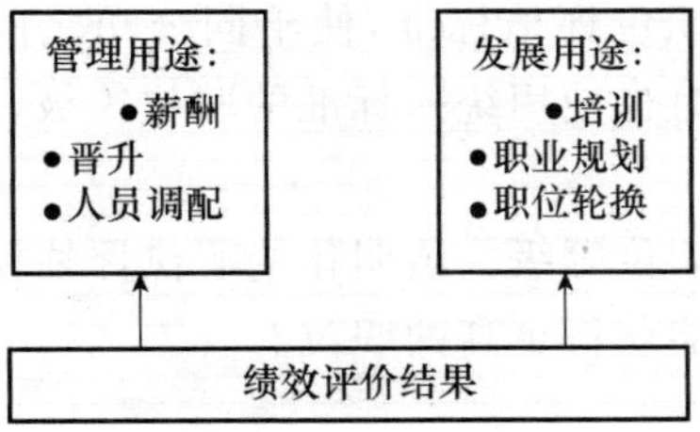

图 4-6　绩效评价结果图

5. 当前企业使用的绩效管理体系简介

（1）关键绩效指标：关键绩效指标（KPI）：它是企业战略目标经过层层分解产生的可操作性的指标体系。是衡量企业战略实施效果的关键指标，体现的是对组织战略目标有增值作用的绩效指标，反映的是最能影响企业价值创造的关键驱动因素，适用于评价和管理员工绩效的可量化的或可行为化的标准体系。

（2）平衡计分卡：平衡计分卡是从财务、客户、内部运营、学习与成长四个角度，将组的战略落实为可操作的衡量指标和目标值的一种新型绩效管理体系。

平衡计分卡的特点如下。

① 始终以战略为核心：a. 战略衡量；b. 战略管理；c. 战略描述；d. 战略协同；e. 连接战略与运营。

② 重视协调一致：a. 从逻辑上明晰协同思想；b. 从体系上整合协同主体；c. 从机制上保障协同效果。

③ 强调有效平衡：a. 财务指标和非财务指标的平衡；b. 长期目标与短期目标的平衡；c. 外部群体评价指标与内部群体评价指标的平衡；d. 客观指标与主观判断指标的平衡；e. 前置指标与滞后指标的平衡。

4.4.2　电子信息类企业职位评估体系

在一个企业里，人们常常需要确定一个职位的价值，或者想知道一名财务经理和一名销售经理相比，究竟谁对企业的价值更大，谁应该获得更好的报酬。那么，究竟如何确定某个职位在企业里的地位呢？对不同职位之间的贡献价值如何进行衡量比较呢？这就需要进行职位评估。

职位评估(Job Evaluation,或称为岗位评价、岗位测评)是在岗位分析的基础上,对岗位的责任大小、工作强度、所需资格条件等特性进行评价,以确定岗位相对价值的过程。是一种职位价值的评价方法。很显然,它的评价对象是职位,而非任职者,这就是大家通常所说的"对岗不对人"原则。而且,它反映的只是相对价值,而不是职位的绝对价值(职位的绝对价值是无法衡量的)。

现代人力资源管理中的岗位评价方法就是根据岗位分析的结果(职务说明书),设计一定的评价程序和评价标准,集合有代表性的多个评价人的意见,对岗位价值的关键因素如工作的性质、强度、责任、复杂性以及所需的任职资格等因素的差异程度,进行综合评估的活动。因此,岗位评价的评价人、评价标准和评价程序是岗位评价的三个关键要素。

(1) 确定职位级别的手段

职位等级常常被企业作为划分工资级别、福利标准、出差待遇、行政权限等的依据,甚至被作为内部股权分配的依据,而职位评估则是确定职位等级的最佳手段。

(2) 薪酬分配的基础

在工资结构中,很多公司都有职位工资这个项目。在通过职位评估得出职位等级之后,就便于确定职位工资的差异了。当然,这个过程还需要薪酬调查数据做参考。国际化的职位评估体系(如 HAY 系统、CRG 系统),由于采用的是统一的职位评估标准,使不同公司之间、不同职位之间在职位等级确定方面具有可比性,在薪酬调查时也使用统一标准的职位等级,为薪酬数据的分析比较提供了方便。

员工在企业内部跨部门流动或晋升时,也需要参考各职位等级。透明化的职位评估标准,便于员工理解企业的价值标准是什么,员工该怎样努力才能获得更高的职位。

如何进行职位评估

(1) 职位评估的基本程序

职位评估是确定组织中每一个工作相对价值的操作性技术,它是建立企业分配体系的最基本的方法。图 4-7 是职位评估的基本程序,但是由于评估方法的多样性,有些职位评估的程序与此稍有不同。

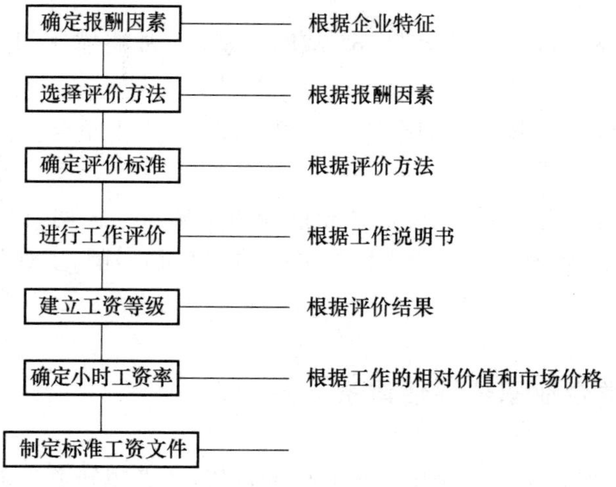

图 4-7 职位评估的基本程序

(2) 岗位评价方法

目前国际通用岗位评价方法主要有四种:岗位排序法、岗位分类法、因素比较法、要素计点法。但是岗位评价方法能够消除岗位评价过程中的不确定因素，达到完全科学的程度吗？这实际上是很难达到的，就目前来说，岗位评价只能提供相对科学的、对于岗位相对价值的比较结果。岗位评价的方法各有特色，并不存在最佳方案。

① 岗位评价法的种类

这几种岗位评价方法按照量化的程度、评价的对象和比较的方法等可以进行如下比较（如表 4-6 所示）。

表 4-6　几种岗位评价方法的比较

方法	是否量化	评估的对象	比较的方法	优点	缺点
岗位排序法	否	对岗位要素进行评估	是在岗位与岗位之间进行比较	简单、操作容易	主观性大、无法准确确定相对价值
岗位分类法	否	对岗位要素进行评估	是将岗位与特定的级别标准进行比较	灵活性高、可以用于大型组织	对岗位等级的划分和界定存在一定的难度、无法确定相对价值
因素比较法	是	对岗位要素进行评估	在岗位与岗位之间进行比较	可以较准确确定相对价值	因素的选择较困难、市场工资随时在变化
要素计点法	是	对岗位要素进行评估	将岗位与特定的级别标准进行比较	可以较准确确定相对价值、适用于多类型岗位	工作量大、费时费力

② 岗位排序法

岗位排序法是目前国内外广泛应用的一种岗位评价方法，这种方法是一种整体性的岗位评价方法。岗位排序法是根据一些特定的标准，如工作的复杂程度、对组织的贡献大小等对各个岗位的相对价值进行整体的比较，进而将岗位按照相对价值的高低排列出一个次序的岗位评价方法。

③ 岗位分类法

所谓岗位分类法，就是通过制定出一套岗位级别标准，将岗位与标准进行比较，并归到各个级别中去。

岗位分类法的关键是建立一个岗位级别体系。建立岗位级别体系包括确定等级的数量和为每一个等级建立定义与描述。

④ 因素比较法

因素比较法是一种量化的岗位评价方法，它实际上是对岗位排序法的一种改进。这种方法与岗位排序法的主要区别是：岗位排序法是从整体的角度对岗位进行比较和排序，而因素比较法则是选择多种报酬因素，按照各种因素分别进行排序。

⑤ 要素计点法和记分法

要素计点，就是选取若干关键性的薪酬因素，并对每个因素的不同水平进行界定，同时给各个水平赋予一定的分值，这个分值也称作是“点数”，然后按照这些关键的薪酬因素对岗位进行评价，得到每个岗位的总点数，以此决定岗位的薪酬水平。

记分法也叫记点法或评分法，是工作评价中较为精确的方法。目前我国一些企业所实行的“岗位技能工资”，基本上采取了这种方法。

⑥ 海氏(Hay Group)三要素评估法

海氏三要素评估法是国际上使用最广泛的一种岗位评估方法。据统计,世界500强的企业中有1/3以上的企业岗位评估时都采用了海氏三要素评估法。它通过三个方面对岗位的价值进行评估,并且通过较为正确的分值计算确定岗位的等级。“三要素评估法”所指的三个要素如图4-8所示。

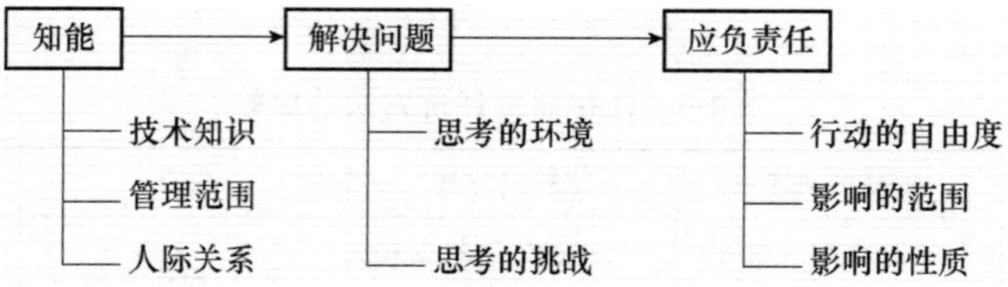

图4-8 海氏评估的三要素

为什么用这三个要素来评估一个岗位是科学的呢?该评估法认为,一个岗位之所以能够存在的理由是必须承担一定的责任,即该岗位的产出。那么通过投入什么才能有相应的产出呢?即担任该岗位人员的知识和技能。那么具备一定“知能”的员工通过什么方式来取得产出呢?是通过在岗位中解决所面对的问题,即投入“知能”通过“解决问题”这一生产过程,来获得最终的产出“应负责任”,如图4-9所示。

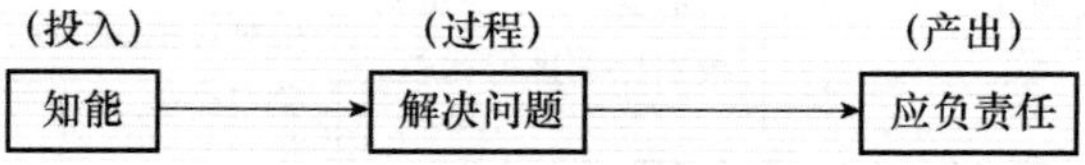

图4-9 海氏评估三要素的关系

海氏评估法对所评估的岗位按照以上三个要素及相应的标准进行评估打分,得出每个岗位评估分,即岗位评估分=知能得分+解决问题得分+应负责任得分。其中知能得分、应负责任评估分和最后得分都是绝对分,而解决问题的评估分是相对分(百分值),经过调整后为最后得分后才是绝对分。

利用海氏评估法在评估三种主要付酬因素方面不同的分数时,还必须考虑各岗位的“形状构成”,以确定该因素的权重,进而据此计算出各岗位相对价值的总分,完成岗位评价活动。所谓职务的“形状”主要取决于知能和解决问题的能力两因素相对于岗位责任这一因素的影响力的对比与分配。

⑦ 美世(Mercer)国际职位评估法

职位(岗位)评估是通过“因素提取”并给予评分的职位价值测量工具。它并不是什么新鲜的概念,早在20世纪七八十年代,职位评估风靡欧美,成为内部人力资源管理的基础工具。调研结果表明,当时美国有70%以上的企业使用职位评估系统来帮助搭建职位系统以及作为薪酬给付的依据。但是当美国逐渐将人力资源管理重点从“职位”挪到“绩效”以后,作为总部在美国的全球最大的人力资源管理咨询公司——美世咨询公司却始终没有抛弃这个工具,而是将其进一步开发,使其适合全球性,尤其是欧洲和亚洲国家的企业使用。2000年美世咨询公司兼并了全球另一个专业人力资源管理咨询公司国际资源管理咨询集团(CRG,Corporate Resources Group)后,将其评估工具升级到第三版,成为目前市场上最为简便、适用的评估工具——国际职位评估系统(IPE,International Position Evaluation),它不但可以比较全球不同行业不同规模的企业,还适用于大型集团企业中各个分子公司的职位比较。

这套职位评估系统共有 4 个因素，10 个纬度，104 个级别，总分 1225 分。评估的结果可以分成 48 个级别。其中这套评估系统的 4 个因素是指：影响（Impact）、沟通（Communication）、创新（Innovation）和知识（Knowledge）。这是在原先这个系统第 2 版 7 个评估因素的基础上经过大量科学提炼简化的结果。在一百多位美世人力资源首席咨询顾问和众多企业人力资源资深从业者的共同研究中证明，事实上真正相互之间不存在相关性的因素只有两个——影响和知识。但为了减少评估过程由于主观因素造成的偏差，还是保留了另两个相对重要的因素——沟通和创新。

在进行具体职位的评估之前，首先要确定企业的规模。可以想象一个万余人的国际性机构和一个二三十个人的小公司如果不进行调整是不能在同一个平台上进行比较的。在这个特殊的因素中，需要考虑企业的销售额，员工人数和组织类型（制造型、装配型、销售型还是配送型），来放大或缩小组织规模。比如一个带研发机构和销售部门的“全功能”制造型企业，可以获得销售额 20 倍的乘数，从而极大地放大其组织规模。销售型企业一般的乘数为 5，而配送型企业一般为 4。另外员工人数也是一个重要规模因素，管理 500 人和管理 5 个人的职位要求显然不可同日而语。借助这个因素调整，美世系统可以把不同规模不同类型的企业置于同一个比较平台之上。

4.4.3　电子信息类企业薪酬管理

1. 薪酬的定义

薪酬实质上是一种交换或交易，企业根据员工劳动合同的规定，对员工为企业所提供的贡献，以及工龄、知识、技能、体力和工作表现等支付给员工相应的薪酬。作为一种交换或交易，它必须服从市场的交换或交易规律。

一方面，一旦企业表示不满，那么员工将受到被解雇的威胁；另一方面，如果员工不满，那么企业将失去这份人力资源。不论前者还是后者，这种交换关系或交易将终止。

2. 薪酬的构成

(1) 直接薪酬

① 基本薪酬（basic pay）

基本薪酬是根据员工所承担或完成的工作本身或者是员工所具备的完成工作的技能向员工支付的稳定性报酬，是员工收入的主要部分。

基本薪酬具有相对稳定性，为员工提供了基本的生活保障和稳定的收入来源。其变动主要取决于以下三个方面的因素：总体生活费用的变化或通货膨胀的程度；其他雇主支付给同类劳动者的基本薪酬的变化；员工本人所拥有的知识、经验、技能的变化以及由此而导致的员工绩效的变化。

基本薪酬还往往是可变薪酬确定的一个主要依据，具有基准性。

薪水和工资是基本薪酬的两种基本表现形式。

② 可变薪酬——奖金（Bonus）

可变薪酬是薪酬系统中与绩效有直接挂钩的部分，有时也被称为浮动薪酬或奖金。包括绩效工资和激励工资。是可变的、具有激励性的报酬。薪酬的构成如图 4-10 所示。

a. 绩效工资，是对过去工作行为和已取得成就的认可，是基本工资之外的增加。绩效工资主要随雇员业绩的变化而调整。

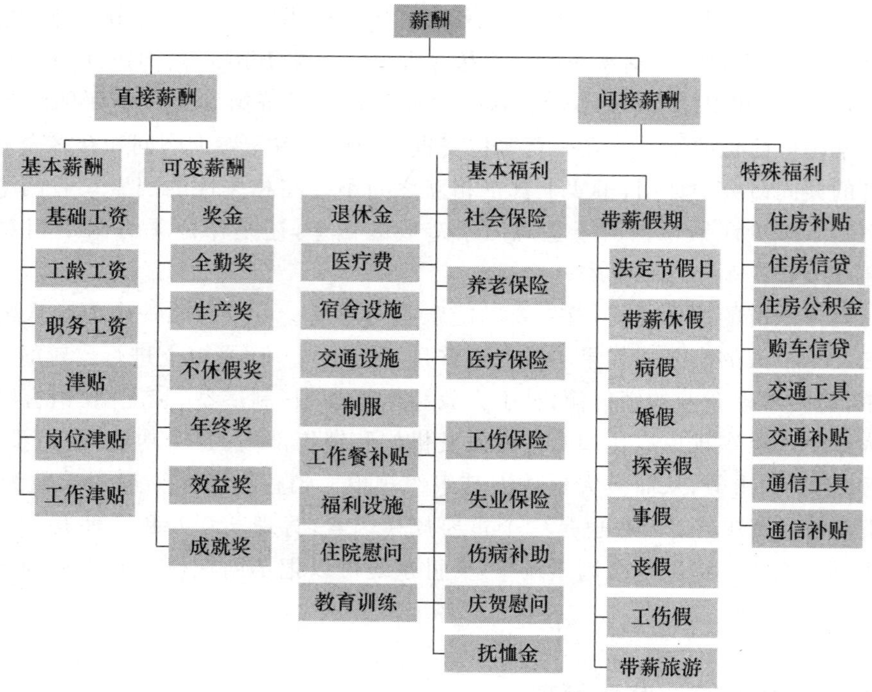

图 4-10　薪酬的构成

b. 激励工资，它也是和业绩直接挂钩的工资类型。激励工资既可以是短期的，也可以是长期的；与它挂钩的业绩可以是雇员的个人业绩，也可以是雇员的团队或整个组织的业绩，甚至还可以与个人、团队、公司混合为一体的业绩挂钩。直接薪酬之间的关系如图 4-11 所示。

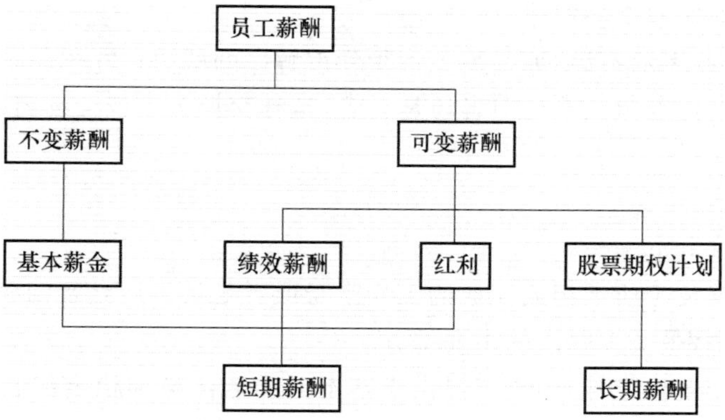

图 4-11　直接薪酬之间的关系

(2) 间接薪酬——福利(welfare)

这部分薪酬通常不与员工的劳动能力和提供的劳动量相关，而是一种源自员工组织成员身份的福利性报酬。是企业为员工提供的各种物质补偿和服务形式。包括法定福利和企业提供的各种补充福利。

① 津贴是指工资无法全面、准确反映的由劳动条件、社会环境、社会评价、物价浮动等对员工造成不利影响而支付的一种补偿。

② 与生活相联系的补偿称为补贴，如住房补贴等。

③ 非货币形式，比如休假、服务(医疗咨询、员工餐厅)和保障(医疗保险、人寿保险和养老

金)等。

3. 薪酬的管理

(1) 薪酬管理的概念

薪酬管理是指企业在经营战略和发展规划的指导下,综合考虑内外部各种因素的影响,确定自身的薪酬水平、薪酬结构和薪酬形式,并进行薪酬调整和薪酬控制的整个过程。薪酬管理包括薪酬体系设计、薪酬日常管理两个方面,薪酬体系设计主要是薪酬水平设计、薪酬结构设计和薪酬构成设计;薪酬日常管理是由薪酬预算、薪酬支付、薪酬调整组成的循环,这个循环可以称之为薪酬成本管理循环。薪酬体系设计如图 4-12 所示。

(2) 薪酬管理的内容

① 薪酬体系:确定企业的基本薪酬以什么为基础(3P-M)。

② 薪酬水平(外部竞争性):企业中各职位及整个企业的平均薪酬水平。

③ 薪酬结构(内部一致性):同一组织内部不同职位所得到薪酬直接的相互关系。

④ 薪酬形式:总薪酬的组成成分及比例。

⑤ 薪酬管理政策 :薪酬成本与预算控制方式、企业的薪酬制度、薪酬规定和员工的薪酬水平是否保密等问题。

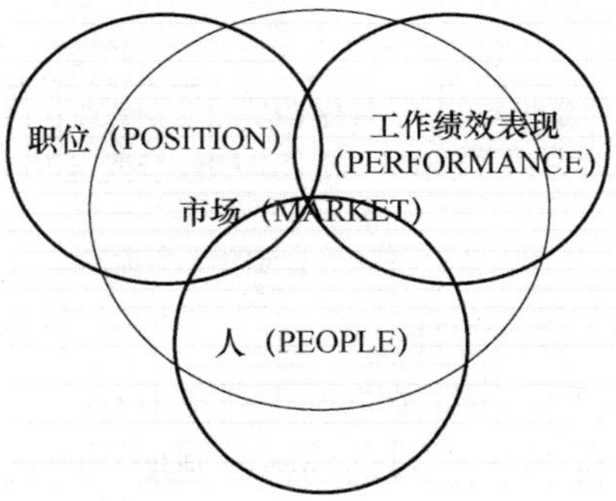

图 4-12　薪酬体系设计

(3) 薪酬管理的基本目标

① 公平性:指员工对于企业薪酬管理系统以及管理过程的公正性、公平性的看法和感知,具体有三个层次。如表 4-7 所示。

② 合法性:指企业的薪酬管理体系和管理过程是否符合国家的相关的法律规定。如最低工资规定、加班工资规定。

③ 有效性:指薪酬管理系统在多大程度上能够帮助组织实现预定的经营目标。

表 4-7　薪酬的公平性

	外部公平(外部竞争性)	内部公平(内部一致性)	员工个人公平
比较的焦点	与外部其他同类组织的薪酬相比	与组织内部其他岗位职位的薪酬相比	与组织中从事相同工作的其他员工薪酬相比
管理工具	市场薪资调查	工作分析与工作评价	绩效评价
薪酬决策	薪酬水平	薪酬结构	员工个人薪酬水平
公平性产生的影响	员工招聘与选择、员工保留、劳动力成本、工作态度	内部流动:晋升、工作轮换;职业发展;工作态度	工作态度和行为、员工保留

(4) 有效的薪酬管理应具备的特征

① 合理且有竞争力的薪酬水平；

② 绩效为引导的工资；

③ 合理的薪酬数量等级结构；

④ 有效的薪酬沟通；

⑤ 同岗位不同酬；

⑥ 薪酬——多方矛盾的解决。

(5) 薪酬管理的基本流程(如图 4-13 所示)

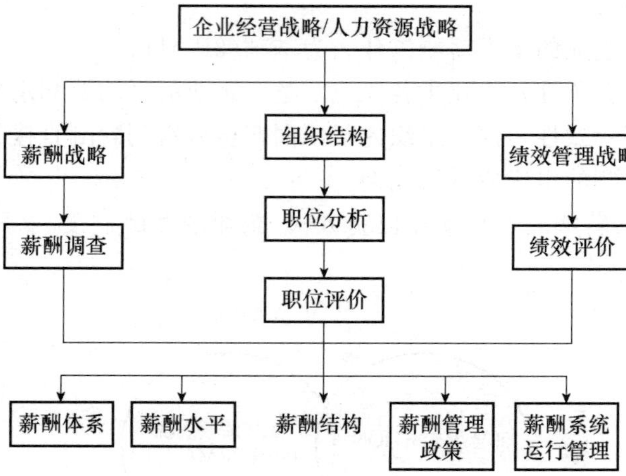

图 4-13　薪酬管理的基本流程

(6) 人力资源管理体系中的薪酬管理

① 薪酬管理与工作分析。工作分析是薪酬支付的基础。

② 薪酬管理与人员招聘。科学合理、灵活的薪酬制度总能从不同角度满足优秀人才的优势需要，这会使企业在劳动力市场上更具有吸引力，便于吸引到最优秀的人才，从而赢得竞争优势。

③ 薪酬管理与培训发展。培训及发展机会，都属于非货币化薪酬的范畴，是广义的薪酬管理的一部分内容。

④ 薪酬管理与绩效考核。对员工进行定期或不定期的绩效考核有很多目的，主要有加薪、支付激励性报酬、培训与晋升机会等几个方面的内容，都是跟薪酬的给付有关。

⑤ 薪酬管理和劳资关系。劳资双方就工资等问题的谈判协议描述了管理层和工会达成的聘用条件。薪酬是其关键议题 。

⑥ 薪酬管理与留人。好的薪酬制度能起到留住关键专业技术人才和企业骨干的作用。

4.5 企业劳动关系管理

4.5.1 劳动关系的含义及内容

1. 劳动关系的含义和特征

劳动关系又称为劳资关系、雇佣关系，是指社会生产中，劳动者与用人单位(包括各类企业、个体工商户、事业单位等)在实现生产劳动过程中所结成的一种必然的、不以人的意志为转移的社会经济利益关系。

劳动关系有广义和狭义之分,从广义上讲,生活在城市和农村的任何劳动者与任何性质的用人单位之间因从事劳动而结成的社会关系都属于劳动关系的范畴;从狭义上讲,现实经济生活中的劳动关系是指依照国家劳动法律法规规范的劳动关系,即双方当事人是被一定的劳动法律规范所规定和确认的权利和义务联系在一起的,其权利和义务的实现,是由国家强制力来保障的。

根据劳动法调整的劳动关系概括起来主要有以下几个法律特征:

(1) 劳动关系是在实现劳动过程中发生的关系,与劳动有着直接的联系。

(2) 劳动关系的双方当事人,一方是劳动者,另一方是提供生产资料的劳动者的所在单位。

(3) 劳动关系的一方劳动者要成为另一方所在单位的成员,并遵守单位的内部劳动规则。

2. 劳动关系的内容

劳动关系的内容是指劳动关系双方依法享有的权利和承担的义务。

我国《劳动法》第 3 条规定劳动者享有的主要权利有:①劳动权;②民主管理权;③休息权;④劳动报酬权;⑤劳动保护权;⑥职业培训权;⑦社会保险权;⑧劳动争议提请处理权等。劳动者承担的主要义务有:①按质、按量完成生产任务和工作任务;②学习政治、文化、科学、技术和业务知识;③遵守劳动纪律和规章制度;④保守国家和企业的机密。用人单位的主要权利有:①依法录用、调动和辞退职工;②决定企业的机构设置;③任免企业的行政干部;④制订工资、报酬和福利方案;⑤依法奖惩职工。

其主要义务有:①依法录用、分配、安排职工工作;②保障工会和职代会行使其职权;③按职工的劳动质量、数量支付劳动报酬;④加强对职工思想、文化和业务的教育、培训;⑤改善劳动条件,搞好劳动关系和环境保护。

4.5.2　劳动合同概述

1. 劳动合同的含义及特征

劳动合同,也称劳动契约、劳动协议,它是指劳动者同企业、事业、机关单位等用人单位为确立劳动关系,明确双方责任、权利和义务的协议。根据协议,劳动者加入某一用人单位,承担某一工作和任务,遵守单位内部的劳动规则和其他规章制度;企业、事业、机关、团体等用人单位有义务按照劳动者的劳动数量和质量支付劳动报酬,并根据劳动法律法规和双方的协议,提供各种劳动条件,保证劳动者享受本单位成员的各种权利和福利待遇。

劳动合同作为合同的一种,具有合同的一般特征:

(1) 合同是法律行为;

(2) 合同以在当事人之间产生权利义务为目的;

(3) 合同是当事人双方或多方相互的意思表示一致,是当事人之间的协议。

2. 劳动合同的种类

按照不同的标准劳动合同可以划分为不同的种类,常见种类是:

(1) 聘用合同;(2) 录用合同;(3) 借调合同;(4) 停薪留职合同。

3. 劳动合同的内容

劳动合同的内容分为法定内容和约定内容。

(1) 劳动岗位;(2) 劳动合同期限;(3) 劳动报酬;(4) 社会保险;(5) 上岗培训;(6) 劳动纪律;(7) 违约责任。

4.5.3 职业安全卫生和劳动保护管理

1. 职业安全卫生风险概述

(1) 职工本人及其他人的生命伤害;

(2) 职工本人及其他人的健康伤害(包括心理伤害);

(3) 资料、设备设施的损坏、损失(包括一定时期内或长时间无法正常工作的损失);

(4) 处理事故的费用(包括停工停产、事故调查及其他间接费用);

(5) 组织、职工经济负担的增加;

(6) 职工本人及其他人的家庭、朋友、社会的精神、心理、经济伤害和损失;

(7) 政府、行业、社会舆论的批评和指责;

(8) 法律追究和新闻曝光引起的组织形象伤害;

(9) 投资方或金融部门的信心丧失;

(10) 组织信誉的伤害、损失,商业机会的损失;

(11) 产品的市场竞争力下降;

(12) 职工本人和其他人的埋怨、牢骚、批评等。

职业安全卫生风险一旦引发事故,会给职工和企业带来严重的损失,我国是社会主义国家,劳动者是国家的主人,在劳动保护方面我国出台了相应的法律法规以保护劳动者在完成生产任务和工作任务的同时有效地保护其身心健康。

2. 安全生产管理

安全生产主要体现在企业在生产过程中要严格执行劳动安全技术规程。

劳动安全技术规程是国家为了防止和消除在生产过程中的伤亡事故,保障劳动者的生命安全和减轻繁重体力劳动,以及防止生产设备遭到破坏而制定的法律规范,主要包括:

(1) 工厂安全技术规程。

(2) 矿山安全法规制度。

(3) 建筑安全工程安全技术规程。

3. 职业卫生管理

企业必须建立健全劳动安全卫生制度,执行国家劳动安全卫生规范和标准,为劳动者提供符合劳动安全卫生标准的劳动条件。这主要体现在企业在生产过程中必须执行劳动卫生规程。

劳动卫生规程指国家为了保护劳动者在生产、工作过程中的健康,防止和消除职业危害而制定的各种法律规范的总和,包括各种工业生产为生、医疗预防、健康检查等技术和组织管理措施的规定。这方面的主要法规有:《工厂安全卫生规程》《中华人民共和国尘肺病防治条例》《工业企业噪声卫生标准》《工业企业人工照明标准》等。

劳动卫生规程的主要内容有:①防止有毒、有害物质的危害;②防止粉尘的危害;③防止噪声和强光刺激;④防暑降温和防冻取暖;⑤通风和照明;⑥个人防护用品和生产辅助设施;⑦疾病预防。

4. 劳动安全卫生管理制度

劳动卫生安全管理制度是指用人单位为了保护劳动者在劳动生产过程中的安全健康,根据生产过程的客观规律和实践经验总结而制定的各种管理制度。

用人单位应建立的劳动卫生管理制度主要包括:①安全卫生责任制度;②安全卫生技术措施计划管理制度;③安全卫生教育制度;④安全卫生检查制度;⑤劳动安全卫生监察制度;⑥伤亡事故报告和处理制度;⑦职业病的防治和处理制度。

4.5.4 劳动争议与处理

1. 劳动争议的概述

(1) 劳动争议的概念

劳动争议又称劳动纠纷、人事纠纷,是劳动关系当事人之间因实现劳动权利和履行劳动义务所发生的纠纷。

(2) 劳动争议类型及其产生的原因

1) 劳动争议的类型

随着我国社会主义市场经济体制的建立和完善,企业中劳动关系发生的变化和随之产生的问题越来越突出。在企业内部,员工与企业因劳动问题发生争论的现象逐渐增加。争议的内容广泛、争议的焦点难以集中和争议处理难度增大是其显著的特点。但归纳起来,劳动争议大致可分为以下几类:

① 终止劳动关系的劳动争议,是指企业开除、除名、辞退职工或职工辞职、离职而发生的劳动争议;

② 执行劳动法规的劳动争议,是指企业和职工之间因执行国家有关工资、保险、福利、培训和劳动保护规定而发生的争议;

③ 履行劳动合同的劳动争议,是指企业和职工之间因执行、变更、解除劳动合同而发生的争议;

④ 其他劳动争议。

2) 劳动争议产生的原因

劳动争议是市场经济和社会化大生产的必然产物。由于市场经济要求资源流动而形成最佳配置,这就决定了用人单位和劳动者之间的不可避免地会因劳动关系产生、变更、终止而发生冲突和纠纷,加之二者利益、看问题的角度也不同,增加了纠纷的可能性。劳动争议的产生有社会外部原因和企业内部原因。

从企业内部来看这主要体现在三个方面。

① 忽视劳动合同的管理。如:劳动合同签订不全面;劳动合同不规范;履行劳动合同的方式与程序不当等。

② 企业规章制度不合理、不健全或没有依照合理程序制定执行。

③ 人力资源管理人员缺乏预防劳动争议的知识与技能。

从社会外部来看:人们的法制观念淡薄和劳动立法不健全也是导致劳动争议的重要原因。

2. 劳动争议的处理机构与处理原则

(1) 着重调节,及时处理

(2) 事实清楚,依法处理

(3) 法律面前人人平等

3. 劳动争议的处理程序

(1) 劳动争议调解

① 调解委员会的职责和调解受案范围

② 调解委员会调解劳动争议案件的程序

(2) 劳动争议仲裁

劳动争议仲裁,是指劳动争议仲裁委员对申请仲裁的劳动争议案件依法进行裁决活动。仲裁 是我国处理劳动争议的一种基本形式,在劳动争议处理工作中具有重要作用。

① 劳动争议仲裁委员会的设立

劳动争议仲裁委员会是国家授权,依法独立处理劳动争议的专门机构。劳动争议仲裁委员会 由劳动行政部门代表、同级工会代表、用人单位方面的代表组成。

② 劳动争议仲裁委员的受案范围及管辖

劳动争议仲裁委员会受理劳动争议案件范围包括:因用人单位开除、除名、辞退职工和职工辞职、自动离职发生的争议;因执行国家有关工资、保险、福利、培训、劳动保护的规定发生的争议;因履行劳动合同发生的争议;法律法规规定由仲裁委员会处理的其他劳动争议。

劳动争议仲裁委员会处理劳动争议案件,一般实行属地管辖原则。

③ 劳动争议仲裁程序

劳动仲裁程序一般按以下三个步骤进行。

- 当事人申请。
- 仲裁案件受理。
- 仲裁审理。

仲裁审理的程序可以分为三步进行。

- 组成仲裁庭。
- 进行审理准备。
- 开庭审理。

(3) 劳动争议的起诉

劳动争议的起诉,是指发生劳动争议的当事人经过申请仲裁,对仲裁裁决不服而向人民法院 提起诉讼的请求,由人民法院按照司法审判程序对案件进行审理。《劳动法》第八十三条规定:"劳动争议当事人对仲裁裁决不服的,可以自收到仲裁裁决书之日起十五日内向人民法院提起诉讼。一方当事人在法定期内不起诉又不履行仲裁裁决的,另一方当事人可以申请人民法院强制执行。"

4.5.5 与企业签订就业协议的要点及注意事项

1. 三方协议是由毕业生、用人单位和学校三方之间就学生就业方向签订的一种协议,由三方共同签署后生效。对签约的三方都有约束力。毕业生与用人单位经过双向选择达成就业意向后,必须签订学校统一发放的《高校毕业生、毕业研究生就业协议书》,毕业生与用人单位签订的其他就业协议书无效。

2. 就业协议在毕业生到单位报到、用人单位正式接收后自行终止。就业协议是明确毕业生、用人单位、学校三方在毕业生就业工作中的权利和义务的书面表现形式(劳动合同是毕业生上岗后,从事何种岗位、享受何种待遇以及相关的权利和义务的法律依据)。

3. 就业协议的主体合法原则。签订就业协议的当事人必须具备合法的主体资格。对毕业生而言，就是必须取得毕业资格，如果毕业生在派遣时未取得毕业资格，用人单位可以不予接收而无须承担法律责任。

4. 填写用人单位名称时，务必注意，是否与单位的有效印鉴上的名称一致，如不一致，协议无效。

5. 学生填写自己的专业名称时，要与学校教务处的专业名称一致，不能简写。

6. 试用期与见习期的时间。外企、合资企业、私企一般采用试用期，根据合同期的长度，可以由 1～3 个月不等，通常试用期为 3 个月，不得超过 6 个月。国家机关、高校、研究所一般采用见习期，通常为一年。试用期和见习期只取其中之一，将另一项划去。

7. 违约金。由学生和用人单位双方协定。不少单位为了“留住”学生，以高额违约金约束学生。学生应该在协商中力争将违约金降到最低，通常违约金不得超过 5 000 元。

8. 现行的毕业生就业协议属“格式合同”，但“备注”部分允许三方另行约定各自的权利义务。为了防止用人单位承诺一套，做一套，毕业生可将签约前达成的休假、住房、保险等福利待遇在备注栏中说明，如发生纠纷，可以及时向法庭举证，维护自己的合法权利。

9. 学生在签订“协议”时，必须严格按照规定的步骤。等用人单位填写完毕、盖章后再到学校就业指导中心鉴证盖章。有的学生偷懒，自己填写完毕后就直接到学校毕业生就业指导中心要求盖章。后果是，单位在填写时，工资待遇等与过去承诺的大相径庭。学生不满，却因为自己和学校都已经签字盖章，回天无力。要不逆来顺受，要不就被迫违约，赔偿用人单位。

管理小故事

画鬼最易

古代有一位画家被请进王宫为齐王画像。画像过程中，齐王问画家：“你认为什么东西最难画呢?”画家回答说：“活动的狗和马是最难画的，我画不好。”齐王又问道：“那你认为什么东西最容易画呢?”画家说：“画鬼最容易。”“为什么呢?”“因为狗和马这些东西人们都熟悉，经常出现在人们眼前，只要画错一点点，就会被人发现，所以难画。而活动的狗和马，既有形又不定形，那就更加难画。至于鬼呢，谁也没见过，没有确定的形体，也没有明确的相貌，那就可以由我随便画，想怎么画就怎样画，画出来后，谁也不能证明它不像鬼，所以画鬼是最容易的。”

管理心得：

动物难画，是因为人们有客观标准来检验画的结果；画鬼容易，是因为人们没有客观标准来检验画的结果。管理者在对员工进行绩效评估时，一定要设置明确的考核指标。没有明确指标的考核，容易导致不公平、不公正，更不具有说服力，同时也难以起到激励员工的作用。

案例分析 1

电子公司员工招聘方案设计

通过本学期学习人力资源管理这门课程，我系统地掌握了人力资源管理的基本理论和基本技能，一直想自己动手结合具体企业人力资源管理工作实际，实践一下所学的知识和技能。根据所学的内容结合我对新光公司的实习和调研，针对新光公司的实际，做了以下设计，如有不足之处，请老师批评批正。

1. 设计方案企业的基本情况介绍、存在问题

新光公司注册资本金3 310万元；占地19 070 m^2；厂房建筑34 385m^2；700名员工，其中科技人员143人；年销售额1.4亿～2.0亿元。公司设置了总师室，由总设计师和总工艺师具体指导科技开发工作。科技开发部有大专以上科技人员80多人，具有高级职称的科技人员18名专职从事科技开发工作。科技投入在2002年已达到568.73万元（其中管理费用列支141.96万元，生产费用列支426.77万元），占公司2000年销售收入1.41亿元的4%。同时公司强调以责任结果为价值导向，力图建立一种自我激励、自我管理、自我约束的机制。并为员工提供了管理与专业技术双重职业发展通道。

2. 方案设计的目的、意义

2.1　培训能增强员工对企业的归属感和主人翁责任感。

2.2　培训能促进企业与员工、管理层与员工层的双向沟通，增强企业向心力和凝聚力，塑造优秀的企业文化。

2.3　培训能提高员工综合素质，提高生产效率和服务水平，树立企业良好形象，增强企业盈利能力。

2.4　适应市场变化、增强竞争优势，培养企业的后备力量，保持企业永续经营的生命力。

3. 设计方案的主要内容

3.1　主要招聘岗位

序号	岗位	数量	性别	年龄	学历职称	其他要求
1	管理人员	5	不限	40以下	大专	5年以上工作经验，较强的工作能力
2	维修	15	男	20～40	中职	相关专业资格证
3	绿化	10	男	20～40	中职	3年以上工作经验
4	保洁	30	女	20～35	初中	身体健康
5	保安	35	男	20～30	初中	保安上岗资格证
6	会计	1	女	20～35	大专	助理会计师职称，3年以上工作经验，懂财务软件
7	出纳	1	女	20～35	大专	会计上岗证，3年以上工作经验，懂电脑操作

3.2　招聘计划

序号	项目	工作要点	责任人
1	招聘信息发布的时间和渠道	当地晚报 刊登时间2007年5月10日—16日	×××
2	成立招聘小组	2007年5月8日，公司总经理任组长	×××
3	招聘资料准备	现场宣传用手提电脑1台、光盘、多功能接线板；面试题、应聘者登记表300份、面试测评表150份、公司背景资料300份、招牌广告牌2块、名片、黑水笔30支、小订书机2只、回形针4盒、商务车1辆、轿车1辆	×××
4	招聘地点及布置	人才市场招聘大厅。广告牌的摆设、桌椅位置确定和摆放、招聘资料摆放；面试间桌椅摆放；落实时间：5月16日下午5点前	×××

续 表

<table>
<tr><th>序号</th><th>项目</th><th colspan="2">工作要点</th><th>责任人</th></tr>
<tr><td>5</td><td>招聘流程</td><td colspan="2">应聘者填写应聘者登记表，收集相关个人资料，符合标准的进入面试间，面试测评合格者，通知试用录取和报到时间</td><td>×××</td></tr>
<tr><td rowspan="4">6</td><td rowspan="4">日程安排</td><td>15 日</td><td>招聘资料总汇</td><td rowspan="4">×××</td></tr>
<tr><td>16 日</td><td>上午：招聘人员会议。下午：现场准备</td></tr>
<tr><td>17 日</td><td>白天：现场招聘。晚上：整理资料</td></tr>
<tr><td>18 日</td><td>上午：继续招聘。下午：返回</td></tr>
<tr><td>7</td><td>经费预算</td><td colspan="2">招聘场地费：5 000 元；广告牌制作：500 元；油费：400 元；资料打印费 400 元、文具：100 元；餐费：320 元</td><td>×××</td></tr>
</table>

4. 设计方案的实施程序

4.1　应聘人员登记表

招聘人员登记表

<table>
<tr><td>姓 名</td><td></td><td>性别</td><td></td><td>出生年月</td><td></td><td rowspan="3">照 片</td></tr>
<tr><td>学历</td><td></td><td>婚否</td><td></td><td>民 族</td><td></td></tr>
<tr><td>专业</td><td colspan="2"></td><td>毕业学校</td><td colspan="2"></td></tr>
<tr><td>健康状况</td><td colspan="2"></td><td>户籍所在地</td><td colspan="2"></td><td></td></tr>
<tr><td>政治面貌</td><td colspan="2"></td><td>身份证号码</td><td colspan="3"></td></tr>
<tr><td>参加工作时间</td><td colspan="2"></td><td>资格证书</td><td></td><td>要求待遇</td><td></td></tr>
<tr><td>联系电话</td><td colspan="2"></td><td>电子邮件</td><td></td><td>手机</td><td></td></tr>
<tr><td>联系地址</td><td colspan="6"></td></tr>
<tr><td>现工作所在地</td><td colspan="6"></td></tr>
<tr><td>离职原因</td><td colspan="6"></td></tr>
</table>

<table>
<tr><td rowspan="8">简
历</td><td>起止时间</td><td>学习/工作单位</td><td>专业/职位</td></tr>
<tr><td></td><td></td><td></td></tr>
<tr><td></td><td></td><td></td></tr>
<tr><td></td><td></td><td></td></tr>
<tr><td></td><td></td><td></td></tr>
<tr><td></td><td></td><td></td></tr>
<tr><td></td><td></td><td></td></tr>
<tr><td></td><td></td><td></td></tr>
</table>

<table>
<tr><td rowspan="6">家庭
情况</td><td>姓名</td><td>关系</td><td>年龄</td><td>文化程度</td><td>现工作单位</td></tr>
<tr><td></td><td></td><td></td><td></td><td></td></tr>
<tr><td></td><td></td><td></td><td></td><td></td></tr>
<tr><td></td><td></td><td></td><td></td><td></td></tr>
<tr><td></td><td></td><td></td><td></td><td></td></tr>
<tr><td></td><td></td><td></td><td></td><td></td></tr>
<tr><td>特别提示</td><td colspan="5">1. 本人承诺保证所填写资料真实。
2. 保证遵守公司招聘有关规程和国家有关法规。
3. 请填写好招聘登记表，带齐照片、学历、职称证书的有效证件及相关复印件。</td></tr>
</table>

4.2 测试

4.2.1 笔试试题

测验题目

答题说明

本测验共有40道题,涉及我们的工作、生活、价值观等方面。对于这些问题,每个人的看法都会不尽相同,任何基于真实情况的回答都是你的个性、特点的反映,没有“对”或“不对”之分。请在每道题的A和B中选择一个答案,不要漏掉任何一道题。有些题你可能从未碰到过或难以选择,不需要过多思考,凭第一感觉回答即可。

题目

1. 当要做别人也做的事时,我更愿意: A. 用大家所接受的方法做 B. 自己想出的方法做	2. 我对自己的物品的摆放通常是: A. 在意的 B. 随便的
3. 我更难以接受的是: A. 生活的节奏单一不变 B. 稳定有序的生活被打乱	4. 我认为更重要的是: A. 能够预见一件事情 B. 能够适应现实条件
5. 我喜欢: A. 抽象的、概括性的观点 B. 具体的、真实的叙述	6. 当被事先规定好你要在某个时刻做某件事情,我: A. 很高兴,可以按计划行事 B. 有些不高兴,因为被束缚了
7. 我更看重 A. 潜在的可能性　　B. 真实的情况	8. 选择你较喜欢的词 A. 实干家　　B. 创新者
9. 选择你较喜欢的词 A. 制作　　B. 发明	10. 选择你较喜欢的词 A. 富于想象　　B. 讲求实效
11. 选择你较喜欢的词 A. 有条不紊　　B. 机动灵活	12. 选择你较喜欢的词 A. 提前安排　　B. 不断体验
13. 选择你较喜欢的词 A. 理论 B. 经验	14. 对周末或假日,我喜欢 A. 提前安排好约会、社交聚会等 B. 随心所欲,临时决定做什么
15. 在日常工作中,我 A. 从最后关头的压力中得到动力 B. 避免出现燃眉之急的压力	16. 在工作中,我 A. 尽量避免定一个最后期限 B. 安排好了的事情,就不再轻易改动
7. 通常情况下,我 A. 崇尚现实主义与常识 B. 崇尚想象力和新事物	18. 我更愿意交的朋友是 A. 总有新主意的人 B. 脚踏实地的人
19. 我通常 A. 在做完决定后感到快乐 B. 因保留有选择的余地而快乐	20. 和我相处得好的人通常是 A. 富于想象的人 B. 注重现实的人

续表

21. 相对之下，我更相信 A. 确定而有形的事物 B. 灵感和推理	22. 选择你较喜欢的词 A. 一丝不苟 B. 不拘小节
23. 选择你较喜欢的词 A. 想象　　B. 实际	24. 选择你较喜欢的词 A. 条理的　　B. 随意的
25. 选择你较喜欢的词 A. 已知　　B. 未知	26. 选择你较喜欢的词 A. 过程　　B. 结果
27. 选择你较喜欢的词 A. 可能性　　B. 现实性	28. 选择你较喜欢的词 A. 具体　　B. 抽象
29. 我喜欢 A. 完成有重大意义的探索性工作 B. 完成常规性的实际的工作	30. 更符合我的情况是 A. 我总有一种开创新局面、创造新事物的冲动 B. 我认为多数时候应坚持经受过检验的常规方法，以免冒太大的风险
31. 更符合我的情况是 A. 目标一旦确定，我就会坚持不懈地为之奋斗 B. 我根据现实情况灵活调整我的目标	32. 你愿意一个人独处。 A. 是　　B 不能确定　C. 不是
33. 当你遇到不快乐的事情时，你能抑制感情，不露声色。 A. 是　　B 不能确定　C. 不是	34. 你不会把自己的想法轻易告诉别人。 A. 是　　B 不能确定　C. 不是
35. 对凡事很有主见。 A. 是　　B 不能确定　C. 不是	36. 你不善于和别人辩论。 A. 是　　B 不能确定　C. 不是
37. 你常常对自己面临的选择犹豫不决。 A. 是　　B 不能确定　C. 不是	38. 你喜欢拿自己和别人去比较。 A. 是　　B 不能确定　C. 不是
39. 你很在意别人对你的看法。 A. 是　　B 不能确定　C. 不是	40. 拿到一本书你可以反反复复看几遍。 A. 是　　B 不能确定　C. 不是

4.2.2　面试试题

工作兴趣

- 你认为这一职位涉及哪些方面的工作？
- 你为什么想做这份工作？
- 你为什么认为你能胜任这方面的工作？
- 你对待遇有什么要求？
- 你怎么知道我们公司的？

目前的工作状况

- 如果可能，你什么时候可以到我们公司上班？
- 你的工作单位是？　工作职务？

工作经历

- 目前或最后一个工作的职务(名称)。
- 在该公司工作期间你一直是从事同一种工作吗？是或不是。

➢ 如果不是，说明你曾从事过哪些不同的工作、时间多久及各自的主要任务。
➢ 你最初的薪水是多少？现在的薪水是多少？
➢ 你为什么要辞去那份工作？

教育背景

➢ 你认为你所受的哪些教育或培训将帮助你胜任你申请的工作？
➢ 对你受过的所有正规教育进行说明。

工作以外的活动（业余活动）

➢ 工作以外你做些什么？

个人问题

➢ 能介绍一下你的家庭成员吗（如有）？
➢ 家庭成员知道你来应聘这份工作吗？
➢ 你能加班吗？

自我评估

➢ 你认为你最大优点是什么？
➢ 你认为你最大的缺点是什么？

你希望的薪水是多少？

你为什么要换工作？

你认为你上一个工作的主要工作成绩是什么？

你对你上一个工作满意的地方在哪里，还有那些不满？

你与你的上、下级及同事的关系怎么样？

你认为你有哪些有利的条件来胜任将来的职位？

你对我们公司的印象怎样？

你对申请的职位的最大兴趣是什么？

对你的工作有激励作用的因素有哪些？

你更喜欢独自工作还是协作工作？

4.2.3 测试评估

测试结果评价表

评价项目	评分
求职者的仪表和姿态是否符合本工作要求。	
求职者的态度及工作抱负与本单位的工作目标是否一致？	
求职者的气质、性格类型是否符合本项工作的要求。	
求职者的工作意愿是否能够在本单位得到满足？	
求职者的专长能否符合所聘用职位的工作要求？	
求职者的工作经历是否符合所聘用职位的要求？	
求职者的教育程度是否符合所聘职位的要求？	
求职者所要求的待遇及其工作条件是否适合本单位所能提供的条件？	
求职者的自我表现能力（包括表情、语言、自信）	
求职者的潜能是否在本单位有继续发展的可能。	
求职者的口头表达能力如何？	

续表

评价项目	评分
求职者的综合分析能力如何？	
求职者的想象力和创造力如何？	
求职者的工作热情和事业心如何？	
求职者是否有足够的能力担当此项工作？	
求职者所表现出来的综合素质是否足以担当所要任命的工作职务？	
求职者的随机应变能力如何？	
综合评语以及录用建议：	主考官签字：

4.2.4　录用与辞谢

(1) 录用通知书

录用通知书

______先生/女士：

在上周五与您的会面是很愉快的。我们现在很高兴地通知您，我们企业向您提供　　　　岗位。

接受该岗位的工作意味着您应该完成下列的工作职责，　　　　　　　　并对　　　　负责。您的基本工资将是每月　　　　　　元。

我们很希望您能够接受该岗位的工作。我们会为您提供较好的发展机会、良好的工作环境和优厚的报酬。

我们很希望您能在　　月　　日之前答复我们。如果您还有什么疑问，请尽快与×××联系。他的联系电话是×××－×××。期望尽快得到您的答复。

××公司人力资源部

年　月　日

(2) 辞谢通知书

辞谢通知书

尊敬的________先生/女士：

十分感谢您对我们企业的 ××× 岗位的兴趣。您对我们企业的支持，我们不胜感激。您在申请与应聘该岗位时的良好表现，我们印象很深。但由于我们名额有限，这次只能割爱。我们已经将您的有关资料存档，并会保留半年，如果有了新的空缺，我们会优先考虑您。

感谢您能理解我们的决定。祝您早日寻找到理想的岗位。

对您热诚应聘我们的企业，再次表示感谢！

××公司人力资源部

年　　月　　日

本章思考题

1. 企业人力资源管理的核心是什么?
2. 简述电子信息类企业招聘工作流程。
3. 什么是绩效评估体系?
4. 简述薪酬管理的特点。

第 5 章　电子信息类企业生产设备安全管理

本章知识点

1. 设备管理的任务和内容
2. 设备的选择和使用
3. 设备的维护和修理
4. 设备的改造和更新
5. 电子信息类企业发展现状和发展趋势

5.1　设备管理的任务和内容

5.1.1　设备管理的任务

自从人类使用机械以来，就伴随有设备的管理工作，只是由于当时的设备简单，管理工作单纯，仅凭操作者个人的经验行事。随着工业生产的发展，设备现代化水平的提高，设备在现代大生产中的作用与影响日益扩大，加上管理科学技术的进步，设备管理也得到了相应的重视和发展，以致逐步形成一门独立的学科——设备管理。

现代企业生产活动的本身，决定了设备在企业中的地位和作用十分重要，而设备状态的好坏则直接影响设备的效率否得到充分的发挥。因此，设备管理的主要任务之一就是保证设备正常运转，管理得好，设备发挥的效率就高，企业取得的经济效益就大；相反，再好的设备也不会发挥作用。

设备管理是对设备寿命周期全过程的管理，包括选择设备、正确使用设备、维护修理设备以及更新改造设备全过程的管理工作。

设备管理是以企业经营目标为依据，通过一系列的技术、经济、组织措施，对设备的全过程进行的科学管理，即实行从设备的规划工作起直至报废的整个过程的管理。这个过程一般可分为前期管理和使用期管理两个阶段。

设备的前期管理是指设备在正式投产运行前的一系列管理工作，设备在选型购置时，应进行充分的交流、调研、比较、招标和选型，加强技术经济论证，充分考虑售后技术支持和运行维护，选用综合效率高的技术装备。

设备的使用期管理分设备初期管理、中期管理和后期管理。设备的初期管理一般指设备自验收之日起、使用半年或一年时间内，对设备调整、使用、维护、状态监测、故障诊断，以及操作、维修人员培训教育．维修技术信息的收集、处理等全部管理工作，建立设备固定资产档案、技术档案和运行维护原始记录。设备的中期管理是设备过保修期后的管理工作。做好设备的中期管理，有利于提高设备的完好率和利用率，降低维护费用，得到较好的设备投资效果。设备的后期管理指设备的更新、改造和报废阶段的管理工作。对性能落后，不能满足生产需要，以及设备老化、故障不断，需要大量维修费用的设备，应进行改造更新。

设备管理是企业生产经营管理的基础工作，几乎涉及企业生产经营的各个方面，归结起来，它对企业的影响或在工业生产中的效益，有几个方面的意义。

1. 关系到产品的产量和质量

从狭义上讲，设备管理就是要使设备经常处于良好的技术状态，保持正常的生产秩序与节奏，确保生产达到预定的产量、质量指标。如果任何一台现代生产设备在合理使用、维护保养、计划检修、定期检查和安全运行等任何一个管理环节上做得不当，就会打乱正常的生产节奏，影响到产量或质量指标的完成。

产品质量是企业的生命，产品是通过机器设备生产出来的，如果生产设备技术状态不良，特别是对一些投资和运转费用十分昂贵的大型、自动、连续型生产设备，不论是主机，还是其中某一子系统，在运行中出现任何结构、性能等方面不完好状态，就会影响整个企业的生产计划，或者导致产品质量的降低，或者达不到额定生产率，严重时还会造成重大的事故。

2. 关系到产品的成本

设备管理对产品成本的影响，除了上述的产量和质量因素外，还有设备的维修费用、动力、燃料和润滑油脂消耗等费用。

加强维护保养，能有效地延长设备的使用寿命和检修周期，节省维修费用。但过分维修，则会增加维修成本。

3. 关系到安全生产和环境保护

工业生产中意外的设备人身事故，不仅扰乱了企业的生产秩序，同时也使国家和企业遭受重大的经济损失，因而在实际生产中怎样更加有效地预防设备事故、保证安全生产、减少人身伤亡，已成为现代设备管理的一大课题。

4. 关系到企业生产资金的合理利用

随着设备在工业生产中的地位和作用日益突出，以及现代化设备的不断发展和普遍采用，设备所占的资金在固定资产中的比例越来越高，一般达 60％～70％。用于备品备件和二类机电储备资金，通常占企业全部流动资金的 15％～20％。这两项资金加在一起就约占企业全部生产自己的 60％以上，显然要提高企业的经济效益，就要想方设法提高资金的合理利用程度，为此，设备管理的科学化无疑将是个关键。如果说得更具体一点，那就是取决于如下一系列的设备经济管理环节是否达到了最佳水平，例如，设备投资回收期是否最优、选型是否合理、设备完好率是否理想，以及设备装备是否适应、备件储存量是否合理、管理制度是否科学等。

5.1.2 设备管理的内容

设备管理的内容涉及设备的能源管理、设备的经济管理、设备的技术管理、设备维修管理等多方面。

1. 设备的能源管理，能源管理应是设备管理密切相关的内容，稳定、优质、高效的能源是实现设备技术和经济管理的重要保证。

2. 设备的经济管理，目的是使设备运行经济效益最大化。这二者往往是矛盾的，找到它们的交点是优秀设备管理者追求的目标。

3. 设备的技术管理，目的是使设备的技术状况最佳化。提高设备维修技术，学习和推广应用设备维修的新技术，并且做好备品备件的供应工作。做好技术业务培训，采取各种方法培训设备管理与维修人员，提高各级设备管理人员的技术素质和业务水平以适应设备管理的新要求。

4. 设备维修管理的重点是认真做好设备的正确使用。

精心维护保养和预防维修及改善维修工作，管理思想要从以修为主改为以防为主，尽量减少影响生产正常进行的突发性设备故障。

设备管理的具体内容有以下几方面。

(1) 建立和完善企业设备管理激励机制和约束机制；

(2) 建立寿命周期费用统计分析系统，对费用进行估算和核算；

(3) 加强设备前期管理，明确设备管理部门在前期管理中的职责；

(4) 完善企业设备资产管理体制，进行资产评估，防止资产流失；

(5) 加强设备的现场管理，确保企业文明生产；

(6) 加强重点设备管理；

(7) 加强设备的故障管理，探索故障发生原因及其对策；

(8) 选择适合企业的设备维修方式，逐步向状态维修方式发展；

(9) 依靠技术进步，适时进行设备技术改造和更新；

(10) 继续推行设备管理现代化，广泛采用现代设备管理方法和手段；

(11) 完善设备管理基础工作，推进设备管理标准化工作；

(12) 积极开展设备管理社会化、专业化工作；

(13) 建立和完善设备一生信息管理系统；

(14) 重视设备组织机构和人员培训；

(15) 确保动能动力设备的安全经济运行。

当前设备管理要注意五个方面的结合。

(1) 制造与使用相结合

做好制造与使用相结合，必须抓好产品的质量、品种、成套和服务等基本环节。质量是产品的生命，制造厂要力求做到产品可靠、耐用、高效、经济，以及好用、好修和美观。品种是成套的基础，成套是形成生产能力和手段。服务是使用和制造之间的桥梁。出厂产品应实行三包：包用、包修和包换。

制造厂要做好产品推荐、按时交货、技术服务、人员培训和现场指导工作；用户要配合制造厂做好设备改进、品种扩展和质量提高工作，积极提供设备使用和维修中的信息，沟通制造和使用之间的关系。

(2) 修理与改造、更新相结合

根据我们的国情，我国的设备管理必须走修理与改造、更新相结合的道路。能改造的尽量改造，该报废的就报废，需要更新的就更新，总之要合理地使用好固定资产折旧资金和大修资金。

(3) 群众管理与专业技术队伍管理相结合

让操作人员参与设备管理是设备现代化管理的一个重要方面。我们要从长期以来行之有效的群众参与设备管理的实践中挖掘和整理出符合我国特色的设备管理方法和理论。在加强群众管理的同时,根据企业生产规模的大小、设备拥有量的多少、设备技术的复杂程度,以及设备管理工作的实际需要,配备适当懂技术、懂经济、年富力强的工程师、技师和技术员作为专职设备管理人员,使企业设备管理的组织机构和人员能适应企业生产的发展,并不断提高他们素质才能,保证设备检修的质量和生产效益。

国外社会性的专业维修队伍早已形成,并使维修效率和质量空前提高,这是我们可以借鉴的宝贵经验。在有条件的中心工业城市,完全有可能、有必要建立一支专业化的社会维修队伍,这是提高设备管理社会经济效益的有效途径。

(4) 技术管理与经济管理相结合

传统的设备管理只注重它的物质形态,即技术方面,而不太注重经济效果。设备综合管理强调以设备寿命周期费用最佳为目标,要求以经济观点指导技术管理,即购置设备、设备修理必须进行经济核算,加速处理闲置设备,紧紧围绕设备的技术经济综合指标抓设备管理和对设备的寿命周期费用进行研究和分析。因此,实行技术管理与经济管理相结合是设备现代化管理的一个重要特征。

(5) 日常维护与计划检修相结合

日常维护极为重要,设备维护工作搞好了,可以延长设备的检修周期和使用寿命。尤其要注重设备的润滑和防腐工作,加强设备的日常维护保养、安全和污染防护工作十分重要,走维护与检修相结合的道路,以保证安全生产和降低设备的维修费用。

设备的寿命周期费用(LCC,Live Circle Cost)是一项综合性的货币形态价值预测指标,它给出了设备一生中全部投入的价值量,是企业经营管理的基础资料之一。一个优秀的设备管理人员,必须具备工程技术、财务经济和生产组织三个方面的丰富知识,才能通盘把握设备一生的各个阶段,了解各阶段对管理工作提出的问题,找到管理工作的目标和方法。

5.2 设备的选择和使用

5.2.1 设备选择的原则

设备选择的原则有以下几个。

(1) 生产上适用

所选购的设备应与本企业扩大生产规模或开发新产品等需求相适应。

(2) 技术上先进

在满足生产需要的前提下,要求其性能指标保持先进水平,以利提高产品质量和延长其技术寿命。

(3) 经济上合理

经济上合理即要求设备价格合理,在使用过程中能耗、维护费用低,并且回收期较短。

设备的选择首先应考虑的是生产上的适用，只有生产上实用的设备才能发挥其投资效果；其次是技术上先进，技术上先进必须以生产适用为前提，以获得最大经济效益为目的；最后，把生产上适用、技术上先进与经济上合理统一起来。

一般情况下，技术先进与经济合理是统一的。因为技术上先进的设备不仅具有高的生产效率，而且生产的产品也是高质量的。但是，有时两者也是矛盾的。例如，某设备效率高，但可能能源消耗量很大，或者设备磨损很快，所以，根据总的经济效益来衡量就不一定适宜。有些设备技术上很先进，自动化程度很高，适合于大批量连续生产，但在生产批量不大的情况下使用，往往负荷不足，不能充分发挥设备的能力，而且这类设备通常价格很高，维持费用大，从总的经济效益来看是不合算的，因而也是不可取的。

设备选择考虑的主要因素有以下几方面。

1. 设备的主要参数

(1) 生产率

设备的生产率一般用设备单位时间（分、时、班、年）的产品产量来表示。例如，锅炉以每小时蒸发蒸汽吨数；空压机以每小时输出压缩空气的体积；制冷设备以每小时的制冷量；发动机以功率；流水线以生产节拍（先后两产品之间的生产间隔期）；水泵以扬程和流量来表示。但有些设备无法直接估计产量，则可用主要参数来衡量，如车床的中心高、主轴转速，压力机的最大压力等。设备生产率要与企业的经营方针、工厂的规划、生产计划、运输能力、技术力量、劳动力、动力和原材料供应等相适应，不能盲目要求生产率越高越好；否则生产不平衡，服务供应工作跟不上，不仅不能发挥全部效果反而造成损失，因为生产率高的设备，一般自动化程度高、投资多、能耗大、维护复杂，如不能达到设计产量，单位产品的平均成本就会提高。

(2) 工艺性

机器设备最基本的一条是要符合产品工艺的技术要求，把设备满足生产工艺要求的能力叫工艺性。例如：金属切削机床应能保证所加工零件的尺寸精度、几何形状精度和表面质量的要求；需要坐标镗床的场合很难用铣床代替；加热设备要满足产品工艺的最高和最低温度要求、温度均匀性和温度控制精度等。除上面基本要求外，设备操作控制的要求也很重要，一般要求设备操作轻便，控制灵活。产量大的设备自动化程度应高，进行有害有毒作业的设备则要求能自动控制或远距离监督控制等。

2. 设备的可靠性和维修性

(1) 设备的可靠性

可靠性是保持和提高设备生产率的前提条件。人们投资购置设备都希望设备能无故障地工作，以期达到预期的目的，这就是设备可靠性的概念。

可靠性在很大程度上源于设备的设计与制造。因此，在进行设备选型时必须考虑设备的设计制造质量。

选择设备可靠性时要求使其主要零部件平均故障间隔期越长越好，具体的可以从设备设计选择的安全系数、冗余性设计、环境设计、元器件稳定性设计、安全性设计和人-机因素等方面进行分析。

随着产品的不断更新，对设备的可靠性要求也不断提高，设备的设计制造商应提供产品设计的可靠性指标，方便用户选择设备。

(2) 设备的维修性

同样，人们希望投资购置的设备一旦发生故障后能方便地进行维修，即设备的维修性要好。选择设备时，对设备的维修性可从以下几方面衡量。

① 设备的技术图纸、资料齐全。便于维修人员了解设备结构，易于拆装、检查。

② 结构设计合理。设备结构的总体布局应符合可达性原则，各零部件和结构应易于接近，便于检查与维修。

③ 结构的简单性。在符合使用要求的前提下，设备的结构应力求简单，需维修的零部件数量越小越好，拆卸较容易，并能迅速更换易损件。

④ 标准化、组合化原则。设备尽可能采用标准零部件和元器件，容易被拆成几个独立的部件、装置和组件，并且不需要特殊手段即可装配成整机。

⑤ 结构先进。设备尽量采用参数自动调整、磨损自动补偿和预防措施自动化原理来设计。

⑥ 状态监测与故障诊断能力。可以利用设备上的仪器、仪表、传感器和配套仪器来检测设备有关部位的温度、压力、电压、电流、振动频率、消耗功率、效率、自动检测成品及设备输出参数动态等，以判断设备的技术状态和故障部位。今后，高效、精密、复杂设备中具有诊断能力的将会越来越多，故障诊断能力将成为设备设计的重要内容之一，检测和诊断软件也成为设备必不可少的一部分。

⑦ 提供特殊工具和仪器、适量的备件或有方便的供应渠道。

此外，要有良好的售后服务质量，维修技术要求尽量符合设备所在区域情况。

3. 设备的安全性和操作性

（1）设备的安全性

安全性是设备对生产安全的保障性能，即设备应具有必要的安全防护设计与装置，以避免带来人、机事故和经济损失。

在设备选型中，若遇有新投入使用的安全防护性元部件，必须要求其提供实验和使用情况报告等资料。

（2）设备的操作性

设备的操作性属人机工程学范畴内容，总的要求是方便、可靠、安全，符合人机工程学原理。通常要考虑的主要事项如下。

① 操作机构及其所设位置应符合劳动保护法规要求，适合一般体型的操作者的要求。

② 充分考虑操作者生理限度，不能使其在法定的操作时间内承受超过体能限度的操作力、活动节奏、动作速度、耐久力等。例如，操作手柄和操作轮的位置及操作力必须合理，脚踏板控制部位和节拍及其操作力必须符合劳动法规规定。

③ 设备及其操作室的设计必须符合有利于减轻劳动者精神疲劳的要求。例如，设备及其控制室内的噪声必须小于规定值；设备控制信号、油漆色调、危险警示等都必须尽可能地符合绝大多数操作者的生理与心理要求。

4. 设备的环保与节能

工业、交通运输业和建筑业等行业企业设备的环保性，通常是指其噪声、振动和有害物质排放等对周围环境的影响程度。在设备选型时必须要求其噪声、振动频率和有害物排放等控制在国家和地区标准的规定范围内。

设备的能源消耗是指其一次能源或二次能源消耗。通常是以设备单位开动时间的能源消耗量来表示；在化工、冶金和交通运输行业，也有以单位产量的能源消耗量来评价设备的能耗情况。在选型时，无论哪种类型的企业，其所选购的设备必须要符合国家《节约能源法》规定的各项标准要求。

5. 设备的经济性

设备选择的经济性，其定义范围很宽，各企业可视自身的特点和需要而从中选择影响设备经济性的主要因素进行分析论证。设备选型时要考虑的经济性影响因素主要有：①初期投资；②对产品的适应性；③生产效率；④耐久性；⑤能源与原材料消耗；⑥维护修理费用等。

设备的初期投资主要指购置费、运输与保险费、安装费、辅助设施费、培训费、关税费等。在选购设备时不能简单寻求价格便宜而降低其他影响因素的评价标准，尤其要充分考虑停机损失、维修、备件和能源消耗等项费用，以及各项管理费。总之，以设备寿命周期费用为依据衡量设备的经济性，在寿命周期费用合理的基础上追求设备投资的经济效益最高。

5.2.2　设备选择方案的评价

设备的选择属于多目标决策问题，它的方案评价涉及许许多多的因素，其中既有定量的因素（如价格等），又有定性的因素（如使用可靠性等）。因素的多样性和不确定性，都使设备的选择变得复杂和重要。传统的经验选择，缺乏完善的定性分析、比较的理论与方法，不能综合阐述多人意愿，这样势必造成方案评价的不完善，甚至有些时候反而摒弃了最优方案。因而，建立一套行之有效的设备选型方案综合评价办法，实现从传统的经验选型向科学选择的过渡，是很有必要的。

1. 设备选择涉及的指标体系

评价一个选择方案的优劣，首先需有一个正确而全面的评价系统与评价指标。设备选择要充分考虑各方面的因素，可从经济指标、技术性能、社会关系、人机关系以及配套性等五个方面进行 综合评价，从而对多个选择方案进行综合比较分析，找出最佳的选型方案。

（1）影响经济指标的因素

投入前支出的费用：除设备安装搬迁费用外，为了设备的运行而进行的设备早期投入，如相关人员的聘请和培训，设备的报装、标定、认证等。

设备台班费用：工作台班费用和停机台班费用。

运行附加费用：设备正常运转期间，除台班费外发生的与该台设备有关的费用，比如设备保养和小修费用等。

安装搬迁费用：设备入场搬迁和安装的费用加上撤场搬迁和清场费用的总和。

售价及付款方式：设备的售价及付款方式往往是资金紧张的中、小企业重点考虑的因素，它直接关系到工程的延续性。

（2）影响技术指标的因素

使用可靠性：这是评价设备技术性能最重要的因素之一。工作的可靠性较之设备本身的技术先进性更为重要。

制造工艺：制造工艺是保证设备使用可靠性的重要前提，它反映和衡量了生产厂家的技术和管理水平。

生产率：生产率充分反映了设备的配套能力，反映了设备的使用性能。

自控程度：自控程度的高低是反映设备自身技术水平的基本指标，它是指设备在人工无法完成的操作和工作质量控制中采用自控技术程度的高低。机械设备的自控水平是整个制造企业技术发展水平的集中体现。

维修性：维修性这里指的是维修保养的可达性、零配件的互换性以及针对维修的防差错设计等，它是依靠科学合理的设计及良好的加工工艺来实现。设备的维修性好坏直接反映了一个制造企业设计水平和制造工艺水平的高低。

(3) 涉及社会关系的因素

货源及供货渠道：如果是租赁，指的是设备经租渠道，如果是购置，则指的是设备代理商或制造厂家。货源及供货渠道的不同直接影响设备的售价(租赁费用)以及售后服务等。

供货或到货周期：原理上周期越短越好，但是对于选配或定购的设备，在不影响整个工程进度的前提下必须保证厂家有足够的时间生产，以免出现赶工现象，影响设备制造质量。

运输方式及要求：运输方式的不同，为此需承担的费用也不同，运输造成的风险也不同。而运输有无特殊要求这项指标同时也反映了制造企业的设计水平。

售后服务：这里的售后服务是泛指，它包括专业技术培训、零配件的供应、技术检测以及设备维修保养等。

维修配件的供应：这一项本来属于售后服务的范畴，但是由于其重要性而将其单独列出。维修配件的供应在这里不光是售后服务里的零配件供应，它还包括除售后服务机构外获得维修配件的难易程度。

环境污染程度：这里的环境污染程度也是泛指，指的是设备安装及运行对周边环境的影响程度。

(4) 涉及人机关系的因素

操作安全性：操作安全性指的是设备安全防护装置的完善程度。

操作舒适性：舒适性指的是指的操作条件，具有良好的操纵条件应视为提高工作效率和减少事故的重要因素。

相关配套人数：这项指标同时也反映了设备的操作性和自动化程度。

(5) 影响设备配套性的因素

项目配套性：指的是引入的设备对本项目的适用性。

机群配套性：指的是引入的设备与项目现有设备的配套程度，对现有设备配套的影响。

2. 评价方法的选择

从上面分析的机械设备选型评价指标体系可以看出，设备选型方案的评价，涉及多项指标，需要综合考虑技术性能、经济指标、社会关系、人机关系以及配套性等诸多因素，进行综合分析与比较，以寻求整体最优的方案。方案评选时，由于多目标的存在，要考虑的影响因素繁多，这些因素有些是可量化因素，有些是不可量化的，对这些不可量化因素的评价又带有一定的模糊性，无法做出定性的评价，给评价带来了很大的难度，采用常规评价方法即经典数学方法显然是无能为力的。基于上述原因，在实际工作中，可结合传统经验选型方法，运用模糊数学、AHP 法(层次分析法)、数理统计等现代数学理论，采用一种多层次、多因素模糊综合评价方法，对选型方案进行综合分析评价和优化选择。

根据模糊数学的理论，模糊综合评价的数学模型是由因素集 U，评判集 V 和评判矩阵 $\boldsymbol{R}$ 三要素组成的。先确定因素集 $U=(u_1,u_2,\cdots,u_i,\cdots,u_n)$，$u_i$ 表示对评价对象有影响的第 i 个因素；再确定评判集 $V=(v_1,v_2,\cdots,v_k,\cdots,v_p)$，$v_k$ 表示对因素评价第 k 个等级的分数值。若对第 i 个因素的单因素评判为 U 到 V 上的模糊关系：$\boldsymbol{R}(ri1,ri2,\cdots,rip)$，于是，$n$ 个因素的评判矩阵为 $\boldsymbol{R}=(rik)n\times p$。

通过确定权重 $A=(a_1,a_2,\cdots,a_i,\cdots,a_n)$，$a_i$ 为第 i 个因素所对应的权重。

最后得到综合评判的结果 $B=A\cdot R=(b_1,b_2,\cdots,b_p)$，根据 B 和评判集 V 计算出各方案所得的分数，分数最高者即为最优方案。

5.2.3　设备合理正确使用的意义和要求

合理、正确地使用设备，可以减少磨损，保持设备良好的工作性能与精度，充分发挥设备的生产效率，延长设备的使用寿命，为生产的顺利进行创造有利条件，为此必须合理地使用设备。所谓合理地使用，就是要根据企业特点和要求，合理地配备各种类型的设备，在工艺上和生产效率上要相互协调，使其能充分发挥设备的效能。首先，要合理确定备用设备，以防止设备积压闲置。其次要对设备进行精心操作和维护保养。

做到设备合理使用的基本条件是：按企业产品生产的工艺特点和实际需要配备设备，使其配套成龙，布局合理、协调；依据设备的性能、承荷能力和技术特性，安排设备的生产任务；选择配备合格的操作者；制定并执行使用和维护保养设备的法规，包括一系列规章、制度，保证操作者按设备的有关技术资料使用和维护设备；具有保证设备充分发挥效能的客观环境，包括必要的防护措施和防潮、防腐、防尘、防震措施等；建立和执行使用设备的各项责任制度。使用设备的管理，就是依据这些基本条件，对设备从与供方签订合同起，直至退出生产为止，通过计划、组织、教育、监督以及一系列措施，达到减少磨损，保持设备应有的精度、技术性能和生产效率，延长使用寿命，使设备经常处于良好技术状态，获得最佳经济效果。

1. 合理配备设备

生产部门合理配备设备是正确、合理使用设备，充分发挥效能、提高使用效果的前提。合理配备，就是企业应根据生产能力、生产性质和企业发展方向，按产品工艺技术要求的实际需要配备和选择设备。在配备和选择设备时，要注意以下几点。

(1) 要考虑主要生产设备、辅助生产设备的成套性。不然，就会产生设备之间不相适应，造成生产安排不协调，影响正常生产进行。

(2) 设备的配备，在性能上和经济效率上应相互协调，并随着产品结构的改变，品种、数量和技术要求的变化，以及新工艺、新材料的推广应用，各类设备的配备比例也应随之调整，使其适应。

(3) 在配备设备过程中，切忌追求“大而全”“小而全”。一个企业内，在全面规划、平衡和落实各单位设备能力时，要以发挥设备的最大作用和最高利用效果为出发点，尽可能做到集中而不分散。

(4) 有的专用设备，如果能利用现有设备进行改进、改装或通过某项工模夹具的革新来解决，就不要购置专用的设备。

(5) 在配备设备中，要注意提高设备工艺加工的适应性和灵活性。以满足多品种、小批量、生产期短的产品。

2. 新设备的使用

新设备的使用，要着重抓好以下主要环节。

(1) 操作工的选择和培训

应根据设备的技术性能和结构复杂程度，择优挑选责任心强、具有相应文化水平和专业知识的、能刻苦钻研技术业务的技术工人进行培训、学习。现在，电子计算机控制设备、多功能的高效设备、程控自动化设备日趋增多，这些设备技术先进，结构复杂，对操作使用要求高。操作者不具备一定文化和专业技术基础知识是难以掌握和操作的，使用不当不仅发挥不了设备应有的效能，甚至会把设备损坏。在选择操作工人时，必须经过：

① 文化知识和智力选择；

② 专业知识学习、考核；

③ 操作使用技能培训。

只有通过以上三个方面的学习、培训，并经过全部考核合格、取得合格证，才能成为一名符合要求的设备操作者。

(2) 拟订操作规程和保养细则

应根据设备说明书上所规定的技术要求性能、结构特点、操作使用规范、调整措施等，组织拟订安全操作规程，同时向操作人员提出操作使用要求的规范，并组织学习，使他们能掌握、熟知操作使用设备的具体要求和有关规定。在操作规程和保养细则中，要具体规定设备的使用范围、要求、方法、操作和保养的要求，以及其他注意事项。

在拟订安全操作规程的同时，要拟订保养细则。设备保养细则的内容，包括外部保养和传动系统、安全装置、润滑系统、操纵系统、液压系统、电气控制计量仪表等各项保养规定和具体要求，并明确规定保养时间。

(3) 明确岗位职责

对单人使用的设备，在明确操作人员后，必须明确其职责；两人以上同时使用或单人操作有两、三班制生产的设备，应明确班组长负责设备的维护保养工作。

3. 设备的正常使用过程

设备在使用过程中的管理应与生产管理、工艺管理和操作技术管理密切结合起来，才能管好、用好。在使用过程中要求：

(1) 按设备技术性能合理地安排生产任务

生产者应依据设备的性能、技术条件、加工范围、载荷能力等合理安排生产任务。不能超负荷、超范围使用设备；不能片面追求产量而拼设备，该修的不修或挤占设备保养时间。要避免“大马拉小车”，造成设备、能源的浪费。

(2) 加强工艺管理

设备完好与否，是工艺管理和操作过硬的先决条件。然而工艺的合理性又直接影响设备的状态。从一些企业在实际工作中积累的资料表明，由于工艺的不合理，因动载荷加大，磨损速度加快，磨损量增加，使设备的修理周期缩短了三分之二。

(3) 正确、合理地使用设备

设备在使用过程中，工人要根据设备的有关技术文件、资料上规定的操作使用程序和设备的特性、技术要求、性能，正确、合理使用设备。为了保证设备得到正确、合理使用，要定期组织操作工学习操作技术理论知识和进行基本功训练；定期组织理论知识和实际操作考核。通过这一系列措施，使他们达到“四个过硬”：在设备上过硬——熟悉设备性能、结构、原理，会维护保养，会检查和排除一般性故障；在操作上过硬——动作熟练、准确，协调动作好；在质量上过硬——懂工艺流程，加工产品符合规定质量要求；在复杂情况面前过硬——具有一定的安全和防范知识，能判断、预防和处理事故，防止事故扩大造成更大的损失。

设备在使用过程中，操作工必须做到“三好”(即：管理、用好、维护保养好)、“五不要”(即：不要开着机器离开工作岗位，必须离开时，应停车并切断电源；不要违反操作规程，严格按使用要求和规范操作使用设备，不准脚踏设备和用脚踢电器开关、操作手柄；不要超负荷、超加工范围使用设备，必要时应事先报告并经有关方面同意后可使用；不要带“病”运转，发现故障隐患，应及时停车检查，直到查明原因、排除隐患后才能继续使用；不要在机器上放置工件、材料、工具、量具等，严禁敲打设备导轨等部位，使设备经常保持整齐、清洁、润滑、安全。

(4) 严格执行定人、定机制度

在设备事故原因分析中，“操作不熟练”往往是由于操作工对该设备性能、操作要求、技术规范不熟悉所致。因此，操作工台因工作需要调换使用其他型号、类别的设备时，应先熟悉新岗位所操作的设备性能、结构、原理和操作规范、使用要求，经考试合格后才能操作。为了适应“一专多能”和组织生产的需要，在定人定机时，可允许操作工同时申请操作几种不同类别和型号的设备，但应全部考核合格才能操作使用这些设备。

(5) 配备从事检查、督促设备使用的设备检查员和维护工

为了及时检查、督促设备正确、合理使用和设备使用维护保养等有关规章制度的贯彻执行情况，企业应设立专职“设备检查员”，负责拟订设备操作规程、保养细则，检查、督促操作工严格按照操作规程、保养细则操作、保养设备；负责解决设备保养、故障排除中存在的技术问题；负责设备故障的统计、分析和有关资料的积累，研究常见故障、多发性故障的解决措施；负责设备使用期内信息的储存、传递和反馈。设备检查员应经常巡回于各设备使用部门，及时了解、检查设备使用、维护保养情况，发现事故隐患，及时通知停机，并负责督促直至排除。

设备维护工的主要职责是，负责检查、督促分管区域内的设备正确使用和维护保养；协助设备检查员对操作工进行有关设备使用、维护保养技术的考核，帮助操作工掌握机器性能、结构和原理；排除设备在使用过程中的故障，保证设备正常使用。维护工要经常巡回于各设备，做到勤问、勤听、勤看、勤检查。

(6) 创造必要的工作环境和工作条件

设备对工作环境和工作条件有一定的要求，例如，一般设备要求工作环境清洁，不受腐蚀性、有害物质的侵蚀，安装必要的防护、防腐、防潮、保暖、降温等装置，配备必要的测量、控制和安全警报装置的仪器仪表。如果设备的工作环境和工作条件不符合要求，甚至很恶劣，不仅影响产品质量，损伤设备，对职工健康也有害无益，从而影响操作工情绪。

(7) 建立、建全必要的规章制度

针对设备的不同特点和技术要求，制定一套科学的管理制度、办法，并组织学习，保证贯彻执行，这是使设备得到合理使用的基本条件。规章制度主要包括：

① 设备操作使用责任制。

② 设备操作规程和保养细则。

③ 设备维护保养制度。

④ 设备维护修理专业人员的巡回检查制度。

⑤ 设备交接班制度。

5.3　设备的维护和修理

5.3.1　设备的磨损规律和故障规律

1. 设备的磨损

设备在使用(或闲置)过程中会产生磨损。磨损有两种形式：一种是有形磨损，亦称物质磨

损或物质损耗；另一种是无形磨损，也称精神磨损或经济磨损。无论有形磨损还是无形磨损，其结果都会造成经济损失。为了减少设备磨损和在设备磨损后及时进行补偿，就必须首先弄清产生磨损的原因和磨损的规律，以便采取相应的技术、组织、经济措施。

（1）产生磨损的原因及其规律

① 产生磨损的原因及其规律

设备无论在使用或是在闲置过程中，都会产生磨损。磨损，即设备在实物形态上的磨损。设备在运转使用中，作相互运动的零部件的表面，在力的作用下，因摩擦而产生各种复杂的变化，使表面磨损、剥落和形态改变，以及由于物理、化学的原因引起零部件疲劳、腐蚀和老化等等。设备使用过程中的有形磨损，既有正常磨损，又有因保管、使用不当和因受自然力的腐蚀（工作环境恶劣所致）而引起的非正常磨损。这种磨损的结果，通常表现为：

a. 使组成设备的各零部件的原始尺寸改变。当磨损到一定程度时，甚至会改变零部件的几何形状。

b. 使零部件之间的相互配合性质改变，导致传动松动，精度和工作性能下降。

c. 零件损坏，甚至因个别零件的损坏而引起与之相关联的其他零件的损坏，导致整个部件损坏，造成严重事故。

设备在闲置过程中，自然力的作用（如油封油质中的腐蚀性介质的侵蚀，空气中的水分和有害气体的侵蚀等等）是产生磨损的主要原因，如果保管不善，缺乏必要的维护保养措施，就会使设备受腐蚀，随着时间的延长，腐蚀面和深度不断扩大、加深，造成精度和工作能力自然丧失，甚至因锈蚀严重而报废。

在一般情况下，设备在使用过程中，零部件的磨损都有一定规律，大致可分为三个阶段。

第一阶段是初期磨损阶段（也称磨合磨损阶段）。在这个阶段，设备各零部件表面的宏观几何形状和微观几何形状（粗糙度）都要发生明显的变化。这种现象的产生，原因是零件在加工、制造过程中，无论经何种精密加工，其表面仍有一定粗糙度。当互相配合做相对运动时，如粗糙表面由于摩擦而磨损，此时的磨损速度很快，磨损量和时间决定于零件加工的粗糙程度。这种现象一般发生在设备制造、修理的总装调试时和投入使用期的调试和初期使用阶段。

当做相对运动的零部件的表面经磨合磨损以后，磨损进入了第二阶段，即正常磨损阶段。在这一阶段内，如果零部件的工作条件不变或变化很小时，磨损量基本随时间匀速增加。也就是说，在正常情况下，零部件的磨损速度非常缓慢。当磨损至一定程度，零件不能继续工作时，这一阶段的时间就是这个零件的使用寿命。

第三阶段称为剧烈磨损阶段。这一阶段的出现，往往是由于零件已到达它的寿命期而仍继续使用，破坏了正常磨损关系，使磨损加剧，磨损量急剧上升，造成机器设备的精度、技术性能和生产效率明显下降。

了解了这一规律，我们就可以如何使初期磨损阶段越短越好，正常磨损阶段越长越好，避免出现剧烈磨损阶段。初期磨损阶段短，说明设备的零部件加工、制造的质量好。正常磨损阶段长，说明零部件的使用寿命长，就可以减少更换或修复的次数和停机时间，提高了设备的可利用率。如果能控制零部件的磨损在未进入剧烈磨损阶段时，就采取了相应措施，说明设备技术状况的管理已具有一定水平，基本掌握了磨损规律及零部件的使用寿命。

有时会出现这种现象：有些设备（或零部件）在使用过程中，初期磨损阶段以后没有一个明显的正常磨损阶段，有的虽然有正常磨损阶段，但时间很短暂，就直接进入剧烈磨损阶段。这种现象的出现，除设备（或零部件）的原制造（或修理）质量低劣外，在一般情况下，大多由于使用过程中的外部因素，如超负荷、超范围使用，引起作用力增加；因润滑不良，使两个相互运动的零部件表面直接接触摩擦；在两个摩擦面之间聚集了磨料和磨损物等。所有这些，均系使用不合理，维护保养不良所致。

也有这样一种现象：由于组成设备的零部件中，某些零部件的工件特殊，它的磨损规律无一般零部件正常磨损规律的一、二阶段，会直接出现剧烈磨损阶段，这种磨损叫特种磨损。

特种磨损是零件表面因疲劳而损坏所致，一般发生在设备中用作传递力的零件，如电动机的轴键部分；花键轴和花键槽等。

② 设备磨损的经济后果

设备由于磨损，会导致性能、精度、生产效率逐步下降，消耗不断增加，废品率上升，与设备有关的费用（使用费）也逐步提高，从而使所生产的单位产品成本上升。当有形磨损比较严重，或达到一定程度仍未采取措施时，设备就不能正常工作，并由此会发生事故，使设备提前失去工作能力。这样，不仅要付出较大的修理费用，花较长的修理时间，才能恢复其性能、精度，造成经济上的严重损失，还直接危及人身安全，影响工人劳动情绪，由此所造成的经济损失就难以估量了。

(2) 减少磨损的措施和磨损的补偿

磨损会引起设备原值的降低。磨损严重的设备，往往造成不能正常运转使用。

设备的磨损形式不同，所采取的措施和补偿磨损的形式也不同。设备产生磨损后，一部分是可以通过修理来消除的，这类磨损属可消除性的有形磨损，其补偿形式，一般称为磨损的局部补偿；另一部分是不能通过修理消除的，这类磨损属不可消除性的有形磨损。不可消除性的有形磨损，一种是因可消除性有形磨损不及时或没有进行局部补偿，形成磨损的积累，导致提前丧失工作能力，修理代价大而不经济，需要置新的设备来替代；另一种是设备已到达其自然寿命，不能作为劳动工具继续使用、修理又不经济时，需要用同样用途的新设备来替换更新。用设备更新的技术措施进行有形磨损补偿，称为磨损的完全补偿或整体补偿。

磨损的补偿，是为了恢复设备在使用过程中应有的技术性能和生产效率，延长使用寿命，保证生产正常进行的一项基础技术管理工作。

2. 设备的故障

所谓设备故障，一般是指设备失去或降低其规定功能的事件或现象，表现为设备的某些零件失去原有的精度或性能，使设备不能正常运行、技术性能降低，致使设备中断生产或效率降低而影响生产。

设备在使用过程中，由于摩擦、外力、应力及化学反应的作用，零件总会逐渐磨损和腐蚀、断裂导致因故障而停机。加强设备保养维修，及时掌握零件磨损情况，在零件进入剧烈磨损阶段前，进行修理更换，就可防止故障停机所造成的经济损失。

故障这一术语，在实际使用时常常与异常、事故等词语混淆。所谓异常，意思是指设备处于不正常状态，那么，正常状态又是一种什么状态呢？如果连判断正常的标准都没有，那么就不能给异常下定义。对于故障来说，必须明确对象设备应该保持的规定性能是什么，以及规定的性能现在达到什么程度，否则，同样不能明确故障的具体内容。假如某对象设备的状态和所规定的性能范围不相同，则要认为该设备的异常即为故障。反之，假如对象设备的状态，在规定性能的许可水平以内，此时，即使出现异常现象，也还不能算作是故障。总之，设备管理人员必须把设备的正常状态、规定性能范围，明确地制订出来。只有这样，才能明确异常和故障现象之间的相互关系，从而，明确什么是异常，什么是故障。如果不这样做就不能免除混乱。

事故也是一种故障，是侧重安全与费用上的考虑而建立的术语，通常是指设备失去了安全的状态或设备受到非正常损坏等。

(1) 设备故障的分类

设备故障按技术性原因，可分为四大类：即磨损性故障、腐蚀性故障、断裂性故障及老化性故障。

① 磨损性故障

由于运动部件磨损，在某一时刻超过极限值所引起的故障。所谓磨损是指机械在工作过程中，互相接触做相互运动的对偶表面，在摩擦作用下发生尺寸、形状和表面质量变化的现象。按其形成机理又分为黏附磨损、表面疲劳磨损、腐蚀磨损、微振磨损四种类型。

② 腐蚀性故障

按腐蚀机理不同又可分化学腐蚀、电化学腐蚀和物理腐蚀3类。

化学腐蚀：金属和周围介质直接发生化学反应所造成的腐蚀。反应过程中没有电流产生。电化学腐蚀：金属与电介质溶液发生电化学反应所造成的腐蚀。反应过程中有电流产生。

物理腐蚀：金属与熔融盐、熔碱、液态金属相接触，使金属某一区域不断熔解，另一区域不断形成的物质转移现象，即物理腐蚀。

在实际生产中，常以金属腐蚀不同形式来分类。常见的有8种腐蚀形式，即均匀腐蚀、电偶腐蚀、缝隙腐蚀、小孔腐蚀、晶间腐蚀、选择性腐蚀、磨损性腐蚀、应力腐蚀。

③ 断裂性故障

可分脆性断裂、疲劳断裂、应力腐蚀断裂、塑性断裂等。

脆性断裂：可由于材料性质不均匀引起；或由于加工工艺处理不当所引起(如在焊、磨、热处理等工艺过程中处理不当，就容易产生脆性断裂)；也可由于恶劣环境所引起；如温度过低，使材料的机械性能降低，主要是指冲击韧性降低，因此低温容器(−20 ℃以下)必须选用冲击值大于一定值的材料。再如放射线辐射也能引起材料脆化，从而引起脆性断裂。

疲劳断裂：由于热疲劳(如高温疲劳等)、机械疲劳(又分为弯曲疲劳、扭转疲劳、接触疲劳、复合载荷疲劳等)以及复杂环境下的疲劳等各种综合因素共同作用所引起的断裂。

应力腐蚀断裂：一个有热应力、焊接应力、残余应力或其他外加拉应力的设备，如果同时存在与金属材料相匹配的腐蚀介质，则将使材料产生裂纹，并以显著速度发展的一种开裂。如不锈钢在氯化物介质中的开裂，黄铜在含氨介质中的开裂，都是应力腐蚀断裂。又如所谓氢脆和碱脆现象造成的破坏，也是应力腐蚀断裂。

塑性断裂：塑性断裂是由过载断裂和撞击断裂所引起。

④ 老化性故障

上述综合因素作用于设备，使其性能老化所引起的故障。

(2) 设备故障的阶段

设备故障，简单地说是一台装置(或其零部件)丧失了它应达到的功能。随着时间的变化，任何设备从投入使用到退役，其故障发生的变化过程大致分三个阶段：早期故障期、偶发故障期和耗损故障期。

① 早期故障期，亦称磨合期，该时期的故障率通常是由于设计、制造及装配等问题引起的。随运行时间的增加，各机件逐渐进入最佳配合状态，故障率也逐渐降至最低值。

② 偶发故障或随机故障期的故障是由于使用不当、操作疏忽、润滑不良、维护欠佳、材料隐患、工艺缺陷等偶然原因所致，没有一种特定的失效机理主导作用，因而故障是随机的。

③ 机械长期使用后,零部件因磨损、疲劳,其强度和配合质量迅速下降而引起的,其损坏属于老化性质。

(3) 设备故障的征兆

① 设备在性能方面的故障征兆

a. 功能异常

指设备的工作状况突然出现不正常现象,这是最常见的故障症状。例如:

- 设备启动困难、启动慢,甚至不能启动。
- 设备突然自动停机。
- 设备在运转过程中功率不足、速率降低、生产效率降低。
- 设备运转过程中突然紧急制动失灵、失效等。

这种故障的征兆比较明显,所以容易察觉。

b. 过热高温

- 一种原因是冷却系统有问题,是缺冷却液或冷却泵不工作。
- 如果是齿轮、轴承等部位过热,多半是因为缺润滑油所导致。
- 油、水温度过高或过低。

设备过热现象有时可以通过仪表板、警示灯直接反映出来,但有时需要进行温度点检才能检查出来。

c. 油、气消耗过量

- 润滑油、冷却水消耗过多,表明设备有些部位技术状况恶化,有出现故障的可能。
- 压缩气体的压力不正常等。

d. 润滑油出现异常

- 润滑油变质较正常时间要快,可能与温度过高等有关系。
- 润滑油中金属颗粒较多,一般与轴承等摩擦量有关,可能需要更换轴承等磨损件。

e. 电学效应

电阻、导电性、绝缘强度和电位等变化。

② 设备在外观方面的故障征兆

a. 异常响声、异常振动

- 设备在运转过程中出现的非正常声响,是设备故障的“报警器”。
- 设备运转过程中振动剧烈。

b. 跑冒滴漏

- 设备的润滑油、齿轮油、动力转向系油液、制动液等出现渗漏。
- 压缩空气等出现渗漏现象,有时可以明显地听到漏气的声音。
- 循环冷却水等渗漏。

c. 有特殊气味

- 电动机过热、润滑油窜缸燃烧时,会发散发出一种特殊的气味。
- 电路短路、搭铁导线等绝缘材料烧毁时会有焦煳味。
- 橡胶等材料发出烧焦味。

以上各种故障先兆是提供给操作人员和维修人员的故障信息,帮助他们及早发现事故苗子,防患于未然。

(4) 设备故障率

① 设备故障

设备在其寿命周期内,由于磨损或操作使用等方面的原因,使设备暂时丧失其规定功能的状况。

a. 突发故障:突然发生的故障。发生时间随机,较难预料,设备使用功能丧失。

b. 劣化故障:由于设备性能的逐渐劣化所引起的故障。发生速度慢,有规律可循,局部功能丧失。

② 设备故障率

单位时间内故障发生的比率。

(5) 设备故障曲线(规律)

实践证明,可维修设备的故障率随时间的推移呈图示曲线形状,这就是著名的"浴盆曲线"。设备维修期内的设备故障状态分三个时期。

a. 初始故障期:故障率由高而低。材料缺陷、设计制造质量差、装配失误、操作不熟练等原因造成。

b. 偶发故障期:故障率低且稳定,由于维护不好或操作失误造成。

c. 耗损故障期:故障率急剧升高,磨损严重,有效寿命结束。

(6) 故障分析与管理

在故障管理工作中,不但要对每一项具体的设备故障进行分析,查明发生的原因和机理,采取预防措施,防止事故重复出现。同时,还必须对系统、企业全部设备的故障基本状况、主要问题、发展趋势等有全面的了解,找出管理的薄弱环节,并本企业设备着眼,采取针对性措施,预防或减少故障,改善技术状态。因此,对故障的统计分析是故障管理中必不可少的内容,是制定管理目标的主要依据。

① 故障信息数据收集与统计

a. 故障信息的主要内容

• 故障对象的有关数据:系统、设备的种类、编号、生产厂家、使用经历等。
• 故障识别数据:故障类型、故障现场的形态表述、故障时间等。
• 故障鉴定数据:故障现象、故障原因、测试数据等。
• 有关故障设备的历史资料。

b. 故障信息的来源

• 故障现场调查资料。
• 故障专题分析报告。
• 故障修理单。
• 设备使用情况报告(运行日志)。
• 定期检查记录。
• 状态监测和故障诊断记录。
• 产品说明书、出产检验、试验数据。
• 设备安装、调试记录。
• 修理检验记录。

c. 收集故障数据资料的注意事项

• 按规定的程序和方法收集数据。

- 对故障要有具体的判断标准。
- 各种时间要素的定义要准确，计算各种有关费用的方法和标准要统一。
- 数据必须准确、真实、可靠、完整，要对记录人员进行教育、培训，健全责任制。
- 收集信息要及时。

d. 做好设备故障的原始记录

- 跟班维修人员做好检修记录，要详细记录设备故障的全过程，如故障部位、停机时间、处理情况、产生的原因等，对一些不能立即处理的设备隐患也要详细记载。
- 操作工人要做好设备点检（日常的定期预防性检查）记录，每班按点检要求对设备做逐点检查、逐项记录，对点检中发现的设备隐患，除按规定要求进行处理外，对隐患处理情况也要按要求认真填写，以上检修记录和点检记录定期汇集整理后，上交企业设备管理部门。
- 填好设备故障修理单，当有关技术人员会同维修人员对设备故障进行分析处理后，要把详细情况填入故障修理单，故障修理单是故障管理中的主要信息源。

② 设备故障管理的程序

设备故障管理的目的是在故障发生前通过设备状态的检测与诊断，掌握设备情况，以期发现故障的征兆和隐患，及时进行预防维修，以控制故障的发生；在故障发生后，及时分析原因，研究对策，采取措施排除故障或改善设备，以防止事故的再发生。

要做好设备故障管理，必须认真掌握发生故障的原因，积累常发故障和典型故障资料和数据，开展故障分析，重视故障规律和故障机理的研究，加强日常维护、检查和预修。这样就可避免突发性故障和控制渐发性故障。

设备故障管理的程序如下：

a. 做好宣传教育工作，使操作工人和维修工人自觉地遵守有关操作、维护、检查等规章制度，正确使用和精心维护设备，对故障进行认真记录、统计、分析。

b. 结合企业生产实际和设备状况及特点，确定设备故障管理的重点。

c. 采用监测仪器和诊断技术对重点设备进行有计划的监测，及时发现故障的征兆和劣化信息。一般设备可通过人的感官及一半检测工具进行日常点检、巡回检查、定期检查、完好状态检查等，着重掌握容易引起故障的部位、机构及零件的技术状态和异常现象的信息。同时要建立检查标准，确定设备正常、异常、故障的界限。

d. 把设备常见的故障现象、分析步骤、排除方法汇编成故障查找逻辑程序表，以便在故障发生后能迅速找出故障部位与原因，及时进行故障排除和修复。

e. 完善故障记录制度。故障记录是实现故障管理的基础资料，有时进行故障分析、处理的原始依据。记录必须完整正确。维修工人在现场检查和故障修理后，应按照“设备故障修理单”的内容认真填写并按月统计分析报送设备管理部门。

f. 及时进行故障的统计与分析。设备管理人员除日常掌握设备故障情况外，应按月汇集“故障修理单”和维修记录。通过对故障数据的统计、整理、分析，计算出各类设备故障频率、平均故障间隔期，分析设备的故障动态和重点故障原因，找出故障的发生规律，以便突出重点采取对策，将故障信息整理分析资料反馈到计划部门，以便安排预防修理或改善措施计划，还可以作为修改定期检查间隔期、检查内容和标准的依据。

g. 根据故障原因、故障类型及设备特点的不同采取不同的对策。对新设置的设备应加强使用初期管理，注意观察、掌握设备的精度、性能与缺陷，做好原始记录。在使用中加强日常维护、巡回检查与定期检查，及时发现异常征兆，采取调整与排除措施。重点设备进行状态监测与诊断。建立灵活机动的具有较高技术水平的维修组织，采用分部修复、成组更换的快速修理技术和方法。及时供应合格备件。利用生产间隙整修设备。对已掌握磨损规律的零部件采用及时改装更换等措施。

h. 做好控制故障的日常维修工作。

i. 建立故障信息管理流程。

5.3.2 设备的维护保养

在日常工作中，设备的日常维护，是指对设备在使用过程中，由于各部件、零件相互摩擦，而产生的技术状态变化，进行经常的检查、调整和处理。这是一项经常性的工作，由操作工和维修工共同负责。设备的维护保养，是指操作工和维修工，根据设备的技术资料和有关设备的启动、润滑、调整、防腐、防护等要求和保养细则，对在使用或闲置过程中的设备所进行的一系列作业，它是设备自身运动的客观要求。

设备维护保养的内容是保持设备清洁、整齐、润滑良好、安全运行，包括及时紧固松动的紧固件，调整活动部分的间隙等。简言之，即“清洁、润滑、紧固、调整、防腐”十字作业法。实践证明，设备的寿命在很大程度上取决于维护保养的好坏。维护保养依工作量大小和难易程度分为日常保养、一级保养、二级保养、三级保养等。

日常保养，又称例行保养。其主要内容是：进行清洁、润滑、紧固易松动的零件，检查零件、部件的完整。这类保养的项目和部位较少，大多数在设备的外部。

一级保养的主要内容是：普遍地进行拧紧、清洁、润滑、紧固，还要部分地进行调整。日常保养和一级保养一般由操作工人承担。

二级保养的主要内容包括内部清洁、润滑、局部解体检查和调整。

三级保养的主要是对设备主体部分进行解体检查和调整工作，必要时对达到规定磨损限度的零件加以更换。此外，还要对主要零部件的磨损情况进行测量、鉴定和记录。二级保养、三级保养在操作工人参加下，一般由专职保养维修工人承担。

在各类维护保养中，日常保养是基础。保养的类别和内容，要针对不同设备的特点加以规定，不仅要考虑到设备的生产工艺、结构复杂程度、规模大小等具体情况和特点，同时要考虑到不同工业企业内部长期形成的维修习惯。

设备的日常维护保养简称例保，是指操作工每天在设备使用前、使用过程中和使用后必须进行的工作。

设备的日常维护保养，是减少磨损，使设备经常处于良好技术状态的基础工作。日常维护保养的基本要求是：操作者应严格按操作规程使用设备，经常观察设备运转情况，并在班前、班后填写记录；应保持设备完整，附件整齐，安全防护装置齐全，线路、管道完整无损；要经常擦拭设备的各个部件，保持油垢、无漏油，运转灵活；应按正常运转的需要，及时注油、换油，并保持油路畅通；经常检查安全防护装置是否完备可靠，保证设备安全运行。

通过设备维护保养，达到“整齐、清洁、安全、润滑”。整齐：工具、工件、附件放置整齐、合理，安全防护装置齐全，线路、管道完整，零部件无缺损。清洁：设备内外清洁，无灰尘，无黑污锈蚀；各运动件无油污，无拉毛、碰伤、划痕；各部位不漏水、漏气、漏油；切屑、垃圾清扫干净。

润滑:按设备各部位润滑要求,按时加油、换油,油质符合要求;油壶、油枪、油杯齐全,油毡、油线清洁,油标醒目,油路畅通。安全:要求严格实行定人、定机、定岗位职责和交接班制度;操作工应熟悉设备性能、结构和原理,遵守操作规程,正确、合理地使用,精心地维护保养;各种安全防护装置可靠,受压容器按规定时间进行预防性试验,保证安全、可靠;控制系统工作正常,接地良好,电力传导电缆按规定时间、要求进预防性试验,保证传输安全、正常,无事故隐患。

在日常维护保养中,只有"严"字当头,正确、合理使用,精心地维护保养,认真管理,切实加强使用前、使用过程中和使用后的检查,及时地、认真地、高质量地消除隐患,排除故障。要做好使用运行情况记录,保证原始资料、凭证的正确性和完整性。要求操作工能针对设备存在的常见故障,提出改善性建议,并与维修工一起,采取相应措施,改善设备的技术状况,减少故障发生频率和杜绝事故发生,达到维护保养的目的。因此,要求设备操作工:

1. 在开机前

检查电源及电气控制开关、旋扭等是否安全、可靠;各操纵机构、传动部位、挡块、限位开关等位置是否正常、灵活;各运转滑动部位润滑是否良好,油杯、油孔、油毡、油线等处是否油量充足;检查油箱油位和滤油器是否清洁。在确认一切正常后,才能开机试运转。在启动和试运转时,要检查各部位工作情况,有无异常现象和声响。检查结束后,要做好记录。

2. 在使用过程中

(1) 严格按照操作规程使用设备。不要违章操作。

(2) 设备上不要放置工、量、夹、刃具和工件、原材料等。确保活动导轨面和导轨面接合处无切屑、尘灰,无油污、锈迹,无拉毛、划痕,研伤、撞伤等现象。

(3) 应随时注意观察各部件运转情况和仪器仪表指示是否准确、灵敏,声响是否正常,如有异常,应立即停机检查,直到查明原因、排除为止。

(4) 设备运转时,操作工应集中精力,不要边操作边交谈,更不能开着机器离开岗位。

(5) 设备发生故障后,自己不能排除的应立即与维修工联系;在排除故障时,不要离开工作岗位,应与维修工一起工作,并提供故障的发生、发展情况,共同做好故障排除记录。

3. 当班工作结束后

无论加工完成与否,都应进行认真擦拭,全面保养,要求达到:

(1) 设备内外清洁,无锈迹,工作场地清洁、整齐,地面无油污、垃圾;加工件存放整齐。

(2) 各传动系统工作正常;所有操作手柄灵活、可靠。

(3) 润滑装置齐全,保管妥善、清洁。

(4) 安全防护装置完整、可靠,内外清洁。

(5) 设备附件齐全,保管妥善、清洁。

(6) 工具箱内量、夹、工、刃具等存放整齐、合理、清洁,并严格按要求保管,保证量具准确、精密、可靠。

(7) 设备上的全部仪器、仪表和安全装置完整无损,灵敏,可靠,指示准确;各传输管接口处无泄漏现象。

(8) 保养后,各操纵手柄等应置于非工作状态位置,电气控制开关、旋扭等回复至"0"位,切断电源。

(9) 认真填写维护保养记录和交接班记录。

(10) 保养工作未完成时,不得离开工作岗位;当保养不合要求,接班人员提出异议时,应虚心接受并及时改进。

为了保证设备操作工进行日常维护保养,规定每班工作结束前和节假日放假前的一定时间内,要求操作工进行设备保养。对连续作业不能停机保养的设备,操作工要利用一切可以利用的时间,擦拭、检查、保养,完成保养细则中规定工作内容并达到要求。

5.3.3 设备的检查和检测

1. 设备的检查

设备检查,是指对设备的运行情况、工作精度、磨损或腐蚀程度进行测量和校验。通过检查全面掌握机器设备的技术状况和磨损情况,及时查明和消除设备的隐患,有目的地做好修理前的准备工作,以提高修理质量,缩短修理时间。

检查按时间间隔分为日常检查和定期检查。

日常检查由设备操作人员执行,同日常保养结合起来,目的是及时发现不正常的技术状况,进行必要的维护保养工作。

日常检查是由操作者主要利用感觉器官和简便的检测手段,每日按规定要求和标准对设备进行的状态检查。其内容包括:操作工每班检查所开动的设备;维修工巡回检查维护区内分管的设备;操作工、维修工对重点设备点检,并注意做好记录。如有异常应立即排除或通知维修工处理,并做好反馈工作。

定期检查是按照计划,在操作者参加下,定期由专职维修工执行。目的是通过检查,全面准确地掌握零件磨损的实际情况,以便确定是否有进行修理的必要。

定期检查可以用于周期性的定期预防性维修,特别是精密、大型、稀有及关键设备和重点设备的预防性维修,也可以用于状态监测的维修。定期检查主要针对下列设备的检查:①精密、大型、稀有、关键设备;②重点设备、质控点设备;③动力动能发生设备;④压力容器及压力管道;⑤电气设备。其目的是查找设备是否有异常变化,掌握零部件的实际情况,确定有无维修或更换的必要,并对检查中发现的问题及时调整,做好预防维修的相关准备工作。

检查按技术功能,可分为机能检查和精度检查。机能检查是指对设备的各项机能进行检查与测定,如是否漏油、漏水、漏气,防尘密闭性如何,零件耐高温、高速、高压的性能如何等。精度检查是指对设备的实际加工精度进行检查和测定,以便确定设备精度的优劣程度,为设备验收、修理和更新提供依据。

2. 设备点检

为了提高、维持生产设备的原有性能,通过人的五感(视、听、嗅、味、触)或者借助工具、仪器,按照预先设定的周期和方法,对设备上的规定部位(点)进行有无异常的预防性周密检查的过程,以使设备的隐患和缺陷能够得到早期发现、早期预防、早期处理,这样的设备检查称为点检。

设备点检工作的"五定"内容如下:

① 定点——设定检查部位、项目和内容

② 定法——设定检查方法

③ 定标——制定检查标准

④ 定期——设定检查周期

⑤ 定人——确定点检项目由谁实施

(1) 分类与分工

① 按点检周期分

a. 日常点检——由岗位操作工或岗位维修工承担

b. 短周期点检——由专职点检员承担

c. 长周期点检——由专职点检员提出、委托检修部门实施

d. 精密点检——由专职点检员提出，委托技术部门或检修部门实施

e. 重点点检——当设备发生疑点时，对设备进行的解体检查或精密点检

② 按分工划分

a. 操作点检——由岗位操作工承担

b. 专业点检——由专业点检修户人员承担

③ 按点检方法划分

a. 设备点检——依靠五感(视、听、嗅、味、触)进行检查

b. 小修理——小零件的修理和更改

c. 紧固、调整——弹簧、皮带、螺栓

(2) 专职点检人员的点检业务及职责

① 编制和修订所管设备的点检标准和点检计划；

② 协助进行所管设备操作规程的修改，制定修改维护规程和检修规程；

③ 检查指导日常点检工作，对需专检的设备专业点检；

④ 编制设备检修计划、备件计划、材料计划等各种计划；

⑤ 参加设备事故管理；

⑥ 负责检修工程的管理；

⑦ 填写设备技术档案；

⑧ 上报设备管理报表。

(3) 日常点检工作的主要内容

① 设备点检——依靠五感(视、听、嗅、味、触)进行检查；

② 小修理——小零件的修理和更换；

③ 紧固、调整——弹簧、皮带、螺栓、制动器及限位器等的紧固和调整；

④ 清扫——隧道、地沟、工作台及各设备的非解体清扫；

⑤ 给油脂——给油装置的补油和给油部位的加油；

⑥ 排水——集汽包、储气罐等排水；

⑦ 使用记录——点检内容及检查结果做记录。

(4) 定期点检的内容

① 设备的非解体定期检查；

② 设备解体检查；

③ 劣化倾向检查；

④ 设备的精度测试；

⑤ 系统的精度检查及调整；

⑥ 油箱油脂的定期成分分析及更换、添加；

⑦ 零部件更换、劣化部位的修复。

(5) 管理四环节

① 指定点检标准和点检计划;

② 按计划和标准实施点检和修理工程;

③ 检查实施结果,进行实绩分析;

④ 在实绩分析的基础上制定措施,自主改进。

(6) 劣化倾向管理

为了把握对象设备的劣化倾向程度和减损量的变化趋势,必须对其故障参数进行观察,实行定期的劣化量测试,对设备劣化的定量数据进行管理,并对劣化的原因、部位进行分析,以控制对象设备的劣化倾向,从而预知其使用寿命,最经济地进行维护。

(7) 设备点检表

设备点检表是由操作者每班负责对使用的设备进行前期检查,反映具体状态的记录性文件,是指导设备修理的重要前提,是让设备修理从故障修理转换为提前预防的关键步骤。

制作步骤:①提出问题(定义);②初步原因分析;③过程分解(经常采用的方法有头脑风暴法、5 个 Why、Y=fX、矩阵表);④改进方法;⑤实施并总结;⑥推广及控制。

3. 设备的状态监测

(1) 设备状态监测的概念

对运转中的设备整体或其零部件的技术状态进行检查鉴定,以判断其运转是否正常,有无异常与劣化征兆,或对异常情况进行追踪,预测其劣化趋势,确定其劣化及磨损程度等,这种活动就称为状态监测(Condition Monitoring)。状态检测的目的在于掌握设备发生故障之前的异常征兆与劣化信息,以便事前采取针对性措施控制和防止故障地发生,从而减少故障停机时间与停机损失,降低维修费用和提高设备有效利用率。对于在使用状态下的设备进行不停机或在线监测,能够确切掌握设备的实际特性有助于判定需要修复或更换的零部件和元器件,充分利用设备和零件的潜力,避免过剩维修,节约维修费用,减少停机损失。特别是对自动线、程式、流水式生产线或复杂的关键设备来说,意义更为突出。

(2) 设备状态监测与定期检查的区别

设备的定期检查是针对实施预防维修的生产设备在一定时期内所进行的较为全面的一般性检查,间隔时间较长(多在半年以上),检查方法多靠主观感觉与经验,目的在于保持设备的规定性能和正常运转。而状态监测是以关键的重要的设备(如生产联动线,精密、大型、稀有设备,动力设备等)为主要对象,检测范围较定期检查小,要使用专门的检测仪器针对事先确定的监测点进行间断或连续的监测检查,目的在于定量地掌握设备的异常征兆和劣化的动态参数,判断设备的技术状态及损伤部位和原因,以决定相应的维修措施。

设备状态监测是设备诊断技术的具体实施,是一种掌握设备动态特性的检查技术。它包括了各种主要的非破坏性检查技术,如振动理论、噪声控制、振动监测、应力监测、腐蚀监测、泄漏监测、温度监测、光谱分析及其他各种物理监测技术等。

设备状态监测是实施设备状态维修的基础,状态维修根据设备检查与状态监测结果,确定设备的维修方式。所以,实行设备状态监测与状态维修的优点有:①减少因机械故障引起的灾害;②增加设备运转时间;③减少维修时间;④提高生产效率;⑤提高产品和服务质量。

设备技术状态是否正常,有无异常征兆或故障出现,可根据监测所取得的设备动态参数(温度、振动、应力等)与缺陷状况,与标准状态进行对照加以鉴别。表 5-1 列出了判断设备状态的一般标准。

表 5-1　判断设备状态的一般标准

设备状态	部件			设备性能
	应力	性能	缺陷状态	
正常	在允许值内	满足规定	微小缺陷	满足规定
异常	超过允许值	部分降低	缺陷扩大(如噪声增大)	接近规定,一部分降低
故障	达到破坏值	达不到规定	破损	达不到规定

(3) 设备状态监测的分类与工作程序

设备状态监测按其监测的对象和状态量划分,可分为两方面的监测。

① 机器设备的状态监测。指监测设备的运行状态,如监测设备的振动、温度、油压、油质劣化、泄漏等情况。

② 生产过程的状态监测。指监测由几个因素构成的生产过程的状态,如监测产品质量、流量、成分、温度或工艺参数量等。

上述两方面的状态监测是相互关联的。例如,生产过程发生异常,将会发现设备的异常或导致设备的故障;反之,往往由于设备运行状态发生异常,出现生产过程的异常。

设备状态监测按监测手段划分,可分为两种类型。

① 主观型状态监测。即由设备维修或检测人员凭感官感觉和技术经验对设备的技术状态。

进行检查和判断。这是目前在设备状态监测中使用较为普及的一种监测方法。由于这种方法依靠的是人的主观感觉和经验、技能,要准确的做出判断难度较大,因此必须重视对检测维修人员进行技术培训,编制各种检查指导书,绘制不同状态比较图,以提高主观检测的可靠程度。

② 客观型状态监测。即由设备维修或检测人员利用各种监测器械和仪表,直接对设备的关键部位进行定期、间断或连续监测,以获得设备技术状态(如磨损、温度、振动、噪声、压力等)变化的图像、参数等确切信息。这是一种能精确测定劣化数据和故障信息的方法。

当系统地实施状态监测时,应尽可能采用客观监测法。在一般情况下,使用一些简易方法是可以达到客观监测的效果的。但是,为能在不停机和不拆卸设备的情况下取得精确的检测参数和信息,就需要购买一些专门的检测仪器和装置,其中有些仪器装置的价值比较昂贵。因此,在选择监测方法时,必须从技术与经济两个方面进行综合考虑,既要能不停机地迅速取得正确可靠的信息,又必须经济合理。这就要将购买仪器装置所需费用同故障停机造成的总损失加以比较,来确定应当选择何种监测方法。一般地说,对以下四种设备应考虑采用客观监测方法:发生故障时对整个系统影响大的设备,特别是自动化流水生产线和联动设备;必须确保安全性能的设备,如动能设备;价格昂贵的精密、大型、重型、稀有设备;故障停机修理费用及停机损失大的设备。

5.3.4　设备的修理制度和修理计划

设备修理,是指修复由于日常的或不正常的原因而造成的设备损坏和精度劣化。通过修理更换磨损、老化、腐蚀的零部件,可以使设备性能得到恢复。设备的修理和维护保养是设备维修的不同方面,二者由于工作内容与作用的区别是不能相互替代的,应把二者同时做好,以便相互配合、相互补充。

1. 设备修理的种类

根据修理范围的大小、修理间隔期长短、修理费用多少,设备修理可分为小修理、中修理和大修理三类。

(1) 小修理

小修理通常只需修复、更换部分磨损较快和使用期限等于或小于修理间隔期的零件,调整设备的局部结构,以保证设备能正常运转到计划修理时间。小修理的特点是:修理次数多,工作量小,每次修理时间短,修理费用计入生产费用。小修理一般在生产现场由车间专职维修工人执行。

(2) 中修理

中修理是对设备进行部分解体、修理或更换部分主要零件与基准件,或修理使用期限等于或小于修理间隔期的零件;同时要检查整个机械系统,紧固所有机件,消除扩大的间隙,校正设备的基准,以保证机器设备能恢复和达到应有的标准和技术要求。中修理的特点是:修理次数较多,工作量不很大,每次修理时间较短,修理费用计入生产费用。中修理的大部分项目由车间的专职维修工在生产车间现场进行,个别要求高的项目可由机修车间承担,修理后要组织检查验收并办理送修和承修单位交接手续。

(3) 大修理

大修理是指通过更换,恢复其主要零部件,恢复设备原有精度、性能和生产效率而进行的全面修理。大修理的特点是:修理次数少,工作量大,每次修理时间较长,修理费用由大修理基金支付。设备大修后,质量管理部门和设备管理部门应组织使用和承修单位有关人员共同检查验收,合格后送修单位与承修单位办理交接手续。

2. 设备修理的方法

常用的设备修理的方法主要有以下几种。

(1) 标准修理法,又称强制修理法,是指根据设备零件的使用寿命,预先编制具体的修理计划,明确规定设备的修理日期、类别和内容。设备运转到规定的期限,不管其技术状况好坏,任务轻重,都必须按照规定的作业范围和要求进行修理。此方法有利于做好修理前准备工作,有效保证设备的正常运转,但有时会造成过度修理,增加了修理费用。

(2) 定期修理法,是指根据零件的使用寿命、生产类型、工件条件和有关定额资料,事先规定出各类计划修理的固定顺序、计划修理间隔期及其修理工作量。在修理前通常根据设备状态来确定修理内容。此方法有利于做好修理前准备工作,有利于采用先进修理技术,减少修理费用。

(3) 检查后修理法,是指根据设备零部件的磨损资料,事先只规定检查次数和时间,而每次修理的具体期限、类别和内容均由检查后的结果来决定。这种方法简单易行,但由于修理计划性较差,检查时有可能由于对设备状况的主观判断误差引起零件的过度磨损或故障。

完善、科学合理的设备管理制度和规章条例,对成本有很大影响。成本管理是企业管理的核心,也是设备管理的重点。为杜绝和减少设备管理与维修工作中存在的管理漏洞,账物不符、维修保养不到位、设备带病运转、违章操作以及润滑不良等形式的浪费，提高全员的自觉性。设备管理部应根据统计维修费用的实际情况，先后制定维修费用管理规定、非正常损坏件与设备事故的报告及处理制度、关于旧件修复的鉴定与奖励规定等管理制度，安全操作规程，保养规范，点检与保养记录，强化设备管理的制度建设。

设备使用、维护规程是根据设备使用、维护说明书和生产工艺要求制定，用来指导正确操作使用和维护设备的法规。

规程制定与修改的要求有以下几方面。

1. 厂(矿)首先要按照设备使用管理制度规定的原则，正确划分设备类型，并按照设备在生产中的地位、结构复杂程度以及使用、维护难度，将设备划分为重要设备、主要设备、一般设备三个级别，以便于规程的编制和设备的分级管理。

2. 凡是安装在用的设备，必须做到台台都有完整的使用、维护规程。

3. 对新投产的设备，厂(矿)要负责在设备投产前 30 天制定出使用、维护规程，并下发执行。

4. 当生产准备采用新工艺、新技术时，在改变工艺前 10 天，生产厂(矿)要根据设备新的使用、维护要求对原有规程进行修改，以保证规程的有效性。

5. 岗位在执行规程中，发现规程内容不完善时要逐级及时反映，规程管理专业人员应立即到现场核实情况，对规程内容进行增补或修改。

6. 新编写或修改后的规程，都要按专业管理承包制的有关规定分别进行审批。

7. 对使用多年、内容修改较多的规程，第三年要通过群众与专业管理相结合的方式，由厂(矿)组织重新修订、印发，并同时通知原有规程作废。

8. 当设备发生严重缺陷，又不能立即停产修复时，必须制定可靠的措施和临时性使用、维护规程，由厂(矿)批准执行。缺陷消除后临时规程作废。

设备使用、维护规程必须包括的内容有以下几方面。

(1) 设备使用规程必须包括的内容

① 设备技术性能和允许的极限参数，如最大负荷、压力、温度、电压、电流等；

② 设备交接使用的规定，两班或三班连续运转的设备，岗位人员交接班时必须对设备运行状况进行交接，内容包括：设备运转的异常情况，原有缺陷变化，运行参数的变化，故障及处理情况等；

③ 操作设备的步骤，包括操作前的准备工作和操作顺序；

④ 紧急情况处理的规定；

⑤ 设备使用中的安全注意事项，非本岗位操作人员未经批准不得操作本机，任何人不得随意拆掉或放宽安全保护装置等；

⑥ 设备运行中故障的排除。

(2) 设备维护规程应包括的内容

① 设备传动示意图和电气原理图；

② 设备润滑“五定”图表和要求；

③ 定时清扫的规定；

④ 设备使用过程中的各项检查要求，包括路线、部位、内容、标准状况参数、周期(时间)、

检查人等；

⑤ 运行中常见故障的排除方法；

⑥ 设备主要易损件的报废标准；

⑦ 安全注意事项。

设备使用、维护规程的贯彻执行包括如下几方面。

1. 新设备投入使用前，要由厂（矿）专业主管领导布置贯彻执行设备使用、维护规程，规程要发放到有关专业、岗位操作人员以及维修巡检人员人手一册，并做到堆积不离岗。

2. 生产单位要组织设备操作人员认真学习规程，设备专业人员要向操作人员进行规程内容的讲解和学习辅导。

3. 设备操作人员须经厂级组织的规程考试及实际操作考核，合格后方能上岗。

4. 生产单位每周都要组织班组学习规程，车间领导及设备管理人员，每月要对生产班组规程学习情况进行抽查，发现问题及时解决，抽查情况纳入考核。

5.4 设备的改造和更新

5.4.1 设备的磨损与寿命

1. 设备磨损及补偿方式

(1) 设备磨损

① 有形磨损（又称物理磨损）

第一种有形磨损：设备在使用过程中，在外力的作用下实体产生的磨损、变形和损坏。

第二种有形磨损：设备在闲置过程中受自然力的作用而产生的实体磨损。

两种有形磨损都造成设备的性能、精度等的降低，使得设备的运行费用和维修费用增加、效率低下，反映了设备使用价值的降低。

② 无形磨损（又称精神磨损、经济磨损）

第一种无形磨损：设备的技术结构和性能并没有变化，但由于技术进步，设备制造工艺不断改进，社会劳动生产率水平的提高，同类设备的再生产价值降低，致使原设备相对贬值。

第二种无形磨损：是由于科学技术的进步，不断创新出结构更先进、性能更完善、效率更高、耗费原材料和能源更少的新型设备，使原有设备相对陈旧落后，其经济效益相对降低而发生贬值。

设备有形磨损和无形磨损具有相同点也有不同点：有形和无形两种磨损都引起机器设备原始价值的贬值。不同的是，遭受有形磨损的设备，特别是有形磨损严重的设备，在修理之前，常常不能工作；而遭受无形磨损的设备，即使无形磨损很严重，其固定资产物质形态却可能没有磨损，仍然可以使用，只不过继续使用它在经济上是否合算，需要分析研究。

(2) 设备磨损的补偿方式

设备有形磨损的局部补偿是修理，设备无形磨损的局部补偿是现代化改装。有形磨损和无形磨损的完全补偿便是更新。

2. 设备寿命及估算方式

设备寿命是指设备投入生产开始，经过有形磨损和无形磨损，直到在技术上或经济上不宜继续使用，需要进行更新所经历的时间。

设备寿命一般有以下四种。

（1）自然寿命

自然寿命又称物理寿命，它是指设备以全新状态投入生产开始，经过有形磨损，直到在技术性能上不能按原有用途继续使用为止的时间。自然寿命和设备维修保养的状态有关，并可通过恢复性修理延长设备的自然寿命。

（2）技术寿命

技术寿命是指设备以全新状态投入生产后，由于新技术的出现，使原有设备丧失其使用价值所经历的时间。这种寿命和技术进步的速度有关，技术进步越快，技术寿命也越短。

（3）经济寿命

① 设备以全新状态投入生产开始到年平均总费用最低的使用年数。超过这个年限，设备在技术上虽然仍可继续使用，但是其年平均总费用上升，在经济上不宜再继续使用，这个年限，称为设备的经济寿命。

② 年平均总费用，指的是设备在使用的年限内，每年平均的折旧费用与使用该设备所发生的经营费用之和。

设备年平均总费用是不断变化的，变化规律是由高到低，低到一定程度又转变为由低到高。

其原因在于：设备使用年限越长，每年分摊的折旧费用就越少，但随着使用年限的增加，由于设备有形磨损加大，设备的技术性能逐步下降，使用该设备所需的材料费用、能源费用、工资和维修保养费用也随之增加。这样，延长使用年限所提的折旧费用的下降会被日常经营费用的增加逐渐抵消，从而出现设备年平均总费用回升的局面。

确定设备经济寿命期的原则是：

① 使设备在经济寿命内平均每年净收益（纯利润）达到最大；

② 使设备在经济寿命内年平均使用成本达到最小。

设备每年平均总费用是随使用时间而变化的函数。设备使用到一定年限就会出现年平均总费用的最低值，如以坐标图反映，则年平均总费用最低点在横坐标上标示的年限，就是设备的经济寿命，如图 5-1 所示。

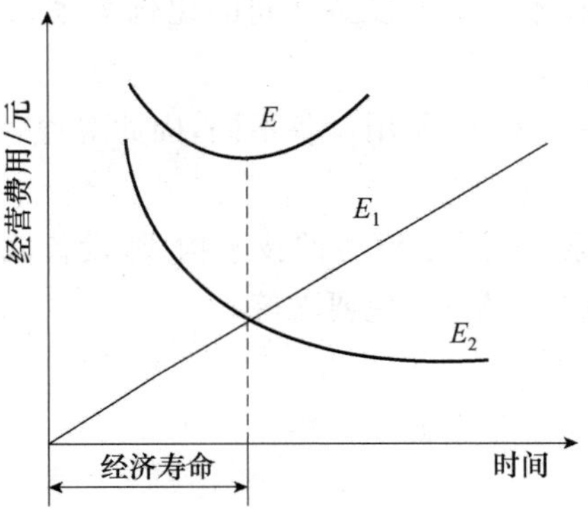

图 5-1　经济寿命曲线图

注：E——年平均总费用；

E_1——年平均增加经营费用；

E_2——年平均设备费用。

设备经济寿命也可通过计算得来，其计算公式如下：

$$T_0=\sqrt{\frac{2K_0}{P}}$$

式中：K_0——设备的原始投资；

P——设备经营费用的逐年增长值；

T_0——设备的经济寿命。

(4) 折旧寿命

设备折旧寿命是指按国家有关规定或企业自行规定的折旧率，将设备总值扣除残值后的余额，折旧到接近于零时所经历的时间。折旧寿命的长短取决于国家和企业所采取的技术政策和方针。一般折旧寿命介于技术寿命或经济寿命与自然寿命之间。

① 针对企业设备生产能力的薄弱环节，提高综合生产能力

企业各种设备的生产能力的不平衡是客观存在的，其中必然有影响企业综合生产能力的薄弱环节。设备更新就应该从这些薄弱环节入手，抓住关键，加强对生产能力较弱设备的更新力度和速度，提高企业的综合生产能力。

② 组成合理设备结构

设备结构合理化是企业设备改造和更新的重要目标。企业设备结构合理与否，可以从以下三个方面考察。

a. 役龄结构

役龄是指设备在生产中使用的时间。役龄结构是使用不同时间的设备在设备总数中所占的比例。由于技术上的进步，新设备不断出现，这些新设备应有一个合理的比例。企业的设备保持一个合理的役龄结构，是企业生产经营良性循环的基础。

b. 新度结构

新度结构是指设备的新颖程度，它同设备的役龄结构相似。新度结构指标可以反映企业设备的现代化水平和设备更新的快慢。设备新度指标可用下式计算：

设备新度＝设备净值/设备原值

c. 技术水平结构

技术水平结构是指不同技术水平的设备之间的比例关系，它可以从设备的工艺结构和性能结构等方面来考察。

不同类型的企业，产品特点不同，所用设备不同，因此对设备结构的要求也不同，设备更新的内容和方式也应有所不同。

设备寿命期限的影响因素主要有：设备的技术构成；设备成本；加工对象；生产类型；工作班次；操作水平；产品质量；维护质量；环境要求等。

5.4.2 设备的改造

设备改造是指应用现代技术成就和生产经验，改变现有设备的结构，给旧设备装上新装置、新附件，改善现有设备技术性能，使之适应生产需要。

1. 生产设备改造形式

(1) 设备改造可以是设备的改装,也可以是设备的技术改造。

(2) 设备的改装,是为了满足增加产量或加工要求,对设备的容量、功率、体积和形式的加大或改变。例如,对设备以小拼大,以短接长,多机串联等。设备的改装,是满足生产要求所必需的。它能够充分利用现有条件,减少新设备的购置与制造,节省投资等。但是,单纯地改装并不能提高设备的现代化水平。

(3) 设备的技术改造,或叫设备的现代化改造,是把科学技术的新成果,应用于企业的现有设备,改变现有设备落后的技术面貌。设备的技术改造,能提高产品质量和生产效率,降低消耗和成本,从而能够全面地提高生产的经济效益。随着设备的技术改造,企业的生产技术将进入一个新的水平,这是设备改造的主要形式。

2. 设备改造合理性的确定

设备改造的经济合理性,要与消除设备磨损的其他方式,如大修理、更新等对比进行研究。

设备改造与更新相比,在经济上是否合算,可用设备改造效果系数来表示。

设备改造在经济上的合理条件是:

$$Kr + Km + Se < Kn\alpha\beta + S\alpha$$

式中:Kr——与改造同时进行的大修理费用;

Km——改造费用;

Se——设备使用成本损失,其数值等于改造后的设备与新设备加工单位产品成本之差,乘以大修周期内的产品产量;

Kn——新设备的价值;

α——改造后设备生产率与新设备在第一次大修前生产率的比例系数;

β——改造后大修理周期长度与新设备在第一次大修前使用周期长度的比例系数(Em);

$$Em = 1 - (Kr + Km + Se)/(Kn\alpha\beta + S\alpha)$$

$S\alpha$——旧设备未折旧完的费用损失。

因此,设备改造效果系数:

当 $Em > 0$ 时,设备改造较更新在经济上是合算的;

$Em < 0$ 时,设备改造更新在经济上是不合算的;

$Em = 0$ 时,设备改造与更新在经济上效果相同。

3. 设备改造方法

(1) 从设备改造的目标分,有的是为了提高设备的生产率,提高产值;有的是为了保证产品质量;有的是为了降低能源、材料消耗;也有的是为了改善劳动条件和减少环境污染等。

(2) 从设备的改造项目来源分,有的是引进设备加以改造;有的是集中了国内先进企业的成果,成套地用于现有设备的改造;有的则是自己在改造中创造了独具风格的新设备。

(3) 从设备组成部位分,有的在工具机床上革新;有的在传动装置上搞改造;还有的在动力部分挖潜力等。

(4) 从设备性能分,有的设备由单一用途改成多种用途;有的由粗用改造为精用;有的提高强度、耐磨、耐腐;还有的以小拼大、以短接长等。

(5) 从机械化、自动化程度分,有的从半机械化革新为机械化,由机械化革新为自动化;有的由单机自动化改造为自动线,还有的改造为由电子装置实行程序控制等。

(6) 在现有设备上运用新工艺、新材料。例如,炼铁高炉采用喷煤粉的新工艺,平炉采用氧气顶吹;化工设备采用工程塑料代替钢、铅材料,以提高设备防腐能力,延长设备物质寿命,还有的设备采用新流程等。

设备改造是设备管理中不可缺少的重要环节,在设备改造中,一是要注意从关键和薄弱环节人手量力而行。对设备改造应从企业的实际出发进行统筹规划、分清轻重缓急,从关键和薄弱环节人手才能取得显著的成效。二是注意设备更新与设备改造相结合。虽然随着科技的不断进步、新生产的设备同过去的同类设备相比,在技术上更加先进合理,但对现有设备进行改造具有投资小、时间短、收效快,对生产的针对性和适应性强等独特优点,因此,必须把设备更新与设备改造结合起来,才能加快技术进步的步伐、取得较好的经济效益。三是注意设备改造与设备修理相结合。在设备修理特别是大修理时,往往要对设备进行拆卸,如果能在设备进行修理的同时,根据设备在使用过程中暴露出来的问题和生产的实际对设备作必要的改进,即进行改善性修理,则不仅可以恢复设备的性能和精度等,而且可以提高设备的现代化水平,大大节省工作量,收到事半功倍的效果。因此,在对设备进行改造时,应坚持科学的态度,尽可能地把设备修理与改造结合起来进行。

5.4.3 设备的更新及比选原则

1. 设备更新的概念

设备更新是对旧设备的整体更换,就其本质来说,可分为原型设备更新和新型设备更新。

(1) 原型设备更新:原型设备更新是简单更新,就是用结构相同的新设备去更换有形磨损严重而不能继续使用的旧设备。这种更新主要是解决设备的损坏问题,不具有更新技术的性质。

(2) 新型设备更新:新型设备更新是以结构更先进、技术更完善、效率更高、性能更好、能源和原材料消耗更少的新型设备来替换那些技术上陈旧、在经济上不宜继续使用的旧设备。通常所说的设备更新主要是指新型更新,它是技术发展的基础。

2. 设备更新期确定因素

设备是否需要更新,不仅要根据设备的新旧程度或使用期限长短,而且更应看经济效益如何。也就是说,在确定设备是否需更新时,不仅要考虑设备的技术寿命,更要考虑设备的经济寿命,即设备更新期。影响设备经济寿命或更新期的主要因素有:

(1) 效能衰退。所谓效能衰退是指现有设备与其全新状态相比较,在运作效率上降低。设备在使用过程中由于物质磨损,致使其效率逐渐衰退;与此同时,设备的维持费逐年增加,从而导致必须对设备进行更新。

(2) 技术陈旧。技术陈旧是指由于新技术的出现和应用,产生了新型设备,而现存设备与新型设备相比较而言运作效率低,生产费用高,从而导致对设备进行更新。

(3) 资金成本。资金成本是指购置新设备所支出的资金或投资的成本。它的大小对设备的经济运行寿命有一定的影响。

3. 设备最佳更新期的确定标准

(1) 目的

为了在确定设备是否更新时,更好地考虑经济效益,可以通过计算设备最佳更新周期来确定。

(2) 定义

所谓设备最佳更新周期,是指根据设备的经济与寿命所确定的设备更新周期。就是说根据设备的折旧费和使用费之和最低的年限，来确定设备的经济寿命，也就是确定设备的最佳更新周期。这是因为这两笔费用之和最低时，更新设备最合理。

(3) 确定方法

设备折旧费是设备原值减去残值后与使用年限之比。设备使用费包括设备维护保养和修理费、能源消耗费、设备事故停产损失与效率损失费等。设备使用年限与设备的年平均折旧费成反比例关系：设备使用年限越长，年平均折旧费越少；设备使用年限越短，年平均折旧费越多。设备使用年限与设备的年平均使用费呈正比例关系：设备使用年限越长，年平均使用费用则越多；设备使用年限越短，年平均使用费用则越少。将这两笔费用合计起来，就是年度设备的总费用。总费用最低的年限，就是设备的最佳更新周期，如图 5-2 所示。图中 A 点即为设备的最佳更新年限。

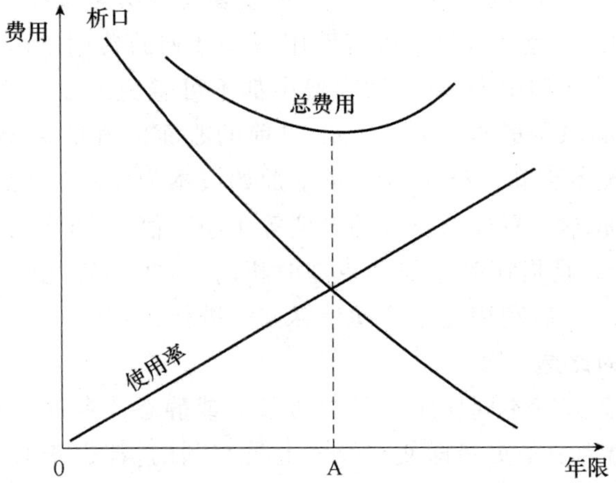

图 5-2　设备最佳更新周期

根据上述原理，在不考虑资金利率和残值的情况下，设备的平均年费用的计算公式为：

$$y=\frac{C_0}{n}+\frac{G}{2}\cdot T$$

式中：y——设备的平均年费用；

C_0——设备原始价值；

n——设备使用年限；

G——年低劣化增加值；

T——设备最佳更新期。

年低劣化增加值是指由于设备使用时间增长，每年维持费的增加额。若使设备的平均年费用最小，则：

$$取\frac{\mathrm{d}y}{\mathrm{d}T}=0\quad 取\ T_0=\sqrt{\frac{2C_0}{G}}$$

例：某设备原始价值为 1 280 000 元，每年低劣化增加值为 12 800 元，则：

$$T=\sqrt{\frac{2\times 128\,000}{12\,800}}=14.14$$

即设备的更新期为 14.14 年。

在考虑到设备残值和利率的情况下，首先需要计算出各年的等值年费用，然后选择与最低等值年费用相对应的年限作为设备最佳更新期。设备的等值年费用计算公式如下：

$$C_N=\left[C_0-\frac{S_n}{(1+i)^n}+\sum_{n-1}^{N}\frac{C_n}{(1+i)^n}\right]\left[\frac{i(1+i)_n}{(1+i)^n-1}\right]$$

式中：C_N——等值年费用；

C_0——设备最初投资额；

S_n——设备使用 n 年的残值；

C_n——第 n 年设备维持费；

i——年利率或企业的资金利润率；

n——年期。

4. 设备更新方案的比选原则

(1) 不考虑沉没成本。沉没成本是既有企业过去投资决策发生的、非现在决策能改变（或不受现在决策影响）、已经计入过去投资费用回收计划的费用。由于沉没成本是已经发生的费用，不管企业生产什么和生产多少，这项费用都不可避免地要发生，因此决策对它不起作用。如：某设备 4 年前的原始成本是 8 000 元，日前的账面价值是 3 000 元 ，现在的净残值仅为 15 000 元。在进行设备更新分析时，4 年前的原始成本为 80 000 元是过去发生的而与现在决策无关，因此是沉没成本。目前该设备的价值等于净残值 15 000 元。

(2) 逐年滚动比较。是指在确定最佳更新时机时，首先计算比较现有设备的剩余经济寿命和新设备的经济寿命，然后利用逐年滚动计算方法进行比较。

5. 设备更新方案的比选

首先，计算新旧设备方案不同使用年限的动态（或静态）年平均成本和经济寿命；其次，确定设备更新时机。因为设备更新即使在经济上是有利的，却也未必应该立即更新。要注意更新时机的选择，即：当“年成本(旧)＞年成本(新)”时，更新现有设备，也即设备更新的时机。

总之，以经济寿命为依据的更新方案比较，使设备都使用到最有利的年限来进行分析。

5.4.4 现代设备的发展趋势

1. 大型化

指设备的容量、规模、能力越来越大。比如：石油化工工业中的合成氨设备，20 世纪 50 年代的装置年产量只有 5 万～6 万吨，20 世纪 80 年代国内已建成年产 30 万吨的合成氨装置，国外发展到了 60 万吨以上；国内“七五”期间建成的大庆、齐鲁、扬子、金山等“四大乙烯装置”，年产量均为 30 万吨，而国外已发展到 90 万吨的水平。

发电设备国内已能生产 30 万千瓦的水电成套设备和 60 万千瓦的火电成套设备；山峡电站将装备 68 万千瓦机组；而国外最大的发电机组功率可达 130 万千瓦。

设备的大型化带来了明显的经济效益。日本由于采用大容量、高参数的火力发电机组，发电效率由 1951 年的 18.68%提高到 1980 年的 38.12%，煤耗则由 1970 年的 343g/kW・h 降低到 1981 年的 337g/kW・h。

2. 高速化

指设备的运转速度、运行速度、运算速度大大加快，从而使生产效率显著提高。如电子计算机，国产银河Ⅱ型计算机运算速度达 10 亿次/s，而 1991 年国外计算机的运算速度最高达到 90 亿次/s。

3. 精密化

指设备的工作精度越来越高。比如,机械制造工业中的金属切削加工设备,20 世纪 50 年代精密加工的精度为 1 μm, 20 世纪 80 年代提高到了 0.05 μm,到 21 世纪初,又比 20 世纪 80 年代提高了 4～5 倍。现在,主轴的回转精度达 0.02～0.05 μm、加工零件圆度误差小于 0.1 μm、表面粗糙度 Ra 小于 0.003 μm 的精密机床已在生产中得到使用。

4. 电子化

由于微电子科学、自动控制与计算机科学的高度发展,已引起了机器设备的巨大变革,出现了以机电一体化为特色的崭新一代设备,如数控机床、加工中心、机器人、柔性制造系统等。它们可以把车、铣、钻、镗、铰等不同工序集中在一台机床上自动顺序完成,易于快速调整,适应多品种、小批量的市场要求;或者能在高温、高压、高真空等特殊环境中,无人直接参与的情况下准确地完成规定的动作。我国 20 世纪 80 年代已经在第一、第二汽车制造厂等企业的生产线上成功地使用了驾驶室自动喷漆机器人、驾驶室自动焊接机器人。

5. 自动化

自动化不仅可以实现各生产线工序的自动顺序进行,还能实现对产品的自动控制、清理、包装、设备工作状态的实时监测、报警、反馈处理。在我国,一汽、二汽已拥有锻件、铸件生产自动线及发动机机匣等零件加工自动线多条;家电工业中有电路板装配焊接自动线、彩色显像管厂的玻璃罩壳生产自动线;冶金工业中有连铸、连轧、型材生产自动线;港口码头有散装货物(谷物、煤炭等)装卸自动线。宝钢一期工程使用 16 台计算机和 449 台微机联网,实现了多层次的生产自动控制。

以上情况表明,现代设备为了适应现代经济发展的需要,广泛地应用了现代科学技术成果,正在向着性能更高级、技术更加综合、结构更加复杂、作业更加连续、工作更加可靠的方向发展,为经济繁荣、社会进步提供了更强大的创造物质财富的能力。

现代设备的出现,给企业和社会带来了很多好处,如提高产品质量、增加产量和品种、减少原材料消耗、充分利用生产资源、减轻工人劳动强度等,从而创造了巨大的财富,取得了良好的经济效益。

5.5　电子专用设备仪器产业面临的形势及主要目标

5.5.1　电子专用设备仪器发展情况及面临形势

1. 电子专用设备仪器产业

电子专用设备产业是重大装备制造业的重要分支,是知识、技术、资本高度密集型产业,处于电子信息产业链最高端,其基础性强、关联度高、技术难度大、进入门槛高,决定着一个国家或地区电子信息产品制造业的整体水平,也是电子信息产业综合实力的重要标志。

电子仪器产业是电子信息产业重要的基础性产业,具有高投入、多品种、小批量、更新换代快的特点,在国民经济总产值中的占比不高,但对经济发展的“杠杆”和“倍增”作用却十分巨大。

“十二五”期间,随着政策环境的不断完善、战略性新兴产业的快速发展,国际国内市场迅速增长、新兴增长点不断涌现、应用领域进一步拓宽，为我国电子专用设备仪器产业发展提供了广阔的空间和坚实的政策支持。但全球经济形势存在不确定性、国产设备仪器的推广应用难度加大，也使产业发展面临较大挑战。

（1）产业发展形势分析

2010年全球半导体制造设备销售总额达到395.4亿美元，恢复到历史最高水平。各个地区的设备支出都呈现了两位数甚至三位数百分比的增长，增长最快的是中国大陆和韩国。2010年中国内地半导体设备市场为22.4亿美元，预计2011年为26.4亿美元。按此增长率推算，到2015年，我国半导体设备市场规模将达到300亿元人民币。

2010年，全球光伏生产设备销售额比上年增长40%，达到104亿美元，预计2011年将达到124亿美元，同比增长24%。从区域市场来看，2010年中国大陆地区占全球市场51%的份额，预计未来5年还将继续保持这一较高比例。据此，可以判断到2015年我国光伏设备将继续保有巨大市场空间。

新能源汽车用锂离子动力电池、高性能驱动永磁式同步电机、金属化超薄膜电力电容器等新型电子元器件生产设备将成为我国电子专用设备市场新的增长点。

多学科交汇为电子仪器开辟了新的发展空间，物联网技术发展和三网融合对电子仪器提出新的测试需求，预计上述领域的电子仪器以及环境保护测试仪器和医疗电子仪器会面临大发展。

（2）技术发展趋势分析

集成电路技术发展将继续遵循“摩尔定律”，制造工艺水平的提升对相应制造设备提出了新的挑战。不仅是特征尺寸的缩小和套刻精度的提高等技术指标的改进，而且需要更高的生产效率和更低的用户拥有成本等经济指标的提升。不仅仅局限于集成电路的制造设备，太阳能电池制造设备、平板显示设备、整机装联设备等设备功能和性能的提升也将符合这一发展趋势。

电子仪器向宽频带、大实时带宽、大功率、高精度、高密度、高速方向发展；将广泛采用新型元器件，与信息技术和计算机技术融为一体，向智能化、系统化、模块化、网络化、开放式、可重构、微型化、抗恶劣环境、测量功能集成集约化方向迈进。

（3）面临的环境条件

“十二五”期间，随着我国继续加快发展战略新兴产业，加大对“极大规模集成电路装备制造技术及成套工艺”“新一代宽带无线移动通信网”等重大科技专项的支持，新能源、新材料等新兴产业的发展以及量大面广的电子元器件的需求，将为电子专用设备仪器企业的进一步发展创造良好的发展机遇。

同时，产业也面临着制造企业对于采购本地设备仪器的积极性不高，在采购本土设备时需要面对工艺与设备的融合，新工艺开发缺乏技术支持等一系列问题。

为本地开发的专用设备仪器提供良好的市场销售环境和政策支持，进一步降低国产设备仪器的使用成本，提升本土产品的配套率，提升本土产品的竞争优势，提振用户对国产设备仪器的信心，是“十二五”期间需重点关注和解决的问题。

2. 电子专用设备仪器概述

（1）集成电路生产设备

光刻设备、刻蚀设备、离子注入设备、退火设备、单晶生长设备、薄膜生长设备、化学机械抛光设备和封装测试设备。其他设备，如45纳米薄膜设备、掺杂设备、互联设备、平坦化设备、清洗设备、工艺检测设备、无铅焊接设备、表面贴装设备等。

电子专用设备仪器：如太阳能光伏设备、元器件参数测量仪器、超低频测量仪器等。

(2) 太阳能电池生产设备

太阳能级多晶硅及单晶硅生长、切割、清洗设备：如多晶硅生长设备、单晶硅生长设备、切割设备、清洗设备。

全自动晶硅太阳能电池片生产线设备：如扩散炉、等离子增强化学气相沉积设备(PECVD)、全自动太阳能印刷线设备等。

薄膜太阳能生产设备：如硅基类薄膜太阳能电池设备、碲化镉(CdTe)薄膜太阳能电池设备、铜铟镓硒(CIGS)薄膜太阳能电池设备。

(3) 新型元器件生产设备

中小尺寸有机发光显示(OLED)生产设备：如无源有机发光显示(PM-OLED)用有机蒸镀和封装设备、蒸发源、掩模对位、玻璃和掩模板固定装置等设备。

中小尺寸有源有机发光显示(AM-OLED)产品生产工艺和制造设备：如溅镀台、PECVD系统、热蒸发系统等 AM-OLED 用的薄膜晶体管(TFT)薄膜沉积装备；涂胶机、曝光机、干湿法刻蚀机等 AM-OLED 用的 TFT 图形制作装备；退火炉、退火气体管道、激光退火设备等 AM-OLED 用 TFT 退火装备；TFT 电学测试设备、OLED 光学测试设备等 AM-OLED 用检测装备；AM-OLED 用缺陷检测修补装备，如激光修补机等。

高储能锂离子电池生产设备：如 400 L(装量)浆料搅拌设备、650 mm(幅宽)挤出式涂布设备、Φ800(轧辊直径 800 mm)强力轧膜设备、极片分切设备。

其他元器件生产设备：如高性能永磁元件生产设备、高亮度 LED 生产设备、金属化超薄膜电力电容器生产设备、超小型片式元件生产设备、高密度印制电路板生产设备、高精密自动印刷机高速、多功能自动贴片机无铅再流焊机、高精度光学检测设备。

(4) 通信与网络测试仪器

多模终端样机、TD-LTE 路测分析仪、模块化的 TD-LTE 基站和终端射频测试系统、对 LTE 的核心网络设备和无线网络设备进行测试的测试工具、扩展测试集仪器、终端协议仿真测试仪、通信测试仪器、计算机网络测试仪器、射频识别综合测试仪器、各类读卡器、近距离无线通信综合测试仪器。

(5) 半导体和集成电路测试仪器

射频与高速数模混合信号集成电路测试系统、存储器等专项测试系统、半导体和集成电路在线测试系统、测试开发系统。

(6) 数字电视测试仪器

数字电视信号源、数字音视频测试仪、码流监测分析仪、图像质量分析仪、数字电视上网融合分析仪、网络质量和安全监测仪、数字电视地面信号覆盖监测系统。

5.5.2　电子专用设备仪器发展目标与主要任务

1. 电子专用设备仪器发展目标

(1) 经济指标

“十二五”时期，我国电子专用设备产业将实现 17%的年均增长速度，其中骨干企业年均增长 20%，到 2015 年实现销售收入 400 亿元；电子仪器产业年均增长速度达 15%，到 2015 年实现销售收入达到1 800亿元。

(2) 创新指标

12英寸65纳米集成电路制造装备实现产业化，研发成功45～32纳米制造装备整机产品并进入生产线应用。在若干技术领域形成具有特色的创新技术和创新产品，大幅提升创新实力和差异化竞争能力。研发出8～10种前道核心装备、12～15种先进封装关键设备并形成批量生产能力。

缩小我国集成电路设备、工艺技术水平与当时国际先进水平的差距，除光刻机外基本缩小到1代甚至基本同步；晶硅太阳能电池设备达到国际先进水平；表面贴装设备除自动贴片机外达到国际先进水平；集成电路后封装设备、液晶显示器件后工序设备、发光二极管(LED)设备(除金属有机化学气相沉积设备外)、片式元件设备、净化设备、环境试验设备接近国际先进水平。

电子仪器总体技术水平达到2005年前后国际先进水平，在新一代移动通信、数字电视、绿色环保等应用领域的电子仪器基本达到与国际先进水平同步。

2. 电子专用设备仪器主要任务

(1) 围绕战略性新兴产业，提升配套能力

加强为战略性新兴产业配套的电子专用设备仪器的研发和产业化，围绕集成电路、太阳能光伏、中小尺寸平板显示、下一代通信等重点领域所需电子专用设备仪器，大力推进关键技术研发和产业化，加快产品推广应用进程。

(2) 加强基础能力建设，提升产业整体水平

针对关键设备和仪器产业化水平低、可靠性差等问题，加强基础工艺研究，提升重点设备和仪器质量水平，积极发展电子专用设备制造的关联产业和配套产业，加大技术改造投入，提高基础零部件和配套产品的技术水平，不断满足电子信息制造业发展的需要。

(3) 以重大专项实施为契机，加强产业互动

引导承担重大专项的企业在攻克技术难关的同时延展技术应用，推动集成电路设备相关技术在半导体、显示、光伏、元器件等领域的应用，推动通信网络测试设备在通用测试仪器中的应用。针对新兴市场需求，加强产业链上下游联动，共同探索新工艺，联合研发新型设备仪器。

3. 电子专用设备仪器发展重点

(1)集成电路生产设备；(2)太阳能电池生产设备；(3)新型元器件生产设备；(4)通信与网络测试仪器；(5)半导体和集成电路测试仪器；(6)数字电视测试仪器。

管理小故事

魏文王问名医扁鹊说："你们家兄弟三人，都精于医术，到底哪一位最好呢？"

扁鹊答说："长兄最好，仲兄次之，我最差。"

文王再问："那么为什么你最出名呢？"

扁鹊答说："我长兄治病，是治病于病情发作之前。由于一般人不知道他事先能铲除病因，所以他的名气无法传出去，只有我们家的人才知道。我仲兄治病，是治病于病情初起之时。一般人以为他只能治轻微的小病，所以他的名气只及于本乡里。而我扁鹊治病，是治病于病情严重之时。一般人都看到我在经脉上穿针管来放血、在皮肤上敷药等大手术，所以认为我的医术高明，名气因此响遍全国。"

管理心得：

小故事折射出大道理：事后控制不如事中控制，事中控制不如事前控制。1 元事前预防＝5 元事后投资，这是安全经济学的基本定量规律，也是指导安全生产活动的重要基础，同时也告诉我们：预防性的“投入产出比”大大高于事故整改的“产出比”。安全管理中，预防性投入的效果大大优于事后整改效果。

案例分析

工友集团公司设备管理法

工友集团公司的管理逐步实现科学化、系统化、标准化和制度化。在完善各项管理制度、强化内部管理工作上有了明显的起色。在设备管理上实行了“三好”“四会”操作标准化。

三好——管好、用好、修好。管好：操作者对设备负有保管责任，未经领导批准不能任意乱动。对设备的附件、仪器、仪表、冷却、安全防护等装置应保持完整无损。每日做好交接班工作。用好：严格执行操作规程，禁止超压、超负荷使用设备等。修好：操作者应使设备经常保持新安装或大修后的良好状态，仪器、仪表和润滑、冷却系统灵敏可靠。

四会——会使用、会保养、会检查、会排除故障。会使用：操作者应严格遵守操作规程，要熟悉设备构成部件、设备性能、传动原理和加工范围，熟悉加工工艺，会合理使用工装、刀具。会保养：操作者应经常保持设备内外清洁，要定质、定量、定时、定点加油换油，保持油路畅通；要做好设备的日常保养、一级保养、二级保养等三级保养。会检查：熟悉设备结构性能，了解设备精度、标准和检验项目。接班时如发现上一班造成事故或部件故障，要立即报告，作出鉴定，修好后再开车。会排除故障：操作者发现电器断路，应协助电工排除。

通过推行设备管理标准化，车间生产按一定程序操作，真正做到有章可循，有条不紊，促进企业文明生产。

问题：

工友集团公司在设备管理上有什么卓有成效的特点？

本章思考题

1. 设备管理的主要任务是什么？搞好设备管理有何重要意义？
2. 设备的选择原则和选择考虑的主要因素有哪些？
3. 新设备使用主要抓好哪些环节？
4. 设备的正常使用过程中有哪些要求？
5. 设备产生磨损的原因及其规律是什么？
6. 设备修理的种类有哪些？
7. 什么是设备故障？
8. 什么是设备改造？什么是设备更新？

第6章　电子信息类企业电子电器产品市场经营

本章知识点

1. 电子电器产品市场分析
2. 电子电器产品的市场产品策略
3. 电子电器产品的价格策略
4. 电子电器产品的渠道策略
5. 电子电器产品的促销策略
6. 电子电器产品经营战略

导入案例：

一家以经营电子电器产品零售为主的公司招收了一批新员工，这批员工将分别从事电子电器产品的采购、销售、运输和仓管等岗位的工作。上岗前，公司对他们进行了有关商品经营的基础理论、基本工作知识以及电子电器产品经营活动采购、运输、储存、销售等环节的主要工作程序、基本业务内容和岗位技能等方面的培训。经考核，确定已达到公司所要求的工作能力后，才让他们正式上岗。同学们，如果你是这批新员工中的一员，即将接受上述内容的培训，你是否能通过考核？

6.1　电子电器产品市场分析

6.1.1　电子电器产品市场营销环境分析

电子电器市场营销环境是指与电子电器生产企业的营销活动有潜在关系的所有外部力量和相关因素的集合，它是影响电子电器企业生存和发展的各种外部条件。其内容即广泛又复杂，一般来说，主要包括两方面的构成要素：一是微观环境要素，即指与电子电器企业紧密相连，直接影响其营销能力的各种参与者，这些参与者包括电子电器企业的供应商、营销中间商、顾客、竞争者以及社会公众和影响营销管理策略的企业内部各个部门；二是宏观环境要素，即影响电子电器企业微观环境的巨大社会力量，包括政治、法律、人口、经济、社会文化、科学技术等多方面的因素。微观环境直接影响和制约电子电器企业的市场营销活动，而宏观环境则主要以微观营销环境为媒介间接影响和制约电子电器企业的市场营销活动。宏观环境的影响虽然是间接的，但对电子电器企业带来的机会和威胁是企业所无法控制的，认清外部环境对企业带来的机会和威胁，就能使企业能把握市场，抓住商机，趋利避害。

1. 政治法律环境

政治与法律是影响电子电器企业营销的重要宏观环境因素。

政治环境指电子电器企业市场营销活动的外部政治形势和状况以及国家方针政策的变化对电子电器市场营销活动带来的影响。主要包括国内政治局势，国家和地方政府的方针政策、国际关系。

法律环境是指国家或政府颁布的有关经营、贸易、投资等方面的法律法规。不同的国家有不同的执法机构，我国的市场管理机构比较多，主要有工商行政管理局、技术监督局、物价局、环境保护局、无线电管理委员会等机构，分别从各个方面对电子电器企业的营销活动进行监督和控制，以保护正当交易和公平竞争，维护市场有序运行。因此企业必须知法守法，用法律来规范自觉的营销行为并自觉接受执法部门的管理和监督。同时还要善于运用法律武器维护自己的合法权益。近几年，我国不断加强市场法制方面的建设，陆续制定、颁布了一系列有关规范市场秩序的只要法规，如《公司法》《广告法》等，这些对规范企业的营销活动起到了重要作用。

2. 人口和经济环境

人口是构成市场的第一个因素，经济因素则会直接或间接地对企业营销活动产生影响。

(1) 人口环境

人口的多少直接决定市场的潜在容量，人口越多，市场规模就越大。而人口的年龄结构、地理分布、婚姻状况等人口特性，会对市场格局产生深刻影响，并直接影响企业的市场营销活动和企业的经营管理。

人口数量是决定市场规模和潜量的一个基本要素，人口越多，如果收入水平不变，会对食物、衣着、电子电器的需求量也越多。因此，按人口数目可大略推算出市场规模。如随着电子电器拥有量和使用量的增加，能源供需矛盾进一步扩大，因此，研制节能产品和技术是电子电器企业必须注意的问题。

人口结构主要包括人口的年龄结构、性别结构、家庭结构、城乡结构以及名族结构。如从家庭结构来看，随着家庭数量的剧增必然会引起对餐具、家具、家用电器和住房等需求的增长。再从城乡结构来看，我国的人口绝对部分在农村，这一城乡结构的客观因素决定了电子电器企业在国内市场中不应该忽视农民这一主要营销对象。

人口地理分布指人口在不同地区的密集程度。人口的这种地理分布表现在市场上，就是人口的集中程度不同，则市场大小不同。在我国，人口的流动主要表现在农村向城市流动，内地向沿海经济开放地区流动。由于人口流动，改变了当地的基本要求，消费结构也发生一定的变化，继而给当地企业带来更多营销机会。

(2) 经济环境

经济环境指企业营销活动所面临的外部社会条件，主要包括经济发展水平、经济体制、地区发展状况、城市化程度、消费者收入水平、消费者支出模式和消费结构、消费者储蓄和信贷因素。

世界上存在着多种经济体制，如计划经济体制、市场经济体制、计划-市场经济体制、市场-

计划经济体制等。不同的经济体制对企业营销活动的制约和影响不同。例如，在我国的社会主义市场经济体制刚确立之时，计划经济体制的影响还在一定程度上存在，市场发育还不完善，市场秩序较混乱，行业垄断和地方保护主义盛行，这些都会影响电子电器企业营销活动的规范开展。因此，许多企业要针对不同情况选择不同的营销策略。

城市化程度是指城市人口占全国总人口的百分比，它是一个国家或地区经济活动的重要特征之一。城市居民一般受教育较多，思想较开放，容易接受新生事物，而农村相对闭塞。企业在开展营销活动时，要充分注意到这些消费行为方面的城乡差别，相应地调整营销策略。

消费者收入直接决定了消费者电子电器的购买力水平，但消费者并不是把全部收入都用来购买商品或劳务，购买力只是收入的一部分。因此，在研究消费者收入时，要注意以下几个不同的概念：

① 国内生产总值(GDP)一国(或地区)某一时期的国内生产总值是指该国所有常住单位在该时期生产活动的增加值之和，它是衡量一个国家经济实力与购买力的重要指标。

② 人均国民收入：即国民收入(GNI)总量除以总人口的比值。这个指标大体反映了一个国家人民生活水平的高低，也在一定程度上决定产品需求的构成。

③ 个人可支配收入：这是在个人收入中扣除税款和非税性负担后所得余额，它是个人收入中可以用于消费支出或储蓄的部分，它构成实际的购买力。

④ 个人可任意支配收入：这是在个人可支配收入中减去用于维持个人与家庭生存不可缺少的费用(如房租、水电、食物、燃料等)后剩余的部分。这部分收入时消费需求变化中最活跃的因素，也是电子电器企业开展营销活动时所需要考虑的主要对象。

需要注意的是，在分析消费者收入时，还要区分“货币收入”和“实际收入”。只有“实际收入”才影响“实际购买力”。

随着消费者收入的变化，消费者支出模式和消费结构也发生变化，经济学家常用恩格尔系数来反映这种变化。恩格尔系数的计算公式为：

恩格尔系数＝食物支出变动百分比/收入变动百分比

食物开支占消费量的比重越大，恩格尔系数越高，生活水平越低；反之，食物开支所占比重越小，恩格尔系数越低，生活水平越高。

恩格尔系数是衡量一个国家、地区、城市、家庭生活水平高低的重要参数。联合国粮农组织提出的用恩格尔系数判定生活发展阶段的一般标准为：60％以上为贫困；50％～60％为温饱；40％～50％为小康；40％以下为富裕。

3. 社会文化环境

社会文化环境指在一种社会形态下已经形成的信息、价值、观念、宗教信仰、道德规范、消费习俗、审美观念以及世代相传的风俗习惯等被社会所公认的各种行为规范。处于不同教育水平的国家或地区的消费者，对产品的需求不同，对产品的包装等也不同。

消费习俗是人类各种习俗中的重要习俗之一，是人们历代传递下来的一种消费方式。营销人员要了解目标市场消费者的禁忌、习俗、避讳、信仰、伦理，这样有利于组织电子电器产品的生产与销售，也有利于通过主动地引导健康的消费来开拓电子电器市场。

4. 科技环境

科学技术是社会生产力的新的和最活跃的因素，科技环境不仅直接影响企业内部的生产和经营，还同时与其他环境因素互相依赖、相互作用，特别与经济环境、文化环境的关系更紧密，尤其是新技术革命，给企业市场营销既造就了机会，又带来了威胁。例如，计算机的出现，给彩电业、传统通信业等制造业带来了很大的冲击。

(1) 新技术带来的电子电器企业市场营销策略的变化

① 产品策略:由于科学技术的迅速发展,新技术应用于新产品开发的周期大大缩短,产品更新换代加快。

② 分销策略:由于新技术的不断应用,技术环境的不断变化,使人们的工作及生活方式发生了重大变化。

③ 价格策略:科学技术的发展及应用,一方面降低了电子电器产品的成本,使价格下降;另一方面使企业在现代信息技术下价格竞争更趋激烈。

④ 促销策略:科学技术的应用引起促销手段的多样化,尤其是广告媒体的多样化、广告宣传方式的复杂化,如人造卫星成为全球范围内信息沟通手段。

(2) 新技术引起的企业经营管理的变化

技术革命是管理改革或管理革命的动力,它向管理提出了新课题、新要求,又为企业改善经营管理、提高管理效率提供了物质基础。如信息技术中开发的企业信息管理系统(MIS)、电子数据交换系统(EDI)、电子订货系统(EOS)、实时销售系统(POS)在企业中的应用,极大地提高了企业的管理水平和管理效益。

(3) 新技术对零售商业和购物习惯的影响

20 世纪 90 年代的电视购物、网上商场、自动售货机的出现,使传统的销售形势受到冲击,消费者的购买习惯也发生变化。

5. 自然环境

自然环境是指自然界提供给人类的各种形式的物质财富,如矿产资源、森林资源、土地资源、水利资源等。自然环境对电子电器企业营销的影响表现在以下四个方面。

① 原料短缺:某些电子电器产品原料的短缺,导致上流货源的紧张,替代品的开发十分迫切。

② 能源成本的增加:如石油、电能成本较高,而电子电器产品的生产和使用对石油和电能的依赖十分强,探求太阳能、原子能、风能及其他形式能源的实用性手段来研发新颖的电子电器产品将具有十分重要的意义。

③ 污染的增加:有些工业生产活动和某些电子电器产品的使用将不可避免地破坏自然环境的质量,因此开发绿色电子电器产品,创导健康生活将是以后电子电器产品竞争的主题。

④ 政府对自然资源管理方面进行干预,如从 2001 年开始,不准生产者销售以氟利昂为制冷剂的冰箱。

总之,以上各方面会直接或间接对电子电器企业的市场营销活动产生重大影响。那么企业如何认清和分析外部的环境变化呢?外部环境变化对任何一个企业产生的影响都可以从三个方面进行分析:一是对企业市场营销有力的因素,即它对企业市场营销来说是环境机会;二是对企业市场营销不利的因素,它是对企业市场营销的环境威胁;三是对企业市场营销无影响的因素,企业可以把它视为中性因素。因此,环境分析的关系是分清机会和威胁。

6.1.2　电子电器消费者市场分析

市场可以按不同研究目的,从不同角度进行多种多样的分类。认识整体市场的分类,有助于深入分析、研究和比较各种市场的不同特点,为确定目标市场、制定经营策略提供依据。

从经济学的角度，市场的划分一般有以下几种类型。

（1）按竞争程度不同，市场可以划分为完全竞争市场、完全垄断市场、垄断竞争市场和寡头垄断市场。

（2）按物质内容不同，市场可以划分为生产资料市场和生活资料市场、

（3）按商品流通的区域的不同，市场可以划分为地方市场、全国市场、国际市场。

（4）按商品流通的交易形式的不同，市场可以分为期货市场和现货市场。

（5）按经营功能的不同，市场可以分为批发市场和零售市场。

从企业的角度，市场通常划分为消费者市场、生产者市场、中间商市场和社会集团市场。生产者市场、中间商市场和社会集团市场又称为阻值市场。消费者市场又称为最终消费者市场，是指个人或家庭为满足生活需求而购买或租用商品的市场，它是市场体系的基础，是起决定作用的市场。

1. 电子电器消费者市场的特点

与生产者市场相比，消费者市场具有以下特征。

（1）从交易的商品看，由于购买者是个人或家庭，因而它更多地受到消费者个人因素诸如文化修养、欣赏习惯、收入水平等方面的影响；再由于电子电器产品的品种复杂，又属于生活奢侈品，因而其价格需求弹性较大。

（2）从交易的规模和方式看，消费者市场购买者众多，市场分散成交次数频繁，但交易数量零星。因此，绝大部分差评都是通过中间商销售产品，以方便消费者购买。

（3）从购买行为看，消费者的购买行为具有很大程度的可诱导性。其一是因为消费者在决定采取购买行为时，常常具有自发性，感情冲动；其二是购买者大多缺乏相应的产品知识和市场知识，其购买行为属非专家购买，他们对电子电器产品的选择受广告等宣传的影响较大。因此，对消费者的营销要注意做好产品的宣传广告，指导消费，一方面当好消费者的参谋，另一方面也能有效地引导消费者的购买行为。

（4）从市场动态看，由于消费者的需求复杂，供求矛盾变化频繁，加之随着城乡交往、地区间往来的日益频繁，旅游事业的发展，国际交往的增多，人口的流动性越来越大，购买力的流动性也随之加强，因此，企业要密切注视市场动态，提供适销对路的电子电器产品。

2. 电子电器市场消费者购买行为分析

电子电器消费者购买行为是在购买动机的基础上产生的。一般来说，消费者首先受到某种内部或外部有关电子电器产品的刺激而产生某种需要，由于需要产生了购买电子电器产品的动机，最后导致了购买行为。

（1）购买动机

动机一般是指为使个人某种需要得到满足而产生的一种驱使和冲动，他激励人们为达到一定目的而采取某种内在驱使力。在市场经济条件下，消费者为了满足个人或家庭生活的某种需要，产生购买商品的欲望和意念，即为消费者购买动机。研究消费者购买动机，主要是研究消费者为什么购买的问题，即为什么购买某种特定的电子电器商品，为什么往往偏向于到某家商店购买等内容。

消费者的购买动机多种多样，一般可以归纳为两大类。

① 生理购买动机：这是消费者处于生理的需要而产生的动机，具有经常性、习惯性、相对稳定性的特点。在生活水平较低时，生理动机常常是消费者购买行为的主导性动机。

② 心里购买动机：这是由人们的认识、感情、意志等心理活动所引起的购买动机，主要有

以下三种类型。

- 感情动机：包括情绪动机和情感。情绪动机是由消费者的满意、快乐、好奇好胜等情绪所引起的购买动机。情感动机是由人的道德、集体感、美感等情感引起的购买动机。情绪动机一般具有冲动性、情境性和不稳定性等特点，这类动机引起的购买行为易受广告宣传、产品色彩、产品的外观造型、社会流行等因素的影响。情感动机则往往能反映购买者的精神面貌，具有稳定性。
- 理智动机：这是指人们从自己的经济地位出发，在认识商品特点的基础上，经过冷静分析后产生的购买动机。在理智动机的支配下，消费者选购电子电器产品往往讲究质量优良、价格低廉、服务周到等因素。消费者在购买电子电器产品时此类购买动机尤为突出。
- 信任动机：信任动机也称为惠顾动机。这是消费者在感情和理智、经验的基础上，对特定的商店、产品、品牌产生特殊的信任和偏好，因为重复地、习惯地购买特定企业的特定产品的动机。

上述购买动机在电子电器产品的购买中具体表现为以下几种。

- 求实动机：消费者在购买电子电器产品时注重电子电器产品的实际使用价值，喜欢经久耐用、质量可靠、价格合理、使用方便的电子电器产品。
- 求名动机：消费者在购买电子电器产品时注重产品的品牌以及产品在社会上的声誉等，即喜欢购买名牌电子电器产品。其目的是显示生活的富裕、显示地位的特殊超群、减少电子电器产品的购买和使用风险。
- 求信动机：消费者在购买电子电器产品时注意产品购买的放心和使用的安全。这类消费者选购电子电器产品时特别注重生产或经营者的信誉。
- 求美动机：消费者在购买电子电器产品时注意产品的欣赏价值和艺术价值。这类消费者在选购电子电器产品时不仅注重使用价值，更注重美学价值，要求电子电器产品的造型美、包装美、样式美、色彩美。

(2) 电子电器产品消费者的购买行为

① 购买行为的一般模式

消费者购买行为模式即消费者在购买活动中的内在规律性。心理学家在深入研究分析的基础上，提示了消费者在购买行为中的共同性，并以模式的形势加以总结、描述，这个模式称为“刺激-反应模式”，简称“S-R”模式，又称为消费者行为模式。

上述购买行为的一般模式表明，所有消费者的购买行为都是有原因的，是由刺激引起的。这种刺激来自外界环境，如企业安排的营销刺激和外部的经济、社会文化、技术等环境的刺激，也来自消费者内部的生理或心理因素。

② 购买行为的类型

消费者在购买电子电器产品时，会因产品价格、购买频率的不同，而投入购买的程度不同。西方学者根据购买者在购买过程中参与者的介入程度和品牌间的差异程度，将消费者的购买行为分为四种类型。

① 复杂的购买行为：当消费者初次选购价格昂贵、购买次数较少的、冒风险的产品时，则属于高度介入购买由于对这些产品的性能缺乏了解，为慎重起见，他们往往需要广泛地收集有关信息，并经过认真的学习，产生对这一产品的信念，形成对品牌的态度，并慎重地做出购买决策。

② 不协调感的购买行为：当消费者高度介入某项产品的购买，但又看不出各品牌有何差异时，对所购产品往往产生失调感。因为消费者购买一些品牌差异不大的产品时，虽然他们对购买行为持谨慎的态度，但他们的注意力更多的是集中在品牌价格是否优惠，购买时间、地点是否便利，而不是花很多精力去收集不同品牌间的信息并进行比较，而且从产生购买动机到决定购买之间的时间较短，因而这种购买行为容易产生不协调感。为了改变这样的心理，追求心理的平衡，消费者广泛收集各种对已购产品的有利信息，以证明自己购买决定的正确性。

③ 广泛选择的购买行为：又称为寻求多样化购买行为。如果一个消费者购买的产品可供选择的品牌很多时，他们并不花太多的时间选择品牌，而且也不专注于某一产品，而是经常变换品种。

④ 习惯性的购买行为：消费者有时购买一产品，并不是因为特别偏爱某一品牌，而是出于习惯。

(3) 购买决策过程

每一消费者在购买电子电器产品时，均会有一个决策过程，复杂的购买行为的购买决策一般经过以下几个环节：

① 认识需求：认识需求是消费者购买决策过程的起点。当消费者在现实生活中感觉到或意识到实际与企业需求之间有一定差距，并产生了要解决这一问题的要求时，购买的决策便开始了。消费者的这种需求的产生，可以是人体内机能的感受所引发，如天气持续炎热便萌生买空调的念头。当然，有时候消费者的某种需求可能是内、外原因同时作用的结果。

② 收集信息：当消费者产生了购买动机之后，便会开始进行与购买动机相关联的活动。消费者信息的来源主要有三个方面：个人来源，从家庭、亲友、邻居、同事等个人交往中获得信息；商业来源，这是消费者获取信息的主要来源，其中包括广告、推销人员的介绍、产品包装、产品说明书等提供的信息；公共来源，消费者从电视、广播、报纸杂志等大众传播媒体所获得的信息。

③ 比较评价：当消费者从不同的渠道取得有关信息后，便对可供选择的品牌进行分析和比较，并对各种品牌的产品做出评价，最后决定购买。

消费者对收集到的信息中的各种产品的评价主要从以下几个方面进行。

a. 分析产品属性：产品属性即产品能够满足消费者需要的特性。消费者一般将某一种产品看成是一系列属性的集合，如：

照相机：照片清晰度、速度、体积大小、价格。

计算机：信息存储量、图像显示能力、软件适用性。

手表：准确性、样式、耐用性。

b. 建议属性等级：即消费者对产品有关属性所赋予的不同的重要性权数。

c. 确定品牌信念：消费者会根据各品牌的属性及各属性的参数，建立起对各个品牌的不同信念，如确认那种品牌在哪一属性上占优势，哪一属性相对较差。

d. 形成“理想产品”消费者的需求只有通过购买才能得以满足，而他们所期望的从产品中得到的满足，是随产品每一种属性的不同而变化的，这种满足程度与产品属性的关系，可用效用函数描述。效用函数是描述消费者所期望的产品满足感随产品属性的不同而有所变化的函数关系。

e. 做出最后评价：消费者从众多可供选择的品牌中，通过一定的评价方法，对各种品牌进行评价，从而形成对它们的态度和对某种品牌的偏好。

④ 购买决策：这是消费者根据比较和评价，决定是否购买的阶段。购买决策时各种因素协调作用的结果，其最后的确定除了消费者自己的喜好外，还有其他因素，如他人的态度、意外情况等。

⑤ 购后评价：消费者购买产品后，通过自己的使用和他人的评价，会对自己购买的产品产生某种程度的满意或不满意。

企业的市场营销活动应重视整个购买决策过程，而不能把精力仅集中在购买行为上。要针对不同阶段采取不同的策略，对消费者施加影响，以扩大产品销售。

6.1.3　电子电器产业市场分析

1. 产业市场的需求特点

组成产业市场的主要行业是农业、林业、渔业、采矿业、制造业、建筑业、运输业、通信业、公共事业、金属业、服务业等。产业市场与消费者市场具有相似性，二者都有人为满足某种需要而担当购买者角色、制定购买决策等共同点。然而，产业市场在市场结构与需求、购买单位、决策类型与决策过程及其他各方面，又与消费者市场有着明显差异。与消费者市场相比，产业市场有以下特点：

(1) 购买者有的数目较少，购买者的规模较大，在产业市场上，购买者绝大多数都是企业单位，购买者的数目必然比消费者市场少得多，但购买的规模却大得多。

(2) 购买者往往比较集中，例如，在我国，电子电器的工业客户主要集中在华北、中原、东南沿海一带。

(3) 产业市场的需求是引申需求，产业购买者对企业用品的需求，归根结底是从消费者对消费品的需求引申出来的。

(4) 产业市场的需求是刚性需求，即缺乏弹性的需求，在产业市场上，产业购买者对产业用品和劳务的需求受价格变动的影响不大。例如，彩电生产者不会因为彩色显像管的涨价而少购进显像管进而少生产彩电。造成这种现象的主要原因是产业市场的需求取决于其生产工艺过程与生产和需求的特点，企业在短期内不可能很快变更其生产方式和产品种类，停止或减少该产品的生产。

(5) 产业市场的需求是波动的需求：产业购买者对于产业用品和劳务的需求比消费者的需求更容易发生变化。在现代市场经济条件下，工厂设备等生产要素的行情波动会加速原料、配件产品的行情的波动。

(6) 产业市场属专家购买：由于产业用品技术性强，企业通常都由经过训练的、内行的专业人员负责采购工作。企业采购主要设备的工作较复杂，参与决策的人员比消费者市场也多，决策过程更为规范，通常由若干技术专家和较高管理层组成采购委员会领导采购工作。

(7) 产业市场一般为直接购买：产业购买者往往向生产者直接采购所需产业用品(特别是那些单价高、有高强度技术性的机器设备)，而不通过中间采购。

2. 产业市场购买行为

(1) 影响产业购买者购买行为的主要因素

① 环境因素：在影响产业购买行为的诸多因素中，经济环境是主要的。其购买行为受当前经济状况和预期经济状况的较大影响，当经济不景气，或前景不佳时，生产者就会缩减投资，减少采购，压缩原材料的库存和采购。

② 组织因素：每个企业的采购部门都会有自己的目标、政策、工厂程序和组织结构。产业市场营销者应了解并掌握购买者企业内部的采购部门在它的企业里处于什么地位——是一般的参谋部门，还是专业职能部门。

③ 人际因素：这是企业内部的人事关系的因素。生产资料购买的决定，是由公司各个部门和各个不同层次的人员组成的采购中心做出的。采购中心的成员由质量管理者、采购申请者、财务主管者、工程技术人员等组成。这些成员的地位不同、权利有异，说服力有区别，他们之间的关系亦有所不同，而且对生产资料的采购决定所起的作用也不同，因而在购买决定上呈现较复杂的人际关系。

④ 个人因素：产业市场的购买行为虽为理性活动，但参加采购决策的仍然是一个具体的人，而每个人在做出决定和采取行动时，都不可避免地受其年龄、收入、所受教育、职位和个人特性以及对风险的态度的影响。

(2) 产业市场的购买类型

产业市场的购买类型可分为三种：直接重构、修正重构和新购。

① 直接重购：这是一种在供应者、购买对象、购买方式都不变的情况下面购买以前曾经购买过的产品的购买类型。这种购买类型所购买的多是低值易耗品，花费的人力较少，无须联合采购。面对这种采购类型，原有的供应者不必重复推销，而应努力使产品的质量和服务保持一定的水平，减少购买者时间，争取稳定的关系。

② 修正重构：指购买者想改变产品的规格、价格、交货条件等，这需要调整或修订采购方案，包括增加或调整决策人数。对于这样的购买类型，原有的供应者要清醒认识面临的挑战，积极改进产品规格和服务质量，大力提高生产率，降低成本，以保持现有的客户。

③ 新购：指生产者首次购买某种产品或服务。由于是第一次购买，买方对新购产品心中无数，因而在购买决策前，要收集大量的信息，因而，制定决策所花时间也就越长。首次购买的成本越大，风险就越大，参加购买决策的人员就越多。新购是营销人员的机会，他们要采取措施，影响决策的中心人物。

(3) 产业市场购买决策

① 购买决策的参与者

在任何一个企业中，除了专职的采购人员之外，还有一些其他人员也参与购买决策过程。所有参与购买决策过程的人员构成采购组织的决策单位，市场营销学称为采购中心。企业的采购中心一般由五种人员组成：

a. 使用者：即具有使用欲购买的某种产业用品的人员。

b. 影响者：这是从企业的内部和外部直接或间接影响购买决策的人。他们常协助企业确定产品规格。

c. 采购者：指企业内部具有执行采购决定的人。他们是企业里有组织采购工作正式职权的人员，其主要任务是交易谈判和选择供应者。

d. 决定者：指企业内有权决定购买产品和供应者的人。

e. 控制者：指控制企业外界信息流向的人，诸如采购代理商、技术人员、秘书等，他们可以阻止供应者的推销人员与使用者和决定者见面。

当然，一个企业采购中心的规模和参加的人员，会因采购产品种类的不同和企业自身规模的大小及企业组织结构不同而有所区别。对于生产资料供应者的营销人员来说，关键是了解一个企业的采购中心的组成人员各自所具有的相对决定权，以及采购中心的决策方式，以便采取富有针对性的营销措施。

② 购买决策的过程

产业购买者购买过程的阶段多少，取决于产业购买者购买情况的复杂程度。在直接重购这种最简单的购买情况下，产业购买者的购买过程的阶段最少；在修正重购情况下，购买过程的阶段多一些；而在新购这种最复杂的情况下，购买过程的阶段最多，要经过以下八个阶段。

a. 提出问题：问题的提出，既可以是内部也可以是外部的刺激引起。

b. 确定需要：指确定所需产品的数量和规格。

c. 产品规格：指由专业技术人员对所需产品的规格、型号、功能等技术指标作具体分析，并做出详细的说明，供采购人员做参考。

d. 物色供应商：为了选购满意的产品，采购人员要通过工商企业名录等途径，物色服务周到、产品质量高度、声誉好的供应商。

e. 征求建议：对已物色的多个候选供应商，购买者应请他们提交供应建议书，尤其是对价值高、价格贵的产品，还要要求他们写出详细的说明；对经过筛选后留下的供应商，要他们提出正式的说明。因此，供应商的营销人员应根据市场情况，写出实事求是而又能别出心裁、能够打动人心的产品说明，力求全面而形象地表达所推销产品的优点和特性，力争在众多的竞争者中获得成交机会。

f. 选择供应商：在收到多个供应商的有关资料后，采购者将根据资料选择比较满意的供应商。在选择供应商时，主要考虑交货快慢、产品质量、价格、企业信誉、技术能力和生产设备、服务、结算、财务状况等因素。

g. 发出正式订单：采购经理开订货单给选定的供应商，在订货单上举例技术说明、需要数量、期望交货期等。现在许多企业日趋采用一揽子合同，即和某一供应商建立长期的供货关系，这个供应商应允只要购买者需要购买时，供应商就会按原定的价格条件及时供货。

h. 绩效评价：产品购进后，采购者还会及时向使用者了解其对产品的评价，考查各个供应商的情况，并根据了解和考查的结果，决定今后是否继续采购某供应商的产品。

6.2　电子电器产品的市场产品策略

2001 年 7 月，中央电视台的新闻联播节目连续几天报道海尔企业的成功之道。海尔经营成功的关键在于：产品设计的价值和目标定位为“用户的满意”。以海尔洗衣机为例，海尔洗衣机坚持“用户的难题就是科研开发的课题”，创新产品层出不穷。山东农村有一用户投诉：海尔洗衣机质量不好，排水不畅 。厂方立即派技术人员前往，结果发现，该用户在用洗衣机洗地瓜，地瓜洗下的泥巴太多，堵塞了排水口，故障很快排除。本来事情可以就此为止，但技术人员回厂后，认为“地瓜事件”并非偶然，说明广大农村有此需求，于是就将排水管道改粗，排水口改大，开发出了“洗地瓜”的洗衣机，深受农民欢迎。

北京一所大学职工食堂的几位厨师给海尔写信说，师生们都爱吃土豆，可大量削土豆皮很困难，希望给予帮助。海尔真的就开发出一种可以削土豆的洗衣机，5 kg 土豆几分钟就可以削完。青海和西藏地区的人们爱喝酥油茶，但打酥油茶很麻烦。海尔的科研人员灵机一动，不久打酥油茶的洗衣机问世了。

此外，为使消费者认同洗衣机洗的衣服和手搓一样干净，且磨损小，海尔特地开发了高洗净度、低磨损率的“手搓洗衣机”。

海尔的“小小神童”“玛格丽特”“小丽人”等洗衣机早已为人熟悉，在“海尔洗衣机 2001 秋冬主打新品说明会”上又一次性推出 18 款最新型的专利技术产品，这些新品包括：“不用皮带，直接传动，洗净比提高 30%，高效省电 70%，降低噪声 15～17 dB，10 年不变”的变频“同心洗”洗衣机；国内首创的“640 种洗涤程序，洗涤、甩干时间、漂洗次数无级可调”的“百变神童”洗衣机；解决线屑过滤难题的“天罗地网，线屑过滤一丝不留”的“多过滤”洗衣机等；此外，还有根据衣物多少可自动添加洗衣粉的洗衣机、具有紫外线杀菌功能的健康型洗衣机等众多具有独特功能特点的高科技产品。

海尔洗衣机在国内市场份额长期名列前茅的奥秘是什么？其产品为什么能如此吸引消费者呢？本章讲述的产品策略将回答这些问题。

6.2.1 电子电器的整体产品概念及产品组合

1. 整体产品概念

什么是产品？这看起来是一个很浅显的问题，因此从一般的意义上解释，产品只是具有一定使用价值和消费意义的加工品。但并非所有具有使用价值和消费意义的加工品都能实现交换价值，即使能卖得出去，其前提是必须能较好地满足一定的消费需求。因此，从现代市场经营学的角度来认识，产品概念具有极其宽广的外延和深刻而丰富的内涵，它是指能够满足一定消费者需求并能通过交换实现其价值的任何物品和服务的综合。产品可以是：

- 一项实体的东西：电视机、冰箱……
- 服务：电话公司的通信服务、空调器的安装服务……
- 个人：计算机工程师、售后服务人员……
- 组织：政府部门、生产厂家……
- 创意：广告设计、计算机的幽默设计……
- 地点：青岛海尔集团的产品展览馆……

根据近年来菲利普·科特勒等学者的理论，主张使用五个层次来表述产品的整体概念。

第一个层次：核心产品。主要指产品的基本效用或基本功能，如手表的计时功能，冰箱的制冷功能，电灯的照明功能等。如果空调器不能调节温度，即使他还具有其他诸如净化空气、产生臭氧等功能，人们也不会认为它是“空调”。产品核心确定了产品的本质内涵。

第二个层次：形式产品。主要指产品的外观和形态及其主要特点，是消费者得以识别和选择的主要依据，一般表现为产品的质量、式样、特色、包装及品牌等。由于同类产品的基本效用都是一样的，如冰箱的基本效用是保鲜。因此要获取竞争优势，吸引消费者购买自己的产品，还必须在产品的形式上动脑筋，满足人们对于产品除基本需求之外的延伸需要。如通过提高质量来满足经济性的需要、通过改良外观来满足审美观念的需求、通过创立品牌来满足炫耀性的需要等，产品形式确定了产品的差异特征。

第三个层次：期望产品。主要指购买者在购买该产品时期望得到的与产品密切相关的一整套属性和条件，如购买 VCD 影碟机带有话筒和碟片。虽然购买者并非为了这些期望产品而购买，但如能在这方面较好满足消费者的需求，其产品就会有较强的竞争力。

第四个层次：延伸产品。主要指消费者购买形式产品和期望产品时，附带获得的各种利益的综合，包括产品说明书、质量保证、送货、安装、维修、技术培训以及承诺退换等。这在电子电器产品领域显得尤为重要，许多成功的电子电器生产厂家就充分地认识到了服务在产品整体概念中所占的重要地位。如海尔空调的十年保修期远远高于国家规定的家电保修期，打消了消费者的后顾之忧，吸引了更多的消费者购买海尔产品。在核心产品和期望产品大致相同的今天，新的竞争更多地体现在延伸产品上，产品附加利益增强了产品的竞争能力。

第五个层次：潜在产品。主要指现有产品包括所有附加产品在内的，可能发展成为未来最终产品的潜在状态的产品。潜在产品指出了现有产品的可能演变趋势和前景，如彩色电视机可发展成为录放影机、计算机终端机等。

产品整体概念的五个层次，充分体现了以顾客为中心的现代营销观念，这一概念是建立在“需求＝产品”这样一个等式基础上的。没有产品整体概念，就不可能真正贯彻现代营销观念。

2. 电子电器产品组合

(1) 有关电子电器产品组合的几个概念

① 电子电器产品组合：指一个电子电器企业提供给市场的全部电子电器产品线和产品项目的组合或结构，即电子电器企业的业务经营范围。如美的企业提供的所有空调器系列、风扇系列、电饭煲系列和微波炉系列等产品。

② 电子电器产品线：指电子电器产品组合中的某一产品大类，是一组密切相关的产品。如彩电企业的 34 英寸彩电系列、29 英寸彩电系列、25 英寸彩电系列等。产品线的组成方法多种多样，譬如可以通过同一销售渠道出售的、能满足同一消费需求的或同时属于某个价格范围的等。

③ 电子电器产品项目：指产品线中不同品种、规格、质量和价格的特定产品。如格兰仕微波炉的 WP750、WD750S、WD750ASD、WD900SL23-2、WD900ASL23-2 等。

④ 电子电器产品组合宽度：也称为产品组合广度，是指电子电器企业产品组合内的产品线数目。产品线越多，则越宽；反之就越窄。如海尔企业有冰箱系列、空调器系列、洗衣机系列、移动电话系列等，产品组合宽度较大。

⑤ 电子电器产品组合深度：指电子电器企业经营的各条产品线中所含产品项目的平均数。如一家电企业生产的空调器有 8 个品种、冰箱有 6 个品种、洗衣机有 10 个品种，那么，该企业的产品组合的平均深度是 8。

⑥ 电子电器产品组合相关性：也称为产品组合一致性，是指各条产品线在最终用途、生产条件、分配渠道或其他方面相互关联的程度。如某家用电器公司拥有电视机、VCD 影碟机、DVD 影碟机等多条生产线，这一产品组合就具有较强的一致性。相反，实行多角化经营的企业，其产品组合的相关性就小。

(2) 电子电器产品组合策略

电子电器产品组合概念的介绍有助于引导电子电器企业决策者搞好企业的产品规划，企业可根据自身条件、企业目标和市场行情等因素对产品组合的宽度、深度和相关性做出调整，具体可以采用下列几种产品组合策略：

① 扩大电子电器产品组合策略。扩大电子电器产品组合策略是开拓产品组合的广度和加强产品组合的深度。开拓产品组合广度是指增加生产线、扩大经营范围，如格兰仕继微波炉成功后，又投资 20 亿元进军空调器、冰箱制冷业；加强产品组合深度是指在原有的产品线内增加新的产品项目，如海尔洗衣机 2001 年秋天一次性推出 18 款最新型的洗衣机产品。

扩大产品组合可以满足不同偏好消费者的多方面需求，提高产品的市场占有率。对企业来说，可利用在消费者心目中良好的信誉和商标知名度，完善产品系列，扩大经营规模，并能充分利用企业资源和剩余生产能力，提高经济效益。由于企业的产品组合较广，能分散市场风险，降低损失程度。

一般情况下，当企业预测现有产品线的销售额和盈利率在未来可能下降时，就需考虑在现有的产品组合中增加新的生产线，或加强其中有发展潜力的生产线。

② 缩减电子电器产品组合策略。缩减电子电器产品组合是削减产品线或产品项目，特别是在市场不景气或能源供应紧张时期，取消获利少的产品，集中力量经营获利大的产品线和产品项目，反而能使总利润上升。

采用该策略既可以集中资源和技术力量改进保留产品的品质，提高产品商标的知名度；又能使生产经营专业化，提高生产效率，降低生产成本；并可减少资金占用，加速资金周转，有利于企业向市场的纵深发展。

③ 电子电器产品线延伸策略。在前面的章节中已经提到，每一个电子电器企业的产品都有自己特定的市场定位，如高、中、低三档。产品线延伸策略指全部或部分地改变原有的产品市场定位，具体分为：

a. 向上延伸：这是在原有的产品线的基础上增加高档产品项目。实行这种策略能为企业带来的益处是：可以提高企业现有产品的声望，为企业带来丰厚的利润，有利于促进企业提高生产技术水平和管理水平。但是采用这一策略也有一定的风险，因为要改变顾客心目中企业原有的廉价产品形象并不容易，处理不慎，不但新产品打不开销路，还会影响原有产品的市场声誉。

b. 向下延伸：这是在高档产品线中增加低档产品项目。企业此举主要是想利用高档名牌产品的声誉，吸引购买力水平较低的顾客慕名购买此产品线种的廉价产品，以扩大市场占有率和销售增长额，并使企业的生产能力得到充分利用，弥补产品项目空白。实行这一策略同样也有风险，尽管增加低档产品能为企业寻求新的市场机遇，但稍有不慎即会破坏企业来之不易的高档产品形象，尤其是名牌产品的声誉，故必须采取一些配套的营销组合策略，如改变销售渠道、重新设计广告等。

c. 双向延伸：企业在原有中档产品占领市场的基础上，技术力量和营销能力已具备向高档产品发展的条件，同时又想占领更多的市场，就可以向产品线的上、下两个方向延伸。

6.2.2 电子电器的生命周期

1. 电子电器产品生命周期概念

产品生命周期是指一个产品从进入市场到被淘汰退出市场的整个过程，一般分为四个阶段：投入期、成长期、成熟期和衰退期。

(1) 投入期

指新产品刚刚投放市场，产品销量缓慢增长的阶段。这个时期由于产品研制开发耗费大，前期促销费用也高，但产量小，销售上升缓慢，故生产和销售的成本高，企业无利可图。

(2) 成长期

指产品销路打开，销量迅速上升的阶段。这个阶段产品为消费者普遍认识并接受，营销渠道畅通，销量大幅上升，生产成本也因大批量生产而降低，企业获利明显好转。但这个阶段容易挤入竞争者，可能会出现仿制品、代用品，甚至假冒品。

(3) 成熟期

指产品消费普及、销量达到最高的阶段。这一时期一般持续时间较长，产品的销量上升趋缓或下降，而竞争者众多，市场竞争激烈，营销费用增加，单位产品利润将相应减少。

（4）衰退期

指销量急剧下降，产品逐步走向淘汰的阶段。这个阶段产品的销量、价格和利润都相继下降，经营不善的竞争者纷纷淘汰出局，促销策略已无多大作用。

产品生命周期不仅指某一具体产品的生命周期，还应包括产品种类（如计算机）、产品形式（如纯平彩电）和产品品牌（如海尔）的寿命，它们的生命周期各不相同。产品种类具有最长的生命周期；产品形式比产品种类更能体现四个阶段的周期曲线；产品品牌相对于前两者而言，显得不十分稳定，有的品牌已行销市场一百多年，而有的品牌只有短短的几年甚至几个月。

2. 电子电器产品生命周期各阶段的特点和策略

（1）投入期的市场特点和营销策略

① 投入期的市场特点

a. 电子电器产品技术性强，目标市场的绝大部分消费者不熟悉新产品，对新产品还缺乏信任或了解，因此，购买者较少。

b. 电子电器产品科技含量高，新产品研制投入巨大。由于购买者少，因此，销售量很小，增长也较慢，生产成本和销售成本均很高，获利少，甚至亏损。

c. 产品技术、性能还不完善。

d. 竞争者尚未加入，竞争不激烈。

② 投入期的营销策略

在投入期，企业主要考虑的是以什么价格向市场推出产品，以及对产品应采取什么水平的促销。投入期的营销策略大致有四种。

电子电器产品许多都是高新技术产品，或是具有专利和专有技术（Know-how）的新产品，如计算机、移动电话等，在投入期阶段市场竞争者很少，营销重点在于如何进行新产品教育并将产品介绍给消费者，从而产生产品知名度，可采用广告、产品发布会、专家评论等促销策略。营销渠道应精挑细选，逐步扩展。价格上可采取下列几种策略：

a. 快速掠取策略：即以高价格和高促销推出新产品。高价旨在追求单位的最大销售利润。高促销是为了尽快进入目标市场，加快市场渗透。其目标顾客具有求新心理，急于购买新产品，并愿意为此付出高价。成功采用这一策略可获较大的利润，迅速收回新产品开发的投资。但在营销组合设计时应考虑潜在的市场竞争者，如利润过高，进入市场容易，竞争者必然会纷纷加入，需及早树立品牌。

b. 缓慢掠取策略：即以高价格低促销将新产品推入市场。如市场规模相对较小，消费者对这类电子电器产品的认识也有一定的基础，更新换代产品或改良产品采用该策略可获得更高利润。

c. 快速参透策略：即以低价和高促销策略推出新产品。目的在于先发制人，以最快的速度打入市场。实施这一策略的条件是：产品市场容量大，潜在顾客对产品不了解。且对价格十分敏感，潜在竞争激烈，产品的单位制造成本可随生产规模和销售量的扩大而迅速下降。

d. 缓慢渗透策略：即以低价和低促销推出新产品，是产品迅速为市场接受，并获取更多利润。该类产品市场容量大，知名度高，需求价格弹性较高，而促销弹性较小，潜在顾客对价格十分敏感，潜在竞争者众多。

（2）成长期的特点和营销策略

① 成长期的市场特点

a. 消费者对新产品已经熟悉,销售增长很快。

b. 营销利润也以较快速度增加,产品显示出较大的市场吸引力。

c. 产品已定型,工艺技术比较成熟。

d. 大批竞争者加入。

② 成长期的营销策略

产品出于这一阶段,企业营销的努力在于面临新的竞争者,如何快速成长,抢夺市场占有率。因此,可采取的营销战略为:

a. 加强促销环节,树立强有力的产品形象,主要目标是建立品牌优势。

b. 改进产品或提高产品的质量,继续保持产品对目标市场消费者的吸引力。

c. 积极发现新的细分市场,增加产品的新用途。

d. 为适应购买快速增长,应及时建立新的分销渠道。

e. 选择适当的时机调整价格,以争取更多顾客。

(3) 成熟期的市场特点和营销策略

① 成熟期的市场特点

通常情况下,成熟期是生命周期中最长的一个阶段,因此,还可以分为三个阶段。

a. 成熟成长期:此时期各销售渠道基本呈饱和状态,增长率缓慢上升,还有少数后续的购买者继续进入市场。

b. 稳定成熟期:由于市场饱和,消费平稳,产品销售稳定。销售增长率一般只与购买者人数呈比例,销量增加很少。

c. 衰退成熟期:销售水平显著下降,有的用户开始转向其他产品和替代品。全行业产品出现过剩,竞争加剧,新增加的竞争者较少。

② 成熟期的营销策略:

a. 市场改良:旨在充分发掘现有细分市场和产品的潜力。一是扩大品牌的使用人数,如寻求新客户、进入新的细分市场、争取竞争对手的顾客。二是设法增加顾客对产品的使用率,加快更新。如增加使用次数,发现产品的新用途。

b. 产品改良:通过对产品的质量、风格、特点及服务诸因素的改良,来保持和扩大已有的市场份额。

c. 营销组合的改良:通过改变定价、分销渠道、广告设计和促销手段来延长产品成熟期。

(4) 衰退期的市场特点和营销策略

① 衰退期的市场特点

a. 顾客人数不断减少。

b. 销售量快速下降。

c. 价格跌至最低水平。

d. 某些竞争者开始退出竞争。

② 衰退期的营销策略

a. 集中收缩策略:把资源集中使用在最有力的细分市场、最有效的销售渠道和最易销售的品种、款式上,即缩短战线,赚取尽可能多的利润。

b. 维持收割策略:即在其他竞争者开始退出市场时,企业仍可继续生产,以吞食这些剩余的市场。企业的主要任务是降低成本,节省一切不必要的开支,榨取市场剩余利润。

c. 清算转移策略:对快速衰退的市场,当务之急是将尚有市场价值的机器设备、顾客等出售给竞争者，讲投资转向其他行业或产品，以减轻突然停产、转产给企业带来的损失。

3. 延长电子电器产品生命周期的方法

产品生命周期的四个阶段的划分是一种理论抽象。在现实经济生活中，有的产品销售进入衰退期后，由于种种因素的作用而进入第二个成长阶段。这种循环型生命周期是市场需求变化或厂商投入更多的促销费用的结果。另一种则呈扇形运动曲线，或是波浪形循环形态。这是企业在产品进入成熟期以后，销量尚无较大减少时，通过改进产品性能，开发新用途、改变行销策略等措施，使产品销售量不断达到新的高潮。当然也不乏许多时髦产品一上市即热销，而后很快在市场上销声匿迹。

作为科技含量颇高的电子电器产品，生产厂家自然不希望千辛万苦开发出来的新产品，在市场上稍纵即逝。那么，如何延长电子电器产品的生命周期呢？

(1) 随着科学技术的进步，产品不断更新

日本索尼彩电在中国长盛不衰，仅在 2000 年就在中国赚走 10 个亿，等于国产彩电企业利润总额的 2 倍。索尼凭借的是什么？是高科技。数字化、高清晰度、家庭影院等给彩电注入新的生命，使它的成熟期不断延长。又比如，照相机这一成熟产品，面对摄像机的挑战，市场日渐变的严峻。然而，国内一家照相机企业却开发出“数码式贴纸相机”，不仅能自动拍照，还能与心仪的明星随时“合影留念”，能为拍照者提供动物王国、百变心情、日历贴纸等十二大系列上千种款式的精美背景图案。使用者只需按下“选择”“确定”“取消”等几个按钮，即可轻松实现自由创意，对富有创新精神的青少年尤其具有吸引力。

(2) 注重产品质量，完善售后服务

电子电器产品大都是耐用品，消费者购买这类产品最关心的莫过于产品质量和它的售后服务保障。目前家庭中，电子电器产品的消费日益增多，安全可靠是首选标准，真诚完善的售后服务吸引越来越多的消费者前来购买和重复购买。这无疑是延长产品生命周期的最重要保障。

(3) 不断细分市场，开拓新的用途

如同声翻译设备原来只用于召开国际性会议的高级场所，现在将它用于各旅游景点，以适应各国游客的需求。世界各国有无数旅游景点，这一用途的开发使得同声翻译设备销售前景一片光明。

(4) 为电子电器产品提供配套产品

在英国，盒带式录像机远未过时，因为录像带片源十分丰富。而我国的录像机却早早退场，产品生命过于短暂。同样结局的还有 LD 机，因片源缺乏且昂贵，很快就被 VCD 影碟机取代。如 VCD 影碟机的配套片源不断而且碟片价廉物美，就将延续 VCD 影碟机的产品成熟期。

(5) 适当推迟新产品出台

新产品的出台不要将原产品的功能全部包括，应各有特色。

(6) 产品开发不应跟潮流

一件新产品在同类产品进入成长期甚至是成熟期时才开发出来，那么，它的生命周期很可能会随着其他同类产品一起很快进入衰退期。企业应采用“推出一代，研制一代，开发一代，设想一代”的做法，使企业的产品长久立于不败之地。

6.2.3 电子电器产品的品牌及服务

在电子电器产品策略中，品牌是很重要的一个产品因素和营销决策内容，对企业经营的成败具有举足轻重的地位。

1. 品牌及作用

(1) 品牌的概念

品牌是用来识别不同产品或服务，并使之与竞争对手的产品或服务区别开来的文字、符号、标记、图形等要素或是它们的组合，用于表示一个或一群产品或服务。

品牌通常由两部分组成：

① 品牌名称：品牌中能发音，能被语言读出来的部分，如"海尔""长虹""康佳"等。

② 品牌标志：指品牌中能够辨别，但不能发音或由不能用语言明确读出的部分，一般指图标设计。

商标指受法律保护的品牌，凡是取得了商标身份的那部分品牌具有专用权。如果品牌的全部文字、图形、符号等都进行商标注册登记并获得许可，那么，品牌即是商标；如果只将品牌的一部分进行商标注册登记，则商标只是品牌的一部分。

(2) 品牌的作用

使用品牌可以传达多种产品的信息，例如，属性好坏（如 IBM 代表高品质的计算机），产品利益（如 IBM 的计算机值得信赖），使用价值（如 IBM 计算机功能很强且品质稳定）与人格特征（如使用 IBM 的人是追求完美的人）等。这些品牌信息就形成了特殊的品牌效应。特别是消费者对电子电器产品崇尚品牌化，品牌对电子电器产品的营销者来说更是具有十分重要的作用。

① 品牌有助于促进产品销售，树立企业形象。品牌便于消费者辨认、识别和记忆商品，成为企业促销的重要基础。消费者在信任品牌的同时，企业的社会形象、市场信誉得以确立，并随品牌忠诚度的提高而提高。

② 品牌可以增加营销者资产的价值。品牌是企业的无形资产，世界顶级品牌价值高达几百亿美元，超过企业有形资产的价值。所以，将自己的品牌培育成市场名牌，成为许多企业和企业家梦寐以求的目标。

③ 品牌有助于保护品牌所有者的合法权益。品牌经注册后获得商标专用权，其他任何未经许可的企业和个人都不得仿冒侵权，从而为保护品牌所有者的合法权益提供了可靠的保证。

④ 品牌有助于企业的技术进步。要想使企业的品牌在市场上具有较高的知名度或市场声誉，企业必须不断地改进产品和服务，必须制造出比竞争对手更好的、更符合消费者需求的产品，这就从根本上提供了企业加快技术进步的动力。

⑤ 品牌有助于扩大产品组合。一旦消费者对某一产品产生了偏爱，则该产品推出的其他新产品也易于为消费者所接受，为企业扩大产品组合提供了良好的前提。

2. 品牌命名策略

品牌命名应该遵循哪些基本原则呢？

(1) 言简意赅，一目了然

品牌应容易发音、识别和记忆。如"SONY"（索尼）的发音里有热情的桑巴节奏。这个品名是由 SOUND（原意为声音）经过数次加工、转换而来的，而 SOUND 这个词真正源自拉丁语的 SONUS，SONUS 加上"可爱宝宝"和"精力旺盛小伙子"双重意境后，遂转换成"SONNY"。

到了 1955 年 1 月 1 日，“SONNY”公司才再正式将冗长的 5 个字母浓缩成现在的“SONY”。SONY 品名定案后，好记好念，迅速走红海内外。

日本的“KENWOOD”(健伍)音响的取名也同样符合这一原则。KEN 与英文的 CAN 有谐音之妙，发音效果又有个性；而 WOOD(森林)又有短促音之和谐，合在一起，KENWOOD 的节奏感果然很理想。

(2) 内涵丰富，提升形象

“BENZ”(奔驰)源自该汽车与该公司创始人卡尔·本茨的谐音，加上构思巧妙的圆形汽车方向盘似的特殊标志，品名与品标的完美结合，不仅预示品牌所标定的产品是汽车，而且是“奔驰”的优质汽车，使这一品牌成了豪华优质高档汽车的象征。同样，“奔腾”计算机使人联想到速度的强劲；“画王”电视让人想象其画质的超群；“快译通”电子词典使人感到是自己的好帮手。

(3) 特色鲜明，避免雷同

品牌设计的雷同，是实施品牌经营的大忌。品牌的作用之一就是便于消费者识别、认准自己的产品，以不断提高品牌的竞争力。如与竞争对手的品牌相似，非但难以超越对手，还可能长了对手的志气。有的品名本身不错，但人人都用，就毫无特色了。

(4) 符合习俗，超越时空

由于世界各国的历史文化传统、语言文字、风俗习惯、价值观念和审美情趣不同，对一个品牌的认知、联想必然会有很大差异。美国通用汽车公司取名“NOVA”的汽车到了西班牙，才发现 NOVA 在西班牙语中是“不走”或“走不动”的意思。另一种汽车“MATADOR”，英语是“斗牛士”之意，而在拉美使用波多尼各语的国家里，该品牌成了“杀人者”之意，人们避之唯恐不及。所以，许多品牌采用一些没有实际意义的字母组合，如“KODAK”“CANON”“XEROX”等，或是在不同地区采用不同的品牌设计。

品牌设计除了要充分考虑文化习俗，扩大品牌的使用区域以外，还要尽可能地延长品牌使用时间。有些时代特征鲜明的词语做品牌名称并不一定是好的创意，还可能适得其反。因为，具有时代特征的品名有强烈的应时性，可能在当时或延续一段时日会起作用，但时过境迁，品牌的感召力会日益消失。

3. 品牌扩展和延伸策略

当一个品牌获得了较高的品牌知名度和美誉度，企业利用其成功品牌的声誉来推出改良产品或新产品，就是品牌的扩展和延伸策略。

品牌延伸具有许多优点：

(1) 利用知名品牌，可以使市场很快认识、注意和接受新产品项目。

(2) 使企业对新产品的促销变得很容易，由此可降低新产品促销费用，加快市场推广速度。

(3) 拓展了产品组合，减少了新品牌重新设计的费用。如海尔集团成功推出了海尔冰箱以后，又利用这个品牌及其图样特征，成功推出了洗衣机、电视机等新产品。如果不利用“海尔”这个成功的品牌，这些新产品就不一定能很快进入市场。

(1) 构建强大的品牌资产支撑。品牌延伸必须具备强大的品牌资产支撑，延伸的前提是该品牌等到消费者的认同，并通过增强品牌的活性加强消费者的偏好。传统的品牌研究主要集中在品牌形象的识别和形象改变的控制。现在品牌研究则主要在两个方面：品牌资产的量化和找出品牌形象中可能改变消费者行为及导致品牌资产改变的因素。

(2) 调查消费者对品牌的看法，并且延伸和活化已有品牌性格，而不能模糊原来的品牌形象概念。品牌是属于消费者的，这是把我品牌延伸的精髓。一个品牌如果能顺利延伸到新产品，一定是消费者深信的品牌。许多品牌是无法被移植的，只有极少数品牌具备延伸潜力，而且是延伸到有限的产品种类。品牌经营不一定会保护自己的品牌，但消费者一定会保护"自己"的品牌，如果品牌延伸不合理或者触怒了消费者，他们会拒绝购买这种产品。所以，品牌延伸的机会由消费者的认知来控制，而很大一部分认知早就形成，很难改变。

(3) 营销管理的相应改变。品牌延伸带来营销管理难度的增加和复杂化，进行品牌延伸的企业必须对不同产品采取相应的营销管理。

品牌延伸的关键，是让品牌的无形价值通过有形的东西实现有效的价值转移，最终达到品牌的增值。要实现不同产品的同一品牌对接，则要找到新老产品与品牌关系之间的共同之处，并强调它、扩大它，利用这种关联将新产品与原有产品联结起来。

延伸能否成功也要看竞争对手采取什么行动，一般有两个原则：

(1) 如果进入行业没有专家品牌，则品牌延伸是一个不错的策略。

(2) 如果竞争对手综合实力比己方强大而且强烈反击，那么品牌延伸就是错误的。

4. 电子电器产品的服务

几年前，广东格兰仕公司开发生产出可与世界名牌媲美，而价格仅为其一半的微波炉。但是，他们没有急于抢占市场，而是首先投入了巨大的人力、财力，狠抓售前知识普及：在全国各地选择了一百多家影响较大的报纸杂志，特约刊登微波炉消费指南，对其工作原理、功能、效用及使用、维护、保养知识做了细致而系统的介绍；编制了500多例微波炉菜谱，并详尽地描述了各式菜肴的烹饪技巧，同时又派出"格兰仕小姐"到一些大城市大商场做现场示范表演；在有些大城市，还专门开通了电台听众热线，设立了咨询电话，随时随地、不厌其烦地与消费者直接对话、答疑……

格兰仕这种周到的售前服务措施，使微波炉这一陌生产品，很快在人们心中"生根、开花、结果"，销路迅速扩大。如今，格兰仕微波炉国内市场占有率稳中有升，产品远销50多个国家和地区。

电子电器产品的服务是指企业为使消费者感到满意并最终成为忠诚顾客而像他们提供与本企业产品销售、使用、包养、处置有关的一切服务活动。例如，出售计算机的企业通常要向客户提供安装、操作培训、维修等服务。这种伴随着有形产品提供的服务与服务行业的服务不同，它不是独立于产品之外的、当作商品直接出售顾客的、以盈利为目的的服务活动，而是以支持产品销售为目的，提供的一系列服务项目通常都是免费或仅以成本价计费。

电子电器产品服务是一种全方位、全过程、使消费者无忧无虑的服务活动，不同企业根据不同产品的特征，提供的服务不同。服务也可从不同的角度来分类。

(1) 按不同的销售过程提供的服务分类

① 售前服务：企业应在商品销售之前，运用各种方式，介绍新产品的品名、性能、特征、功效、价格等。对技术性强、使用操作复杂的电子电器产品，企业在售前更应帮助用户培训使用。其目的是确保用户树立购物安全感，引导消费者做出信任购买的决策。

② 售中服务：企业在销售商品的过程中，应向顾客提供热情、主动、耐心、周到的服务。在服务中介绍商品要准确，解答疑问要实事求是，努力当好顾客的参谋；服务语言讲究文明礼貌，推广文明用语；对顾客的特殊要求要尽量给予满足。

③ 售后服务：企业应在消费者购买商品和劳务之后，提供多方面的附加利益或保证。对

商品实行包退包换，免费送货上门，提供供应零配件免费安装调试，传授操作技术和维修保养知识等。

时下，售后服务已成为各大电子电器生产厂家和销售市场竞争的焦点，为了树立良好的信誉，很多厂家和商场痛下血本以招回头客。但像格兰仕采用的这种售前服务，可以缩短厂家和顾客间的距离，这种促销方式却并未受众多生产厂商重视。由于电子电器产品的科技含量越来越高，各种方式的售前服务不但可以起到解释疑惑的作用，更能达到促销产品的功效。

(2) 按照所提供的服务性质分类

① 信息性服务：向顾客迅速、准确、有效地传播有关商品各方面的信息，使顾客能获得比广告宣传更完整的有关商品功能、特色、用途、使用和维修方法等方面的信息，以帮助顾客做出购买决策。

② 知识性服务：向顾客深入浅出地传播新的产品概念和科技知识，以提高他们的知识水平，引导顾客消费。对于高新科技产品，这类服务尤为重要。

③ 技术性服务：向顾客提供产品设计、安装调试、维修保养、保证零配件供应、解答技术咨询、进行技术培训、提供解决问题技术方案等服务。

④ 便利性服务：向顾客提供货物的运输、储存、包装等便利顾客购买和使用的服务，在销售咨询、购买地点、购买时间、付款方式、包修退货、事故处理等方面给予尽可能的方便。

⑤ 财务性服务：向顾客提供分期付款、延期付款、资金融通、租赁等财务性服务。

⑥ 态度性服务：不仅是那些直接与顾客接触的销售、安装维修等方面的员工，而且包括企业所有会影响顾客的人员，都要以和蔼亲切、认真负责、热情耐心、文明礼貌的态度对待顾客，在仪表、言谈、举止等方面也要体现出尊重顾客、关心顾客的态度。

企业提高服务竞争力是当前市场竞争的重要方面。服务增加了产品的附加值，扩大了产品的销售量，提高了企业的形象，拓展了企业的业务。优质的服务还可以降低企业的成本，如顾客在购买某种复杂的电子电器新产品时，得到的说明书满是专业术语，深奥难懂，让顾客感到不知所措，他们自然会在下一次购买该企业产品时裹足不前。要重新争取他们的光顾，往往要花费极大的代价。优质服务所节约下来的最大支出，是留住了老顾客。因为争夺一位新顾客的成本是留住老顾客所投入费用的 3～5 倍。

6.2.4　电子电器新产品开发

1. 新产品的概念和类型

市场营销学中的新产品概念不同于科技领域的新发明和新发现，它是从企业经营角度来认识和规定的，它包括由科技新发明和新发现而开发的新产品，同时，只要产品在功能或形态上得到改进，与原产品产生差异，即可视为新产品。新产品可以分为以下几种类型。

(1) 创新新产品

即全新产品，是完全运用新一代科学技术革命创造的产品，与现有产品无雷同之处，如电磁灶，它不同于已有的任何炉灶。

(2) 换代新产品

指产品的性能有重大突破与改进的产品。

(3) 改良新产品

指产品在材料、结构、性能、造型乃至包装等某个方面或几个方面进行改进的新型产品。

(4) 模仿新产品

指市场上已经出现过,但本企业是首次生产的仿照产品,也称其为企业新产品。

对于企业来说,创新新产品要耗费大量的时间、人力、物力和财力,非一般企业所能胜任。相对来看,若企业的技术力量和资源较为雄厚,开发换代新产品要容易一些。而绝大部分新产品是属于改良型的,尤其是中小型规模的企业,更适合推出此类新产品。

2. 新产品开发的程序

新产品的开发必须首先找出消费者的需求,消费者的需求是市场机会点,也是新产品构思的依据。

(1) 市场调研

市场调研的目的是找到市场机会点,一般可从以下几个方面开展。

① 信息调查:从报纸杂志、电视台广播等信息渠道获得有关国家政策、政府行为、文化习俗、市场行情等。

② 消费者需求调查:通过各种渠道了解消费者的需求特点、需求数量、消费水平等。

③ 竞争者调查:主要了解竞争者产品特性、产品缺陷、产品研究方向等。

④ 资源、技术调查:调查与产品相关的资源供应、新材料、新技术、新工艺的发展动向。

(2) 构思

根据市场调研发现的市场机会点,运用各种思维方式(如发散性思维、逆向思维等)发挥想象。

(3) 筛选

筛选要考虑的因素很多,诸如新产品是否符合国家政策导向、是否符合企业目标、销售前景、获利情况等。

(4) 提炼产品概念和产品定位

新产品构思经筛选后,需进一步发展更具体、明确的产品概念。产品概念指出已经成型的产品构思,即用文字、图像、模型等给予清晰阐述,使之在顾客心目中形成一种潜在的产品形象,并就适合哪个消费群体进行定位。

(5) 商业分析

产品定位后要进一步做商业分析,也即经济效益分析,主要测试新产品的销售量、成本和利润等。

(6) 产品研制

在这个阶段要将抽象的产品设想、产品概念变成一件实物,这是新产品开发的一个重要步骤。只有通过产品试制,投入资金、设备和人力,才能使产品概念实体化,并发现不足与问题,改进设计,证明这种产品概念的技术可行性和商业可行性。

(7) 试销

新产品样品通过后,一般先小批量生产,然后在小范围内试销。试销时需要考虑地点、时间、费用、开支等。

(8) 商业性投放

试销成功后,就可以正式大批量生产,全面推向市场。在这个阶段,企业需动用大量的人力、物力和财力,而且往往获利较小,甚至亏损。

6.3　电子电器产品的价格策略

导入案例：

康佳的彩电产量只是长虹的一半，但在 1998 年零售占有率却一举跃居榜首，其市场推进策略成为商界佳话。针对企业自身、竞争对手及市场需求等具体因素，康佳不同系列彩电往往采用不同的定价方法：面向大众的福临门(具有宽电源、高灵敏度、防雷击、开机见福等特点)彩电采用成本导向定价法，其 21 英寸的市场价才 1 400 元上下；小画仙系列(蓝色、紫色、黄色、绿色、蓝青色、红褐色、白色等彩壳机，主要限于 14 英寸、21 英寸小屏幕)采用需求导向定价法；超平一族则采用竞争导向定价法；100 Hz 倍场(100 Hz 双倍扫描)彩电 T3498 高档精品，采取高价策略，零售价超过 9 000 元，比国内一般 34 英寸彩电价格高出 30%。

特价机是康佳 1998 年驰骋市场的撒手锏。特价机即对某些销售潜力较大、价格适中的机型重新定价，定到让顾客心动，追求立竿见影的效果。1998 年 6 月 17 日，康佳首次打出特价机：21 英寸售 1 380 元，29 英寸售 2 998 元，一时消费者踊跃而至，全国各地均呈现抢购如潮的局面，并迅速带动其他机型销售，成功实现了淡季热销的目标，从而将康佳推上中国彩电零售市场占有率第一的宝座。

早在 1998 年 4 月，康佳就预计到国内彩电必将涨价。那么明知涨价必然，为什么还要推出特价？决策层认为：6 月至 9 月是彩电淡季，购买群少，加上一大部分消费者持币观望，现实顾客更少，康佳推出特价机型，是先发制人，能迅速扩大消费市场；再者康佳多年的品牌积累，已经在消费者心目中树立了良好的企业形象，届时市场价位整体上涨，康佳不仅能借势顺利实现价格反弹，而且能促进旺季俏销。

康佳在定位中考虑了哪些因素？运用了哪些方法和策略呢？本章讲述的价格策略将提供这些问题的答案。

6.3.1　影响电子电器产品定价的主要因素

市场营销由四个基本要素组成，即产品、定价、分销和促销(4P)。企业通过产品、分销和促销在市场中创造价值，通过定价从创造的价值中获取利益，因此，价格是营销策略中唯一能产生利润的因素。电子电器产品定价过低，便无法收回研制开发成本；定价过高，则可能使消费者难以接受。因此，想要达到企业的利润目标，必须在这高低之间找出最佳的价格结合点。而确定这一最佳价格点必须考虑多方面的因素，外部因素主要包括政策法规、市场供求、市场竞争和消费心理等，内部因素则主要包括成本和定价目标等。

1. 政策法规和宏观经济环境对定价的影响

政策法规对定价的影响是指国家通过经济、行政和法律手段对企业定价进行干预和制约，主要包括国家税收、财政、信贷、金融、价格等政策及其变化趋势。如国家为大力发展机电产品，对机电产品生产企业实行低息贷款政策，以扶持企业扩大生产，这一政策直接影响到了产品价格的降低，从而增强了产品出口的竞争力。国家征收或取消某一税种也会直接影响产品的价格，如从 1989 年 2 月 1 日起，针对当时流通领域出现彩色电视机等产品供不应求的矛盾，国务院批准在全国范围内开征消费税，一夜之间彩电价格上涨600元左右。从1992年4月22日起停征彩电特别消费税，一下使彩电价格大幅度下降。

在考虑政策法规影响的同时，也不可忽视国内外宏观经济环境的影响，如美国经济的下滑对我国电子电器产品的出口价格势必产生重大影响；前几年我国的经济扩张环境和随之而来的通货紧缩环境对企业的价格定制和调整都产生了很大的影响。

此外，政府制定的经济发展规划也会对企业定价产生一定的影响。如我国的"十五"规划，政府将重点支持哪些行业和产品的发展，对这类行业和产品的定价具有指导意义。

2. 市场供求对定价的影响

产品价格受市场供求关系影响最大，市场上产品供求关系反映着产品可供量与社会购买力之间的适应状况。供求规律告诉我们，供求平衡，市场价格基本稳定；供不应求，市场价格是上涨趋势；供大于求，则价格是下跌趋势。

市场供求对不同性质的产品的影响是不同的，但主要取决于产品需求弹性的大小。有的产品需求弹性较小，采取提价或降价措施对购买都不会产生重要影响。有的产品需求弹性很大，价格对顾客的购物起着重要作用。电子电器产品属非生活必需品，其价格需求弹性很大，价格的升降对顾客的购买行为大有影响。在市场不同的供求状况下，企业应采取不同的定价策略。当供大于求时，采取降低价格策略，刺激需求，扩大销售；供不应求时，适当提高价格，刺激生产，增加利润。

3. 市场竞争对定价的影响

决定电子电器产品价格下限的是产品成本，决定其价格上限的则是顾客的需求程度。在上限和下限之间所定价格的高低，则由竞争来决定。这就是说，价格的确定不以个别成本为依据，而是取决于既定需求条件下同类产品的竞争状态，取决于由竞争形成的社会平均成本和平均利润。

按照市场竞争者多少和竞争激烈与否，市场可以分为四种类型：完全竞争市场、不完全竞争市场、完全垄断市场和寡头竞争市场。

在现行的电子电器市场中，更多的是不完全竞争和寡头竞争，在这两种市场下，厂商都有自行定价的能力，只不过寡头竞争市场条件下，厂商的定价相互牵制，因此，寡头竞争的厂商定价主要关注竞争对手的动作。

因此，电子电器企业必须想方设法了解竞争者的产品的质量和价格。企业获得这方面的信息后，就可以了与竞争产品比质比价，更准确地制定本企业产品的价格。一般来说，质量大体一致，价格也应大体一致；质量低一点，价格也应适当定的低一点。

但与竞争者的价格比较，不能仅仅从质量角度去衡量，企业还应了解和分析顾客对本企业与竞争者产品的看法和价格感受。例如，当竞争者产品的质量与本企业，差不多或甚至更低些，但如果竞争者是知名度高的企业，那么，该竞争的产品对于消费者来讲，也可能有更高的价值感觉。消费者在购买电子电器产品时，由于对产品知识掌握有一定的局限性，如购买彩电，消费者无法知晓里面安装的显像管质量好坏，因此，并不能完全准确地判断产品质量，这时，企业的知名度、品牌的信誉度就能使"低质"的产品以较高的价格出售。

如果本企业的产品与竞争比较，没有更多受顾客偏爱的特点或更高的价值感觉，就只能在成本与竞争者定价范围内选择。企业想要按更高的价格出售产品，必须使自己提供的产品具有独特性并为顾客察觉和喜欢，必须采取提高顾客价值感觉的营销措施才行。

4. 消费心理对定价的影响

消费者在购买产品时有不同的心理,如经济实惠的心理、自尊心理、信誉心理等。企业定价要使消费者接受,必须注意分析消费者的心理,使价格符合其特点和变化规律。例如,在低消费水平下,人们偏重于求廉心理;而由温饱向小康型转变时,消费者则会有追求高档名牌心理。如 2000 年国家对广大的农村实行了电网改造,使一大片农村地区用上了电,一些生产洗衣机的小厂趁势推出了定价为 400～500 元的双缸洗衣机,正好符合了这些尚处于低消费阶段的农民的求廉心理,很快热销。而生产洗衣机的大厂则把目光瞄准到了城市居民和一些富裕地区农民的追求高档名牌的心理,不断推出价位在几千元的新型洗衣机,取得了不菲的利润。所以,只有研究和掌握了消费者心理特征,才能恰到好处地制定出企业的定价策略。

5. 产品的成本

成本因素是企业定价时必须考虑的最重要的因素,它包括固定成本、可变成本等概念。固定成本是指在既定的时间及生产经营范围内,不随产品种类及数量的变化而变化的成本,如厂房的房租费、管理费等。可变成本是指随着产品种类及数量变化而变化的成本,如原材料、工人的工资等。固定成本和可变成本之和为总成本。成本是决定电子电器产品价格的最低下限。

6. 企业的定价目标

电子电器产品的定价也以企业的定价目标为转移,因定价目标的不同而不同,主要表现在以下几种。

(1) 维持企业生存的定价目标

当企业遇到激烈的竞争或产品不为消费者理解和接受,以致产品产生大量积压,资金周转不灵,这时,企业与把价格定得很低,以刺激消费,促进销售,减少积压。俗话说:“留得青山在,不怕没柴烧。”因为这时企业应考虑的是如何维持企业的生存,而不是获得高利润。因此,即使低于成本价也在所不惜。

(2) 利润最大化

指企业通过制定价格,使企业在一定时期内总利润尽可能大。如果要求短期利润最大,则企业可选择制定高价格;但如果是追求长期利润最大,就不一定要制定高价格,因为企业为了追求长期利润,有时不可避免地会牺牲一些短期利益,甚至忍受暂时的亏损。

(3) 提高市场占有率

市场占有率是企业某产品的销售量占同行业总销售量的百分比。提高市场占有率意味着企业以较低的成本实行大批量生产,以低价渗透市场,占领市场。

(4) 争取产品品质领先

采用产品品质领先的企业,其产品的投入很大,或在消费者心目中享有一定的美誉,因此,通过制定产品的高价格,一方面,抵补高投入的耗费,取得高利润,确保产品质量领先的地位;另一方面,高价格本身是产品质量信誉的一种表现,高价格起到了保持产品内在质量和外部形象的双重作用。

6.3.2　电子电器产品的定价方法

1. 成本定价法

成本定价法通常是以成本加上一个标准的或固定的利润,来决定其价格。因此,商品价格的构成是：

商品价格＝生产成本＋流通费用＋利润＋税金

这种方法被企业广为采用，因为其简便易行，成本数据易于收集，利润比例易于确定，一般在正常情况下，能收回成本，保证有一定利润。但成本定价法有极大的缺点：一是不考虑市场价格及需求变动的关系；二是不考虑市场的竞争问题。以成本为中心的定价方法是一种以企业为中心，以产品为导向的经营观念的反映。如果这样计算出来的价格能被市场接受，企业就销售产品；如果市场拒绝接受，企业就要放弃。这不仅会导致某些有市场需求的产品胎死腹中或早早夭折，失去可能是绝佳的市场机会，而且也会使那些消费者认知价值较高（如具有科技创新的、品牌价值高的电子电器产品）、市场走俏的产品失去获得更高利润的机会。同时，它也不能适应不同的市场环境，在市场景气时，产品价格定得过低，减少了盈利；市场疲软时，价格定得过高，使价格缺乏竞争力而销售不畅。

成本定价法因成本的计算口径不一，所以定价方法多种多样，这里介绍三种电子电器产品常用的定价方法。

（1）成本加成定价法

成本加成即在单位产品成本上加上一定比率的利润和税金作为企业的盈利。有两种计算方法。

① 以成本为基数，保证一定的利润率。

单位售价＝单位成本×(1＋加成率)

如一电子产品的单位成本是10元，预定以成本的20%作为其利润，那它的价格为

单位售价＝10×(1＋20%)元＝12元

② 以售价为基数，保证一定的利润率。

单位售价＝单位成本/(1－售价中包含的利润率)

如一电子产品的单位成本同样是10元，预定在产品售价中包含20%的利润，则产品的价格为

单位售价＝10/(1－20%)元＝12.5元

（2）投资回收率定价法

这种方法即企业根据投资生产的产品成本和预期投资回收率进行计算的定价方法。由于电子电器产品科技含量高，企业在开发新产品和扩大生产经营规模时，往往需要投入大量资金，为确保投资的如期回收和投资报酬的实现，企业需根据预期投资回收率和产品原成本费用来制定价格。计算公式为

目标定价＝单位成本＋(投资回收率×资本投资)/预计销售量

如一家电子企业产品的单位成本为10元，总固定资产投资为100万元，预计销售量为20万单位产品，假设投资回收率为20%，则

目标定价＝[10＋(20%×100)/20]元＝11元

（3）目标利润定价法

目标利润定价法是要使电子电器产品的售价能保证企业达到预期的目标利润率。计算公式为

目标价格＝(总成本＋目标利润)/产量

这种定价法与成本加成定价法的区别在于：目标利润定价法着眼于产品的总成本，而成本加成定价法则着眼于单位成本。如一家电子企业的生产能力为100万单位产品，预期80%的

生产能力能够运行，那么就可以向市场提供 80 万单位产品。生产 80 万单位产品的总成本是 1 000 万元；假设企业想得到目标利润 20％的成本回收率，那么目标利润就是 200 万元，总销售收入要达到 1 200 万元，则该产品的价格为

目标价格＝(1 000＋200)/80 元＝15 元

注意：上述公式中使用的单位成本是指单位变动成本和单位固定成本之和。事实上，绝大部分产品要在产品价格确定之前确定产品单位成本是不可能的，这是因为单位成本随产品的销量而变化，而产品成本中有很大一部分固定成本需要分摊到每件产品上，分摊量的多少取决于销售量的大小，而销售量则随价格变动。因此，单位成本是一个变动指标。

采用成本定价法的企业，只能假设产品价格不影响销售量，销售量也不影响成本。但是按这种假设，定价可能在无形中损害了企业的长远利益。王安计算机公司生产的世界上第一台文字处理机的定价经历就很有代表性。1976 年，王安公司成功地推出这种产品，并很快占领了市场，公司得以迅速成长。然而，到 20 世纪 80 年代中期，带有文件处理软件的个人计算机逐渐成为该产品的强大竞争对手。在竞争加剧、增长放缓的情况下，公司所信奉的成本定价法使其逐步丧失了市场优势。尽管公司一再核算产品的单位成本，但价格仍随经常性费用的不断增长而上升。公司销售额持续下降，许多老顾客纷纷“背叛”了王安公司，转而选择其他公司更便宜的代替产品。

2. 需求定价法

需求定价法即以消费需求为导向确定或调整电子电器产品价格的方法。引起消费需求变化的因素很多，如前面提到的需求弹性、消费者价格心理、收入水平等，这些因素在很大程度上影响着消费者对价格的反应。需求定价法以消费者的价值认知、价格承受力以及心理满足为依据定价，它的定价程序正好与成本定价法相反。成本定价法的定价程序为：

产品—成本—价格—顾客

而需求定价法的定价程序则为：

顾客—价值—价格—成本—产品

丰田公司的“凌志”车定价正是需求定价法的成功运用。丰田公司认识到全世界有相当多的消费者希望购买并有能力购买昂贵的汽车，在该消费群体中，有许多人想购买“奔驰”汽车但认为它的定价太高。因此，他们希望能买到具有“奔驰”的质量，但价格更合理的汽车。丰田公司的设计师和工程师在开展市场研究之后便着手开发“凌志”汽车，并通过多种途径来推销。这种汽车的外表犹如雕塑艺术品，十分舒适完美，内部非常豪华。丰田公司在美国宣传“凌志”车时，将其图片和“奔驰”的并列在一起并加上大标题：“用 36 000 美元就可以买到价值 73 000 美元的汽车，这在历史上还是第一次”。

无独有偶，20 世纪 60 年代，推销员出身的福特公司总经理——李・雅科卡也成功地用需求定价法制造出一种适合广大中产阶级品味和消费能力的新型赛车“野马”，从而挽救了危在旦夕的福特公司。如果从工程技术的角度来看，这种赛车实在算不上优秀，但从消费者的角度看，它却使消费者以愿意支付的价格，得了他们所渴望得到的赛车，而且，从销售利润上看，它可以说是有史以来最成功的汽车。

需求定价法由于从顾客心理入手而制定价格，其价格容易为顾客所接受，从而推动销售量的增加，但不利于产品的成本核算。定价中如果一味考虑顾客的接受能力而忽视产品的开发生产成本，则企业也会陷入财务困境。

电子电器产品的需求定价法主要有两种。

(1) 认知价值定价法

认知价值定价法即根据消费者所认可的产品价值和可接受的程度进行定价，这种认知价值也即是消费者的“心理价格”。例如，上海一电器生产厂出品的录放机在国际市场上每台只能卖 37 美元，而由日本索尼公司收购后，贴上 SONY 的品牌标志，同样的产品就能卖 58 美元了。这就是说，在消费者的心目中，SONY 品牌的价值感觉更高些，因而虽然产品是同样的，但消费者宁愿支付更高的价格购买有更高认知价值的商品。

这种定价方法最根本的问题在于如何正确估计和判断顾客所认可的价值。许多企业多项产品定价过低，是因为他们把那些对产品真正价值一无所知的潜在顾客的支付意愿作为定价基础。认知价值定价法并非简单地以顾客当前意愿支付的价格为依据，而是要企业对产品有一个正确的市场定位，以产品的性能、品质、特色、广告宣传、服务等营销组合来提高顾客对产品价值的认知程度，激发顾客以更符合真实价值的价格来购买商品。如大多数顾客起初都觉得复印机、个人计算机、小家电之类的新产品的价值与其高价格不相符，可是经过广泛的营销活动，向顾客宣传产品价值并提供相应保证之后，这些产品就逐渐被市场接受。有一点值得注意的是：以认知价值作为基础定价的目的并不是简单地寻求消费者的满意。事实上，消费者的满意通常可通过一定的折扣来获得。以价值为基础定价的目的在于通过获得更高的产品认知价值来实现更大的利润，而不是按消费者满意的价格来定价。

(2) 需求差异定价法(细分定价)

需求差异定价法即通过市场细分，根据市场对电子电器产品的需求强度不同而定出不同的价格。如根据顾客类型细分(顾客的年龄、职业、阶层和需求强度等)定出不同的价格；根据购买地点细分，同一种电子电器产品在不同的地理位置存在不同的需求强度，定价就可不同；根据购买时间细分，同一种电子电器产品可以存在一定的时间差价；根据购买产品的款式、色彩细分，同一规格型号电子电器产品价格可以存在款式、色彩的差价。如在家电市场上的家电价格通常比放在黄金地段商场的价格低；同一种电子电器产品出口到东南亚价格就比较低，而出口到中东富有的国家价格就可定得高一些；淡季价格低一些，而旺季价格则高一些，甚至还可以通过搭卖和测量来制造需求，改变价格。电子电器产品出售搭卖零配件是常有的事，如出售个人计算机时搭卖视窗软件，电动剃须刀搭卖刀片等。电子电器产品的维修服务更是自然的“搭卖产品”，德国的电子电器设备价格昂贵，是因为产品的售后服务在价格中占了很大一部分。

另外，有些电子电器产品销售还根据使用率的测量来定价。如施乐公司出租复印机除了每天支付 185 美元外，还要根据复印的件数收取使用费。

需求差别定价还可以从其他不同的角度去细分市场，制造需求差别，这就要求有足够的洞察力去判断出不同的细分市场，制定出独特的价格策略，在满足消费者需求的同时使企业获取最大的利益。

3. 竞争定价法

竞争定价是以市场上同类竞争产品的价格为定价依据，并根据竞争变化来调整价格的定价方法。这种方法把定价作为维持和扩大市场占有率、实现销售目标的手段，价格水平已与成本无必然联系。

竞争定价法能增强电子电器企业应付和避免竞争的能力，通过提高市场占有率获取更多的利润；促使电子电器企业加快技术改造、开发高新技术产品的步伐；并激发企业进一步提高企业内部的管理水平，发挥规模效应，降低生产成本。

但这种方法过分注重市场占有率，可能会导致为了市场占有率而牺牲价格获利性，颠倒市场占有率与利润之间的主次关系。这种以降价为实现销售目标的方法只能在短期内取得竞争优势，很容易被竞争对手仿效，引起价格大战。长此以往，企业会只关注价格优势，而忽略在产品差异化、广告宣传等营销组合手段上投入人力和财力。

竞争定价法目前较通用的方法主要有两种。

(1) 随行就市定价法

这种方法是指电子电器企业的定价参照行业的平均价格水平或竞争对手的现行价格，而很少注意本企业产品的成本与需求。中小电子电器企业经常采用这种定价方法，跟随"市场领导者"来制定本企业的价格。不过，在具体定价时如果企业自己的产品质量或营销优势高于竞争对手的话，可以制定较竞争对手高一点的价格；反之，就定得低一点。

企业采用该法主要是考虑到平均价位易于被消费者接受，既可确保产品有一定的销路和利润，又能与竞争对手和平相处，避免价格大战引起两败俱伤。

(2) 密封投标定价法

这种定价方法主要用于竞争投标活动。如目前许多地区对空调器、个人计算机等家电产品采用政府集中采购方式，许多电子电器企业为此展开竞争，而竞争的焦点主要就集中在价格上。企业总希望能够中标，因为一般招标的项目都比较大。然而在确定投标价格时，企业往往处于一种两难境地；如果报价低，容易中标，但企业所得利润很少；报价高，预期利润高，但中标概率小。因此，需要用计算期望值的方式确定投标的价格。

根据上表的期望值计算，报价600万元可能得到90万元的期望利润，是最佳选择。在计算中，最难得的是得出投标价格的中标概率，一般是调查研究和主观判断相结合。企业对于本产业过去的投标活动和目前的投标形势了解得越多，赢得有利投标的机会也就越多。

6.3.3　电子电器产品的定价策略

1. 新产品定价策略

在前面关于新产品的概念中已经讲到，新产品既可以是创新产品，也可以是经过改良的、更新换代的或模仿的新产品。对于前后两种不同性质的新产品，采取的定价策略也应有所区别。由于电子电器产品的科技含量较高，随着科技的不断发展，新产品层出不穷，新产品的定价，尤其是在引入产品时的定价显得尤为重要。

(1) 引入期创新产品的定价策略

创新产品要想获得成功，首先必须对购买者进行培养教育，其中很重要的一方面是信息传播过程。大多数购买者是通过看到的或是从别人那里听到的来了解创意产品的有关消息，一传十、十传百，信息就传播开来。口传这种方式对那种比较昂贵的耐用电子电器产品(如空调器、冰箱之类)的影响尤为巨大。首先购买创新产品的顾客，我们称之为"革新者"，他们面临很大的风险，他们对创新产品的评价直接影响到后来的购买者——"模仿者"的购买行为。研究表明，直到有2%～5%的潜在顾客购买了产品之后，需求才显著增加。

那么，这些"革新者"对创新产品的价格又持什么态度呢？事实上大多数购买者对创新产品的价格敏感性都相对较低，因为他们缺乏确定产品价值和公平价格的参照物，也就是说此时没有可做对比的其他品牌和相类似的产品，所以他们倾向于把价格作为质量的指示灯，所以他们不在意创意产品的高价。

通常创新产品的定价策略有两种。

① 撇脂定价策略:零售价应与那些对价格不敏感的顾客心目中的产品价值相近。

② 适中定价策略:零售价应与大部分潜在客户心目中的产品价值接近。创新产品不宜采用渗透定价策略,因为顾客的价格敏感性低,致使低价无效,甚至可能由于“价格——质量相应”(通俗地说:便宜没好货)而损害产品的声誉。

(2) 改良型新产品的定价策略

这类新产品只是改进了某些已被接受的用途,如Office97/98/2000系列。这些产品几乎不需要什么市场开发,它的先驱者已经为其进入市场铺平了道路。

这类新产品一般分不同的情况有下列几种定价策略。

① 撇脂定价策略:通常适用于那些与竞争者品牌有明显区别、有独特之处的新产品,如品牌知名度、产品质量、外观造型、服务等方面具有优势。

② 渗透定价策略:市场上同类产品品牌众多,新产品无独特之处,竞争者有易于仿造,若采用低价来吸引顾客一般较为奏效。

③ 适中定价策略:跟随竞争者的价格或市场上同类产品的平均价格,一般较易为顾客接受,又能避免引起价格竞争。

2. 心理定价策略

心理定价策略是指电子电器企业迎合不同消费者的价格意识和价格心理的产品定价技巧和方法。同一件产品,不同的消费者会有不同的需求偏好和价格敏感度。从消费心理来看,有的求新,有的求异,有的求名,有的求实,有的求廉等。企业可针对不同消费者的价格心理采用灵活的定价策略,满足不同的消费需求。

心理定价策略主要有下列几种。

(1) 畸零定价法

这种定价策略指很多产品故意定价低于整数、整元,让消费者心理上觉得便宜,以便于销售。如一电子产品定价99元而不是100元,因为消费者心理上常常以某一个价格为划分点,99元与100元是两种不同的档次。其实,对于企业来说并没有太大的差别。同时,畸零定价也给消费者一种价格核算准确、定价合理的感觉。此法通常用于需求弹性大、购买频率高的电子电器小产品。

(2) 整数定价法

该法正好与畸零定价法相反,利用消费者追求档次的心理,将原本定为带零的凑成整数,如9 800元的电子电器产品定为10 000元,使产品提高了一个档次。这种方法非常适合高档电子电气产品的定价。

(3) 声望定价法

指企业根据产品和企业在消费者心目中的知名度和较高的认知价值为产品制定高价。如海尔空调器比同类空调器的价格要高1 000元左右,SONY彩电更比国产彩电贵了许多,但还是购者踊跃。对于市场上影响力大的驰名品牌、高档品牌产品,消费者的预期价格一般比较高,他们购买的目的之一是展现自己的社会地位和自我形象,因此,他们购买时不太考虑价格的高低,而更多地关注产品价格的声望效应。如定价低于他们的预期价格,反而对产品真伪、产品质量引起怀疑。当然,过于偏离产品价值的高价也是不可行的。

(4) 参考价格定价法

消费者在购买电子电器产品时,确定一个价格是否合理或能否接受,往往根据自己头脑中的参开价格来判断,如过去的价格、同类产品的市场价格。因此,企业在定价时,可以提供这种参考价格给消费者,如提供不同等级的价目表,将高价和普通定价的产品放在一起,是消费者对普通定价产生低价的感觉。

经验表明:参考价格是可以控制的。例如,一家电器制造厂有三种型号的产品。厂家发现其高效型产品的销售不尽如人意。经了解,许多对这种高效产品评价很高的顾客实际购买的却是中等价格的产品型号。最初,管理人员认为一定是这种高效产品的价格太贵了。但通过与购买者接触才认识到。原来,大多数人并未觉得产品定价高,只是他们的财务部门认为没有必要购买最昂贵的产品。于是,厂家推出一种新的、更为昂贵的产品型号。果然,前面那种高效产品销量大增。

(5) 吉祥数定价法

在许多国家和地区,有一些数字是有吉祥或象征意义的。在欧美文化中。8 字被看成是对称的,具有稳定性;7 字则被认为有角的,具有刺激性。在我国,西安有广为流传的“谐音”意义,如 168 做“一路发”,888 做“发发发”等。在实际定价中,这些具有象征意义的数字常常为销售人员所利用。

(6) 招徕定价法

零售商常常利用某些消费者的求廉心理,有意将少数消费者熟知的产品价格定得很低,或定期推出几款特价产品,以招徕消费者登门,以期带动其他按正常价格出售的产品。如某家电商场经常推出一些特价产品吸引顾客,带动了整个商场的家电销售。这种方法在许多大型超市广为运用,收效明显。

心理定价策略除了上述方法外,企业还可以利用消费者的从众心理制定特价品策略、时尚价格策略等定价策略,甚至还可以利用消费者的损益感受来定价。试想,在下列情况下,你会在哪家商场购买电器(同一型号的产品)?

商场 A:定价 810,如自己运输可减价 10 元;

商场 B:定价 800 元,如需送货上门则另加 10 元。

这两家商场的定价其实是一样的,但商场 A 却给消费者优惠的感觉,而商场 B 则要另外加价,使消费者感到自己的利益受损。

3. 差别定价策略

差别定价策略也称为细分定价策略。电子电器企业根据销售地区、销售时间、产品样式和不同顾客等差别制定不同的价格,这种细分可从不同的角度出发。

(1) 顾客差别

同一种商品,对不同的顾客,要求支付的价格不同。如在教师节,教师购买家电实行优惠价;为体现社会尊重老人,老人购买公交月票对折;其他还有诸如学生优惠、军人优惠等。这可为企业争取到一个较大的、但支付力较差的顾客群,使产品能进入一个新的或特殊的细分市场,有时也起到公关宣传作用。

(2) 产品式样差别

同一种电子电器产品,稍微做些改动,如外观式样变化、功能变化等,收取不同的价格,但这种变动并没有增加多少成本,甚至成本根本没变,定价却可高出许多。例如,同是全自动洗衣机,但外形不同,超薄型的全自动洗衣机比普通的全自动洗衣机价格高出 200～400 元;同是立柜式空调器，采用彩钢面板的空调器比普通外壳的同种功能的空调器价格高出 300～500 元。要是该策略可行，必须先提供一种低价产品，这种产品在某种程度上不能满足对价格不敏感的用户需要（如专业人员不满足于无法编程的计算器，工作繁忙的在职人员不满足于需要有人照顾的双缸洗衣机），但却可以吸引对价格敏感的购买者。

（3）形象包装差别

一种产品，通过赋予不同形象，如给予不同的包装、不同的品牌、不同的广告定位，甚至就放在不同的商店销售等，给予不同的销售价格。

（4）地点差别

同一种商品在不同的地点购买的价格不同。如在精品商店买就要比在超市贵，在机场商店买比在一般零售店买贵，在旅游景点买，在宾馆开设的商场买都要贵得多。

按地点划分在国际市场上很常用，在国外很便宜的电子电器产品带了我国就变高价了。我国手工制作的产品销到发达国家价格就可提高好几倍。跨国公司利用地方差价，在原料最便宜的产地采购，在劳动力最廉价的国家加工，在价格最昂贵的地区销售。

（5）时间差别

同一产品按不同的时间、季节制定不同的价格。如空调器、风扇的销售旺季在夏季，这时的价格可适当提高；反之，淡季时则可采用打折、优惠等手段促销。电业公司对工业用电的电费分为高峰用电和低谷用电，前者高，后者低，旨在鼓励企业夜间用电，以免白天供电不足，晚上却经常放空；电话公司的收费也分段计费，在某些通话率较低的时段或节假日等的话费就低。

当然，在目前许多电子电器产品过剩、竞争激烈的情况下，旺季定价有时不但不升，反而下降，企业试图在旺季扩大销售，处理库存，占领更多的市场份额。

实行差别定价，也要注意一些问题：

① 市场确实能够细分，细分的市场也确有不同的需求存在。如电子电器产品的高、中、低三档各有所求，彩电 25 英寸、29 英寸、34 英寸等各取所需。

② 差别定价不应造成消费者的反感或敌意。

③ 特色产品只有在没有竞争者的情况下才能制定高价。

④ 差别定价策略的运用不能是非法的，如不能以误导或欺骗的手段来蒙骗消费者。

4. 折扣定价策略

电子电器企业为更好地促进销售、加快资金周转、适应各细分市场不同的需求，经常会采用价格折扣和折让的方法，常见的有：

（1）现金折扣

现金折扣是对能在规定时间提前或按时付清账款的购买者实行的一种价格折扣。一般规定购买后付清账款的时间期限，以此为据，规定如果提前多少天付清，可以得到相应的价格优惠。这种方法对大型的、高档的电子电器产品较为适用，可以使企业加快资金周转，减少坏账和呆账的损失。如顾客购买一大型电器，规定一年内付清，若提前三个月付清，给予 2％的折扣；若提前半年付清，则给予 5％的折扣；若购买时当场付清，就打 9 折，即顾客只要付标准价款的 90％就能购买了。通过这种方法刺激消费者尽快付款。

（2）数量折扣

这是卖方因为买方购买数量大而给予的一种价格折扣，有一次性和累计性两种。一次性只计算一次购买的数量，顾客的购买数量达到这个数量就给予优惠性折扣，如规定凡购买 100

个单位以上的均打 9 折，即给予 10%的折扣。累计性数量折扣，即规定累计购买达到某个数量，如 100 个单位后，顾客就可开始享受 9 折优惠。电子电器产品大多为耐用品，个人重复购买次数一般不会太多，这种方法对中间商、政府企业采购较为适用，可使他们成为企业产品的老主顾。

数量折扣旨在增加顾客购买数量，建立稳定的销售渠道，培养企业的忠实顾客，减少销售费用，因为培养一位新顾客的投入要比数量折扣大得多。

(3) 功能折扣

也叫贸易折扣，是生产商向渠道成员提供的一种价格折扣，以促使渠道成员积极地承担和完成某些渠道功能。例如，规定零售商如果在当地做了产品的广告，广告的质量符合一定的规定，如广告覆盖面达到多少人次，就对其进货价格给予多少折扣。再如，如果经销商承担了顾客服务，也可以对进货价格给予一定的折扣。其他的还有顾客培训、商品再包装、提供信贷等都可以给予功能折扣。特别是有些由生产商完成比较困难的营销功能，通常鼓励渠道成员来完成，如售后服务，由生产商提供可能难以做到及时(特别是国外生产商)，导致顾客抱怨，而由中间商担任，则在服务时间上更能符合顾客的要求。

(4) 折让

企业根据价目表，在顾客满足某种条件的情况下给予的价格折扣。如常用的旧货折让，当顾客交回一件旧产品，按一定打折的价格购买新产品。某冰箱厂搞促销，提出以旧换新，凡任何一款旧冰箱均可折价 500 元。樱花牌的产品 2001 年也提出，用该企业生产的旧燃气热水器换新款式热水器。这种方法对促进电子电器产品的销售较为有效，可促使顾客及早更新产品，加快新产品推广。

广告折让也是一种折让方法，即让顾客手持企业的某种形式的广告前来购买，享受一定折扣。此法可使企业了解广告实施效果。

促销折让是比较常用的方法，规定在促销期间购买产品的顾客可以享受一定的价格优惠。

5. 地理定价策略

这是为了明确将货物从企业运往目标市场的运费、仓储费以及装卸费等如何计入产品价格的定价策略。主要定价方法有：

(1) 原地交货定价法

指将电子电器产品放在企业所在地(产品出产地)某一运输工具上的价格。货物一旦装上指定的运输工具后，所有权、风险责任就完全移交到顾客(买方)手中，这之后发生的一切费用，包括运费、保险费、装卸费、仓储费等全部由买方承担。

原地交货定价法简化了企业的报价，对所有顾客均是统一的出厂价。这样做，近距离的顾客由于承担的运费低廉，价格就具有竞争力；而远距离的顾客因长途运费使产品价格大大上升，这将不利于企业与其他离顾客较近的竞争对手展开竞争。企业在远方市场的竞争能力削弱，因为远方的顾客为减少运费，会就近选择卖主。在现代大生产条件下，企业一般都远离其产品主要消费地，所以，这种定价方法在现代营销活动中较少采用。

(2) 统一交货定价法

这种方法正好与原地交货定价法相反，企业的电子电器产品不论卖到哪儿、支付多少运费，都按一个价格向买主交货。也就是说，无论买主远近，企业都以相同的出厂价加上平均运费定价，没有地区差别。

这种方法比较有利于企业维持一个统一的全国广告价格，便于对所有的销售人员和经销商进行价格管理。统一定价等于是远距离的买主得到了运费补贴,但近距离的买主就会觉得不合算。故这种定价方法适用于运费占总价比重小的产品,大型电器就不太合适。

(3) 区域定价法

企业设立两个或两个以上的定价区域,在一个区域内,实行统一的价格,在不同的区域之间,实行不同的价格。这其实是统一交货定价法的一种变化形式,它避免了原地交货定价引起的运费负担悬殊,又避免了统一定价的一律扯平。但这种定价法对于处于两个区域边缘而正好落在高价区域的买主来说,仍会产生价格不合理的感觉。

(4) 减免运费定价法

一种减免运费定价法是全免,即无论买主距离远近,均由企业承担运费,这样企业就能对所有买主实行相同的价格。企业希望通过扩大销售量达到扩大生产规模,从而使企业的营销成本低于平均成本,以此来抵偿运费。

另一种是与买主共同承担,对远距离的买主,企业与买主运费分摊,以增强产品在偏远地区的竞争力。

减免运费定价法有利于企业应付激烈的市场竞争,有利于企业扩大市场占有率,但竞争对手往往是这种定价法为发起价格挑战的信号或行动。

(5) 基点定价法

企业以某一城市为定价基点(不一定是产地),无论货物实际是从何处运至该基点的,在基点对所有买主实行统一的价格;或者是无论买主从哪个企业下属的生产点提货,买主承担的运费都以基点起算。但由基点到买主要求的交货地点,将视距离的远近,收取不同的费用。

企业一般选择中心城市或产品的主要集聚地作为基点,绝大部分买主或主要买主离基点较近,因此,在运费问题上不会造成太大的矛盾。

但基点如离产地较远,反而是在产地的或产地附近的买主支付高价,不利于争取企业附近的买主。

6. 价格调整策略

电子电器企业产品价格调整的动力可能来自内部,也有可能来自外部。倘若企业利用自身的产品或成本优势,主动的对价格予以调整,将价格作为竞争的利器,这是主动调整价格。有时,价格的调整出于应付竞争的需要,即竞争对手主动调整价格,而企业也做出相应的调整,这是被动调整价格。无论是主动调整,还是被动调整,其形式不外乎是削价和提价两种。

(1) 主动调价

① 主动调价。当企业急需回笼大量现金、开拓新市场、产品供过于求,适应政治、法律环境及经济形势的变化时,企业往往会通过商品降价来扩大销售,由此获得更大的规模,稳固自己的市场地位。

企业在降价时,可以采用明降,也可以采用暗降。明降就是将企业产品的目录价格或标价绝对下降,暗降就是采用各种折扣形式或变相降价的形式来降低价格。如数量折扣、现金折扣、回扣和津贴等形式,以及赠送样品、有奖销售、分期付款等形式。由于暗降的方式具有较强的灵活性,在市场环境变化的时候,即使取消也不会引起消费者太大的反感,许多企业通常采用这种形式。

采取降价策略时要注意以下几点:一是降价商品质量要好,不能是质量低劣的处理品,否则就没有吸引力;二是降价幅度要能引起顾客的注意和兴趣,刺激购买;三是降价幅度种类要适当;四是降价幅度要合理,否则企业利润会有较大损失。采用降价策略时,企业事先都应做好可行性分析,对降价幅度、品种数量、顾客心理、产品成本,以及降价所能达到的确实效果等进行认真研究和分析，使降价活动达到预期的目的。

确定何时降价是调价策略的一个难点，通常要综合考虑企业实力、产品在市场生命周期所处的阶段、销售季节、消费者对产品的态度等因素。例如，进入衰退期的产品，由于消费者失去了消费兴趣，需求弹性变大，产品逐渐被市场淘汰，为了吸引对价格比较敏感的购买者和低收入需求者，维持一定的销量，降价就可能是唯一的选择。由于影响降价的因素较多，企业决策者必须审慎分析和判断，并根据降价的原因选择适当的方式和时机，制定最优的降价策略。

② 主动提价。提价虽然能提高单位商品利润率，但却会引起竞争力下降、消费者不满、经销商抱怨，甚至还会受到政府的干预和同行的指责，从而对企业产生不利影响。但当企业产品成本增加或为了适应通货膨胀、减少成本压力和企业损失时，企业还是必须考虑产品的提价。

为了保证提价策略的顺利实现，提价时机可选择在这样几种情况下：第一，产品在市场上处于优势地位；第二，产品进入成长期；第三，季节性产品达到销售旺季；第四，竞争对手产品提价。此外，在方式选择上，企业应尽可能多地采用间接提价，把提价的不利因素减到最低程度，使提价不影响销量和利润，而且能被潜在消费者普遍接受。同时，企业提价时应采取各种渠道向顾客说明提价的原因，配置以产品策略和促销策略，并帮助顾客寻找节约途径，以减少顾客的不满，维护企业的形象，提高消费者信心，刺激消费者的需求和购买行为。

(2) 被动调价

竞争对手实时价格调整策略相当迅速，并且在调整之前大多采取了保密措施，以保证发动价格竞争的突然性。电子电器企业在这种情况下，正确的做法是尽快迅速地对以下问题进行调查研究：第一，竞争者调价的目的是什么？第二，竞争者调价是长期的还是短期的？第三，竞争者调价将对本企业的市场占有率、销售量、利润、声誉等方面产生哪些影响？第四，同行业的其他企业对竞争者调价行动有何反应？第五，企业有几种反应方案？竞争者对企业每一个可能的反应又会有何反应？

在弄清上述问题的基础上，企业还必须结合所经营的产品特性确定对策。一般来说，在同质产品市场上，如果竞争者降价，电子电器企业必须随之降价，否则大部分顾客将转向价格较低的竞争者；但是，面对竞争者的提价，企业既可以跟进，也可以暂且观望。如果大多数企业都维持原价，最终迫使竞争者把价格降低，是竞争者涨价失败。

在异质产品市场上，由于每个电子电器企业的产品在质量、品牌、服务、包装、消费者偏好等方面有着明显的不同，所以面对竞争者的调价策略，企业有着较大的选择余地：第一，价格不变，任其自然，靠顾客对产品的偏爱和忠诚度来抵御竞争者的价格进攻，待市场环境发生变化或出现某种有利时机，企业在行动。第二，价格不变，加强非价格竞争。例如，企业加强广告攻势，增强销售网点，强化售后服务，提高产品质量，或者在包装、功能、用途等方面对产品进行改进。第三，部分或完全跟随竞争者的价格变动，采取较稳妥的策略，维持原来的市场格局，巩固取得的市场地位，在价格上与竞争者更大的幅度削价，以比竞争者小的幅度提价；强化非价格竞争，形成产品差异，利用较强的经济实力或优越的市场地位，居高临下，给竞争者以毁灭性的打击。但这一方法运用不当，常常造成两败俱伤甚至整个行业的微利或亏损。

6.4　电子电器产品的渠道策略

我国彩电龙头企业长虹在彩电销售中重视与家电批发企业的合作，批发大户为长虹产销量的迅速增长提供了流通空间；同时，长虹与大百货商场的合作也卓有成效，长虹把它看成是自己的"形象市场"，给以各种优惠政策。可以说，长虹连年的销量第一的桂冠就是依靠这些中间商的销售业绩取得的。然而，这种合作也并非一帆风顺，1998年的济南百货商场"拒售"事件以及后来连续发生的流通企业低价倾销或排斥长虹彩电的现象，不但损害了长虹的利益，而且搅乱了市场秩序，以致长虹总裁曾发出"这是长虹的骨头熬长虹的油"的叹息。2000年长虹集团在原有销售渠道基础上，又推出了强化零售终端的渠道策略，投资2.5亿元在全国建设一万多家直销中心，以更好地进行产品分销、品牌推广、信息反馈和用户服务。

这一事实引起我们思考的是，电子电器企业为了提高产品的市场占有份额，在商品销售中应如何选择销售渠道、规划合理的分销渠道策略呢？本章就将介绍渠道策略的有关内容。

6.4.1 电子电器产品分销渠道的概念、功能和类型

1. 电子电器产品分销渠道的概念和功能

(1) 电子电器产品分销渠道的概念

电子电器产品分销渠道(Place Channel)是指电子电器产品从生产者向消费者移动时取得借助于一系列中间商的转卖活动。产品在流通领域内的转移，包括由产品交易活动完成的产品所有权转移过程和由储存、运输等完成的产品实体转移过程两个方面，即商流过程和物流过程。产品实体转移的方向和经过的环节并不一定与产品所有权转移的方向和经过环节完全一样。例如，产品从生产者到零售商可能经过两道批发商与产品交易活动，但这些批发商实际上并没有运送或保管过该产品；另外，即使有若干专业的运输公司或仓储公司参与了产品实体转移活动，但他们并从未介入任何产品的买卖交易活动，他们只是提供了服务。因此，分销渠道的含义，一般仅指由参与了产品所有权转移或产品买卖交易活动的中间商组成的流通渠道。分销渠道的起点是生产者，重点是消费者或用户，中间环节包括各参与了产品交易活动的批发商、零售商或代理商三类中间商。严格地说，后两类中间商并不对产品拥有所有权，但他们帮助达成了产品的买卖交易活动，因此，也可作为分销渠道的一关或一个环节。所以，只要是从生产者到最终用户或消费者之间，任何一组与产品交易活动有关并相互依存、相互关联的营销中介机构均可称为一条分销渠道。

(2) 电子电器产品分销渠道的功能

电子电器产品分销渠道的主要功能是：市场调研、促进销售、接洽业务、编配分装、业务洽谈、实体分配、资金融通、风险承担等八项。前五项主要是促进交易，后三项主要是辅助交易的完成。这些功能由中间商完成。可节省产品成本和售价，提高效率和效益，更好地满足目标市场的需要。但生产者同时也会保持一定的自销量，以有利于直接掌握市场动态。

2. 电子电器产品分销渠道的类型

(1) 电子电器产品分销渠道的结构类型

电子电器产品分销渠道的构成有如下几种。

生产者—消费者(用户)

生产者—零售商—消费者(用户)

生产者—批发商—消费者(用户)

生产者—批发商—零售商—消费者(用户)

生产者—代理商—批发商—零售商—消费者(用户)

(2) 电子电器产品分销渠道的基本类型

1) 根据有无中间商参与交换活动,电子电器产品分销渠道可分为两种最基本的销售渠道类型:直接分销渠道和简介分销渠道。

① 直接分销渠道:指生产者将产品直接供应给消费者或用户,没有中间商介入。直接分销渠道的形式是:生产者—消费者。

直接分销渠道的具体方式有订购分销(指生产企业与消费者先签订订购销合同或协议,在规定时间内按合同条款供应产品,交付款项)、门市部或专卖店直销、联营分销(指工商企业之间、生产企业之间联合起来进行销售)等。直接分销渠道具有有利于产需双方沟通信息,可以按需生产,更好地满足目标顾客的需要,提高产品竞争力,降低产品在流通过程中的损耗。但也有其不足:使产品在短期内广泛分销,很难迅速占领或巩固市场;加重生产者的工作负荷,分散生产者的精力;影响本企业电子电器产品市场份额的实现和专业户协作。

② 间接分销渠道:指生产者利用中间商将产品供应给消费者或用户,中间商介入交换活动。上述结构类型中的第二至第五种形式便是间接分销渠道模式,是电子电器消费者市场的最基本的渠道类型。

间接分销渠道有助于产品广泛分销,缓解生产者人、财、物等力量的不足,有利于企业之间的专业化协作,借助中间商的力量促进产品的销售等优点。但间接分销渠道可能形成需求滞后差,加重消费者的负担,导致抵触情绪,不便于供销双方直接沟通信息,使生产企业难以从中间商的销售中了解和掌握消费者对产品的意见。

2) 按照通过流通环节的多少来划分,电子电器产品分销渠道可分为短分销渠道和长分销渠道。

① 短分销渠道:指只经过零个或一个环节的分销渠道,其渠道模式为:生产者—中间商—消费者(用户)。这种模式比较适用于消费者比较分散的通用电子电器产品和技术性比较强、售后服务要求高的产品。这种短渠道因流通环节少、销售线路短,能有效地缩短流通时间,加快资金周转,提高经济效益。

② 长分销渠道:指经过两个以上环节的分销渠道,其渠道模式为生产商—批发商或代理商—消费者(用户)。或者生产商—代理商—批发商—零售商—消费者(用户)。这种渠道适用于需求分数且需求量大的家用电子电器产品。它能充分发挥中间商的作用。便于产品的收集、储存、扩散;做到把分散的货源集中起来,再合理地及时分配到广大的消费者手中,并节约了生产企业的劳动时间与负担。方便了消费者就近、及时购买,具有很大的辐射性和纵深性。这种渠道的不足是生产者与消费者相隔较远。对于生产者来说,延长了销售时间。市场信息反馈受到一定影响;对于消费者来说,有可能承受更多因流通环节增多而带来的流通费用的增加。

③ 根据渠道的每个环节中使用同类型中间商数目的多少来分。电子电器产品分销渠道可分为宽分销渠道与窄分销渠道。

企业使用的同类中间商多。产品在市场上的分销面广。称为宽分销渠道。如电池、灯泡等消耗性的电子电器产品,由多家批发商经销。又转卖给更多的零售商,能大量接触消费者,大批量地销售产品。而且可以造成中间商之间的竞争。但由于同类型的中间商数目多,使中间商推销企业的产品不专一,不愿为推销的产品付出更多的营销费用。且生产商与中间商指尖的关系松散不稳定。

企业使用的同类中间商少。分销渠道窄,称为窄分销渠道。它一般适用于专业性强的产品，或者重耐用的消费品。由一家中间商统包，几家经销。它使生产企业容易控制分销，生产商与中间商之间的关系比较密切，从而使生产商和销售之间相互促进，但市场分销面受到限制。且风险比较大，一旦双方关系出现变化，就会影响生产和销售。

4）按照企业选择分销渠道结构模式的多少，电子电器产品分销渠道可分为单一分销渠道和多条分销渠道。

当企业全部产品都由自己直接所设的门市部销售，或全部交给批发商经销，称为单分销渠道。这种渠道比较适用于技术性强，生产批量又不大的电子电器企业。

多分销渠道则可能是在本地区采用直接渠道，在外地采用间接渠道；在有些地区独家经销，在另一些地区多家分销等。这种渠道模式比较适用于生产量大且地域分散、市场面广的电子电器产品。

6.4.2 电子电器产品分销渠道的选择

1. 影响分销渠道选择的因素

企业在渠道选择中，要综合考虑渠道目标和各种限制因素或影响因素，主要制约因素有以下几方面。

（1）市场因素

市场因素主要包括以下几方面。

① 目标市场的大小。如果目标市场范围大。渠道则较长；反之，渠道则短些。

② 目标顾客的集中程度。如果顾客分散。宜采用长而宽的渠道；反之，宜采用短而窄的渠道。

③ 市场消费者的购买习惯。如消费者对日用品的购买习惯，希望能随时随地买到这种消费品，生产商就需通过批发商和众小零售商转卖给消费者。这样，这些日用品的分销渠道便是较长而宽的，而对一些特殊品，则需要短而窄的分销渠道。

（2）产品因素

① 产品的易毁性或易腐性。如果产品易毁或易腐，则采用直接或较短的分销渠道。

② 产品单价。如果产品单价高，可采用短渠道或直接渠道；反之则采用间接促销渠道。

③ 产品的体积与重量。体积大而重的产品应选择短渠道；体积小而轻的产品则可采用间接销售。

④ 产品的技术性。产品技术性复杂需要安装及维修服务的产品，可采用直接销售；反之则选择间接销售。

（3）生产企业本身的因素

① 企业实力强弱。主要包括人力、物力、财力，如果企业实力强可建立自己的分销网络，实行直接销售；反之，应采用中间商。

② 企业的管理能力强弱。如果企业管理能力强，又有丰富的营销经验，可选择直接销售渠道；反之，应采用中间商。

③ 企业控制渠道的能力。企业为了有效地控制分销渠道，多半选择短渠道；反之，如果企业不希望控制渠道，则可选择长渠道。

（4）政府有关立法及正常规定

例如，专卖制度、反垄断法、进出口规定、税法等。又如，税收政策、价格政策等因素，都能影响企业对分销渠道的选择。诸如烟酒实行专卖制度时，这些企业就应当依法选择分销渠道。

(5) 中间商的特性

各类各家中间商实力、特点不同，诸如广告、运输、信用、训练人员、进货频率等方面具有不同的特点，从而影响生产企业对分销渠道的选择。例如，汽车收音机厂商考虑分销渠道，其选择方案有：第一，与汽车厂商签订独家合同。要求汽车厂商只安装该品牌的收音机；第二，借助通常使用的渠道，要求批发商将收音机专卖给零售商；第三，寻找一些愿意经销其品牌的汽车经销商；第四，在加油站设立汽车收音机装配站，直接销售给汽车使用者，并与当地电台协商，为其推销产品并付给相应的佣金。

2. 电子电器产品分销渠道策略

电子电器产品分销渠道的选择，首先是确定分销渠道的长度。接着便要确定选用同一中间商的多少及中间商的选择。

(1) 电子电器产品分销渠道的基本策略

① 密集分销：指生产企业同时选择较多的经销代理商销售产品。一般来说，日用品多采用这种分销形式，工业品中的一般原材料、小工具、标准件等也可用此分销形式。

② 选择分销：指在同一目标市场上，选择一个以上的中间商销售企业产品，而不是选择所有愿意经销本企业产品的所有中间商。这有利于提高企业经营效益。一般来说，消费品中的选购品和特卖品、工业品中的零配件宜采用此分销形式。

③ 独家分销：指企业在某一目标市场，在一定时间内，只选择一个中间商销售本企业的产品。双方签订合同，规定中间商不得经营竞争者的产品，制造商则只对指定的经销商供货。一般来说，此分销形式适用于消费品中的家用电器、工业品中的专用机械设备，这种形式有利于双方协作，以便更好地控制市场。

(2) 中间商的选择

中间商的选择是否得当，直接关系到生产商的市场经营效果，选择中间商的标准有以下几个方面。

① 接近生产商的目标市场。如果生产商的目标市场是农村市场，则宜选择与农村有紧密联系的中间商；如果生产商的目标市场是家用电器，则宜选择有家用电器经销经验的中间商。

② 中间商的产品政策。了解中间商有多少产品线，是否有同类竞争对手的产品。

③ 生产商的销售推广能力。如果生产商的市场推广能力强，则选择中间商可主要考虑其产品的运输、储存和维修能力以及售后服务等能力；如果生产商的产品主要靠中间商来承担，就必须考虑中间商是否具有较强的市场推广能力。

④ 提供服务的能力。电子电器产品均有较高的售后服务的要求，中间商提供服务能力的大小也是选择中间商的重要标准之一。

⑤ 运输和储存能力。大多电子电器产品具有体积大、笨重等特点，对中间商相应的物资设备和经营条件的要求高。

⑥ 中间商的资金状况和管理水平。中间商能否及时付款结算，内部管理机制是否合理等直接关系到生产商的发展前途。

6.4.3　电子电器产品的主要分销方式与终端销售形式

由国务院发展研究中心市场经济研究所与北京顾能市场调研中心的专家组成的中国家电

产品市场销售渠道研究课题组，曾历时一年对我国113个城市、100个城镇进行了主要家用电器销售渠道的分类调查。调查显示，目前我国电子电器产品市场销售渠道大致可分为传统模式（大、中、小商场的百货商店、电器专业商店）和新兴模式（综合性连锁超市、家电直销专卖店、专业连锁专卖店、专业商品市场、集团采购、网上订购）。

据业内人士介绍，在我国城市市场，从渠道数量上看，大商场仍是家电产品销售的主要渠道，但却受到家电连锁和家电城的强有力竞争。以电视机为例，从销售商数量上看，家电专营店、百货商场和品牌专卖店三种形态的比例相当接近，成鼎足之势；从销售量上看，占据电视机市场份额量最大的仍然是百货商场，其比例高达40.9%；其次是家电城和家电专营店，所占比例分别为24%和16.6%。城市规模越大，新兴渠道的流通成分越高，家电专业连锁和综合性连锁的竞争能力越强。集团采购是近几年才进入国内的新概念，目前国内只有极少数企业充分认识到这个市场的巨大空间，设置了专门的队伍从事集团采购的销售工作，多数企业仅是依靠当地分公司或经销商去捕捉集团采购信息。网上订购具有高效、低成本的特点，高速增长的趋势和极强的市场辐射能力预示电子商务具有辉煌的前景，但目前我国主要家电产品的网上销售比例仅占0.5%左右。无论传统的还是新兴的渠道模式，从其产品所有权的转移方式不同，基本形成了由中间商代理、代销、买断经营或生产商专卖直销这几种分销方式。

1. 买断经营

买断经营是指企业生产的某一电子电器产品由一中间商买断某地区的销售权，实现商品所有权转移的一种经营方式。买断经营是针对目前流通领域中长时间的租赁经营、无风险经营方式而言的。买断经营权之后，商场将承担起厂家、商家的双重角色，宣传、推广、销售都要一手抓，同时也要承担积压的风险。

早在1998年，上海的华联、联华就已经开始了买断经营，但由于知名度以及地域等方面的原因，使这一经营方式暂时搁浅，直到2000年北京国美向国内各大彩电生产企业大宗招标，才使业界对这一方式竞相模仿和研究。继北京国美之后，北京百货大楼投入1 000万元资金独家买断乐华的一款新品——冷暖变频空调器，独家在京销售；武汉武商集团、武汉中商集团、武汉中百集团与长岭集团股份有限公司签订了总销量为1.1亿元的长岭冰箱购销合同；成都华联商场与四川长虹集团达成协议，由前者在全国独家买断后者热销的2919K银白色彩电的经销权等。不少经营规模大、资本雄厚的联销专营店纷纷采用这一经营方式。

买断经营对于商家来说，通过向厂家招标，直接参与到产品的设计中，有助于厂商有针对性地组织生产，避免积压。商业资本介入生产领域，能更好地发挥生产者与消费者之间的桥梁作用，同时在激烈的商业竞争中塑造出自己的品牌，这种一对一的订货和生产在某种程度上也能更好地监控产品的质量，从而大大增加对消费者的吸引力。

买断经营对于生产商来说，过去商场租赁式经营将风险完全托付给厂商，现在商场可以替厂商承担流通领域的风险；厂商在出售这些特供商品时，还节省了大量的广告费、推广费、营销费和仓储费；这种资本运作方式也将使厂商专注产品研发及升级换代，提高产品竞争力。

这种经营模式的发展表明了商业资本在未来的竞争中的地位，是电子电器市场趋于成熟的一种表现。

2. 代理与代销

(1) 销售代理的定义与分类

销售代理是委托人授予独立的代理商销售代理权，代理商在销售代理权限内连续地代表委托人搜集订单、销售产品及办理其他与销售有关的事务（如广告、售后服务、仓储等），代理商在销售完成后领取一定的佣金。

① 直接销售代理与间接销售代理

直接销售代理是指销售代理以委托人的名义替委托人进行销售事务，其法律后果直接地由委托人承担。而间接销售代理是指销售代理人以自己的名义代替委托人进行销售事务，其法律后果间接地由委托人承担。

② 独家销售代理与多家销售代理

独家销售代理是指厂商授予代理商在某一市场(可能以地域、产品、消费者群等区分)独家权力，厂商的某种特定的商品全部由该代理商代理销售。以地域划分的独家代理是指该代理商在某地区有独家代理权，这一地区的销售事务由其负责。有时，由于代理商的销售能力十分强，厂商便不再划分代理区域，而是将较多区域的全部销售由某代理商独家代理。

按产品划分，设立独家代理商是指某代理商拥有厂商的某种或某几种产品的独家代理权的情况。多家代理是指厂商不授予代理商在某一地区产品上的独家代理权，代理商之间并无代理区域划分，都为厂商搜集订单，无所谓越区代理，厂商可在各地直销、批发产品。

采取多家代理的厂商较多，多家代理中，代理商处于不同的地位，因此，只有厂商名头甚响，产品畅销时，代理商才肯采用此代理方式。日本的许多电子电器厂商即采用多家代理方式，例如，Casio(卡西欧)电子计算机，Panasonic(松下)寻呼机的生产厂商之所以能采用多家代理方式，主要是由于该厂商的产品技术先进，产品比较畅销。

③ 缔约代理和媒介代理

缔约代理是指代理商有代表委托方(卖方)定价销售合同的权力。按照日本学术界的看法，缔约代理中的代理与委托方是委托—代理的关系。在实务上，缔约代理商代理委托方订立销售合同时，应在合同上载明“卖方××，代理商××“的字样，英文合同上则以“××(代理商名称) on behalf of ××(委托方名称)或 as agent of ××(委托方名称)”的方式表示出来。

媒介代理是指代理商只有媒介交换促进交易的权力，而没有代表委托方签订合同的权利。所以，媒介代理商不享有真正意义上的代理商权限。在合同上，一般不显示媒介代理商的身份。媒介代理商与经济人在本质上的并无区别，只是媒介代理商是为特定厂商媒介交易，且与委托方关系持久，而经纪人则广为一般人媒介交易，且没有持续关系。

④ 总代理与分代理

现实生活中，总代理与独家代理的概念常混为一谈。总代理是该代理商同意代理某产品在某地区的销售事务，同时它有权指定分代理商，有权代表厂商处理其他事务。因此，总代理商必须是独家代理商，但是独家代理商不一定是总代理商，独家代理商不一定有指定分代理的权力。因此，总代理制度下，代理层次更为复杂，因而常常称总代理商为一级代理商，分代理商为二级或三级代理商。分代理商也有由原厂商直接指定的，但是大多数分代理商由总代理商选择，再上报厂商批准，分代理商受总代理商的指挥。

采用总代理制的优点是可以利用代理商拓展市场，缺点是代理层次增多，易造成管理不善。

⑤ 佣金代理与买断代理

这是按代理商是否承担货物买卖风险，以及其与原厂的业务关系来划分的代理方式。佣金代理方式是指代理商的收入主要是佣金收入，代理商的价格决策权受到一定限制。佣金代理方式又分为两种。一种是代理关系的佣金代理商，另一种是买卖关系的佣金代理商。

代理关系的佣金代理方式是法律意义上纯粹的代理关系。销售代理商仅为厂商在当地推销其产品，并经厂商授权以厂商名义与当地顾客签订买卖合约。产品的价格完全由厂商指定，代理商销售产品后，向厂商索取佣金作为报酬。在交易过程中，代理商不以自己的名字进货，即不从厂商购产品，只是起媒介交易作用。

买卖关系的佣金代理方式是指代理商根据厂商制定的价格范围(有一个上、下浮动率)，加上自己的佣金费作为产品售价，向顾客推销产品，与客户订好买卖合同后，该代理商向厂商订货，并以自己的名义进口代理产品。待收到客户贷款后，代理商从货款中扣除佣金汇给厂商。

由于买卖关系，而非代理关系的佣金代理商是以自己的名义进口货物，因此，它与厂商的关系实际上已是买卖关系，而非代理关系。当代理商将货物交给客户而又收不到货款时，它要负担坏账损失。正因为在这种情况下，代理商风险比较大，因此，厂商给予代理商价格浮动的范围，代理商在此价格范围内有最终价格的决定权。

买断代理商与厂商是一种完全的买断关系。它们先自己掏钱向厂商进货再销售，而买卖关系的佣金代理商则是先从厂商进货，若收不到货款时，再承担坏账损失。因此，买断代理商风险更大，它们对产品的销售价格拥有完全决定权，其收入来自买卖的差价，而不是佣金。

(2) 销售代理的特点

尽管销售代理按不同角度可进行不同的分类，但各类销售代理都有如下共同的特点。

① 销售代理商是独立的法人组织，并与委托方有长期稳定的关系

销售代理商的独立性是指销售代理商不等同于厂商的直营销售机构，也不是厂商的子公司或控股公司，它有独立的利益，独立核算。代理商与委托方的关系是长期稳定的，一般在一年以上，有的长达数十年，这是销售代理与代销的区别之一，也是代理优于我国目前通行的买断(即商业企业单纯的买进卖出)的优点之一。

② 代理商只拥有销售代理权，而不拥有对代理商品的所有权

这是销售代理与买断的主要区别。在买断制下，商业企业从生产企业购入商品后再销售，因而拥有商品所有权，并承受全部买卖风险。在销售代理制下，代理商只代理委托方进行销售产品，并不拥有产品所有权。

③ 销售代理商按委托方的意志，在代理权限内行事

委托方的意志一般体现在其赋予代理商的代理权限上。代理权限中规定了代理产品的种类、数量，代理区域的大小，是否有独家销售代理权，产品售价的高低及浮动幅度等；委托方的意志同时体现在代理合同中规定的代理商的义务上，例如，独家销售代理时，代理商要达到最低代理额；再如，代理商负有广告、售后服务、仓储、商情报告、保护委托方的无形财产等义务。代理商只有在代理权限内按委托方的意志行事，完成其负有的义务，代理行为才是有效代理，否则是无效代理。

④ 销售代理商行为的法律效果应由委托方承担

由于代理商行为体现的是委托方的意志，销售代理产生的权益与义务都通过代理合同转移给委托方。代理商不能占有代理行为产生的权益，从而不能占有销售后的货款；同时也不承担代理行为产生的义务，从而客户若不能及时收到货品或发生货损与产品质量问题，客户只能要求委托方厂商赔偿损失。

⑤ 销售代理商的收入是佣金而不是购销差价

这是由销售代理商本身不占有产品所有权的特点决定的。代理商只是一种中间商，其主要功能是提供销售机会，因而只能等产品售出，货款汇回委托方后，才能从委托方厂商那儿取得佣金收入，且佣金收入随代理额的浮动而浮动。

独家销售代理，除了有上述一般代理的特征外，还有如下独自的特点。

a. 独家销售代理商拥有某一区域内的独家销售代理权。

b. 独家销售代理商不得同时代理与委托方厂商产品相竞争的产品。

c. 独家代理商应当在一定时期内达到最低销售代理额；否则视为严重违约，委托方有权取消独家代理权。

(3) 销售代理与其他类似概念的区别

① 销售代理与经销的区别

从法律上来讲，销售代理人与委托人之间的关系属于委托代理的关系？销售代理人在代理权限内替委托人销售产品，其所有权不属于代理商，因此，销售收入归委托人所有，而代理商只领取佣金。

经销商与厂商之间的关系从法律上来看是买断关系，经销商的收入不是佣金，而是商品销售价格减去购入价格后的销售收入。

因此，销售代理与经销从理论上来讲有如下三点区别。

a. 经销的双方是买卖关系，销售代理的双方是一种委托—代理关系。

b. 经销商以自己的名义从事销售，而销售代理商以委托人的名义从事销售，签订销售合同。

c. 经销商的收入是买卖差价收入，而代理商的收入是佣金收入。

② 销售代理与经纪的区别

经纪关系是指中间商提供订约机会，并协助合同的签订，双方成交后，交易双方付给中间商佣金为报酬。经纪与代理有如下几点区别。

a. 服务对象不同

经纪人的服务对象极为广泛，而销售代理商只为一个或几个委托方进行与销售有关的服务。

b. 行为的名义不同

经纪人虽为委托人进行买卖交易活动，但都以自己的名义进行，其法律效果归于经纪人身上。

c. 享有的权利不同

由于经纪人只是以自己的名义替交易双方媒介，他不具体代表任何一方，即经纪人一般没有代为订约的权力。销售代理人是以委托人的名义行事。一般是缔约代理商，拥有代替委托人订合同的权利。

d. 服务的范围不同

销售代理商服务的范围仅限于销售代理及销售代理有关的一些服务，如货运、仓储、报关等，而经纪人服务范围则比较广泛。

e. 与委托人的关系的持续性不同

销售代理有固定的经营场所，它与委托人的关系是长久的、持续的。经纪人则是在特定市场中起媒介作用，经纪人与委托人的关系较为短暂。

③ 销售代理与代销的区别

代销是厂商委托中间商，以中间商的名义销售货物，盈亏由厂商自行负责，中间商只取佣金报酬，若销售不出产品，仍可将产品退还给委托人。代销商与销售代理商一样，也不拥有对产品的所有权，只有代表委托人销售产品的权力，因此也只能领取佣金。销售代理与代销的区别较为明显。

a. 从理论上讲，销售代理是直接代理，而代销是间接代理。

b. 从实务上讲，代销商是以自己的名义代销产品；销售代理中，代理商以委托方的名义售卖产品。

c. 销售代理关系一般比较持久，大多有明确细致的代理合同；代销关系较为短暂，代销合同稍微粗略。

d. 销售代理商一般是批发商，而代销商一般是零售商。

④ 销售代理与销售代表的区别

销售代表一般由厂商直接指定，其功能与销售代理商有些类似，但是销售代表只是协助厂商进行销售事务，无期限的约定，厂商可随时解除与销售代表的合作关系，因此，厂商与销售代表的关系并不密切，销售代表通常不为厂商收账，不承担储运功能。

正因为销售代表与委托厂商关系松散，特别是由于销售代表承担的功能有限，或是由于其同时代表许多厂商，甚至是竞争性厂商，因此，一般的厂商都不愿给销售代表以代理权。

（4）目前我国代理制现状

① 我国营销渠道中现存的代理种类较少，而且功能界定不明。

② 我国目前的代理，在交易过程中一般占有产品所有权，并且参与营销渠道中几乎所有的渠道活动，如产品所有权交换、实体分配、促销、谈判、订货和付款等。实质上类似全功能型批发商概念。但与全功能批发商又有区别，西方全功能批发商一般只负责产品的售后服务，而我国的代理不负责售后服务，售后服务工作则是由制造厂商设立或委托的维修网点来完成。

③ 我国目前多数产品尚未实行佣金代理制，代理主要从产品的买进和卖出的差价中获取利润，而不像西方国家代理的报酬是根据代理达成的合同额的大小取得一定比例的佣金。

④ 我国的代理由于一般占有产品的所有权和实体分配权。因此，必须具有仓储功能，保持一定的库存，要承担库存带来的各种风险。这一点也不像西方国家代理多数只负责生产厂商同顾客之间实现合约的签订，签订的风险较少，且一般不承担风险仓储功能，不参与产品供销的资金流活动，不提供赊账销售。

⑤ 我国的代理日常支出费用已不仅仅是促销开支，还要包括库存维护、银行贷款还息等。

3. 专卖

专卖是指为更好地适应消费者对品牌选择的需求，专门经营或授权经营制造商品牌产品的一种做法。如长虹集团2000年投资2.25亿在全国建立一万多个零售终端。海尔集团从初期依靠商场销售，再到建设自己的品牌专卖店，迅速提升了海尔品牌的知名度和信誉度。TCL目前也在全国拥有八千多家零售终端，虽然带来了销售成本压力，但通过对渠道的建设与控制，迅速提高了其电视的销量，并为其实施多产品扩张提供了载体。

专卖与专营有所不同。专营以经营某一大类产品为主，并且有具备丰富专业知识的销售人员和适当的售后服务，满足消费者对某大类产品的选择需求，是一种零售状态，也称为专业店，如家电商场、空调器商店均属专营。而专卖通常只销售一种品牌的系列产品，其系列产品可能包括几大类产品。

专卖通常采用连锁的组织形式，连锁是指许多成员店在同一总部的管理下，统一采购、统一定价、统一售价，发挥规模优势的一种组织形式，连锁店有以下三种。

（1）直营连锁

同属于某一个总部或总公司，统一经营，所有权、经营权、监督权三权集中，也称为联号酒店,公司连锁。其基本特点是:所有成员企业必须是单一所有者,归一个公司,一个联合组织或者单一个人所有;由总公司或总部集中统一领导,包括集中统一人事、采购、计划、广告、会计等;成员店铺不具备企业法人资格,其经理是总部或总店委派的雇员而非所有者;成员店标准经营,商店规模、商店外貌、经营品种、产品档次、陈列位置基本一致。

(2) 自愿连锁

各店铺保留单个资本所有权的联合经营,多见于中小企业,也称为自由连锁、任意连锁。正规连锁是大企扩张的结果、目的是形成垄断:自愿连锁是小企业的联合,抵制大企业的垄断。自由连锁的最大特点是成员店铺是独立的,成员店经理是该店所有者。自由连锁店总部的职能一般为:确定大组织销售计划、共同进货、联合开展广告等促销活动,业务指导店堂装修、产品陈列、组织物流、教育培训、信息利用、资金融通、开发店铺、财务管理、劳保福利、帮助劳务管理等。

(3) 特许连锁

也称为加盟连锁、契约连锁。它是主导企业把自己开发的产品、服务和营业系统(包括商标、商号等企业的象征使用,经营技术,商业场合和区域),以营业合同的形式授予规定区域的加盟店统销权。加盟店则需缴纳一定的营业权使用费,承担规定义务。特点是经营产品必须购买特许经营权,经营管理高度统一化,标准化。麦克唐纳连锁店一般要求特许经营店在开业后,每个月按销售额的 3% 支付特许经营使用费。

总之,无论是传统渠道还是新兴渠道,无所谓谁优谁劣,都是针对所销售的不同产品类型,在不同的销售地域和市场环境中表现出各自不同的渠道优势和销售效率。电子电器产品生产企业根据自身的具体条件有针对性地去选择最科学、最有效的、最适合自己的销售渠道,使自己的产品在既定的目标市场中具有决定性优势。

6.4.4　电子电器产品的实体分配

实体分配指对原料和最终产品从原点向使用点转移,以满足顾客需要,并从中获利的实物流通计划,实施和控制,也称为实体流通或物流。即产品通过从生产者手中运到消费者手中的空间移动,在需要的地点,需要的时间里,送达消费者手中。

实体分配主要包括运输,仓库,存货管理及订单处理。本节主要就仓储,存货和运输的组织和管理展开介绍。

1. 电子电器产品的仓储要求

每个公司在其产品代售的时候,必须进行储存,这是因为生产和消费的周期经常不一致,如许多电子电器产品生产是大批量、常年性的,而消费却是零星的、季节性的,存储的功能便是克服这种数量上与时间上的差异。

产品存储的场所便是仓库,仓库越多,越能将产品越快地送达客户处。但是,仓储成本也将增加。因此,仓库的数量必须在顾客服务水平和分销成本之间取得平衡。仓库可以是自有仓库,也可以是租用公共仓库。自有仓库便于控制,但是它牵制了公司的资本,如果想改变仓库位置也比较困难。公共仓库是对租用面积收费,同时提供额外服务。在利用公共仓库时,公司在仓库位置和类型方面有较大的选择余地。

仓库在储存产品时,不仅要确保储存一定的数量、降低仓储成本,而且要保证产品的质量。

电子电器产品在仓库保管和养护方面的要求如下。

(1) 电子类产品的保管和养护

① 储存保管特性

电子类产品的构成除收录机、电唱机需要机械传动的电动机等传动部件外，主要由晶体管、变压器、电容器、扬声器、显像管，以及旋钮、塑料或金属机壳、金属和非金属装饰等其他零配件焊接装配而成。因此，就储存保管而言，基本上具有如下相同的特性。

a. 怕重震

显像管大多为玻璃外壳，受震容易破碎，灯丝断；晶体管显然比较耐震，但重震也会使内部触点移位、松动或碰板；扬声器遇重震会变形甚至纸盆破裂；重震撞击时对频率刻度玻璃、接线、线圈、电阻、电容等均有一定影响。

b. 怕潮湿

显像管的管脚和管座，晶体管的管壳和管脚，变压器的硅钢片和漆包线，电解电容器的铝质外壳和金属接脚，中周变压器铁质外壳和包线，扬声器的磁铁等，都是金属制品，受潮后极易生锈，造成接触不良；变压器等内部线圈受潮发霉会降低绝缘性能，造成漏电、发热等故障，甚至发生短路和烧毁整机的事故，影响安全使用；扬声器的纸盆受潮，会发生霉烂、脱胶、变形；木机壳受潮会生霉，脱机变形，铁机壳受潮会生锈脱漆，至于其他金属装饰件以及喇叭布等配件也怕受潮。

c. 怕高温暴晒

木质机壳久晒或空气过分干燥，会干裂产生缝隙；电解电容如经常受高温，内部电解液会干枯，造成漏电或失效。

② 养护方法

根据以上特性，电子类产品的养护方法要注意：

a. 应选择附近无产生腐蚀性气体或油雾的工厂的库房，并有较好的通风和密封条件的楼房库房储存。如储存底层库房，垫板高应在 1.5 cm 以上，并铺设油毛毡隔地潮，窗户要刷白，防止阳光直射。

b. 储存适宜温度为 10～30 ℃，最高不宜超过 32 ℃，相对湿度应控制在 60%～80%，每季检查一次。相对湿度为 50%时，木质机壳可能干裂、变形。

c. 在 4～7 月，因处雨季，每月应抽查一次，如发现外包装有受潮软化的现象，根据需要可以通风试听、试看，观察 30～60 min，利用其自身发热驱散潮气，发现异状应增加抽检数，并且及时进行处理。

d. 货垛不宜太大，垛与垛之间应有 10 cm 的距离，垛与隔壁要有 50 cm 的距离，顺通风窗排列，以利通风散潮。堆码力求稳固，不要太高。包装箱上的“5”符号，表示包装箱叠高不得超过五只包装箱的高度，必须按标志方向堆码，不要倒置或侧置，搬运装卸必须小心轻放，严禁摔撞，防止剧烈震动。

e. 此类产品储存期不宜太长，应严格执行“先进先出”的规定。

(2) 电器类产品的保管与养护

① 储存保管特性

电器类商品如洗衣机、冰箱等，其中均有电动机，各种开关，机身分金属和塑料两种，外表用喷漆或部分镀铬做保护层，它们的储存特征是：

a. 怕潮湿

电器类产品大部分以金属为原料，因此，受潮后，容易氧化生锈漆水脱落，特别会影响电动机绕组的绝缘性绕组的绝缘性，绕组受潮后如未经干燥处理，通电使用就会发热甚至烧毁绕组。

b. 怕重压

外壳受重压后会变形甚至损坏。

② 养护方法

电器类产品的养护方法主要有：

a. 应储存于干燥通风的库房内，避免与化学物品同仓混存，库房温度以不超过 30℃为宜，相对湿度应该在 80%以下。

b. 凡储存日久的，应定期抽查，一般为半年一次，看看有无受压、损坏、脱漆、生锈、滚珠轴承的黄油是否干涸或转动是否失灵等。

c. 搬运，堆码要轻拿轻放，应按箱面上的标志轻放堆码，切勿倒置或侧置，防止压坏外壳或部件。

2. 电子电器产品的存货控制

存货水平是影响顾客满意程度的实体分配决策。充足的存货能随时满足顾客的各种需求，但随着存货水平的提高，企业资金利息、储存保管费用以及货物的风险却不断增加，合理控制存货是所有企业十分关注的问题。存货的控制主要是对进货时间和进货数量的确定，从而使企业的库存水平趋于合理。

(1) 采购点法

采购点是当库存下降到应组织采购时的库存数量点。采购点法控制存货的具体方法是：当某一产品的库存量下降到确定的采购点时，就组织该产品的进货，而进货的数量则按最高库存量与采购点之间的差额确定。最高库存量的确定则依据该产品在销售中的重要性、单价、产品特性等因素经验决定。

从采购点开始组织采购到产品上柜进行销售一般需要一定的时间间隔。如果库存量已下降到采购点还未开始采购，则会发生脱销；反之，会造成库存量过大，甚至积压。因此，当库存量下降到采购点时，是开始采购的最佳时间。

那么，采购点的库存量只要保证在进货期内的产品销售不间断便不会产生产品脱销现象，亦即取决于进货所需要的时间和此间的平均销售量。因此，确定采购点主要依据以下三个因素：第一，进货所需时间，指从开始采购到做好销售准备的时间间隔；第二，平均销售量，指企业正常销售产品的日平均销售量；第三，安全存量，是为了防止消费需求变化和延期交货引起脱销的额外存量。具体计算方法有两种。

① 当销售量和进货所需时间相对稳定时：

$$采购点=日平均销售量\times进货所需天数$$

② 当销售量和进货所需时间不稳定时：

$$采购点=日平均销售量\times进货所需天数+安全存量$$

例 6-1　某商场销售某种剃须刀，平均每日销售 50 只，根据以往资料，该产品进货需要 2 天，由于外地进货销售准备需 0.5 天，问该剃须刀的采购点应为多少？若考虑进货的不稳定因素，设机动天数 2 天，则采购点又应为多少？

解：正常情况下：

$$采购点=50\times(2+0.5)只=125 只$$

若考虑进货的不稳定因素：

$$\text{安全含量}=2\times50\text{ 只}=100\text{ 只}$$

$$\text{采购点}=[50\times(2+0.5)+100]\text{只}=225\text{ 只}$$

安全存量的精确计算要根据以往进货资料通过计算标准差来推算。考虑企业进货和销售中的不确定因素较多，实际使用中做粗略估计。

(2) 经济采购批量法

经济采购批量是指总费用最少时的采购批量，即采购费用和储存费用之和最低时的一次产品采购数量。在组织电子电器产品的采购时，由于采购批量的不同，必然会导致产品采购费用和储存费用的不同。一定时期内产品采购批量越大，采购次数就越小，采购费用也就越低。而一次性采购量增大，产品的储存费用就增高；反之，采购批量越小，产品的储存费用也越少。但是由于采购次数的增加，产品的采购费也增大了。

通过采购批量、采购费用、储存费用、总费用之间的关系，可以找出最合理、费用最节约的采购批量即经济采购批量。当采购费用与储存费用相等时总费用为最小，由此，可以得出经济采购批量的计算公式为

$$\text{采购费用}=\text{采购次数}\times\text{每次采购费用}=\frac{KD}{Q}$$

$$\text{储存费用}=\text{平均储存量}\times\text{年单位产品保管费用}=\frac{HQ}{2}$$

式中，Q——每次采购数量(经济采购批量)；

D——某产品年采购量；

K——一次产品采购费用；

H——年单位产品储存费用。

有

$$\frac{KD}{Q}=\frac{HQ}{2}$$

得

$$Q=\frac{2DK}{H}$$

例 6-2 某家电公司计划采购一产品，年进货总量为 2 000 件，根据上年资料计算平均一次进货费用为 120 元，单位产品价格为 100 元，年单位产品保管费用率为 3%，求该产品的经济采购批量和进货时间。

$$H=100\times3\%\text{元}=3\text{ 元}$$

$$Q=\frac{2DK}{H}=2\times2\,000\times120/3\text{ 件}=400\text{ 件}$$

$$\text{进货次数}=D/Q=2\,000/400\text{ 次}=5\text{ 次}$$

$$\text{每次进货的时间间隔}=365/5\text{ 天}=73\text{ 天}$$

即每隔 73 天进一次货，每次进 400 件商品。

按经济采购批量的好处是有利于使企业的采购费用和储存费用降到最低，但上述模型只适用于销售比较稳定、产品资源充沛、市场行情比较稳定的产品，如情况不符合，则在测算时应做适当调整。

3. 电子电器产品运输的组织

合理运输工具和运输方式的选择，将影响到产品的价格，准时送货的执行和产品抵达时的

损耗情况等，而这些又将影响到销售和顾客的满意程度。

(1) 电子电器产品运输工具的选择

本着“及时、准确、安全、经济”的产品运输原则，应根据产品性能的要求、运量的大小、路程远近、需要的缓急、运输的高低、产销两地的交通条件、气候自然条件和各运输工具的特点等因素，选择适当的运输工具。

不同运输工具的特点如下。

① 铁路

铁路是我国目前运输业中的骨干，货运量占全国货运总量的 48%。其特点是载量大、运距长、运费较低、运输速度快、安全可靠、不受气候和季节影响，但运输受铁路线的限制，不够灵活。铁路运输最适宜大宗货物的远程运输。

② 公路

公路运输面积最广，运输线最长，四通八达，深入各地，担负着极广泛的短距离的运输任务，货运量占全国货运总量的 31%，其主要特点是灵活、方便、迅速、便于完成突击任务，便于开展“门到门”运输；但运费较高，运量较小。一般宜短途运输和一些时令、季节产品的运输。

③ 水路

水路主要包括内河运输、近海运输和远洋运输，货运量占全国总货运量的 18%。

a. 内河运输：担负国内各地区之间的水上运输。其特点是运费较低，载运量较大，但运输时间较长，易受枯水涨水影响。适用于运输笨重、数量大、价值低、不易腐烂、时限性要求不高的产品。

b. 近海运输：担负国内港口之间的产品运输任务。特点与内河运输基本相同，但较之内河运输费用更低、运量更大、速度较快。

c. 远洋运输：担负着本国港口与外国港口之间的运输任务，用于对外贸易。

④ 航空

航空运输是一种现代化的运输工具。其特点是不受地面条件限制，速度快、时间段，货物中途破损率小，但费用昂贵，受客观条件（主要是气候、航线、机场）限制较大，适用于少量、小型、急需物品、易损物品和救灾抢险物资运输。

理想的运输工具的特点是运费低、速度快、连续性强、活动范围广、灵活性强，且不受季节气候变化的影响。但实际上各种运输工具不可能同时具备这些优点，只能在一定程度上满足这些条件的要求。因此，在选择运输工具时，也只能有条件地满足一部分。

电子电器产品多属贵重、易损、中小批量工具，运输要求及时、少量，因此，一般多用汽车和火车为运输工具。

(2) 电子电器产品运输方式的选择

① 直线直达运输

直达运输是为了减少运输环节，又可节省运杂费用，减少产品损耗。直线运输可缩短产品运输里程，避免迂回运输，一般而言，一次进货量大、可以整车发运的产品都适宜于采用直线直达运输。

② “四就直线”运输

“四就直线”包括就厂直拨、就站直拨、就库直拨、就船过载。

a. 就厂直拨：产品不经过批发仓库，由工厂产地直接调运给要货单位。

b. 就站直拨：从外埠运入的产品，不进入批发仓库，而直接从车站或码头调运给要货单位。

c. 就库直拨：从租用的公共仓库中直接调运给要货单位，而不经过自有仓库。

d. 就船过载：对从外地用车、船运来的产品，不卸货，在车、船上检验后，直接过载到事先安排好的其他运输工具上，分运给要货单位。

开展“四就直线”运输，有利于减少仓库环节，降低产品损耗，节约运杂费用。

③ 零担运输

当产品的重量或体积较小（或小）时采用的发运方式，不同的运输工具所规定零担的重量、体积范围不同。在铁路的零担运输中，还可以采用“零担凑整”的方式，即将不同种类的零担产品凑成一个车皮，以整车形式发运。这种运输方式按零担的 90％计费，有利于节省运输费用。具体有以下三种做法。

a. 零担凑整直达：即将发往同一到站，不同收货单位的产品凑成整车发运，直达目的地。

b. 零担凑整分卸：即将几个同一方向，相近到站的产品凑成整车发运，在沿途分卸。

c. 零担凑整中转分运：即将同一方向、不同到站的产品凑成整车发运到一个适当中转站后再分运到各要货单位。

④ 整车运输

包括单一整车、合装整车、合装整车分运和整车分卸等多种形式。

a. 单一整车：指同一发站、同一发货单位或发货人，将一批产品运达一个到站，由一个收货单位或收货人收货，其重量、体积、性质或状态需要一节铁路货车装运的称为整车。

b. 合装整车：指同一发站、由同一发货人将几个发货单位或发货人的不同产品的类品，经过合理组配，组装在一节铁路货车内，按其中最高整车运价计费，运达一个到达站，由一个统一收货人收货。

c. 合装整车分转分运：指一个到达站的货物，组装在一节铁路货车内，由到达站的商业中转单位统一收货后，分别进行中转分运。

d. 整车分卸：指同一发货单位或发货人将二个至三个同一路径的在一个铁路运输区段内不同到站的货物装在一节铁路货车内，按最远里程计费。

⑤ 联合运费

指使用同一运输工具衔接运输产品，使产品迅速及时地发运到消费地。它具有一次发运、一票到底的优点，从而简化了发运手续、缩短产品在途时间，节省费用开支。

6.5 电子电器产品的促销策略

当西门子家电第一款与欧洲同步的滚筒洗衣机通过自己的销售网络到达全国各大销售商场柜台时，如何在竞争达到白热化的市场中，让较为保守的中国消费者接受西门子的滚筒洗衣机？当时，众多的家电厂商将市场推广的手段都集中在媒体上，电视、报纸广告的口号一浪高过一浪。西门子家电的营销人员通过对市场调查和消费者分析发现，当前的国内消费市场，大家电属于低关心度产品。当人们不需要添置它时，很少人会关心家电类广告或相关信息，不会在意洗衣机流行什么牌子。只有当他们需要购买一台洗衣机时，才会留意收集相关产品信息，而在即将要发生购买行为的过程中，消费者获取产品信息，以做出购买决定最关键的环节就是在售点。于是一系列用于售点吸引消费者的促销策略开始在全国各大城市中推广开来。

1. 150 周年金银欢乐送，体现高贵品质

1997 年恰逢西门子公司成立 150 周年，借此喜庆的日子，一场购买西门子洗衣机可获赠纯银币一枚，同时参加纯金币抽奖的活动在全国开始推广。在这一活动中，西门子提供限量定制的西门子 150 周年纪念金币银币。这些制作精美极具收藏价值的纪念币与设计简洁高贵典雅的西门子洗衣机相映生辉，令人爱不释手，使西门子洗衣机品质感得到充分凸显。活动开始后在全国受到出乎意料的欢迎，制造精美的纪念币配上高品质的西门子滚筒洗衣机，给国内家电市场带来一股浓郁的欧洲风情，一万枚银币在活动开始不久就伴随洗衣机销售被抢购一空。

2. 五月厨房，倡导生活新时尚

五月份是国内居民购物的一个高峰，在此期间策划一个全国性针对西门子系列产品的促销活动，会大幅度提高西门子品牌的市场份额。于是西门子家电的营销人员不失时机地为广大消费者设计了一个既符合中国人的生活条件，又体现德国家居简洁明快特点的西门子厨房，用它来倡导现代化厨房的陈列法则。在这间厨房里，西门子洗衣机、冰箱、除油烟机、洗碗机以及其他典雅流畅的外形融于其中，深刻体现出西门子 150 年的文化底蕴，为了激起广大消费者的购买欲，活动选择一定数量的精美德国果盘作为促销礼品，并通过抽奖在全国选择 30 位西门子家电的幸运消费者赢得一套西门子家电的装潢及制作。结果在全国各大商场掀起了西门子家电产品的购买高潮，特别是西门子滚筒洗衣机在洗衣机市场的淡季里销量猛增，达到了同类产品 30%的市场占有率，而且在活动结束后的几个月时间内，设计明快的西门子厨房一直成为广大消费者厨房装潢的模板。

3. 强强合作，开拓新的商机

在武汉，西门子洗衣机与名牌服装马天奴，经典故事联合演绎一台主题为“好衣服当然要用西门子洗衣机”的大型时装表演与新装上市活动。活动当天洗衣机销售创武汉当年最高纪录。在上海，西门子洗衣机与著名休闲时装 ESPRIT 联合举行促销活动“给史上一个承诺”，西门子提出其承诺为“让每一种表现时尚的衣服永远保持真我，展现自然本色”，合作双方通过资源共享以及联合广告宣传与新闻发布，使两个品牌在形象树立上相得益彰，ESIRPT 当月销量成倍增长，西门子洗衣机也以简洁高贵的形象成为广大 ESPRIT 年轻消费者未来结婚购置的首选目标。

作为中国洗衣机市场的后来者是如何取得消费者的注意和信任的呢？其中促销手段的成功运用十分重要。

那么，什么是促销呢？促销就是企业向目标顾客传递产品信息，促使目标顾客做出购买行为而进行的一系列说服性沟通活动。它是市场营销活动组织的四个构成要素之一。企业的促销工具归结起来主要有两类基本方式：非人员促销和人员促销，其中人员促销包括广告、公共关系和促销推广，西门子正是主要采用了新颖的促销推广策略。那么不同的促销方式有着不同的促销作用和特点，企业又如何针对不同的产品、不同的时间，采用不同的促销策略呢？本章将介绍促销策略的有关内容。

6.5.1　人员推销

1. 人员推销的重要性及特点

电子电器企业均有一支庞大的销售队伍，如设在一些大型商场家电部的促销员，专卖店的销售人员和销售公司的业务员，可见人员推销是电子电器企业基本的促销方法。人员推销也就是企业通过推销人员与一个或一个以上的潜在消费者交流，做口头陈述，以推销商品，促进对本企业产品产生好感，购买本企业产品，以达成交易。在市场竞争日趋激烈的企业销售活动中，人员推销这种面对面的促销沟通方式，表现得尤为重要。

(1) 人员推销的重要性

① 企业的各种促销活动挖掘出来的需求，最终是靠人员推销去实现的。人员推销是企业活动的最后环节。例如，广告和公共关系只能引起顾客对产品的注意和产生购买欲望，而人员推销却能促成顾客实际的购买行为。

② 人员推销最后实现商品价值和使用价值的转移，满足消费者需要，使企业获得利润和再生产的条件。推销人员在市场上进行的一系列活动是为了促成商品交换满足消费需求。

③ 人员推销的成果体现了企业全部工作的结果。它不仅是包括市场调查、产品研制开发、销售、售后服务等企业各环节、各类人员的配合努力的结果，同时，也是企业整个经济活动的成败的标志。这也是现代人员推销区别于传统推销的重要方面。

④ 推销人员工作主动性、创造性发挥的程度，决定了推销成果的大小，关系到经济效益的最后结果。

⑤ 推销人员在市场上及时收集电子电器产品信息，又不断地向企业反馈信息，是企业经营决策部门制定有关产品决策时的最可靠的依据。

(2) 人员推销的特点

人员推销与广告、公共关系、营业推广等其他促销方式相比有以下特点。

① 推销具有灵活性

推销人员在不同情况下可根据不同客户的潜在需求和购买动机及时调整自己的推销策略，解答顾客问题，满足客户的需要。

② 人员推销具有针对性

人员推销可选择那些具有较大可能购买的客户进行，并可事先对潜在客户做一些研究，拟订具体的推销方案，因而推销的成功率较高。

③ 人员推销具有完整性

人员推销从寻找客户开始，到接触，磋商，最后达成交易。推销人员独立承担了整个销售各阶段的任务。此外，还可以承担售后服务的功能。

④ 人员推销具有长远性

有经验的推销人员可以使买卖双方超越纯粹的货币关系，建立一种友谊协作关系，这种亲密的长期合作的关系有助于以后销售工作的开展。

当然人员推销的成本高，特别是在市场广大而分散的情况下，企业需要有较多的推销人员才能完成任务；优秀推销人才难以物色以及人员推销受推销人员本人信誉的影响，不能像广告、公共关系那样借助于媒介和第三者权威的信誉，这些都是推销的不足之处。

2. 人员推销的步骤和常用技巧

(1) 寻找推销对象

人员推销首先要明确的是向谁推销，即寻找推销对象，常用的方法有以下几种。

① 在本企业内部寻找推销对象

a. 顾客名册：一般企业总有一些基本顾客在手上，可供推销人员参考。

b. 财务部门：研究本企业顾客的往来账单，也可能发现顾客。

c. 售后服务部门：售后服务部门经常接触顾客，可以从中发现顾客。

② 在顾客中寻找推销对象

这是推销人员请求顾客推荐潜在顾客的方法。一是直接法，推销人员利用适当的时机请求顾客直接引荐给他的朋友、亲戚、同事。二是推荐法，推销人员请顾客写推荐信或打电话。这种方法比直接法委婉，顾客更容易接受。

③ 在市场调查中寻找推销对象

这是在更广阔的区域内寻找推销对象的方法。方法有四种。一种是在多种媒体上寻找潜在顾客的信息。这是从公开的报纸、杂志、广播、电话簿等媒体上寻找发现潜在顾客。二是从社交活动中寻找。业务部门可以通过组织联谊会、庆祝活动、商品展览会、顾客恳谈会等发现顾客。三是以独立闯见的方式寻找。业务员在大致确定的范围内，主动的上门寻找，请求接见。四是通过设计市场调查表的形式发现顾客。这种方法比较可靠，信息量大，但费用大、时间长、专业性强、工作量也多，不能轻易运用。

当然在推销对象寻找过程中还必须从客户的购买需求、支付能力、购买决定等几方面进行合格审查，以便确定他们是否为潜在顾客。

（2）约见和接近

确定了推销对象之后，便可约见和接近顾客，这是推销的第二步。约见的方法有电话约见、信函约见、委托约见和广告约见几种。电话约见省费用而成功率低；信函约见适合于潜在顾客分布分散，时间要求不高的业务；委托约见适合于事关重大或单笔业务较大需慎重对待的顾客；广告约见适合于顾客较难确定，带有试探性质的约见。

① 约见基本要求

约见是推销人员事先征求顾客同意接见的过程，约见的基本要求是约定推销访问的对象、目的、时间、地点。

a. 确定访问对象：确定访问对象就是确定在顾客中具有购买决策权的人作为访问的最重要对象，但并不意味着一定是第一个访问的人。对这个最重要的访问对象要认真研究，慎重行事，不轻易访问，一旦访问就要有效果。

b. 确定访问事由：在约见访问对象时必须告诉对方有何事要谈，访问的事由主要是推销产品，当然也可以是其他事情，但一定要和商务活动有关。例如，走访调查、交换意见、提供咨询等，这样才容易被对方接受。

c. 约定访问时间：在约定时间的选择上一是要以对方为主；二是要守信用，按时赴约；三是要确定最佳访问时间，顾客的工作性质和心理状态不同，其最佳实践也有所不同。

d. 选择访问地点：地点的选择要方便顾客，有利推销。一般有三种场合可供选择。一是工作单位；二是顾客居住地；三是公共场所，如饭店、公园等。

② 接近的方法

完成约见工作后，推销人员将与顾客正式见面，这就是推销接近。推销接近的目的是引起顾客的兴趣，你可以尝试以下几种接近的方法。

a. 介绍接近法：推销人员开门见山，通过自我介绍或他人介绍接近访问对象。介绍接近时，要注意场合和对方的情绪。

b. 利益接近法：推销人员以告诉使用产品能给顾客带来何种利益为开始，引起顾客的兴趣达到接近的目的。

c. 好奇接近法：在与顾客见面之初，推销人员通过多种巧妙的方法引起顾客的注意和兴趣，以达到接近的目的。这种方法要不露痕迹，以比较自然的方式进行。

d. 问题接近法:推销人员直接向顾客提问,以了解顾客需要并借以介绍产品,从而接近顾客的方法。推销人员提的问题应该是顾客较关心或感兴趣的。

(3) 介绍和劝说

推销活动的第三步就是推销介绍和劝说。这是推销人员运用多种方法和技巧,激发顾客的购买欲望,传递推销信息,说服顾客购买的过程。推销介绍要注意:

① 事先做好计划

推销介绍必须是有目的、有计划的,并以顾客信服力为评价标准。

② 推销介绍要有针对性

推销要针对顾客的需求欲望或特点,有的放矢,根据事先获得的顾客的情报资料拟订有针对性的推销要点,并在介绍中强化说明。

③ 要详略得当

产品的特点可能很多,但不能不分主次一锅端;每个顾客因文化背景不同,感兴趣的方面也可能是不同的,推销人员要察言观色,随时调整自己介绍的内容。

④ 推销要介绍清楚,完整和全面

介绍的过程也是顾客对产品进行了解的过程。推销人员对产品的讲解要通俗、易懂,尽可能地把产品的特点、性能、利益讲清楚,使顾客听后有一个全面的认识和准确的了解。

⑤ 推销介绍要注意顾客的领会和理解程度

推销的目的是让顾客接受推销要点,相信产品正是他所需要的,所以推销人员要了解顾客是否已理解和做出了怎样的反应。

⑥ 尽量让顾客保持浓厚的兴趣,并激发其购买欲望

接近过程中,已使顾客对推销活动和产品产生了兴趣,推销介绍活动中要继续使顾客的注意力和兴趣集中于推销上。推销人员除使用语言外,还可以通过面谈的需要配合使用文字、图像、实物等手段,使传递的信息更生动。

(4) 促成交易

推销的第四步是促成交易,这是整个推销过程中最关键的阶段。

1) 成交的策略

① 保持自然自信的成交态度

由于对成交的重视,推销人员往往会情绪紧张,推销人员要能把握住自己。一是自信,相信自己,相信推销的产品,相信自己一定能说服顾客。二是要保持稳健的态度,即顾客决定购买,推销人员不要喜形于色,顾客拒绝也不要急躁灰心。推销人员用自己的自信和稳健赢得顾客的信任和尊重,争取与其再度合作的机会。

② 防止和排除意外介入

推销在成交阶段,最忌意外发生和第三者介入阻挠,一个电话、客人来访、巨大的声响等都会妨碍顾客做出购买决定,推销人员要学会分别对待。

a. 顾客主动提出购买,推销人员要动作麻利,备好有关材料,一等完毕,马上告别。

b. 顾客若中止谈话则应尽快离开,可请求再约时间。

c. 请顾客把主要意思交代一下,具体细节由别人完成。

d. 如果是第三者有阻挠成交的意思,要注意观察第三者的身份和提出的反对意见,妥善处理。

③ 注意成交信号把握成交时机

很多情况下,顾客都不会主动请求购买,推销人员应在顾客有购买意图的时候向其提出购

买请求。成交信号是指顾客通过语言或行动显示出来的，表明其可能采取购买行动的信息。通常在下列情况下，推销人员就可试着要求顾客采取购买行动：当顾客对产品非常有兴趣的时候；克服了顾客的异议之后；顾客对某一推销要点表示赞成之后；顾客突然神情很放松，如释重负的样子；顾客突然起身为你倒茶拿烟，表示友好；顾客把你介绍给他的同事；顾客再一次询问价格、质量、售后服务等事宜之后；顾客再一次拿起产品仔细观察之后。

④ 保留一定的成交余地

任何交易的达成都必然经历一番讨价还价。推销人员如果在成交之前把所有的优惠条件都毫无保留地给顾客，当顾客要求再次让步才同意成交时，就会变得很被动，不利于最后成交。

2）成交常用的方法

① 直接请求法：即明确直接要求顾客购买产品的成交方法。这是最常见也是很有效的方法。很多顾客不会主动要求购买，因此，直接请求成交可以有效地促成购买；可以借要求成交向顾客直接提示并略施压力；可以节省时间，提高推销效率。

② 假定成交法：即在假定顾客已经同意购买的基础上通过讨论一些具体问题而促成交易的方法。例如，一个推销人员认准一位顾客有购买意图后直接说：请到那边支付款，我来包扎，而不是说你打算购买哪个？

③ 有效选择成交法：推销人员为顾客设计出一个成交的范围，使顾客只在这个范围内选择。如问顾客你是购买无霜型的还是大冷冻型的冰箱？无论顾客选择哪一种都是已决定购买。

④ 优惠成交法：推销人员为顾客提供进一步的优惠条件而促成成交的方法，求利是任何一位顾客的基本购买动机，因此，优惠成交对顾客是很有吸引力的。

(5) 结束推销

推销过程并不是在上述第四步完成后就了结了，最后，无论成交与否，都要做好有关结束推销的工作。

1）圆满结束推销：

① 如果推销成功，应保持稳健的态度，对顾客表示感谢，但不要欣喜若狂。

② 既不仓促离开，也不逗留时间太长。适当交代几句有关产品使用、保养之类的话，就应该离开。

③ 顾客拒绝购买也不要情绪急躁，更不要放弃推销努力，要对顾客的拒绝表示理解。

2）为再次拜访顾客、推销商品创造条件：

① 语言创造法：无论推销成功与否，都在告别前约好下次再见面的时间或见面的方法。

② 产品创造性法：推销不成功，留下产品给顾客继续使用、观察、分析等，并大致约定下次联系的方法和时间。

③ 图表文字创造法：将产品目录、说明书、相关资料留给顾客，表示愿意随时为顾客服务。

④ 新产品创造性法：告诉顾客本企业还有其他产品可供顾客选择，约定时间再来。

⑤ 与顾客保持联系。

3. 推销人员队伍的建设和管理

一支训练有素的推销人员队伍，是企业兴旺发达的关键。推销人员队伍建设和管理要着手做好以下工作。

(1) 推销人员的招募与培训

① 推销人员的招募

推销人员的来源主要包括两个方面：一是从企业内部选拔业务能力强、素质高的人充实到销售部门；二是从企业外部招募。从企业外部招募主要有以下几种途径。

a. 从大中专院校及职业学校中招聘推销人员：企业可以派人有选择地到各有关学校召开招聘洽谈会，从中寻找人才。

b. 人才交流会：各地每年都要组织大型的人才交流洽谈会，这是一种时间短、见效快的有效方法。

c. 职业介绍所：请职业介绍所介绍时需附有较详细的工作说明，能简化招募工作。

d. 通过内部职工介绍：规模较大、员工较多的公司可以定期让内部职工介绍自己的亲属、朋友、同学、熟人，加入本公司的推销人员队伍。

e. 发布广告：这是最普通的招募方法。它可以吸引众多的应征者，但合格者比例一般比较低。

② 推销人员的培训

推销人员的培训必须制定培训计划。培训计划主要明确以下问题：培训目标、培训时间、培训方式、培训内容。

培训目标可以有许多个，但每次培训至少要确定一个主要目标。总的来说，培训目标包括提高销售人员工作的方法，改善销售人员工作的态度，提高销售人员工作的情绪，奠定销售人员合作的基础等，最终提高销售人员的综合素质，以增加销售量，提高利润水平。

培训时间可长可短，根据需要来确定。确定培训时间长短需要考虑产品性质、市场状况、人员素质、需要的销售技巧、管理要求等。

培训方式依培训地点的不同可分为集中培训和分散培训。集中培训一般由总公司举办，培训企业所有的销售人员。企业、产品知识和态度方面的培训，可采用集中培训，以保证培训的质量和水平。分散培训是由各分公司分别自行培训其销售人员。

培训内容常因工作的需要及受训人员已具备的才能而异。

a. 企业的历史、经营目标、组织结构、财务状况、主要产品和销售、主要设施及主要高级职员等企业概况。

b. 本企业产品的生产过程、技术情况及产品的功能用途。

c. 目标顾客的不同类型及其购买动机、购买习惯和购买行为。

d. 竞争对手的策略和政策。

e. 各种推销术，公司专为每种产品概括的推销要点及提供的推销说明。

(2) 推销人员的激励

① 推销人员激励的原则

调动推销人员的工作积极性以制定科学、合理的激励措施为前提，否则只能称之为无效激励。无效激励非但不能鼓舞推销人员的工作热情，甚至还会挫伤原有的工作积极性。一般来说，推销管理部门设计激励政策时应遵循以下原则：

a. 公平合理。推销激励是对达到某一目标的推销人员给予奖赏刺激，目标和奖赏必须公平合理。若没有考虑不同的推销区域的状况而规定所有的推销人员都要达到同一目标，就有失公平；若目标定得过高或过低，就有失合理，缺乏驱动力。对于奖赏也是如此。只有公平合理的目标和奖赏，才有可能达到预期效果。

b. 公平合理的目标和奖赏能否产生推销管理部门所预期的效果，还是要看目标和奖赏规定被推销人员所知晓了解的程度。推销人员充分了解了激励的具体内容和措施，才会更加努力地工作。

c. 及时兑现。激励作为一种管理制度要长期保持,但对于个人应是短期的,以利于推销人员继续努力。期限一到,要及时按目标的实现情况兑现许诺,使达到和超过目标者得到规定的奖赏,如果开出的只是空头支票,激励的效果只能相反,会严重挫伤推销人员的工作热情。

② 推销人员激励的方法

企业的推销管理部门只有通过有效的科学的激励方法,才能引导、激发推销人员蕴藏的巨大潜力,获得最佳的工作绩效。推销人员激励的方法有:

a. 目标激励法。合理的目标可以激励推销人员努力工作。没有目标,推销人员就失去工作责任感,也就缺少积极苦干的动力。不过要使目标真正成为有效的激励工具,还要和报酬紧密联系并及时兑现。目标激励的好处在于将企业的目标转化为推销人员自觉的行动,使他们体会到自己的价值和责任,有一定的成就感和满足感。

b. 强化激励法。强化激励法有两种方式。一种是正强化,对推销人员的成绩及时给予肯定和奖赏;另一种是负强化,对不积极工作的推销人员给予否定和惩罚。通过赏勤罚懒促使推销人员取得更好的推销业绩。

c. 反馈激励法。推销管理部门把一定阶段各项推销指标的完成情况和考核成绩及时反馈给推销人员,以此增强他们的工作信心和成就感,激励他们的进取心。

d. 推销竞赛。推销竞赛可以激励推销人员做出比平常更大的努力去积极推销,推销管理部门常用这种方法。采用这种方法时竞赛的奖励面应适度,如果只是少数人能得奖或几乎每个人都能得奖,就会失去激励的作用。推销竞赛的日期也不应预先通知,不然一些推销人员会把一些销售推迟到推销竞赛的初期进行。此外,不仅要看到竞赛期间的合同订货数,还要考察合同履行数和回款数,以防止虚假推销的行为。

(3) 推销人员的业绩评估

对推销人员的销售业绩进行正确科学地考评是推销人员获得报酬、提职提薪、工作能力评定的依据。

① 收集推销绩效评估的信息

推销管理部门可以从几方面获得人员工作状况的信息,最重要的信息来源是推销报告,包括推销活动计划报告和推销活动成绩报告。

推销活动计划报告有两种类型:一类是推销人员每次外出推销前制定详细的推销计划报告书,报告反映的内容有拟拜访的对象、拜访事由、可能存在的问题分析、准备的行为方案、拜访次数、拜访路线、日程安排、所需费用等;另一类是推销人员对所辖推销区的年度计划报告,一般在这类报告中要提出对推销地区发展的一般性意见,提出发展新客户交易的方法,列出详细的预计销售量和利润估计。

推销活动成绩报告反映推销人员推销访问的结果和费用开支情况,包括每日拜访次数、订货量、新增客户数目、失去客户数目、销售与拜访次数、毛利、巡回时间等。

另外,推销管理部门还可以运用其他方法获得评估的必要信息,如推销管理部门的观察、顾客的信件和投诉、顾客调查以及与其他销售人员的交谈。

② 推销绩效评估的内容

推销人员的推销业绩可以通过销售量、销售收入、应收款、销售费用、销售利润和劳动效率等几个方面来进行评估。

6.5.2　广告与公关

一般地说，电子电器产品市场范围广，升级换代快，企业间竞争激烈，为了扩大宣传，开发潜在市场，树立企业、产品形象和知名度，广告促销是电子电器企业经常采用的有效手段之一。

1. 广告促销的特点

广告是广告主付出一定的费用，通过特定的媒体向潜在消费者传播产品和劳务信息，以促进销售为目的的一种大众传播手段。作为一种信息传播手段，广告与人员推销、销售推广、公共关系等其他手段相比有以下独特之处。

(1) 大众化

广告是高度大众化的促销手段，它通常向社会各阶层宣传介绍企业和产品情况。对电子电器产品而言，大多属于耐用消费品，因此，消费者在购买之前特别注意了解有关企业的情况，这也就意味电子电器产品特别适用广告促销。

(2) 渗透性

指广告能够突破种种有形无形的障碍，消费者在不知不觉时受到它的影响，广告把各式各样的信息通过多种媒体不断反复地向消费者传递，使消费者在潜意识中受到它们的影响；而且通过多次重复，把企业经营理念、产品特色、企业声誉等传递给消费者，使产品或品牌信息在消费者心目中留下印象，最后影响其购买决策。

(3) 艺术性

广告能通过调动多种艺术手法表达企业的经营理念和产品的特点，将产品的一个或几个侧面以生动形象的艺术画面，喜闻乐见的艺术形式让消费者在不知不觉中知悉企业和产品。

2. 广告决策

(1) 确定广告目标

要运用广告促销，首先必须明确自己做广告的目的是什么，这也是广告决策的第一步，当然广告的最终目标无非是促使消费者购买本企业的电子电器产品，扩大销售额，但由于受市场、产品本身等因素的影响，企业直接的广告目标往往有三类。

① 告知性的广告目：即通过广告使消费者了解有关信息。如让消费者了解某种新产品已投放市场；向消费者介绍某种新产品的新用途；介绍企业的产品价格调整情况；解释产品的使用、保养方法；介绍企业能提供的服务项目；纠正消费者对企业的不正确印象；消除顾客购买产品的后顾之忧，树立企业的形象和提高企业的知名度。

② 说服性的广告目标：即通过广告使消费者偏爱和购买企业的产品。如当产品竞争十分激烈时，企业通过广告使消费者认识到本企业产品的特色，能为顾客带来较为满意的使用价值，促使消费者选购本企业产品；当市场上同类产品很多时，促使消费者对本企业的产品产生偏爱；鼓励竞争企业的顾客购买本企业的产品；鼓励顾客在短期内购买产品；转变顾客对某些产品特征的感觉，使顾客真正了解产品的价值等。

③ 提示性的广告目标：即通过广告提醒消费者采取某种行动。如产品处于成熟期时，企业通过反复性广告，使消费者经常想到本企业的产品；提醒消费者在不久的将来需要某种产品，如在夏季来临时，提醒消费者购买电风扇、夏衣等；提示消费者购买某种产品的地点；在某种产品的销售淡季时消费者不忘记该产品。

(2) 确定广告信息

确定了广告目标后，企业就要确定用什么信息，通过怎样的方式传递给消费者，以达到预期的目的，这便是广告决策的第二步——制定广告信息决策。企业首先要筛选广告信息，这些广告信息对于消费者来说应该是可信的、极有价值的，能引起他们的兴趣，而且又能区别于其他同类产品。确定这样的广告信息需要熟悉企业、熟悉产品、熟悉客户和顾客，通过与顾客、中间商、开发人员和创造小组成员交谈，寻找广告内容，其中顾客是构思广告内容的最重要的来源。如顾客对某种产品有较好评价，企业就可以在言辞内容上体现顾客的满意感，使更多的消费者偏爱本企业的产品；如顾客对产品某一方面感到不满意，企业可以突出改进后的产品如何解决顾客使用中的不满作为广告内容，吸引顾客对新产品的购买。

在筛选和确定向顾客传递的信息后，还有一个用什么方式方法向顾客传递的问题，也就是广告的表现方式，尤其是对于那些同质性较大的电子电器产品，广告信息的表现策略更具有关键性的影响，常用的信息表达形式有这样几种：

① 生活片断：即以生活片断的形式显示人们正在使用本企业的产品，如一个人在卫生间且听见客厅电话响时的尴尬场面来表现无绳电话的方便。

② 生活方式：即强调本企业的产品非常符合人们的生活方式，如显示一个青年人一边走路一边带着随身听欣赏音乐。

③ 幻想：即根据产品的特点和用途创造出一种幻想境界，如彩电画面如此逼真，引得一群猴子误以为是原始森林欲闯入，却没想到碰壁的诙谐场景。

④ 人格化：即用拟人的手法，使产品具有人的特征，进行自我宣传。

⑤ 科学认证：即通过提供调查结果或科学证据说明本企业产品符合科学原理或是很优秀的产品。

(3) 选择广告传媒

广告决策的第三步是广告信息通过什么途径进行发布，即广告媒介决策。作为这一决策首先必须对各种媒介有一定的了解。作为广告信息的物质载体的媒介种类很多，常用的有：报纸、杂志、广播、电视、橱窗、霓虹灯、路牌、交通工具、印刷品、产品包装和说明书等。其中报纸、杂志、广播和电视被称为广告的四大媒介，随着网络技术快速发展和计算机的日渐普及，网络开始被称为第五大媒介。电视广告集声音、图像、情感于一体，形象生动，艺术感染力强，但费用高，相互干扰程度也高；广播广告成本低且覆盖面广，不受文化水平的限制，口语化的表达比较亲切，但听众收听不够专注，声音转瞬即逝不能留下深刻的印象；报纸广告方便灵活，覆盖面广，传递较多信息，费用较低，可连续刊登，但保存时间短，表现手法单一，并且受文化水平的限制；杂志广告印刷精美，图片清晰逼真，视觉冲击力强，保存时间长，针对性强，但时效性差，传播范围有限；网络广告制作成本低，速度快，更为灵活，具有文字、图像和声音有机组合的交互性和多维性，但上网对象目前仍以青年人为主。

在了解了各种媒介特点之后，企业还应考虑以下几方面的因素：

① 目标市场的媒介习惯

例如，康佳在开拓农村市场时，分析当时农民的信息来源渠道，采用了车站实物广告、县城中巴车贴纸广告、宣传车广告、无线广告、餐巾纸广告、墙体广告等实在且费用低廉的广告媒介，使农村消费比较闭塞的地方也感到康佳无处不在。

② 产品的性质

例如，因要显示汽车的式样、颜色、款式，因而可在杂志上做广告。

③ 广告的内容

如果广告信息包括许多技术性的数据，则适宜在专业性的杂志上做广告。

④ 广告预算

要比较不同广告媒介的使用成本，兼顾有效和一定的重复，合理使用广告费。

(4) 广告效果评价

最后，要进行广告效果的评价。广告的最终目的是提高企业的经济效益，因此，每个企业应当重视评价广告本身的经济效果，以期累计经验，提高日后的广告效果，评价广告效果包括以下两方面的内容。

① 信息传递效果分析：就是分析广告是否能将信息有效地传递给消费者。它可以通过抽样调查，采取定量分析的方法进行，较常用的定量分析有阅读量、视听率和记忆率。对于报纸杂志之类的广告媒介，可用阅读率指标进行分析。阅读率是指通过报纸杂志阅读过广告的人数和报纸杂志发行量之间的比值，即

$$阅读率=阅读人数/发行量\times100\%$$

对于电视、广播之类的广告媒介可用视听率指标进行分析，视听率是通过电视剧、收音机接触过广告的人数与电视剧、收音机拥有量之间的比值，即

$$视听率=收看(或收听)广告人数/电视机(或收音机)拥有量\times100\%$$

企业不仅要关心广告的覆盖面，而且更要重视分析接触过广告的人对广告印象的深刻程度，这种分析可借助记忆率指标，即

$$记忆率=记忆广告主要内容的人数/接触过广告的人数\times100\%$$

② 销售效果分析：就是分析广告对扩大销售额的影响，但由于企业的销售额除受广告的影响外，还受产品的价格、市场形势的变化、竞争企业的行为和产品销售的季节性等因素的影响。这就为销售效果分析带来了困难，因此分析中要考虑这些因素的变化。销售效果分析常用的方法有以下两种。

a. 统计分析法：即通过比较广告前一段时间的平均销售额和广告后一段时间的平均销售额的变化情况以分析销售效果。可用单位广告费用销售增加额和单位广告费用利润增加额这两个指标来衡量广告经济效益，即

$$单位广告费用销售增加额=(广告后销售额-广告前销售额)/广告费用$$

$$单位广告费用利润增加额=(广告后利润额-广告前利润额)/广告费用$$

例 6-3 某一企业在广告后一个月内实现的销售额和利润分别为 10 万元和 0.5 万元，而广告前的一个月内实现的销售额和利润分别为 6 万元和 0.3 万元，广告费投入 1 000 元，则该企业单位广告费用销售增加额为

$$(100\,000-60\,000)/1\,000=40$$

该企业单位广告费用利润增加额为

$$(5\,000-3\,000)/1\,000=2$$

b. 试验法：即在各种条件基本相同的几个地区进行试验。如在某一地区做大量的广告，在另一地区做少量的广告，而在其他地区基本上不做广告，然后对这些地区在广告前后实际的销售额或利润额的增长情况进行分析，以评价广告对销售的影响。

6.5.3 公共关系

由于电子电器产品技术性较强，同类产品品牌较多，市场口碑直接影响着消费者对电子电器产品的选购，而良好口碑的形成不仅取决于产品本身的品质，更取决于企业形象的塑造，公

共关系促销便是致力于提高产品的知名度，树立良好的企业形象的一种促销手段。

1. 公共关系促销的作用与特点

（1）公共关系的作用

1997 年 1 月，伴随着北京—深圳"康佳"号列车的一声长鸣，康佳捐建的江西吉安、湖北麻城、安徽阜阳等革命老区希望小学也敞开了校门，从而与陕西延安、黑龙江海林、四川广安以及湖北永定康佳希望小学相映生辉，使数千名老区儿童走向学堂。就在老区儿童重返学堂的同时，康佳又捐资百万元参与中国电视扶贫工程，在贫困地区建设卫星电视接收转播站，使成千上万人通过电视与外面精彩的世界连在一起。同时，为把科技带到广阔的农村，康佳在全国许多县城举办家电维修班两千多次，现场举办短期家电维修班，严格考核，合格者可获得康佳家电维修证书，既帮助村民们脱贫致富，又成为产品维修的保障。所有这一切，为康佳在京九沿线九省市各县创建"康佳彩电县"奠定了基础。康佳通过一次又一次宣传、活动，把康佳的良好形象印在了农民心中，所做的这一切都属于公共关系活动。因此，所谓的公共关系简单地说是企业与社会公众交往、认识和了解的相互关系。具体地说，企业为了实现自己的长远目标，经常主动地与社会公众保持双向的信息交流，注重公众的议论和态度，并采取一系列活动去争取社会公众的理解和舆论的支持，以树立良好的企业形象，提高品牌的社会声誉。在公共关系中，社会组织、公众和沟通工具构成公共关系的三大基本要素。

成功的公共关系在企业的市场经营活动中起着十分重要的作用。

① 提高企业或产品的知名度与美誉度

公共关系活动借助于新闻媒介的宣传，造成一种有利于企业的舆论环境，从而提高自己的知名度和美誉度。有一年一居民家中发生火灾，幸而扑救及时，损失很小，主要是一台冰箱的外壳烧坏了，但是冰箱的制冷功能却一点没有坏，照样能工作。当这家冰箱的生产企业知道后，抓住这一有利时机，做起了文章。先是无偿送了一台冰箱给这户人家，表示感谢消费者的信任，同时邀请新闻记者参加赠送仪式，一些记者为此发表新闻报道，称不怕火烧的冰箱。这极大地提高了公司的知名度和美誉度，许多商场纷纷前来订货。

② 帮助新产品打开销路

企业在开发出新产品或产品知名度低时，通过一些新闻宣传活动，利用公共传播达到促销的目的。如有一家电器公司，当时只是一家规模很小、没有名气的专门经营游戏机的小公司。有一年该国总统出访时，他的孩子淘气，把这个公司生产的游戏机塞进了他随带的物品中，该公司老板知道后，抓住了一次能够制造新闻轰动效应的机会，称总统的孩子也玩他们公司生产的游戏机。当媒体报道后，这家小小的电器公司声名鹊起，产品成了抢手货。

③ 有助于挽回突发事件的不利影响

企业在经营发展的过程中有时会遇到各种各样的突发事件，可能损害企业形象，使企业陷入困境。成功的公共宣传活动可以澄清事实真相，防止谣言扩散，扭转公众视听。

④ 有利于建立良好的社区关系

企业的生存和发展离不开良好的社区关系，企业还可以创造一些活动来搞好社区关系。

⑤ 有利于增强企业凝聚力

公共关系强调内求团结，外求发展，企业的内部公关强调理解人、尊重人，培养与雇员之间同甘苦、共命运的良好关系，使企业持续发展。松下电器公司每天早上 8 点钟，分散在日本各地的 8 700 名松下员工同时咏诵松下口诀，一起高唱企业厂歌，此时的松下员工完全融入内部公关所营造的文化氛围中，其凝聚力、归属感的增强就不言而喻了。

(2) 公共关系促销特点

从上诉作用可以看出,公共关系与其他促销手段相比,有很大不同:

① 间接促销

公共关系的目的是为企业的发展创造和谐的环境,并不直接推销产品,但为产品的销售创造了良好的条件。

② 可信度高

由于公共关系活动通常由新闻媒体报道,作为第三者客观公正,体现了企业外部公众的利益和看法,而并不是自吹自擂,所以可信度较高。

③ 影响面较广

新闻媒体的传播力很强,效果也比单纯的广告要好,其影响面也就较高。

④ 费用水平低

公司无须花钱购买媒体的版面或时间,虽然举办活动要有花费,但和广告费用支出相比,则要少很多,活动设计得好,常常能起到四两拨千斤的效果。

2. 公共关系的活动形式

(1) 宣传内容

开展公共关系活动,首先要选择合适的宣传内容,企业应根据自己行业和产品的具体情况,结合社会环境的变化和社会公众的需求,挖掘本单位有价值的新闻内容,开展宣传活动。一般来说,企业值得向社会传播的新闻内容主要有以下几类。

企业采用新技术、新设备、新工艺开发以及研制出的新产品和取得的新成就,这一切给公众或消费者带来的益处。

企业产品质量的改进,产品种类、产品项目和花色的增加,功能的增加等。

企业重要的专项活动,如展销、企业的奠基、开业等。

产品在市场上的反应,产值、销售额、利税等方面的重大突破。

企业在竞争中采取的新决策、新战略或新措施。

企业、产品所获得的各项荣誉,企业为社会福利事业发展做出的贡献和社会公益事业所做的努力等。只要具备了新奇、重要、需要这三大新闻价值标准的事件,都可以成为公共宣传新闻活动的内容。

(2) 宣传时机

开展公共关系活动,要抓住有利的宣传时机,时机选择得当,能使公司的公关投入获得最大的公关效益。一般来说,企业选择的重点公关时机有:

① 企业创办或开业之际

一个企业创办之初,一般不为社会所知。通过庆典、庆祝酒会等形式,与社会各界进行广泛联系,尤其是政府有关部门、银行、各类媒体、供应商、社区团体领导等。

② 企业更名或合并之时

因某种原因的更名和合并,应迅速让公众了解企业更名或合并的消息,以免影响消费者和投资者的信心。

③ 企业在推出新产品和服务时

为了消除消费者对新产品性能的怀疑和戒备心理,通过赠送、示范表演、消费者教育等公关活动来助广告一臂之力。

④ 当出现“天赐良机”之时

即由于某种主客观原因而发生的有利于企业形象的突发事件，如上文提到的居民家中失火事件，通过对事件的顺水推舟，推波助澜，达到事半功倍的效果。

⑤ 当遭受误解或出现失误时

当企业的产品由于种种原因被人误解、由于企业管理不善出现了伤害消费者的过失时，企业应积极采取公共活动，或澄清事实真相，或采取补救措施，力争使“大事化小，小事化了”。

(3) 宣传形式

开展公共关系活动，要借助于多种宣传形式。企业组织公关宣传活动应注意与社会热点和公众的心理动向结合起来，这样更容易使活动深入人心。一般来说，企业开展公共宣传活动主要有以下几种形式。

① 新闻发布会

又称为记者招待会，是企业举行的公开传播重要新闻事件，邀请有关新闻机构的记者参加，并允许记者就此提问的一种特殊会议。会议材料的形式有口头发言稿、新闻文稿、背景材料、照片、录像以及实物展示等。会议地点的选择应主要考虑为记者采访创造各种方便，如录像、拍摄的辅助灯光、视听辅助工具、幻灯、电影的播放设备等。主持人和发言人在新闻发布会过程中应注意如下几点。

a. 尽量使会议的全过程生动活泼，主持人要引导记者踊跃提问，充分发挥主持和组织作用。

b. 遇到不好回答或回答不了的问题，应采取灵活而又通情达理的方式给予回答。

c. 在记者提问中，不要随便插话或提出相反的意见，更不能表现出对记者的不满。

d. 在会上所发布的消息必须准确无误，若有错误应及时更正，并解释清楚。企业任何具有新闻价值的事件都可采用新闻发布会的形式。

② 赞助活动

赞助是资助的现代形式，赞助活动不仅对社会有利，而且能赢得社会对企业的好感，树立企业的良好形象。赞助活动的主要类型有：

a. 赞助体育活动：如皇明太阳能热水器公司大力支持和赞助中央电视台五套的体育新闻，使皇明热水器名扬全国。

b. 赞助文化娱乐活动：如春兰集团利用文艺形式开展了“春兰杯”中央电视台春节文娱晚会观众评选最喜欢的节目的活动，有效地起到了宣传作用，扩大了企业的知名度。

c. 赞助教育事业：主要用于建设教育设施、研究资金、奖学金、奖教金及其他教育奖励。如各企业集团资助希望工程，建设希望小学；宝钢集团和新意达集团在中国人民大学设立奖学金等。

d. 赞助社会慈善和福利事业：此项活动是企业与社会、政府搞好关系的重要途径，也是表明企业向社会承担义务和责任的手段，如赞助残疾儿童福利院等。

e. 赞助宣传用品的制作：如赞助有特殊意义的录像带、电视片、纪录电影等。

f. 赞助其他活动：如赞助职业奖励、竞赛活动等。

企业赞助的形式有两种，一种是由企业主动选择对象进行赞助，另一种是接到请求后再做出反应。企业要想获得更好的信誉投资，应采取积极主动的形式，选择对象进行赞助。

③ 特殊纪念活动

每个企业都有一些值得特殊纪念的活动，如开业典礼、周年纪念日、产品获奖、新产品试制成功等。利用特殊纪念日制造新闻,是影响公众的极好机会。如某家电公司在获得国家颁发的全国“知名品牌”的称号后,生产厂家经过周密安排,庆功地点选在北京人民大会堂,邀请了国家、省、市有关领导及各界知名人士、新闻记者三百余人参加。会后,包括中央电视台、中央人民广播电台、国际广播电台、人民日报、光明日报、经济日报、工人日报、农民日报、中国日报、中国青年报等五十多家新闻单位发了专稿,新华社和中新社专门发了通讯。庆功会大大地提高了家电产品的知名度和美誉度。

④ 展览会或展销会

展览会或展销会是典型的综合运用多种传播手段,并被公共宣传活动经常采用的形式之一。它主要通过实物、文字、图表来展现企业的成果、风貌和特征。如在一次展销会上,“中国家电十年回顾展”展台是由中国家电协会及广州、昆明、成都分会及一些家电集团等展位组成。通过展台的展示,使许多参观过“回顾展”的客人,都能对中国家电产生美好的回忆。

展览会和展销会是一种直观、形象和生动的传播方式。它综合了多种传播媒介的优点,能以讲解、交谈、宣传手册、介绍材料、照片、录像、幻灯、广播等不同形式吸引观众,达到与公众的双向沟通。它还可以运用实物的展示和现场示范表演来进行公共宣传,容易给公众留下深刻的印象。

6.5.4 销售推广

1. 销售推广的含义与特点

走进商场,“有奖销售”“全场八折酬宾”“买一送一”等促销信息便会映入眼帘,这些便是厂家和商家采用的销售推广。所谓销售推广,也称为营业推广或销售促进,是在给定的时间里,在给定的预算内,在某一目标市场中所采取的能够迅速产生激励作用,刺激需求、达成交易目的的促销措施。销售促进的范围很广,形式多样,它几乎包括人员推销、广告、公共关系之外的所有能够在较短时间内、在特定的市场范围内刺激需要和鼓励购买的多种促销措施的总和。

那么,销售推广与其他促销手段相比具有哪些特点呢?

(1) 非连续性

销售推广一般是为了某种预期的促销目标专门开展的一次性促销活动,往往着眼于解决一些具体的促销问题,因而往往是非规则、非周期性地使用和出现的。

(2) 时效性

销售推广往往是在一个特定的时间里,针对某方面的消费者或中间商提供一种优惠,以刺激其购买,因此,销售推广活动常有限定的时间和空间,追求在短期内使销售状况迅速改观。

(3) 刺激性

销售推广为促销对象提供一种额外的好处,并且这种好处具有很强的刺激性,足以诱使促销对象购买某一特定的产品。刺激性是销售推广活动得以成功的必要条件。

(4) 直接性

单纯从促进销售的角度讲,销售推广与促销组合中其他手段相比更具有直接性。公关促销在于为企业塑造良好的公众形象,为产品销售创造和谐的环境气氛;广告促销则通过一种观念的渗透提高产品的知名度,坚定顾客的购买信念。因此,公共关系和广告都是间接的促销手段。而销售推广采取利益诱导的方式,刺激顾客迅速或大量购买某一特定的产品,所以销售推广在推动销售方面见效迅速且直接。

(5) 多样性

销售推广的方式多种多样，如优惠券、免费样品、POP 广告等，不下几十种，这些方式各有其长处和特点。企业应根据不同的产品特点、不同的市场信息和营销环境、不同的顾客心理等灵活地加以选择和运用。

2. 销售推广方式

由于市场竞争日益激烈，企业如何推出新颖有效的销售推广是企业面临的重要问题之一。销售推广的方式很多，企业应根据销售推广目标，市场类型、竞争状况和各种销售推广方式的费用和效果，选择最合适的方式。可供选择的销售推广的主要方式有以下几种。

(1) 针对消费者的销售推广

① 赠送样品

即企业把产品免费赠送给顾客试用或要求其提出改进意见的方法，如电池厂向消费者免费赠送耐力持久的新品种电池。这是一种推销新产品最有效但费用也最高的方式。

② 有奖销售

企业给购买一定金额的电子电器产品的顾客一张兑奖券(如每购买 20 元产品给顾客一张兑奖券)，顾客在规定的日期里凭兑奖券兑奖，它能刺激消费者选购本企业的产品。

③ 购物抽奖酬宾

企业在电子电器产品包装内或以其他形式向购买者提供一张印有号码、设奖等级及奖品、开奖日期等内容的纸券，顾客在规定的日期凭纸券兑奖。其做法与有奖销售相类似，不同之处是顾客每买一件产品便可取得一张兑奖纸条，因而，其刺激强度往往更大。

④ 产品展销会

由于在展销会期间，产品花色品种比较齐全、名优产品比较多、价格优惠、服务周到。因此，能较多地吸引顾客光顾。但是随着买方市场的形成，展销会的吸引力在减少。

⑤ 送货销售

即生产企业向批发商、零售商送货销售，批发商向零售商或零售商向消费者送货销售，如某地家电企业组织了一大批家电产品到农村的基层供销社送货销售，一些零售企业到居民区送货销售。

⑥ 降价销售

对于衰退期的产品或落伍产品实行降价处理，这能吸引许多具有求廉动机的消费者购买。

⑦ 现场操作和表演

在一定的场所(居民区或商店内)操作和表演某种新产品，使消费者了解新产品的用途、使用方法等信息，从而促使其采取购买行为。这种方式对于宣传价格较高、使用复杂的新产品具有很好的效果。例如，松下双瀑布洗衣机上市之初，洗衣机在销售现场表演操作，使消费者认识双瀑布设计的功效。又如，新科用破损的 VCD 碟片现场表演其 VCD 影碟机超级纠错的功能。

⑧ 咨询销售

由某些产品的专家在营业场所向消费者介绍产品的性能特点、使用和保养方法等，帮助消费者认识到产品的潜在价值，消除其后顾之忧，从而促使消费者采取购买行为。例如，在计算机销售现场，有计算机专家现场解答顾客提出的硬件配置、使用保养等一系列问题。

⑨ 增加服务项目

例如，商店对购买大家电的消费者提供免费送货上门、送货到位、先货后款、分期付款的服务。

⑩ 提供赠品

企业对购买价格较高的产品附赠一个相关小产品或其他价格较低的产品，如购买格兰仕微波炉送微波炉专用炊具。企业提供的赠品要注意物品要精美、实用或新颖。

⑪ 赠送代价券

企业向顾客赠送代价券，顾客可凭代价券享受一定的优惠，如凭每张代价券可减价 5 元。代价券可以通过邮寄、附在产品中或通过印刷广告赠送。企业一般规定凭代价券购买的产品种类。

(2) 针对中间商和销售人员的销售推广

① 提高购货折扣

即生产企业向批发商或零售商提供较高的折扣，批发商向零售商提供较高的折扣，鼓励其扩大采购批量，积极推销产品。

② 提供津贴

主要是生产企业向中间商提供各种津贴，如产品份额津贴，中间商为生产商的产品做广告的费用津贴以及企业向顾客提供部分运费津贴等。这种方式能促使中间商大量送货，积极推销，吸引远地顾客购买本企业产品。

③ 批发回扣

企业为争取批发商或零售商多购进自己的产品，在某一时期内可给予购买一定数量本企业产品的批发商以一定的回扣。

④ 推销竞赛

主要是生产企业针对中间商和推销人员开展的一种促销活动，如规定在某一时期内谁推销产品多，谁就是优胜者，分别给优胜者以不同的奖励，如现金奖、实物奖、免费旅游、度假奖等。从而促进中间商和推销人员积极推销产品。

6.6 电子电器产品的经营战略

格兰仕占领微波炉市场的成功做法，是以超低的产品价格扫荡终端市场。但是 1999 年底，与格兰仕一墙之隔，稳居空调第一集团之列的美的集团，携 1.6 亿元资金，6 条生产线悄然进军微波炉行业，短短半年时间就跃进市场销售前 5 名，2000 年年底资金追加至 2 亿，形成 10 条生产线，30 万台的产量，更把目标盯上行业前三甲。与格兰仕一河之隔的科龙集团也透露，看好微波炉市场。它们认为现在正是进军微波炉市场的大好时机：第一，人们已经普遍认可了微波炉，已经不需要对消费者进行启蒙教育；第二，人们的生活节奏加快，时间的边际效用增加；第三，微波炉生产科技含量不高，先进入者没有太多的技术壁垒；第四，格兰仕在它们这样大企业前无成本优势可言。因此，选择现在进入微波炉市场正是它们企业扩张的良好时机。种种迹象表明微波炉市场竞争又将重起波澜，那么，美的集团和科龙集团选择了哪种经营战略？微波炉行业中的老大——格兰仕又将采用何种战略应战？

企业经营战略的正确与否已直接影响到企业的生死存亡，经营战略是现代企业经营管理十分重要的组成部分。

当然，处于扩张期和处于收缩期的企业，采取的经营战略是有差别的。而我们最关心的则是企业怎样实现由小到大、由弱到强的发展。通过总结国内外电子电器行业的发展经验，选择正确的企业发展战略、市场竞争战略和不失时机地开拓国际市场是常用的三大方法。下面将具体介绍电子电器产品的经营战略。

6.6.1　电子电器产品的企业发展战略

随着市场经济体制的不断完善和经济形势的发展、市场竞争的日趋激烈，企业的经营战略决策越来越科学化、现代化、理性化，企业最高决策层必须根据企业内部资源条件，对企业今后的发展做出规划和设计。

1. 电子电器产品密集发展战略

密集型发展战略是指企业在现有产品与市场尚有发展潜力的前提下，进一步挖掘自身潜力，实现自我发展的战略，其具体形式有以下三种。

(1) 市场渗透

它是指企业利用自己在原有市场上的优势，积极扩大经营规模和生产能力，不断提高市场占有率和销售增长率，促使企业不断发展。一般地说，采用这种策略的企业应在产品质量、价格、包装、服务、厂牌商标上下功夫，刺激老用户多买产品，而且还要积极设法影响潜在顾客，并利用原有市场创造新的用户，努力争取将顾客从竞争者手中夺过来，以此来增强企业在市场竞争中的优势，促进企业发展。

(2) 产品开发

它是指现有企业依靠自己的力量，努力改进老产品、开发新产品、发展新品种、提高产品质量，从而使现有企业不断地成长和发展。这种策略一般适用于技术力量较强和技术基础较好的企业。企业采用这种策略，就要积极创造条件不断进行技术开发和产品开发工作，以求保持自己的产品在技术上的先进性和功能、质量、价格等方面的优势。

(3) 市场发展

市场发展也称为市场开发，它是指企业在原有市场的基础上，去寻找和开拓新的市场，进一步扩大产品销售，从而促进企业继续成长和发展。这种策略适用于企业的产品在原有市场的需求已趋于饱和，开拓新的市场，打开新的销路，能使企业进一步得到发展。

2. 一体化发展战略

一体化发展战略是指企业充分利用自己在产品、技术、市场上的优势，根据物资流动的方向，使企业不断地向深度和广度发展的一种战略。物资从反方向移动称为后向一体化，物资从顺方向移动称为向前一体化，对于性质相同的企业或产品组合联合体称为水平一体化。

(1) 后向一体化发展

它是指企业产品在市场上拥有明显优势，可以继续扩大生产，打开销售，但是由于协作配套企业的材料、外购件供应跟不上或成本过高，影响企业的进一步发展。在这种情况下，企业可以依靠自己的力量，扩大经营规模，由自己来生产材料或配套零部件，也可以把原来协作配套企业联合起来，组织联合体，统一规划和发展。

(2) 前向一体化发展

从物质的移动方向看，就是与后向一体化相反方向发展。一般是指生产原材料或半成品的企业，根据市场需要和生产技术的可能条件，充分利用自己在原材料、半成品的优势和潜力，决定由企业自己制造成品，或者与成品厂合并起来，组建经济联合体，以促进企业不断地成长和发展。

(3) 水平一体化发展

它是指把性质相同、生产或提供同类产品的企业联合起来，组成联合体，以促进企业实现更高程度的规模经济和迅速发展的一种策略。这种策略已成为我国最主要的组建企业集团的途径。

3. 多样化发展战略

社会经济的不断发展，引起市场需求和企业经营结构的变化。企业为了更多占领市场和开拓新市场，或避免经营单一事业的风险，往往会选择进入新的领域，而这领域可能与其原来经营的事业联系不大，这一战略就是多样化发展战略。其具体形式有：

(1) 同心圆多样化发展

它是指企业充分利用自己在技术上的优势及生产潜力，以生产某一项主要产品为圆心，积极地区生产工艺技术相近的不同产品，使企业的产品种类不断地向外扩展，向多品种方向发展。

(2) 水平型多样化发展

它是指企业充分利用自己在市场上的优势及社会上较高的声誉，根据用户的需要去生产不同技术的产品。这种发展策略在国外是相当普遍的。

(3) 混合型多样化发展

它是指企业为了减少未来可能出现的风险，积极发展与原有的产品、技术、市场都没有直接联系的事业，生产和销售不同行业的产品。在国外，一个企业同时经营彼此无关的几项甚至十几项事业的现象非常普遍。

企业决定实施扩张战略时，会面临许多形势的选择，有时它还可同时选择多种扩张形式，但无论选择何种发展途径，都要经过周密的调查分析和全面的科学论证，避免盲目投资，从而实现长期发展的战略构想。

6.6.2 电子电器产品的竞争战略

电子电器企业竞争战略通常包括面对行业竞争者的一般竞争战略和企业产品处于不同地位的竞争战略。电子电器企业可选择的面对行业竞争者的一般竞争战略有三种：成本领先战略、差异化战略和集中战略。

1. 一般竞争战略

电子电器行业内的竞争状态取决于这样五种基本竞争实力：行业内新出现的厂商、替代产品的威胁、买方的讨价还价能力、供应方的讨价还价能力以及行业现有竞争者之间的抗衡。为了形成与这五种竞争实力相抗衡的防御低位，而且能在行业中超过所有的竞争者，电子电器企业可选择成本领先战略、差异化战略和集中战略三种竞争战略。

(1) 成本领先战略

成本领先战略是指电子电器企业通过有效途径，使企业的全部成本低于竞争对手的成本，以获得同行平均水平以上的利润，即企业与竞争对手比较具有低成本的相对优势。格兰仕1993 年由生产羽绒服转产微波炉，当年试产 1 万台，到 1999 年已经达到产销 600 万台的规模，目前正在筹备年产 1 200 万台微波炉的生产基地，即将成为全球最大的微波炉生产厂家，靠的就是长期不懈地坚持成本领先战略。当格兰仕在 1996 年到 1999 年连续 4 年大幅度降低产品价格时，不少竞争对手即悄无声息地退出了竞争游戏，这实质上是格兰仕成本领先的必然结果。

格兰仕的这种决策是建立在对规模化生产、产业价值链和微波炉行业自身特点的深刻理解之上的。微波炉是一种技术含量较低的产品，因此进入的门槛较低；同时又是一种零部件化程度较高的产品，也就是说它的整体成本在很大程度上取决于单个零部件的成本和装配效率。可见，只有在具备以下条件时，采用成本领先策略才会更有效力。

① 市场需求具有较大的价格弹性。

② 所处行业的企业大多生产标准化产品，从而使价格竞争决定企业的市场地位。

③ 实现产品差异化的途径很少。

④ 多数客户以相同的方式使用产品。

⑤ 用户购物从一个销售商改变为另一个销售商时，不会发生转换成本，因而特别倾向于购买价格最优惠的产品。

(2) 差异化战略

所谓差异化战略是指为使电子电器企业的产品与竞争对手产品有明显的区别、形成与众不同的特点而采取的战略。这种战略的重点是创造被全行业和顾客都视为独特的产品和服务以及企业形象。实现差异化的途径多种多样，如产品设计、品牌形象、技术特性、销售网络、用户服务等。

差异化战略的使用条件如下。

① 有多种使产品或服务差异化的途径，而且这些差异化是被某些用户视为有价值的。

② 消费者对产品的需求是不同的。

③ 奉行差异化战略的竞争对手不多。

(3) 集中战略

集中战略是指电子电器企业把经营的重点目标放在某一特定购买者集团，或某种特殊用途的产品、某一个特定地区上，来建立企业的竞争优势及其市场地位。由于资源有限，一个企业很难在其产品市场展开全面的竞争，因而需要瞄准一定的重点，以期产生巨大有效的市场力量。此外，一个电子电器企业所具备的不败的竞争优势，也只能在产品市场的一定范围内发挥作用。例如，厦华电子是我国最早的老牌彩电企业之一，从 1984 年起就生产彩电，但由于合资企业的政策限制和当时的企业发展战略，产品基本上以外销为主。从 1995 年开始，厦华决定大规模进军国内市场，开拓国内市场从哪里突破？厦华公司决策层经过广泛的市场调研，决定采用集中战略，避开竞争对手的优势，寻找竞争对手的弱点，确立自己的核心竞争力。对手的弱点就是厦华的机会。那么厦华的优势在哪里？决定一个企业竞争力的关键因素有三个：产品力、销售力和品牌力。

可见，集中战略所依据的前提是，电子电器厂商能比竞争对手更有效或效率更高地为其狭义的战略目标服务，结果，厂商或由于更好地满足其特定目标的需要而取得产品差异，或在为该目标的服务中降低了成本，或两者兼有。尽管集中战略往往采取成本领先和差异化这两种变化形式，但三者之间存在区别。前两者的目的都在于达到其全行业范围内的目标，而集中战略却是围绕着一个特别目标服务而建立起来的。

2. 不同地位的竞争战略

这一个战略的核心是根据电子电器企业在目标市场上所扮演的角色、经营能力，以及和竞争对手的相互关系，为自己找到一个更好的位置，它一般有以下几种战略。

（1）市场领导者战略

市场领导者是指在相关电子电器产品的市场占有率最高的企业。大多数的行业都存在着一家为大众所熟悉的市场领导者企业。这家企业通常在价格调整、新产品导入、市场覆盖面及促销密度等方面，都领导其他的企业，其他企业都认可它拥有的主宰地位。它是市场竞争的导向者，也是竞争者挑战、效仿或回避的对象。这些市场领导者的地位是在竞争中自然形成的，但不是固定不变的。因此，市场领导者战略的核心是保持其领导地位。要确保这一地位，企业通常采取以下三方面的行动。

① 发现和扩大整个市场规模的途径

a. 寻找新使用者：每一种产品都有吸引购买者的潜力，而这些购买者也许尚未知道有此种产品存在，也可能因为价格或缺乏某些特性拒绝购买。一个企业可在潜在消费者群中，找寻新使用者。

b. 发现新用途：市场可由发现与推广产品的新用途而予以扩张。如杜邦公司不断发现尼龙的新用途。首先可用作降落伞的合成纤维，然后是做女袜的纤维，接着成为男女衬衫的主要原料等。

c. 扩大使用量：说服人们在每次的使用场合中，使用更多量的产品。例如，牙膏生产厂家劝说人们每天不仅要早晚刷牙，最好每次饭后也要刷牙，这样就增加了牙膏的使用量。

② 保护现有市场份额

在努力扩大总市场规模的同时，处于统治地位的企业还必须时刻注意保护自己的现有业务不受竞争者侵犯。领导者有时就像一头大象，遭受蜜蜂群的干扰，而最大的蜜蜂总是围绕在此领导者的四周发出嗡嗡声。有时，市场上同时存在着数只巨大危险性的蜜蜂，这就更需要采取保护现有市场份额的策略。常采取的策略有：

a. 创新策略：市场领导者为保护它的地盘能做些什么呢？最为建设性的做法是不断创新。市场领导者应拒绝满足现状，在产品、顾客服务、流通手段、生产技术等方面孜孜以求，不断为保持领袖公司地位创造条件。实质上，这是一种市场渗透、市场发展和产品发展三种策略的混合。

b. 筑垒策略：市场领导者即使不开展攻势，至少必须对各条产品线保持警惕和不放弃任一暴露着的侧翼，它必须合理定价，同时用同一个品牌和商标大量生产不同尺寸、型号和档次的产品，满足市场上的不同要求，不给市场上的主要竞争公司留下重要的可乘之机。

c. 正面对抗策略：当一个市场领导者受到攻击，无论是侧翼还是先发制人的攻击、它必须对扩张性挑战者做出及时反应，或发起推销战，大量增加促销开支，加强各种促销手段。

③ 进一步扩大现有的市场份额

市场领导者可通过增加市场占有率来改善收益率。美国的一项称为企业经营战略对利润的影响的研究表明，市场占有率是影响投资收益率最重要的变数之一，市场占有率越高，投资收益率也越大，市场占有率高于40%的企业其平均投资收益率相当于市场占有率低于10%者的三倍。

a. 增加新产品：研制新产品和出售新产品是提高市场占有率的重要手段。有关调查资料显示，新产品在销售额中所占比例应比竞争对手高。无论对已经形成或开始形成的产品市场，增加新产品是行之有效的战略。

b. 相对提高企业的产品质量：提高产品质量是扩大市场占有率的有力手段。由于质量因素而成功的企业可以举出日本的汽车、照相机、电子设备等。如日本的彩色电视机比美国好，故障率比美国低，所以日本彩色电视机市场占有率得以扩大。当然提高质量、扩大市场占有率并不是指生产绝对豪华的产品和绝对高品质的产品。

c. 多形式促销：采取多种促销形式，以进一步扩大市场份额。

(2) 市场挑战者战略

在行业中名列第二、三名等次要地位的企业称为市场挑战者。大多数市场挑战者的战略目标是增加自己的市场占有率，并且认为增加市场占有率会获得更大的利益。市场挑战者如果要向市场领导者和其他竞争者挑战，首先必须确定自己的战略目标和挑战对象，然后再选择适当的进攻策略。当然挑战者就要选择合适的进攻策略。

① 正面进攻：如果进攻者将其所有的力量集中，并直接对竞争者的主力发动攻击，则称为正面进攻。这种企业策略是选择竞争对手最强的部分发动进攻，而非选择弱点加以进攻。

② 侧翼进攻：一个受攻击者的正面往往是最强大的，但是在它的侧翼和后方也难免会有不安全的地带。因此它的弱点自然就成为攻击的对象。侧翼攻击可以沿用两种策略角度来攻击竞争者——地理性的角度与区域细分化角度。地理性的进攻是指在全国或世界各地，在竞争者的经营绩效尚未达到高水平的地区，布置进攻点。

③ 包围进攻：包围进攻是对竞争对手的各个方面发动进攻，迫使竞争对手必须同时防御其前后左右的战线。采取包围进攻的进攻者可能提供竞争者所提供的每一项产品，并比竞争者提供得更多、更好，以使所提供的服务不会遭到拒绝。包围进攻策略意味着攻击者所拥有的资源优于竞争对手，并且深信能完全迅速地摧毁对手的抵抗意志。

④ 迂回进攻：迂回是最间接的进攻策略，且避免任何交战的行动直接指向敌人的现有领域。这种进攻意味着迂回绕过竞争对手，并攻击较易取得的市场，以扩展企业的资源基础。这种迂回进攻通常有三种方法：发展与竞争对手不相关的产品；以现有的产品，开拓新市场；开发新技术以取代现有的产品。

⑤ 特定策略

以上介绍的进攻策略非常概括，挑战者必须把几个特定策略组成一个总体策略，应用于市场营销活动中，用于进攻的特定策略主要有以下几种。

a. 价格折扣策略：挑战者可以用较低的价格提供与领导者品质相当的产品。当然，欲使价格折扣策略奏效，则必须符合三个条件。第一，挑战者必须使购买者相信该企业的产品与服务可以与市场媲美。第二，购买者对于价格差异必须具有敏感性，并且乐于转换供应商。第三，无论竞争者如何攻击，市场领导者决不会降价。

b. 廉价品策略：即提供中等或者质量稍低但价格低得很多的产品。这种战略只有对价格感兴趣的购买者的细分市场才是可行的。这种策略只能是过渡性的，因为产品质量不够高，通过这一策略所造成的市场营销优势是不能持久的，企业必须逐渐提高产品质量，才可能在长时间内向领导者挑战。

c. 名牌产品策略：即努力创造一种名优产品，虽然价格也较高，却更有可能把领导者的同类产品市场份额挤掉一部分。

d. 产品扩散策略：即挑战者紧步领导者后尘，创制出许多不同种类的新产品，此乃产品创新策略的变相形式。这种策略是否成功决定于新产品市场的预测是否合理，也决定于领导企业和其他势均力敌的企业反应是否迅速和有效，以同样的策略和方法“回敬”该挑战者企业。

e. 产品创新策略：前面的产品扩散策略主要是向广度发展的产品发展策略，而这里的产品创新策略主要是向深度发展的产品发展策略，即企业在其核心产品方面不断创新，精益求精。

f. 降低制造成本的策略：这是一种结合定价策略和成本管理以及技术研究等因素的产品发展策略。挑战者可以靠有效的材料采购、较低的人工成本和更现代化的生产设备，来求得比它的竞争对手更低的制造成本。企业用较低的成本，做出更具进攻性的定价来获取市场份额。

(3) 市场追随者战略

希望维持现状，避免与市场领导者或其他竞争者引起争端的企业称为市场追随者。并非所有位居第二的企业都会向市场领导者挑战，因为这种挑战会遭到领导者的激烈报复，最后可能无功而返，甚至一败涂地。因此，除非挑战者能够在某些地方赢得优势，如实现产品重大革新或是分销有重大突破，否则，它们往往宁愿追随领导者，而不愿对领导者贸然发动攻击。因此，大部分的企业都决定不互相争夺彼此的顾客，相反地，它们通常都模仿领导者，而提供类似的产品或服务给购买者。但这不是说市场追随者毫无策略可言，市场跟随者必须懂得如何维持现有顾客，并争取一定数量的新顾客。具体来说，追随策略可分以下三类。

① 紧密追随：紧密追随者在尽可能多的细分市场和营销组合领域中模仿领导者，但它不会发动任何进攻而只是期望能分享市场领导者的投资。

② 有距离追随：有距离追随者会从领导者那里模仿一些事物，但这种模仿往往是带有差异性的模仿，如在包装、广告、定价等方面有所不同。

③ 有选择追随：有选择追随者除了生产与领导者相似的产品外，通常也会进一步加以改良。这类企业也会选择不同的市场区划，以避免直接与领导者发生冲突。这类企业常常能成为未来的挑战者。

(4) 市场补缺者战略

专心致力于市场中被大企业忽略的某些细分市场的企业称为市场补缺者。几乎每个行业都有些小企业，它们专心致力于市场中被大企业忽略的某些细分市场，在这些小市场上通过专业化经营来获取最大限度的收益。

6.6.3 电子电器产品的全球营销战略

在当今全球经济日趋国际化，企业进入无国境经营的时代，跨国经营也成为当前世界经济发展的一大特点，也是国内外经济形势发展的客观要求，对整个国家经济的发展和企业的兴旺都有积极的意义。

企业开拓国际市场，除了要做好市场机会的分析外，还要选择适当的营销战略，具体地说是要选择进入国际市场的方式。企业进入国际市场有许多模式：出口进入模式，包括间接出口、直接出口；契约进入模式，包括许可证、特许经营、管理合同、合同制造、交钥匙工程；投资进入模式，包括合资经营和独资经营。我国电子电器产品进入国际市场通常采用产品出口、合作经营、投资建厂这三种方式。

1. 产品出口

产品出口是进入国际市场的最基本方式，也是从未有过国际市场经营经验的企业打入国际市场最简单、最容易、最普通的方式，也是所有国际市场经营方式中经营风险最小的一种。产品出口包括间接出口和直接出口两种形式。

间接出口是指电子电器企业使用本国的中间商来从事电子电器产品的出口。通过间接出口，企业可以在不增加固定资产投资的前提下开始出口电子电器产品，费用低，风险小，而且不影响目前的销售利润。同时，企业可借助此方式，逐步累积经验，为以后转化为直接出口奠定基础。

直接出口是指不使用本国中间商，但可以使用目标国家的中间商来从事电子电器产品的出口，在直接出口方式下，企业的一系列重要活动都是由自身完成的。这些活动包括：调查目标市场、寻找买主、联系分销商、准备海关文件、安排运输与保险等。直接出口使企业部分或全部控制外国营销策略；可以从目标市场快捷地获取更多的信息，并针对市场需求制定及修正营销策略。

直接出口一般依靠两种渠道，国外代理商——经销商渠道；国外分公司——子公司渠道。直接出口对电子电器制造商而言，要考虑三个因素，第一，如何根据自身经营市场的特点，选择合适的营销渠道。第二，考虑自身能力和成本特点，决定最佳渠道类型。第三，确定选择渠道成员的标准并选择合适的渠道成员。这三个方面的因素对企业来说是至关重要的。

2. 合作经营

合作经营进入是国际营销企业和目标国家的企业法人之间就技术、工艺、产品制造、营销等方面订立合作经营合同，以进入国际市场。它包括以下几种形式。

（1）许可生产

许可生产是指企业与国外另一企业签订许可协议，授权对方使用本企业的专利权、商标权以及产品和工艺方面的专有技术等从事生产销售，并向许可方支付费用，许可生产的核心就是无形资产使用权的转移。对于企业来说，许可生产的最大好处是企业几乎没有对外直接投资，在不承担多少风险的情况下，就可进入国际市场。

（2）合同制造

合同制造是指企业向外国企业提供零部件由其组装，或向外国企业提供详细的规格标准由其仿制，由企业自身保留营销责任的一种方式。利用合同制造模式，企业将生产的工作与责任转移给了合同的对方，将精力集中在营销上，是一种有效的扩展国际市场方式。但是这种模式一是可能把合作伙伴培养成潜在的竞争对手，二是有可能失去对产品生产过程的控制，三是有可能因为对方的延期交货导致本企业的营销活动无法按计划进行。

（3）特许经营

特许经营是指企业将商业制度及其他产权诸如专利、商标、包装、产品配方、公司名称、技术诀窍和管理服务等无形资产许可给独立的企业或个人。被特许方用特许方的无形资产投入经营，遵循特许方制定的方针和程序。作为回报，被特许方除向特许方用特许方的无形资产投入经营，遵循特许方制定的方针和程序。作为回报，被特许方除向特许方支付出事费用以外，还定期按照销售额一定的比例支付报酬。与许可生产所不同的是，特许方要给予被特许方以生产和管理方面的帮助，如提供设备、帮助培训、融通资金、参与一般管理等。

3. 投资建厂

投资建厂就是利用当地的资源和劳动力，直接进行生产和销售。它的形式有国外合资和国外独资生产。

（1）国外合资

企业在国外与一个或几个当地企业共同投资，联合建成一个新企业。投资双方都持有一定的股份，并按一定的方式参与企业的经营管理。企业在国外合资企业中的持股比重可高可低，一般在 30%～75%。

较之产品出口、许可经营，国外合资方式介入国际市场的程度高一些，所获利润也多，也能更多、更快地获得当地市场信息，获得跨文化营销的宝贵经验，其不利之处在于需要更多的资金和管理资源，风险较大。

(2) 国外独资生产

企业进入国际市场，独立控制一个企业的生产并在当地或周边市场销售产品，它是企业进行国际营销的最高阶段。它有两种形式：一是收购，二是在当地投资新建一个工厂。

收购就是在东道国买一下个现有企业。其好处在于利用现有企业可以得到现有的劳动力、管理人员、顾客和分销渠道。在当地投资建立新企业要花费更多的时间和精力，但有时这是唯一的选择，因为有的国家不允许外国工业在本国收购现有的企业。

在国外独资生产，可使企业获得如下优势：一是投资者可以获得单纯商品贸易所不具有的所有权优势、区位优势和内部化优势，有利于实现某种垄断；二是没有合作伙伴，也不会存在利益、目标等方面的冲突，从而使该子公司的营销策略与母公司的全球营销战略有机地融为一体；三是企业能更有效、更直接、更全面地积累国际营销经验。这种方式的局限性在于：工业投入资金最多，风险最大，灵活性差，不能得到当地合作者的帮助。

电子电器产品进入国际市场的方式，不仅取决于企业自身的产品品质、规模实力、管理水平，而且也取决于本国政府的出口扶持政策和目标国的环境、市场因素。

管理小故事

把梳子卖给和尚

一位商人，为在 4 个儿子中挑选自己的继承人而决定做一个测试：让他们在一天的时间内向寺庙里的和尚推销梳子。

早晨，4 个儿子背着梳子分头而去。

不一会儿的工夫老大便悻悻而归："这不是明摆着折腾人吗？和尚根本就没有头发，谁买梳子？"

中午老二也沮丧而归："我到处跟和尚讲我的梳子是如何好，结果那些和尚说我笑话他们没有头发，赶我走甚至要打我。幸亏我看到一个小和尚抓头挠痒，就劝他买把梳子挠痒，这才卖出了一把"。

下午老三得意地回来："我问一位庙里的和尚，如果拜佛的人头发被山风吹乱了，是不是对佛不尊敬？和尚说是的。我说你知道了又不提醒他，是不是一种罪过，他说是的。于是我建议他在每个佛像前摆一把梳子，香客来了梳完头再拜佛。一共 12 座佛像，我便卖出去一打！"

晚上老四疲惫地归来，他不仅把梳子全部卖完，还带回了与寺庙签订的大额订单以及与寺庙联合成立梳子厂的协议。看到大家惊诧不已，老四解释说："我找到当地香火最旺的寺庙，直接跟方丈讲，你想不想给寺庙增加收入？方丈说当然想了。于是我建议他在寺庙最显眼的位置贴上告示，只要给寺庙捐钱捐物就有礼物送，礼物就是一把经过高僧开光并刻有寺名的功德梳。用这把梳子在人多的地方梳头，就能梳去晦气梳来运气。于是很多人捐钱后就在人多的地方梳头，又促使更多的人去捐钱拿梳子。就这样，所有的梳子都卖出去了还不够。"

管理心得：

不同的思维，不同的营销术，就会有不同的结果。在别人认为不可能的地方挖掘需求，开发出新的市场来，那才是真正的营销高手。

案例分析 1

荣事达的“红地毯服务”

以服务取胜是家电市场越来越重要的竞争手段。服务内容扩充、服务承诺升级、服务口号创新、服务行为规范是新一轮服务竞争的鲜明特点。荣事达于 1997 年“3·15”之际隆重推出了“红地毯服务”，引起了强烈反响。其中的“三大纪律、八项注意”服务行为规范，更是画龙点睛之笔，并被家电企业广为仿效。“红地毯服务”的基本做法是维修人员上门服务时携带一块红地毯，在红地毯上开展维修操作，让用户倍感亲切、温馨、热情。

“三大纪律”为：

第一，不与用户顶撞；

第二，不受用户吃请；

第三，不受用户礼品。

“八项注意”为：

第一，遵守约定时间，上门准时；

第二，携带“歉意信”，登门道歉；

第三，套上“进门鞋”，进门服务；

第四，铺开“红地毯”，开始维修；

第五，修后擦拭机器，保持清洁干净；

第六，当面进行试用，检查维修效果；

第七，讲解故障原因，介绍使用知识；

第八，服务态度热情，举止礼貌文明。

歉意信是一个首创，其具体用途有二：一是以书面形式正式向用户道歉，消除用户心头的不快；二是万一上门时用户不在家，可以留在用户门上，表明来过并预约下次上门时间。歉意信的内容也写得情真意切、态度诚恳，这是家电企业首家用书面形式郑重地向用户表示歉意，公关宣传效果非常好。

为使服务语言规范和服务行为规范，言行一致，荣事达又制定了一个上门服务程序，具体如下：

(1) 敲门　有门铃轻按门铃，按铃时间不要过长，无人应答再次按铃，按铃时间加长。没有门铃轻轻叩门三响，无人应答再次叩门，叩门节奏渐快，力度加强。若无人应答，等候 10 min，若主人仍未返回，填写歉意信留言栏，塞入用户门内或信箱内。

(2) 介绍和证实　主人闻声开门或在门内询问时，首先自我介绍：“对不起，打扰了，我是荣事达的维修工，前来为您服务。”

证实对方身份：“请问这是不是××师傅(先生、女士、同志)家？”

(3) 致歉　双手递交歉意信，诚恳地说：“对不起，洗衣机出了故障，给您添麻烦了。”

(4) 套鞋进门　穿好自备鞋套，经主人许可进门服务。

在特殊情况下，如用户家里没有铺地毯，经主人许可，进门可不必穿鞋套。

(5) 铺红地毯　在主任选定的位置铺上红地毯，准备维修。

(6) 维修　将洗衣机搬到红地毯上，开始维修工作。

(7) 清洁修理　修理完毕，用自备专用擦机布将机器擦拭干净，收好红地毯及维修工具，将残损配件及地面卫生清理打扫干净。

(8) 试用　当着主人面试用机器,证实机器恢复正常运转。

(9) 讲解　向用户讲解故障原因,介绍使用保养知识,最后将洗衣机复归原位。

(10) 收费　包外维修,按规定标准收费。

(11) 填单　如实填写维修服务工作单。

请用户对维修质量、服务态度与行为进行评价并签名。

(12) 辞别　向用户告辞。规范用语为:"今后有什么问题,随时可以联系,再见。"

问题:

1. 荣事达的"红地毯服务"目的是什么?为什么如此设计?

2. 你所知的其他电子电器品牌也采取了哪些服务措施?

案例分析 2

小天鹅洗衣机究竟该如何发展

无锡小天鹅电器工业公司是我国著名的全自动洗衣机生产企业。1989 年,小天鹅引进日本松下电器公司的微电脑全自动洗衣机的技术资料,跳出当时我国的部颁标准,按日方的 JIS9606"电动洗衣机产品标准"开始生产小天鹅全自动洗衣机。1990 年开始小批量生产,进展的速度并不很快,1991 年的产值达到 3 400 万元,产量为 4 万台,企业亏损 167 万元。但他们争取把每一个零件都造得和日本产的一样,得到松下公司的质量认可。因此,这一年小天鹅洗衣机在首届北京国际博览会上,获得了唯一的全自动洗衣机国际金奖。随后,小天鹅洗衣机开始走俏市场,产量为 10 万台,产值为 9 400 万元,利润为 483 万元。在此基础上,小天鹅又根据中国的情况改进了稳压线路、波轮和外壳,并进一步在全国的一流百货商店设置维修体系。他们坚持一流产品、一流质量和一流市场。1992 年产量达到 20 万台,产值 2.54 亿元,利润达到 2 555 万元;1993 年产量达到 50 万台,产值为 5.75 亿元,利润达到 4 500 万元;2000 年第一季度产量达到 18 万台,产值为 2.1 亿元,年利润可达到 8 000 万元。小天鹅全自动洗衣机在全国全自动洗衣机市场的占有率始终稳定在 26%,在全国大型百货商店的市场占有率高达 50%,一般在大、中型城市每个月的供应量只能维持 20 天的销售,处于供不应求的状态。现在他们研制成功的大容量全自动洗衣机,以及刚刚走俏日本的利用模糊理论的新一代洗衣机,估计很快就可以推出,开始小批量面市。但市场竞争也明显开始加剧,日本松下公司已经和合肥荣事达洗衣机厂生产同类型的洗衣机,并已面市,全国其他洗衣机的厂商也纷纷急起直追,利用小天鹅供不应求的状态,挤入市场空隙。

在一片大好形势下,小天鹅厂今后该如何发展,引起了广泛的注意,各种观点也不相同:

1. 应利用现在的大好时机迅速扩大产量,在本厂生产能力不能迅速提高的情况下,可以与其他洗衣机厂合作,输出技术,进行定牌生产,以满足全国全自动洗衣机市场的需要,从而进一步巩固小天鹅的市场位置,强占市场。

2. 认为实行定牌生产,质量不可能很快达到标准,一旦把这些产品推向市场,有可能影响小天鹅的形象,导致市场份额下滑。所以,宁愿损失眼前的利润,也不能放松质量,坚持质量取胜,维持高档洗衣的声誉。

3. 考虑到新的机种也不可能大量面市,而且新的机种的价位比较高,市场的接受程度如何一时难以确定;而定牌生产风险也确实很大,故可以把赚来的钱去从事其他行业,如可以投资房地产业,或空调器,以及其他的家用电器,特别是与洗衣机配套的家电产品。实际上小天鹅正处于战略决策的关键时刻。

问题：

1. 在小天鹅案例中，你认为日本松下在进入我国洗衣机市场时采用了什么方式？
2. 你认为当时的小天鹅洗衣机该如何进行战略决策，为什么？

本章思考题

1. 解释概念：密集型发展战略、一体化发展战略、多元化发展战略。
2. 市场挑战者应如何成功实施挑战？

第7章　电子信息类企业资产构成

本章知识点

1. 电子信息类企业开办资产筹集方法。
2. 电子信息类企业资产管理。
3. 电子信息类企业绩效评价。

导入案例：

苏宁电器2001年至2010年的平均股东权益比率是35.137%，股东对资本的投入在增加，其结构不断趋于稳定。但是，从总体来看，2001年至2010年苏宁电器的资产负债率算术平均值为64.863%，最高的资产负债率年份出现在2001年，达到85.253%，2010年最低，只有57.079%。总体上呈现出一定的下降趋势。从苏宁电器的负债结构上看，其短期负债远远高于长期负债。以2010年的短期负债率和长期负债率为例，2010年苏宁电器的短期负债率高达55.878%，而长期负债率却只有1.202%，短期负债率是长期负债率的46倍之多。在债务资本构成方面，苏宁电器几乎没有长期债务，负债，即是指流动负债。因此，要准确衡量苏宁电器的资本结构，就得和流动资产做比较。由于苏宁电器的流动资产主要是存货、货币资金和预付账款，流动负债主要为应付票据和应付账款，彼此基本是相对应的。并且由于行业的特殊性，流动资产和流动负债均占了资产和负债的绝大多数份额。所以，苏宁电器目前处于快速扩张期，需要大量资金以支持其全国范围内的连锁店扩张。在高负债率的情况下，苏宁电器不能过多依赖债务资本来进行扩张。因而，公司选择了股权融资方式，既募集了扩张所需的资金，又改善了其资本结构。

7.1　电子信息类企业开办资产筹集

7.1.1　电子信息类企业资产筹集途径

1. 企业资本基本概念

资本结构：是指企业各种长期资金筹集来源的构成和比例关系。一般来说，完全通过权益资金筹集是不明智的，不能得到负债经营的好处；负债的比例大风险也大，企业随时可能陷入财务危机。筹资决策的一个重要内容就是明确最佳资本结构。

资本成本：是指企业为筹集和使用资金而付出的代价。广义讲，企业筹集和使用任何资金，不论短期的还是长期的，都要付出代价。狭义的资本成本仅指筹集和使用长期资金的成本。

由于长期资金也被称为资本，所以长期资金的成本也被称为资本成本，包括资金筹集费用和资金占用费用两部分。资金成本可有多种计量形式。在比较各种筹资方式时，使用个别资本成本，包括普通股成本、留存收益成本、长期借款成本、债券成本；在进行资本构成决策时，使用加权平均资本成本；在进行追加筹资决策时，则使用边际资本成本。

企业筹资是指企业作为筹资主体根据其生产经营、对外投资和调整资本结构等需要，通过筹资渠道和金融市场，运用筹资方式，经济有效地筹措和集中资本的活动。

2. 企业筹资的动机

(1) 扩张性筹资的动机

指企业因扩大生产经营规模或增加对外投资而产生的追加筹资的动机。例如，企业产品供不应求，需要增加市场供应；开发生产适销对路的新产品；开拓有发展前途的对外投资领域等，往往需要追加筹资。扩张筹资动机所产生的直接结果是企业资产总额和资本总额的增加。

(2) 调整性筹资动机

调整性筹资动机是企业因调整现有资本结构的需要而产生的筹资动机。一个企业在不同时期由于筹资方式的不同组合会形成不尽相同的资本结构，随着相关情况的变化，现有的资本结构可能不再合理，需要予以调整，使之趋于合理。

(3) 混合性筹资动机

指企业同时既为扩张规模又为调整资本结构而产生的筹资动机。在这种混合性筹资动机的驱使下，企业通过筹资，既扩大了资产和筹资的规模，又调整了资本结构。

3. 企业筹资的基本原则

在运作资金筹集的过程中，要坚持以下原则。

(1) 效益性原则(满足需要原则)

效益性原则也叫满足需要原则，是筹资要在正确预测和科学规划的基础上进行，要以满足生产经营需要为最首要的原则。

① 筹资的数额要能保证生产经营的需要。

② 筹资的期限要与生产经营或建设周期相吻合。

③ 筹资时间配比要及时，使资金的投放与运用同生产经营的具体需要紧密衔接。

(2) 低成本原则

筹资管理的重要内容就是在筹资的过程中进行筹资成本与效益的比较分析，选择低成本、高效益的筹资渠道与筹资方式，最大限度地降低资金的使用成本和筹资过程中的浪费。

(3) 合法性原则

在企业筹资的过程中，树立法律意识，坚持按国家政策法规办事，采取合法手段，通过合法渠道，取得合法资金，投入合法用途。

(4) 稳定性原则

筹资是企业的一项重大而经常性的财务管理工作，必须坚持稳定性原则。

① 所筹集的资金的稳定性，即尽可能取得期限较长的借款。

② 筹资方式的稳定性，即要选择股票、债券等方式，并且不要频繁变更筹资方式。

③ 要同提供资金的金融机构建立长期稳定的业务合作关系。

4. 企业筹资的渠道与方式

（1）筹资渠道

指企业筹集资本来源的方向与通道。我国企业筹资的主要渠道有：

① 国家政府财政资本

② 银行信贷资本

③ 非银行金融机构资本

④ 其他法人资本

⑤ 民间资本

⑥ 企业内部资本

⑦ 国外和我国港澳台资本

（2）筹资方式

指企业筹集资本所采取的具体形式和工具。我国企业的筹资方式主要有：

① 投入资本筹资

② 发行股票筹资

③ 发行债券筹资

④ 发行商业本票筹资

⑤ 银行借款筹资

⑥ 商业信用筹资

⑦ 租赁筹资

5. 企业筹资的类型

（1）按资金时间长短分长期资金和短期资金

（2）按资金来源分内部资金和外部资金

（3）按资金性质分权益资金和借入资金

6. 典型的企业筹资方法

（1）普通股筹资

1）普通股股东的权利

依照我国《公司法》的规定，普通股股东主要有以下权利。

① 出席或委托代理人出席股东大会，并依公司章程规定行使表决权。

② 股份转让权。股东持有的股份可以自由转让，但必须符合《公司法》、其他法规和公司章程规定的条件和程序。

③ 股利分配请求权。

④ 对公司账目和股东大会决议的审查权和对公司事务的质询权。

⑤ 分配公司剩余财产的权利。

⑥ 公司章程规定的其他权利。

我国《公司法》中规定了股东具有遵守公司章程、缴纳股款、对公司负有限责任、不得退股等义务。

2）普通股的种类

① 按股票有无记名，可分为记名股和无记名股。

② 按股票是否标明金额，可分为面值股和无面值股。

③ 按投资主体分，可分为国家股、法人股、个人股。

④ 按发行对象和上市地区的不同，可分为 A 股、B 股、H 股和 N 股等。

3）股票发行

① 股票的发行方式有很多种，主要有以下几种。

a. 首次公开发行股票（IPO）

股份公司成立时的筹资性发行股票的情形，一般称为首次公开发行。申请首次发行股票的公司必须符合《公司法》《证券法》《股票发行与交易管理暂行条例》及相关法律、法规和规范性文件的规定，符合首次公开发行上市条件和信息披露的要求。

b. 配股和增发，前者指向原股东配集股票，后者指向全体社会公众发售股票。

② 股票销售方式

a. 自销方式，指发行公司自己直接将股票销售给认购者。

b. 委托承销，指发行公司将股票销售业务委托给证券经营机构代理。

③ 股票发行价格

股票发行价格分为等价、时价和中间价三种。我国《公司法》规定，股票发行价格可以等于票面金额（等价），也可以超过票面金额（溢价），但不得低于票面金额（折价）。

4）股票上市

股票上市指股份有限公司公开发行的股票经批准在证券交易所进行挂牌交易。经批准在交易所上市交易的股票称为上市股票。

5）普通股融资特点

优点：① 发行普通股筹措资本具有永久性，无到期日，不需归还。

② 发行普通股筹资的资本是公司最基本的资金来源，它反映了公司的实力。

③ 发行普通股筹资没有固定的股利负担，筹资风险较小。

④ 由于普通股的预期收益较高并可在一定程度上抵消通货膨胀的影响，因此普通股筹资容易吸收资金。

缺点：普通股的资本成本较高；以普通股筹资会增加新股东，可能分散公司的控制权，削弱原有股东对公司的控制。

（2）长期负债筹资

1）债券筹资

债券是经济主体为筹集资金而发行的，用以记载和反映债权债务关系的有价证券。这里所说的债券，指的是期限超过 1 年的公司债券，其发行目的通常是为建设大型项目筹集大笔长期资金。其优点是筹资对象广、市场大；缺点是成本高、风险大、限制条件多。

2）可转换债券筹资

可转换债券是指可以转换为普通股股票的证券，主要包括可转换债券和可转换优先股。

① 可转换债券的要素

a. 标的股票。

b. 转换价格，即将可转换债券转换为每股股份所支付的价格。

c. 转换比例，是每张可转换债券能够转换的普通股股数。

$$转换比例=债券面值/转换价格$$

d. 转换期，是指可转换债券转换为股份的起始日至结束日的期间。可转换住宅权的转换期可以与债券的期限相同，也可以短于债券的期限。

e. 赎回条款，是可转换债券的发行企业可以在债券到期日之前提前赎回债券的规定。赎回条款包括不可赎回期、赎回期、赎回价格和赎回条件等内容。

f. 回售条款，是指可转换债券发行公司的股票达到某种恶劣程度时，债券持有人有权按照约定的价格将可转换债券卖给发行公司的有关规定。具体包括回售时间、回售价格等内容。

g. 强制性转换条款，是在某些条件具备之后，债券持有人必须将可转换债券转换为股票，无权要求偿还债券本金的规定。

② 可转换债券的发行条件

我国《可转换公司债券管理暂行办法》规定，目前，我国只有上市公司和重点国有企业具有发行可转换债券的资格。它们在具备下列条件之后，可以经证监会批准发行可转换债券：

a. 最近3年连续盈利，且最近3年净资产收益率平均在10%以上。

b. 发行可转换债券后，公司的资产负债率不能高于70%。

c. 发行可转换债券后，公司的累计债券余额不能超过公司净资产的40%。

7.1.2 电子信息类企业资产筹集问题及建议

电信业已成为当前我国发展最迅速的产业之一，成为国民经济重要的先导产业和基础产业。十七大以后国家对我国电信运营企业再次重组，产生了中国电信、中国联通与中国移动三家全业务电信运营企业，国内国际资本的共同控股以及各项电信新技术特别是3G移动通信技术的准入与发展，减小了国家之间、企业之间的技术壁垒，资本成为决定电信运营企业竞争优劣的根本，投资、融资能力成为决定企业竞争力量的关键力量。但我国的主体电信企业都是国有或由国家拥有绝对控股权，政府部门除在政策上引导企业投资以外，还可以通过行政手段进行干预，这比较典型地表现在电信企业的整合和普遍服务上。对于电信企业而言，其独立性只是相对的，而独立性却是我们进行项目投资可行性的一个重要的前提。在普遍服务的政策上，到目前为止还没有形成完整的普遍服务政策，承担普遍服务的企业还不能得到相应的补偿，不承担普遍服务的企业也没有相应的偿付代价。这些因素也给电信企业项目投资经济分析的科学性带来一些不利影响。电信企业可通过与相关政府部门的积极沟通，报企业的实际情况，加强对国外电信企业发展史的研究，分析企业在特定政治经济环境下的具体特征，争取国家政策的支持，减轻或消除宏观政策面的不利影响，相对提高项目经济可行性研究的水平。

1. 中国电信行业筹资风险问题

(1) 资金短缺

经研究中国电信企业的财务报表发现，除中国移动以外，其他三大电信企业均存在运营资金不足的问题。面临着较大的筹资压力。2006年年末，中国移动、中国联通、中国电信、中国网通的流动资产分别为：171 507、20 426、39 563、18 059(百万元)。流动负债分别为：140 607、50 303、156 575、90 802(百万元)。由此可以看出，除了中国移动的流动资产减去流动负债的值为30 900百万元的正值以外，其他三个电信企业该项均为负值，即流动资产不足以偿还流动负债。

(2) 筹资方式单一

我国电信企业筹资多以贷款为主，财务风险较高。例如，2003—2006年中国网通的短期贷款占流动负债比率依次为：55.18%，50.63%，55.07%，42.10%。而2003—2006年年末的长期贷款占非流动负债比率分别是 45.27%，57.98%，43.79%，59.45%。虽然短期贷款的比重呈下降趋势，但其占流动负债的比重仍达到 40%以上。而长期贷款占非流动负债的比重则平均已超过 50%。

（3）利率风险

电信企业存在大量的银行存款和银行贷款。公司债务利率的波动会使其面临市场利率风险。电信企业的大部分债务是中国境内的各银行贷款，随着利率上升，新借款成本以及有待偿还的债务利息支出也会增加。因此，利率的变动可能会导致债务票据的公平价值大幅度波动。以中国联通为例，2005 年年末，中国联通有固定利率长期借款 74.42 亿元，短期借款有 53.03 亿元，短期债券约为 98.66 亿元，浮动利率长期借款及短期借款分别为 84 亿元和 17.22 亿元。而 2006 年年末，其固定利率长期借款为 3.1 5 亿元，固定利率短期债券为 70.87 亿元，固定利率可转换债券的负债部分及浮动利率长期银行借款导致其面临现金流及利率风险。固定利率的银行借款、短期债券和可转换债券的负债部分则使其面临公允价值利率的风险。

2. 中国电信行业筹资风险防范建议

（1）优化资本结构

在企业的资本结构决策中，合理的利用债券筹资。科学地安排债权资本比例是企业筹资管理的一个核心问题。企业要确定最佳的资本结构则需要合理安排债权资本比例，以降低综合资本成本率。由于债务利息率通常低于股票利率，并且债务利息可以在税前利润中扣除，因此债券资本成本率明显低于股票资本成本率。所以企业在一定范围内合理提高债权资本比例可以降低综合资本成本率。而债权资本比例的合理也可使企业获得财务杠杆利益。电信企业目前应调整股权融资和债务融资的比重，优化资本结构，降低资本成本，以便充分利用财务杠杆降低融资成本，增加股东收益。电信企业的资产负债率达到 50%左右时，既可以充分利用财务杠杆又不会面临巨大的筹资风险，是较为合理的资产负债比率。

（2）拓宽筹资渠道

面临重组、3G 建设、转型等问题的中国电信企业存在巨大的资金需求。为了筹集资金，融资方式的选择变得尤为重要。电信企业应拓宽筹资渠道，采用多种方式进行筹资，根据实际情况重点利用优先股、町转换债券、融资租赁、项目融资、风险投资等方式以扩大资金来源，降低融资成本和风险。

（3）利用金融衍生工具规避风险

随着经济形势和政策的变化，汇率、利率、股票等资本性资产的价格也会产生波动。由此形成的市场风险是难以通过传统的证券组合来规避的，而以规避风险为目的衍生金融工具则应运而生。本身具有规避作用的衍生金融工具自然受到企业的青睐。企业利用外汇、利率、股票，期货既能套期保值，又能规避市场的价格风险。利用外汇、利率、股票、期权合约交易，不但能通过锁定买入价格消除价格上涨的风险，实现货币购买力保值，还能通过锁定卖出价格消除价格下跌的风险，实现资产保值。但是，期权期货具有杠杆率，会使其自身风险程度加剧。因此，企业运用时要特别谨慎。

7.1.3　电子信息类企业资产筹集的意义

1. 我国电信业融资历程和现状

第一阶段为 1950—1981 年，这一时期邮电部门的资金来源主要以国家投资为主，辅以一定的企业自筹。在计划经济体制的背景下，电信企业没有资本经营的概念。1978 年国家投资占邮电部门总投资的 90%，自筹仅占 10%，所以 31 年总计邮电部门固定资产总额仅为 64 亿元人民币。

第二阶段为 1982—1993 年，党的十一届三中全会以后，邮电通信被列为经济发展的战略重点之一，获得一系列优惠政策。同时企业也开始负债经营，向银行以优惠条件贷款，积极利用外资。这十年来，邮电获得长足发展。固定资产总额十年合计为 905 亿元，是前 31 年投资额的 7 倍；邮电通信技术装备无论从数量上还是从技术发展水平上都发生了飞跃性的变化。

第三阶段为 1993—1999 年，这一时期国家给邮电的优惠政策逐年减少，邮电部门执行加速折旧办法；同时通信设备从主要由国外提供转到基本由国内供货，这一切使企业融资由以前以国外贷款为主转向以国内融资为主。这段时间，我国电信企业采用得比较多的是国内银行贷款、分期付款和租赁等融资方式。

第四阶段为 20 世纪 90 年代后期至今，随着企业改革的深入，电信融资方式发生了根本变化，中国电信企业为解决发展所需资金不足的瓶颈问题，正以积极的姿态在国际资本市场大展拳脚。主体运营商纷纷在海内外上市、发行债券，各大电信制造企业也忙着进行国际收购兼并。

最近 5 年来，中国电信业融资体制改革取得明显成效，中国电信企业在国际资本市场累计筹集资金已达 215 亿美元，电信已成为我国在境外融资额最高的行业。

在全球电信资本市场低迷的大背景下，中国电信运营商“逆市而动”，在国内外资本市场上频频出手，并且收获颇丰。中国移动(香港)公司成为全亚洲除日本以外最大市值的上市公司，它和中国联通(香港)公司都是香港恒生指数成分股。中国电信也于 2002 年 11 月在纽约和香港成功上市，迈出海外资本战略的第一步。中国联通 A 股在沪市挂牌交易，开境外上市资产回流到国内资本市场再融资的先河，成为中国通信运营业在国内上市的领头羊。2002 年 10 月，中国移动(香港)再次发行 80 亿元企业债券，市场认购积极，为其此前完成的对八省移动通信公司的收购提供了有力的资金支持。与此同时，电信运营企业的“走出去”战略取得重要进展。中国电信(美国)公司和中国网通(控股)公司先后在美国取得国际电信业务经营许可证，并开始推出电信服务。网通公司还于 2002 年 11 月联合两家投资机构，成功收购亚洲环球电讯，成为成功收购大型海外电信资产的第一家中国公司。事实上，企业资本经营是市场经济发展的产物。随着我国市场经济的日益发展和完善，计划经济体制下的财政主导型融资渠道和经济转轨时期银行主导型融资渠道都已不能满足现代市场经济发展和经济全球化背景下企业大量融资的需要，资本市场成为企业最主要的融资渠道。电信业是高风险、高回报的行业，电信业的发展离不开资本市场的支持，原先主要依靠资金积累和银行贷款的方式已经不适应加入 WTO、迎接国际挑战的大背景下中国电信运营业发展的需要。通过资本运作层面上的创新、通过公司上市直接融资，目前看来可以有效地解决资金的瓶颈问题。这种形势下，寻求上市便成为电信企业拓展融资渠道的首选。

随着我国电信事业的飞速发展和市场机制的逐步完善，电信企业融资的方式也在不断发生变化：从简单到复杂，从单一到多样，从最初的利用政府、银行、外资等传统融资方式，逐步发展到发行股票、债券及项目融资等多种融资方式。随着加入 WTO 和电信运营市场的竞争加剧，电信企业融资渠道必将呈现多元化的发展态势。

2. 电信业多元化融资势在必行

随着信息革命的发展，发展中国家对电信投资的需求量逐步增加。根据世界银行的估计，发展中国家和东欧等国仅对基本电话业务的投资需求每年就至少为600亿美元。国际电联的分析报告指出，一方面，发展中国家电信网络水平普遍较低，还不能产生足够的现金流用于各种新项目的投资；另一方面，电信垄断部门资金的利用效率并不高，因此其他社会各类资本正逐渐流向该行业。根据世界银行的统计，各类社会资本(指政府资本和企业自留资本以外的资本)从20世纪80年代占电信投资的20%上升到90年代的55%，同期，政府投资从15%下降到5%，行业内部自有资金比例从65%下降到40%左右。可见电信融资多元化是全球的发展趋势。就我国情况来看，中国电信市场在中国"入世"后将逐步对外开放，中国电信企业必然融入全球电信市场一体化潮流，而要进入国际市场首先就要成为国际公司。通过此次群体性不约而同的资本行为，中国的电信企业已经意识到资本国际化是实现企业国际化战略的重要环节，只有实现了资本的国际化，才能真正实现人才、产品的国际化。中国电信企业通过上市、国际兼并收购，将被"逼"着按照国际通行的企业制度和规律运营和发展，这对于加快中国电信行业与国际接轨、走向国际大有好处。同时，加入WTO后，我国的电信企业只有走出去，才能赢得一样的待遇，只有把资本国际化，才能在国际市场上寻求到良好的生存发展环境。当然，在肯定资本国际化的同时，还要注意它所带来的风险。毕竟，在风起云涌的国际资本市场上，中国的电信企业还是新手。但不可否认，中国电信企业走向国际资本市场是推进其国际化、拓展海外市场的一条重要途径。

微利是今后电信行业发展的显著特征。在经过连续多次大规模投资和几十年高速增长后，国内电信业现已进入平稳发展期，电信业将进行结构性调整，其显著特征之一就是步入微利时代。我国电信市场的供求矛盾趋于缓和，原垄断格局被打破，电信企业之间的竞争日益激烈，电信企业甚至出现增量不增收的情况。在这样的形势下，电信运营商只靠自身资金积累，以投资拉动业务增长已经难以实现发展目标，而只依靠薄利多销，依靠用户规模的扩张来维持一定的发展速度也是很困难的。

因此，通过资本运作层面上的创新，通过公司上市、发行债券直接融资显然可以有效地解决电信企业资金不足的瓶颈问题，为我国入世后电信业的规模化发展提供有益的模式。随着我国电信运营商悉数上市以及国外运营商不断进入中国市场，大公司之间以战略协作为目标的资本运作将成为财务管理的重要内容，而大公司对小公司的控股、兼并、收购等资本运作方式也会层出不穷。从传统的信贷融资到公司上市，从发行企业债券到寻求合作伙伴融资租赁，资本市场的融资动作已渐成热点。对于高投入的信息产业来说，高投入决定其融资渠道不可能单一化，拓展融资渠道、完善融资结构成了当务之急。此外，加入WTO后，我国电信企业面临着很大的国内外竞争压力，同时随着运营成本的增加和资费下调压力的增大，资金缺口也将日益扩大，由此可见，构筑并完善多元化融资模式势在必行。

目前我国电信行业的融资体系、渠道和方式都比较单一，过度集中于海外资本市场这一方式上，不仅会造成企业的融资风险较高，也无法促进政府提高管理水平。电信企业融资除海外上市外，还可采用一些别的办法，比如：加大银行贷款力度，通过银行间接融资；发行企业债券；将电信企业投资大、竞争激烈的专业组建成专业股份公司上市等。另外，我们也不妨借鉴一些西方企业利用职工持股(ESOP)、利润共享制度及"工人参与制"等管理模式，结合我国高新技术产业的形成特点，形成技术、资金、土地使用权、设备等生产要素共同入股，共同承担责任，分散高风险，分享高回报的新机制。还可根据国家的产业政策，设立一些产业投资基金，尤其是风险投资基金，将所筹集的资金，用于高新技术的开发利用和企业的技术改造，鼓励企业培育新的经济增长点。在发展产业投资基金的同时，应坚持市场化操作，保证资金筹措与使用过程具有较高的透明度，使创业投资基金获得高效益。

除了企业内部自有资金外，电信融资的来源和手段可以是多种多样的，包括债务、股份和混合三种形式。其中债务形式包括银行信贷、供应商信贷、用户方信贷、债券、公有部门贷款；股份形式包括私人股东、公有部门股本、合资伙伴关系、信托基金等；混合形式包括了项目融资、建设－经营－转让(BOT)、建设－租用－转让(BLT)、建设－转让－经营(BTO)、经营合作合同(BCC)、管理与收入分摊交易、许可证、特许权安排等多种方式。

每种形式都有其优缺点，例如BLT方式特别适用于那些要对现有网络进行扩容又不易将具体收入剥离的项目，但是由于电信市场的不确定性高，因此项目产生的收入流难以预测，投资方的风险较高，这就使项目融资比较困难。上市融资的方式虽然成本较高、容易受资本市场不稳定的冲击，但它具有许多优点，如没有固定的利息负担、不用偿还、筹措资金速度快等。

因此，对于电信企业而言，根据不同的发展时期、不同的市场环境和不同的业务特点而采取不同的融资方式，既可以合理控制融资成本，又能够有效规避融资风险。同时，由于电信业发展的要求和我国资本市场的不断完善，多元化融资已成为电信业获得长足发展的必然趋势。

3. 电信业多元化融资意义深远

中国电信业有效利用国内外资本市场的融资工具，参与国际资本市场交流合作，是面对中国“入世”、国内经济增长强劲大背景下的必然之举。要支撑仍在以较快速度发展的我国电信业，广泛吸引国内外投资，通过资本市场走向世界，与全球电信实现融合是电信业发展的大势所趋。这无疑有助于中国电信企业壮大企业资产，提升国际竞争力，加大参与国际市场的力度；有利于中国电信企业国际化战略的实施，拓展海外市场，强化中国电信业在国际电信业的影响和作用。

资本国际化是实现企业国际化战略的重要环节，只有实现了资本的国际化才能真正实现人才、产品的国际化。走出国门，进入国际竞争的大舞台，不仅仅单纯是一个企业的发展战略目标，更是我国的电信企业在中国入世的背景下寻求一种公平有效的竞争机制、创造一种持续稳定的发展环境的重要举措。应该看到，中国电信企业通过海内外上市，引入国内外资本，进一步加强与国际资本市场的交流合作，优化上市企业的资本结构和组织架构，促进我国电信业的持续发展才是中国电信业“引进来”“走出去”战略的根本目的。

电信企业在资本市场融资，实际上促进了资本市场与电信业的双向互动，有着重要的现实意义。资本市场不仅为我国电信企业开辟了直接融资渠道，提供了强大的资金支持，还有利于电信企业建立健全有效的法人治理结构，促进电信企业进行管理创新、体制创新和运作创新。

资本经营作为现代企业的一种重要的经营管理形式，有利于电信企业加快改造企业现有的机制和体制，重整营销模式和企业架构，真正建立产权清晰、权责明确、管理科学的现代企业制度。国内电信企业在资本市场大显身手的事实，说明电信业与资本市场的关系越来越紧密。

上市并不只是简单地解决融资问题，更重要的是让企业的发展步入国际化、规范化的轨道。对于国内电信企业这样国企色彩浓厚的企业来说，上市对加快体制创新、机制创新和形成有效的激励和约束机制，完善法人治理结构，尽快和国际接轨，无疑是很重要的契机。上市最重要的是推动国内主要电信运营企业机制的改变，包括经营运行机制、激励薪酬体系等的改变。应该看到，中国移动和中国联通能够取得今日的成就，与其较早实现在中国香港的成功上市，利用海外资本市场的力量吸收资金、规范管理不无关系。由此可见，上市对促进我国电信企业的机制改变和现代企业制度的建立可以起到有力的推动作用。

世界500强的成功经验表明，在现代企业经营中，资本经营是企业超常规发展的助推器。

我国电信企业通过抓住资本运营的契机，改进企业运营机制，吸引先进管理经验和做法，必将对其实现打造世界一流企业的目标产生积极、深远的影响。

我国资本市场发展相对于我国经济高速增长显得十分缓慢，存在着非均衡发展现象，导致资本市场运作不健全并存在功能缺陷。资料表明，在 20 世纪 80 年代中期以后，债券融资已成为发达国家企业融资的主要手段之一，而我国目前债券市场发展仍然严重滞后于股票市场的发展。因此，近期电信企业国内融资不仅会使企业聚集大量资金，使自身资本结构得以优化，还会活跃股市，平衡债券市场和股票市场的结构，促进国内资本市场的结构调整，有利于我国资本市场和信息产业的共同繁荣、共同发展，实现良性互动。

7.2　电子信息类企业资产管理

7.2.1　流动资产管理

1. 流动资产的内容和特点

(1) 流通资产的含义

流动资产是指在生产经营中参加循环、周转，资产形态不断变化，价值一次性转移到成本费用中，并通过产品销售收入得到补偿的资产。

(2) 流动资产的内容

流动资产主要包括：

① 货币资金。货币资金是指企业在生产经营中停留在货币形态的资金。其具体项目包括现金、银行存款和其他货币资金。

② 应收或预付款项。这是指在生产经营中，由于资金结算的原因或市场经济活动的需要而占用的各种应收、应付等款项。应收款是指企业因对外销售产品、材料，提供劳务而应向购货方收取的款项。预付款则指预先支付给供货单位的货款。

③ 存货。存货是指在生产经营过程中，为销售或耗费而储备的物资。这是在流动资产中占用比例最大的部分。主要包括产成品、在制品、原材料、包装物、低值易耗品等。

④ 其他。包括短期投资、持摊费用、一年内到期的债券投资等。

(3) 流动资产的特点

流动资产主要有以下特点。

① 流动资产的流动性大，周转期短。

② 在参加循环、周转的过程中，不断地改变资产的形态。

③ 流动资产的价值一次性地转移到产品中，并一次性收回补偿。

2. 货币资金管理

货币资金管理主要是对现金的管理。这里说的现金包括企业库存现金、银行存款等。

(1) 现金管理的目标

现金是企业可以立即作为支付手段的资产，是维持企业生产经营的极为重要的必备条件，但是，若先进存置过多，又会增加资金占用成本。因此，企业现金管理的目标是：

① 现金的数量必须保证生产经营的需要；

② 尽可能地降低企业闲置现金的数量，以降低资金成本。

(2) 最佳现金余额

为实现现金管理的目标，核心的问题是合理控制现金的余额。因为余额过高，会降低资产收益率；而余额过低，则导致企业丧失支付能力，加大企业财务风险。这个合理的现金余额就是最佳现金余额。最佳现金余额是指既能保证企业经营对现金的需要，又能使持有现金成本最低的现金数量。确定最佳现金余额的方法很多。在现金需要量是确定的情况下，可以根据存货管理中的经济批量模式的原理确定最佳现金余额。而当现金支出量不确定时，要采用随机模式确定最佳现金余额。

(3) 现金管理的要求

现金管理的要求主要有以下三种。

① 科学编制现金收支预算。为了有计划地管理现金，企业要有计划地逐期编制现金预算。现金预算包括现金收入、现金支出、现金余额和现金筹集等项内容。

② 采取恰当的收账方法，有效加速现金的回收，在不影响信用的前提下适当延缓现金的支付。

③ 加强对现金开支的控制。严格遵守现金管理的有关规定，合理控制现金开支的范围和支出数量。

3. 应收账款的管理

(1) 应收账款管理的目标

应收账款相当于是企业想顾客提供的贷款。其目的是扩大产品销售，增加企业收益。而这种商业信用的提供必然会增加资金成本，并存在无法收回账款的风险。因此，企业对应收账款的管理的目标是：在对应收账款的收益与风险进行权衡分析的基础上，寻求企业综合效益的最大化。

(2) 正确制定信用政策

正确制定信用政策，这是指通过信用收益与风险的权衡比较，对最佳应收账款水平进行规划与控制。信用政策包括信用标准与信用条件。信用标准就是企业同意给予顾客信用所要求的最低标准，它常用企业可允许的坏账损失率来表示。信用条件是企业所规定的顾客支付赊销货款的条件，包括信用期限和顾客提前付款的现金折扣。

(3) 加强收账管理

收账是指企业向顾客收回到期的应收款项。企业要在收账费用、坏账损失和应收账款机会成本三者之间进行权衡的基础上，选择适宜的收账费用水平，确定合理的收账政策，并加强对收账的管理。

4. 存货管理

(1) 存货管理的目标

存货是流动资产占用比例最大的项目，存货管理对企业财务状况影响很大。存货管理的目标就是既要充分保证生产经营的需要，又要最大限度地减少库存，降低存货成本。

(2) 存货管理的要求

存货管理的要求主要有以下三种。

① 原材料存货管理。要运用经济订购批量模型，科学确定材料采购数量，并加强库存及消耗的管理，努力降低原材料库存。

② 在制品存货管理。运用准时生产等先进生产技术，科学控制投产的时间及批量，实现

生产的成套性及均衡性，最大限度地降低在制品存货。

③ 产成品存货管理。企业要大力开展市场营销，促进产品销售，千方百计地降低库存产成品。

7.2.2 固定资产管理

1. 固定资产的特点与分类

(1) 固定资产的含义

固定资产是指使用年限较长，单位价值在规定标准以上，并在使用中始终保持其原有物质形态的资产。

(2) 固定资产的形成

工厂及其建设项目竣工后，项目总投资中的流动资金部分形成流动资产；而其余部分，包括固定资产投资、固定资产投资方向调节税和建设期利息，分别形成固定资产、无形资产、递延资产。

(3) 固定资产的特点

固定资产主要特点有：

① 固定资产使用时间长；

② 固定资产在使用中，实物形态不变，但其价值逐步转移，其价值补偿与实物更新期不一致；

③ 固定资产的使用年限决定其资金周转期。

(4) 固定资产的分类

固定资产可按不同的标志进行分类：

① 按固定资产的经济用途，可以分为经营性固定资产和非经营性固定资产。

② 按固定资产的产权，可分为自有固定资产、接受投资固定资产和租入固定资产。

③ 按固定资产的实物形态，可分为房屋及建筑、机器设备、电子设备、运输设备及其他设备。

2. 固定资产的计价

(1) 固定资产计价的原则

按我国现行财务制度的规定，计算企业固定资产的价值，应按取得时的实际支出入账。如购入固定资产，要以购入价加上应有企业负担的运输费、装卸费、安装调试费、保险费和税金来计价。

(2) 固定资产计价的方法

根据企业管理固定资产的不同需要，对固定资产有三种计价方法。

① 原始价值(又称原值)。它指按建造或购置固定资产时的实际全部支出计算固定资产的价值。固定资产的原始价值反映了固定资产投资的规模和设备能力。

② 折余价值(又称净值)。它指按固定资产原值减去固定资产在使用中的损耗价值(累计折旧)后的余额来计算固定资产的价值。这主要可以了解固定资产的使用与新旧程度。

③ 重置价值(又称经济价值)。它指按现实市场条件下重新购置或建造该项固定资产所需全部支出来计算固定资产的价值。这真实地反映了该项固定资产当前的实际价值。

3. 固定资产的折旧

(1) 固定资产折旧的含义

固定资产折旧是指在固定资产使用过程中,通过固定资产逐步磨损(有形磨损与无形磨损)而转移到产品成本费用中去的那部分价值。固定资产在整个使用期间内,逐期提取折旧,直到报废前将其全部价值提取折旧完毕,然后进行固定资产的更新。

(2) 固定资产折旧的计算

固定资产折旧是以原值为基础,按照固定资产磨损与使用期限的情况进行计算的。主要有三种方法。

① 平均年限法。这种方法又称为直线法。这是按照固定资产的使用年限来平均计算折旧额的一种方法,其计算公式为:

$$\text{固定资产年折旧额}=\frac{\text{固定资产原值}-\text{预计残值}}{\text{固定资产预计使用年限}}$$

② 工作量法。这种方法也称作业法。它是以固定资产的工作量或使用时间来计算折旧额的一种方法,如汽车按行驶里程计算,机器设备按工作小时或台班来计算折旧。

③ 加速折旧法。它指在固定资产使用早期多提折旧,使用后期少提折旧,以加速其折旧速度的一种方法。这种方法有利于固定资产的快速更新。

7.3 电信企业绩效评价

7.3.1 企业绩效评价概述

1. 企业绩效评价及其作用

(1) 企业绩效评价的提出

随着现代企业的发展,企业的所有权与经营权分离。企业的出资人,作为所有者,要求及时而准确地掌握企业经营的实际状况及经营者的主观努力程度,并得出客观、公正和公平的企业经营成果和经营者业绩的结论。同时,从企业自身发展的角度,也需要对经营状况进行评估和总结,肯定成绩,发现问题,以利进一步的发展。因此,企业绩效评价在世界范围内受到高度重视,并被广泛采用。在我国,随着国有企业改革的深入,国家作为出资人,也要求对国有企业的经营成果与经营者的业绩进行全面的考核与评价,于是,国家财政部、经贸委等部委先后下发了《国有资本金绩效评价规则》《企业绩效评价操作细则(修订)》等文件,以法规的形式确立了我国的企业绩效评价体系。

(2) 企业绩效评价的含义

企业绩效评价是指以企业出资人为中心的权益主体,为掌握企业经营状况和促进企业发展,采用科学的指标体系与系统化方法,对企业经营成果和经营者业绩所进行的考核和评价。

① 企业绩效评价的主体是企业的相关权益主体,特别是企业的出资人。

② 企业绩效评价的目的:一是使以出资人为中心的权益主体及时而准确地掌握企业的经营状况;二是正确地监控企业,把企业的经营活动聚焦到提高效益与业绩上来,促进企业的健康发展。

③ 企业绩效评价是一套科学的系统，有完整的评价指标体系，有系统的工作程序与方法。

④ 企业绩效评价的基本内容有两个方面。一是对企业经营成果的考核与评价；二是对企业经营者的业绩进行考核与评价。

(3) 企业绩效评价的作用

企业绩效评价的作用主要表现在以下几方面。

① 科学的企业绩效评价，可以为出资人为中心的企业相关权益主体提供真实、准确的有关企业经营信息。这是保证出资人及其他权益主体知情权的重大举措。

② 科学的企业绩效评价，为出资人选择、监管、激励企业经营者提供重要依据。通过企业绩效评价，有利于企业所有者择优聘任经营者，有效监督与约束经营者的行为，并对经营者进行有效激励，以确保经营者全力以赴地经营好企业。

③ 科学的企业绩效评价，有利于正确引导企业经营行为，把提高企业绩效作为决策的核心标准，促进企业的长远、健康发展。

④ 科学的企业绩效评价，有利于促使企业投入产出比率的最优化，强化科学管理，并有利于建立以高绩效为追求目标的现代企业制度。

2. 评价内容、指标与标准

(1) 企业绩效评价的内容

我国国有企业绩效评价的内同，是按照工商类企业和金融类企业分别划定的。

① 工商类企业绩效评价内容是按竞争性企业、非竞争性企业分别制定的。其中，竞争性企业主要包括财务效益状况、资产营运状况、偿债能力状况和发展能力状况四个方面。

② 金融类企业绩效评价内容主要包括企业财务效益状况、资产安全状况、资产流动状况和发展能力状况四个方面。

(2) 企业绩效评价的指标

企业绩效评价指标体系是由基本指标、修正指标和评议指标三个层次构成的。

① 基本指标反映的是企业绩效评价内容的基本情况，可以形成企业绩效评价的基本结论。

② 修正指标是依据企业有关实际情况对基本指标评价结果进行逐一修正，以形成企业绩效评价的基本定量分析结论。

③ 评议指标是对影响企业经营绩效的非定量因素进行判断，以形成企业绩效评价的定性分析结论。

3. 评价程序与方法

(1) 企业绩效评价的工作程序

① 确定评价对象，下达评价通知书，组织成立评价工作组及专家咨询组。

② 拟订评价工作方案，搜集基础资料。

③ 评价工作组实施评价，征求专家意见和反馈企业，撰写评价报告。

④ 评价工作组将评价报告送专家咨询组复核，向评价组织机构(委托人)送达评价报告和公布评价结果，建立评价项目档案。

(2) 企业绩效评价的方法

企业绩效评价的基本计算方法是功效系数法，辅以综合分析判断法。这就是按照统一制定的多层次指标体系，以企业经营期间的各项指标的实际水平，对照全国统一测算和颁布的绩效评价标准值，分步得出绩效评价的初步结论、基本结论和综合结论。

① 功效系数法。指根据多目标规划原理，将所要考核的各项指标分别对照不同分类和分档的对应标准值，通过功效函数转化为可以度量计分的方法。

② 综合分析判断法。指综合考虑影响企业经济效益和经营者业绩的各项潜在的或非计量的因素，参照评议参考标准，对评议指标进行印象比较分析判断的方法。

(3) 企业绩效评价的标准

企业绩效评价标准值是对评价对象进行客观、公正、科学分析判断的标尺。根据企业绩效评价指标的不同性质，评价标准值可以分为计量指标评价标准值和非计量指标评议参考标准。

① 计量指标评价标准值。这一标准值是基本指标和修正指标的评价对比依据。工商类企业的评价标准值由财政部统一测算和颁布。划分为五档：优秀值、良好值、平均值、较低值和较差值。

② 非计量指标评议参考标准。评议参考标准。评议参考标准是评议指标的评价参考依据，主要依据有关法规、行业标准、国际公认标准和我国国情确定，也分为五档：优(A)、良(B)、中(C)、低(D)和差(E)。

7.3.2 企业绩效评价指标体系

1. 基本指标

基本指标是评价企业经济效益的核心指标，由反映企业财务效益状况、资产营运状况、偿债能力状况、发展能力状况的4类8项计量指标构成，用于形成企业绩效评价的初步结论。

(1) 财务效益状况计量指标的计算公式如下：

$$净资产收益率=净利润/平均净资产\times100\%$$

$$总资产报酬率=息税前利润总额/平均资产总额\times100\%$$

一般来说，以上两项指标均越高越好。

(2) 资产营运状况计量指标的计算公式如下：

$$总资产周转率(次)=主营业务收入净额/平均资产总额$$

$$流动资产周转率(次)=主营业务收入净额/平均流动资产总额$$

以上两项指标，一般来说，周转次数越多，说明资产营运状况越好。

(3) 偿债能力状况计量指标的计算公式如下：

$$资产负债率=负债总额/资产总额\times100\%$$

$$已获利息倍数=息税前利润总额/利息支出$$

一般来说，资产负债率越高，说明企业风险越大，因此，该指标以控制在50%以内为宜。根据经验估计，已获利息倍数越大，说明企业偿债能力较强。

(4) 发展能力状况计量指标的计算公式如下：

$$销售增长率=本年主营业务收入增长额/上年主营业务收入总额\times100\%$$

$$资本积累率=本年所有者权益增长额/年初所有者权益\times100\%$$

以上两项指标高，说明企业发展能力强。

2. 修正指标

修正指标用以对基本指标评价形成的初步评价结论进行修正，以产生较为全面、准确的企业绩效评价基本结果。主要由以下十二项计量指标构成。

(1) 财务效益状况计量指标的计算公式如下：

① 资本保值增值率主要表示企业当年在企业自身努力下资本的实际增减变动情况，是评价企业财务状况的辅助指标。

资本保值增值率＝扣除客观因素的年末所有者权益/年初所有者权益×100%

② 主营业务利润率越高，说明企业产品（或商品）定价科学，产品附加值高，营销策略得当，主营业务市场竞争力强，发展潜力大，获利水平高。

主营业务利润率＝主营业务利润/主营业务收入净额×100%

③ 盈余现金保障倍数的计算公式如下：

盈余现金保障倍数＝经营现金净流量/净利润

④ 成本费用利润率越高，表明企业为取得收益所付出的代价越小，企业成本费用控制得越好，企业的获利能力越强。

成本费用利润率＝利润总额/成本费用总额×100%

(2) 资产营运状况计量指标的计算公式如下：

① 存货周转率是对流动资产周转率的补充说明。它在反映企业存货周转速度、存货占用水平的同时，也从一定程度上反映了企业销售实现的快慢。所以，一般情况下，该指标越高，表示企业资产由于销售顺畅而具有较高的流动性。但如果过高，可能反映企业存货水平过低，应防止出现供应断档情况。

存货周转率(次)＝主营业务成本/存货平均余额

② 应收账款在流动资产中占有较大份额，及时收回应收账款，能够减少营运资金在应收账款上的占用，从而提高企业的资金利用效率。

应收账款周转率(次)＝主营业务收入净额/应收账款平均余额

③ 不良资产比率＝年末不良资产总额/年末资产总额×100%

(3) 偿债能力状况计量指标的计算公式如下：

现金流动负债比率＝经营现金净流量/流动负债×100%

速动比率＝速动资产/流动负债×100%

现金流动负债比率为 20%，速动比率为 1，一般说明企业偿债能力状况不错。其中的速动资产为流动资产扣除存货后的余额，经营现金净流入为流入与流出相抵后的余额。

(4) 发展能力状况计量指标的计算公式如下：

$$\text{三年资本平均增长率}=\left[\left(\frac{\text{年末所有者权益总额}}{\text{三年前年末所有者权益总额}}\right)^{1/3}-1\right]\times 100\%$$

$$\text{三年销售平均增长率}=\left[\left(\frac{\text{当年主营业务销售总额}}{\text{三年前主营业务销售总额}}\right)^{1/3}-1\right]\times 100\%$$

$$\text{技术投入比率}=\frac{\text{当年技术转让费支出与研发投入}}{\text{主营业务收入净额}}\times 100\%$$

以上 3 个指标越高，说明企业的发展潜力越大。

3. 评议指标

评议指标是用于对基本指标和修正指标评价形成的基本结果进行定性分析验证，以进一步补充和完善基本评价结果。评议指标体系由八项非计量指标构成。具体包括：

(1) 领导班子基本素质；

(2) 产品市场占有能力(服务满意度)；

(3) 基础管理水平；

(4) 发展创新能力；

(5) 经营发展战略;

(6) 在岗员工素质;

(7) 技术装备更新水平(服务硬环境);

(8) 综合社会贡献。

商贸及服务企业因企业经营性质不同,在运用评议指标时,可以用括弧内的指标代替。

7.3.3 电信企业绩效评价指标体系特点

1. 电信企业绩效评价的基本内容

电信企业绩效管理,是电信企业人力资源管理的核心内容,与一般企业的绩效管理一样,包含计划、指导、考核和反馈四个部分,并在此基础上,根据电信企业的战略目标,构建起来的一个完整的系统。

总的来说,电信企业绩效管理的主要内容,就是通过有效的目标分解,逐层逐步地切实落实、帮助企业实现预定的战略目标,并在此基础上,理顺企业的管理流程,规范管理手段,提升管理者的管理水平,提高员工的自我管理能力。

2. 电信企业绩效评价的特点

电信企业有着一般企业所不具有的特点,因此其绩效管理与一般企业相比,也有着自己的特点。

(1) 计划阶段

此阶段内,管理者不仅要制定整个企业的绩效目标,更要结合员工的工作岗位、员工的工作能力等条件,制定详细的员工绩效目标。

电信企业在计划阶段,也进行同样的过程。电信企业具有全程全网、联合作业等特点,这对管理者在制定计划时,有着正反两方面的影响:一方面,管理者在制定绩效管理目标时,可以根据不同企业所处的地理位置、市场等外部环境的特点,采取有针对性的部署,自然而然地将目标分解,逐层逐步的落实到每个下属企业、每个员工,从而有助于企业建立良好运作的绩效管理体系。另一方面,由于这种复杂而庞大的企业结构的存在,存在着大量的委托代理关系,从而使得管理者在制定绩效管理方案时,面临更多的复杂因素和意想不到的困难。即使由各下属企业单独制订自己的绩效管理方案,仍然无法消除层层存在的委托代理关系,从而依然难以保证整个计划的顺利实施。

因此,对于电信企业来说,在逐层分解、落实企业绩效目标时,必须针对不同下属企业所处的环境,辅以有效的激励机制,以便能够适应环境差异和大量委托代理关系的存在。

(2) 指导阶段

在此阶段,管理者不仅要监督员工完成绩效目标,更要随时保持与员工的交流与沟通,帮助员工完成绩效目标。保持沟通是这个阶段的核心。

在电信企业中,由于企业规模的巨大和电信市场的迅速变化,计划和实际的差异十分明显,因此管理者与员工之间的及时的沟通就越发显得重要了。计划只是管理者的估计和预测。由于电信行业变化很快,往往在实际工作中会出现很多意想不到的变化,导致计划与实际情况的偏离。作为管理者,必须及时了解实际工作中的种种变化,及时采取应对措施,避免这种偏差的进一步扩大。对于员工来说,他们希望得到来自管理者的及时帮助,希望管理者了解他们在实际工作中遇到的困难和问题，希望向管理者反映自己的意见和想法，以便更好地完成自己的绩效目标。

(3) 考核阶段

这时必须事先选择好考核指标，这是考核阶段的核心。

无论是电信企业，还是一般的企业，考核的重要性都是不言而喻的。因此，才会有人把绩效管理误认为只是绩效评价了。在这里，需要特别注意的是，在电信企业中，由于其全程全网、联合作业的特点，一般的常规业绩指标如销售收入、业务收入、净利润等，未必能够真实地反映企业、个人在整个生产经营活动中的实际努力和实际贡献。因此，在对电信企业进行绩效评价时，在选择具体的绩效评价指标时，必须更加合理地考虑电信企业的实际特点，选择合适的绩效评价指标。

同时，激励机制的作用也集中体现在考核上。企业必须准确选择考核指标，激励员工努力去实现自己的绩效目标，以实现个人利益的最大化，并通过这一过程，帮助企业实现整体利益的最大化。

(4) 反馈阶段

这个阶段是员工向管理者汇报自己的作业成效，共同分析问题和原因，并制定新的绩效管理方案，提出新的绩效管理目标的阶段。

这一点对于电信企业同样有着特殊的意义。对于电信企业来说，日新月异的电信技术，瞬息万变的市场发展，使得电信企业的管理者和员工在重新开始一个新的循环之前，都会面临很多与过去不同的新情况、新问题。因此，无论是管理者还是员工，及时总结自己的工作成效，发现存在的问题，分析其中的原因，对今后的工作是十分有利的。同时，绩效管理是一个循环的过程，在重新开始一个新的循环前，及时总结上一个循环的工作，无论是成功还是失败，都是十分重要的。

3. 电信企业绩效评价指标体系

建立符合电信企业自身特点，适用于电信企业的财务绩效评价指标体系，首先应该了解电信企业究竟需要一个什么样的财务绩效评价指标体系，再根据一个通用的评价指标体系，进行适当的增减修改。如同在做衣服之前，要先量体，再裁衣，这样做出的衣服才能合身。

首先，我们要先分析电信企业不同于一般企业的经营特点与运营策略。

(1) 电信企业经营的特点

电信企业主要提供电信服务，电信服务也是商品，它具有商品的基本特征，即使用价值和价值。但电信服务又是特殊商品，它与事物形态的商品不同，甚至也与其他服务性的商品存在着差异。从公司财务角度分析，其主要特点是：

① 发展用户是提供电信服务的前提和基础。不论是移动通信、数据通信还是固定电话通信、互联网通信，都是为用户提供电信服务的。电信经营把业务开拓的重点放在积极放号、争取用户上是无可厚非的。但是有了用户并非实现了电信经营目标，恰巧相反，电信企业的营业收入增长关键在于用户的电信使用量上，而不是用户的数量和规模。

② 电信服务的价格构成(即资费结构)具有复杂性。电信服务的业务为满足不同层次的消费者需求而具有多样性和个性化的特点，资费标准呈现多样化的格局。因此，不同的用户由于消费需求不同，缴纳的资费在数额上存在较大的差距。

③ 用户对电信盈利形成的影响和贡献存在较大的差别。从电信业务成本的归集和核算来讲，各类用户的单位成本差距不大。但由于电信使用量和资费缴纳额的不同，每类用户的边际贡献大不相同，继而对电信企业利润的形成带来的影响和贡献也不同。

（2）电信企业的运营策略

根据电信经营的特点结合公司财务绩效评价目标，电信企业应制订出具有行业特色、重点突出以及要求明确的运营策略。结合我国的实际情况，电信企业应当实现从“规模主导型”向“规模效益型”的转变，就公司内部而言，运营策略的要素为以下几点：

① 用户电信使用量的增长。从一般性发展用户、扩大用户规模向提高用户质量、引导用户电信消费、追求高价值用户转变。

② 市场份额的增加。市场份额代表公司的竞争实力，其经营重点应放在新增用户的市场份额、高价值用户的市场份额和新业务的市场份额上。

③ 成本控制、毛利率的合理性。在平等竞争的环境下，有效的成本控制也是竞争的优势。合理的毛利率是提高电信盈利的基础，是竞争能力的重要内容。

④ 资本投资效率的提高。电信行业是资金技术密集型行业，在扩大网络规模，提升网络技术和运行质量上资本投资较大。投资效率的高低对通信盈利将直接产生重大的影响。因此，对于电信行业，投资决策要慎重，网络利用要充分，营销策略要创新。

⑤ 新技术、新业务的推广。电信企业营业收入的增长点，提升月平均用户收入额（ARPU值）的出路应是依托网络演进，积极开展新业务，利用技术优势提供特色服务，促使话音业务的充分。

管理小故事

一加一大于二

1974年，美国政府为清理给自由女神像翻新扔下的废料，向社会广泛招标。但好几个月过去了，没人应标。麦考尔公司的董事长听说后，立即飞往纽约，看过自由女神像下堆积如山的铜块、螺丝和木料，未提任何条件，当即就签了字。就在很多人嘲笑他买了一堆垃圾时，他开始组织工人对废料进行分类。他让人把废铜熔化，铸成小自由女神像；他把木头加工成底座；废铅、废铝做成纽约广场的钥匙。最后，他甚至把从自由女神像身上扫下的灰尘都包装起来，出售给花店。不到3个月，他让这堆废料变成了350万美元，每磅铜的价格整整翻了1万倍。

管理心得：

从这则投资理财小故事中，我们学到世上没有一成不变的等式。当你抱怨赚钱很难时，也许有人正数钱数得手发麻，其差别可能就在于：你认为一加一永远等于二，他认为一加一应大于二。其实就是思维方式的不同，导致行动的差异，有人只能赚小钱，而有人却越来越富有，最终结果也是大相径庭。因此，对待投资理财，大家不妨也换一种思维方式，投资并不要局限于银行理财，其他一些期货、现货理财等都可以考虑。企业管理也是如此，墨守成规只会被淘汰。

案例分析

借助信息化 沃尔玛管理 2 000 亿的生意

沃尔玛是世界零售业的一大奇迹。1955 年,沃尔玛还默默无名。1979 年,沃尔玛全年销售额才首次达到 10 亿美元。可是到了 1993 年,一周的销售额就达到这个数,2001 年更是一天的时间就能达到。据法新社报道,沃尔玛如今在全球拥有 4 150 家连锁店,员工数目也达到了 120 万人。

沃尔玛公司的创始人山姆·沃尔顿早年服役于美国陆军情报部队,所以他特别重视信息的沟通和信息系统的建设。在沃尔玛庞大的集团式购销网络中,以卫星通信和电脑管理所代表的信息化高科技联络方式起着举足轻重的作用。20 世纪 80 年代初,互联网还没有进入商用领域,许多零售商还在讨论是否应该"信息化"的时候,沃尔玛就花费 2 400 万美元,购买了一颗休斯飞机公司的人造卫星,并于 1983 年发射升空和启用,作为全球各分区域中心的信息高速公路。沃尔玛先后花费 6 亿多美元建起了目前的电脑与卫星系统。借助于这套庞大的信息网络,沃尔玛的各部门沟通、各业务流程都可以迅速而准确畅通地运行。

全世界零售业的同行都知道沃尔玛的信息系统是最先进的,其主要特点是:投入大、功能全、速度快、智能化和全球联网。沃尔玛在信息技术方面的投资不遗余力,公司专门负责软件设计的工程师就有 2 000 多名。20 世纪 90 年代以后,互联网逐渐普及,为沃尔玛公司提供了以更少的费用建设高效的信息系统的可能。

对于山姆·沃尔顿来说,他最关心的就是每天如何提供低价的商品,为用户提供满意的服务。技术在沃尔玛的发展中所起的作用主要遵循一个原则:在供应商和沃尔玛之间的配送渠道方面,沃尔玛必须控制商品的变动情况。沃尔玛需要掌握从商品所在位置到货品抵达时间的所有信息,这样沃尔玛的人员就可以确定时间并准确地把货品送到商店,保证它们的货品储存量达到最优。

今天,一种新技术要用到沃尔玛中来,有几个问题会提出来:"它能帮助我们降低价格吗?""它能增进客户对我们的消费体验感觉吗?"思科系统公司的网络设备是沃尔玛为了获得这两个方面的改进而购置的。思科公司帮助沃尔玛将原先的系统转变为基于互联网的系统,使之效率更高并更有用处。建立在思科网络设备上的互联网站帮助沃尔玛在获得客户满意的同时,增强了其竞争力。这套网络系统与沃尔玛分布在全球的 2 400 个连锁店和 100 多个区域中心连接起来,帮助沃尔玛在出售种类繁多的商品时均能保持较低的价位。

沃尔玛努力避开一切中间环节,直接从工厂进货,其雄厚的经济实力使之具有强大的议价能力,信息技术则成为实现这一理想的重要手段。沃尔玛的网络系统,连接着上万个供货商和合作伙伴。沃尔玛公司网络工程部总监戴维·弗拉那金说:"我们将这个传统的网络变成了一个高效的基于因特网的系统,让我们的供货商更加方便。他们只需要使用浏览器就可以进入这套系统,无论这个供货商在世界的任何地方。"如果供货商的网络接入速度不错,他还可以从沃尔玛的网站上得到更多的多媒体格式的商品描述。

信息系统也帮助沃尔玛与供应商建立了友好融洽的协作关系。沃尔玛给予供应商的优惠远远超过同行。美国第三大零售商凯马特对供应的商品平均 45 天付款，而沃尔玛仅为平均 29 天付款，这大大激发了供应商与沃尔玛建立业务的积极性，从而保证了沃尔玛商品的最优进价。如此高效率的财务结算，只有有了全球化的高带宽网络才可能实现。

问题：

沃尔玛是通过什么样的方式或方法来管理它的庞大资金的？

本章思考题

1. 电子信息类企业资产筹集途径有哪些？
2. 电子信息类企业流动资产管理特点有哪些？
3. 电子信息类企业绩效评价的特点是什么？

第8章　电子信息类企业技术创新和发展趋势

本章知识点

1. 国外电子电器行业新发展趋势
2. 我国电子电器行业发展现状
3. 电子电器企业进入21世纪遇到的机遇与困难

8.1　国内外电信类行业新技术和新发展

8.1.1　国外电信行业新发展趋势

近年来，世界各国纷纷推出了新的电子信息产业发展战略。美国注重各种智能系统和先进通信技术的发展，并在出台的经济刺激计划中重点关注医疗电子和光伏、光电子等新兴信息技术的发展；在欧盟、日本出台的电子信息产业相关发展战略中，还特别将物联网在传统工业中的应用作为未来发展重点。

1. IT创新的集成化、融合化特征更显著

一是信息技术越来越表现为技术群的协同发展，例如，以集成电路、网络技术为代表的信息技术群带来了通信产业的革命，并已渗透到各个学科和领域。二是技术的综合集成与交叉融合增大了技术研发难度，需要技术、人才、资金等创新要素的集中投入，企业研发投入大，形成专利多，少数大企业通过核心技术创新形成标准或体系结盟，对后进入企业形成壁垒，进而主导产业发展。

2. 跨国公司兼并重组步伐加快

自2009年以来，世界各大IT企业为应对国际金融危机纷纷通过并购重组战略整合优势资源，开拓新兴市场，实施产品多元化发展策略，从而提升行业地位和自身的竞争力。

在未来5年内，随着世界经济的逐步恢复，这种发展态势仍会继续，各大跨国IT企业将继续利用其已有资源积极开展并购，拓展业务领域和市场空间。

3. 绿色IT将成为产业未来发展重点

目前，各国政府纷纷推出绿色IT战略及未来发展规划。日本政府在“数字日本创新计划”中提出要开发和实施无所不在的绿色 ICT，加速推动低碳革命；韩国政府在“绿色 IT 国家战略”中提出加大研发投入以实现低碳工作环境；欧盟也制定出各种运用 ICT 实现节能减排的政策框架。

此外，受政府政策的激励和引导，世界各主要 IT 公司都在积极设计和改进绿色 IT 技术。仅以 2010 年情况举例(来自台湾拓扑产业研究所的调查报告)。

2010 年全球经济复苏增长率预计在 1.6%～3.1%，全球 IT 支出将达到 3.3 兆美元，年增长率 3.3%。2010 年全球 25 家主要电子业供应商的年营收平均将增长 9.9%，包括 TSMC、诺基亚、英特尔、高通、MTK、nVidia、TI、ST、AMD、Dell、Motorola、Lenovo、HTC、RIM、三星、Apple、Acer、现代、博通、Cisco、Foxconn、Powerchip 和 Micron。

增长率在 9.9%以上的公司为：Powerchip 增长率最高，为 32.9%。其次是 MTK(20.8%)，再往下依次是：Apple(20.7%)、AUO(20.4%)、TSMC(16.4%)、Acer(16%)、Nvidia(15%)、Foxconn(14.8%)、Lenovo(14.2%)、Intel(11.9%)、高通(11.2%)。

全球电子产业 2010 年十大发展趋势可归纳为：1)全球 IT 由负转正，重点产品产值增长 9.7%；2)半导体产业大跃升，设备增长 43%，营收由负转正，－16.7%→10%；3)DRAM 供需平衡，营收 YoY 增长 10%；4)笔记本电脑在 Windows7 操作系统推动下，出货量达到 1.85 亿台；5)LCDTV 持续发烧，年增长 20%，挑战 1.5 亿台；6)LCD 面板繁荣再现，产值增长 18.7%，达 764 亿美金；7)手机品牌白牌同时发酵，年增长率突破个位数，挑战 12%；8)网络通信设备稳定增长，年增长率 8.9%；9)金融风暴后数码相机重新恢复增长，YoY 由－5.8%转为 5.5%；10)LED 背光源发威，产值增长 14%到 2012 年，LCD TV 出货量逐年上升，增长率逐年下降(如图 8-1 所示)。

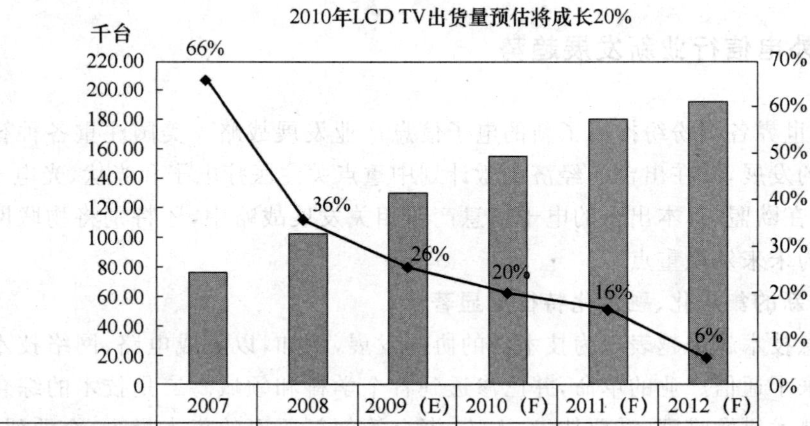

	2007	2008	2009 (E)	2010 (F)	2011 (F)	2012 (F)
全球出货量	75.852	102.824	129.317	155.812	180.639	191.133
全球YoY	66%	36%	26%	20%	16%	6%

资料来源：台湾拓朴产业研究所

图 8-1 2010 年全球 LCD TV 出货量

2010 年全球手机出货(不含白牌)将增长 12%，上半年出货超越 2008 年同期水准，下半年旺季维持增长。2G 手机出货集中在新兴市场(二级和三级城市)，3G 手机渗透新兴市场主要城市，WCDMA/HSDPA/LTE 通信技术演进成形。智能型手机价格持续降低，逐步渗透 Feature Phone 市场，2010 年出货增长 29%(如图 8-2 所示)。

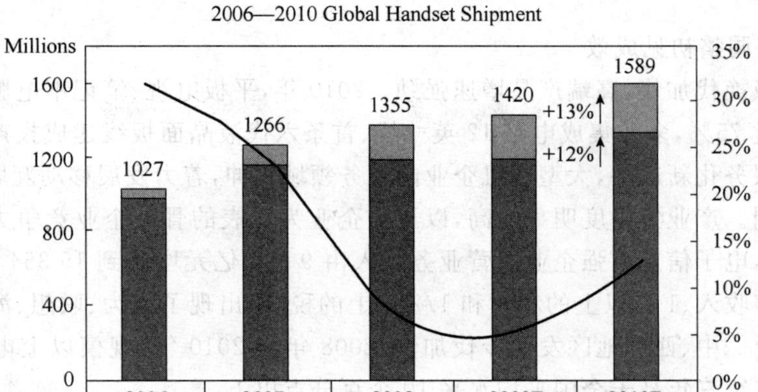

	2006	2007	2008	2009E	2010F
白牌	60	115	172	230	260
品牌	967	1151	1183	1190	1329
YoY	31%	23%	7%	5%	12%

资料来源：台湾拓朴产业研究所.2009/11

图 8-2　到 2010 年全球手机出货增长率

8.1.2　我国电信行业发展现状

随着社会的进步和时代的发展，电子电器作为一种高科技产品，在五金化工、机械制造、交通运输、家用电器以及日常生活等各个领域得到广泛的应用。电子电器产业作为一个地区基础性、支柱性、先导性和战略性产业，发挥着经济增长的“倍增器”、发展方式的“转换器”、产业升级的“助推器”的重要作用。

工信部电子信息制造业“十二五”发展规划指出：

“十一五”时期，我国电子信息制造业抓住国家经济社会发展和国际产业转移的重大机遇（如表 8-1 所示），克服国际金融危机的不利影响，积极推进结构调整，着力加强自主创新，实现了产业的稳步增长，对经济社会发展的支撑引领作用日益凸显。

表 8-1　电子信息制造业“十一五”规模指标增长情况表

指标	2005 年	2010 年	年均增长(%)
销售收入(亿元)	31 010	63 945	15.6
利润(亿元)	1 358	2 825	15.8
出口额(亿美元)	2 682	5 912	17.1
从业人员(万人)	551	880	9.8

(1) 产业规模稳步扩大

2010 年，我国规模以上电子信息制造业销售收入达 63 945 亿元，较 2005 年(31 010 亿元)翻一番，五年间年均增速超过 15%；出口占全国外贸出口的比重一直保持在 30%以上；彩电、微型计算机和手机等主要整机产品产量分别达 1.2 亿台、2.5 亿台和 10 亿部，均占全球总产量 40%以上，五年间年均增速分别为 7.4%、24.9%和 26.9%；规模以上电子信息制造业从业人员达 880 万人，比 2005 年增长 329 万人，占全国工业从业人员比重从 2005 年的 8%提高到10%。

(2) 结构调整初见成效

技术升级换代加快,高端产品增速强劲。2010年,平板电视、笔记本电脑占彩电和计算机比重均已超过75%,多条集成电路12英寸线、首条六代液晶面板线建成投产。积极适应网络化、智能化、服务化新趋势,大型整机企业向服务领域延伸,着力发展移动互联网、云计算、物联网等新兴应用。产业集中度明显提高,以百强企业为代表的骨干企业竞争力显著增强。2005年到2010年,电子信息百强企业主营业务收入由9 643亿元增长到15 354亿元,创造了全行业1/4的销售收入、1/3以上的利润和1/2以上的税收,出现了华为、联想、海尔等销售收入过千亿元的企业。中、西部地区发展步伐加快,2008年至2010年,规模以上电子信息制造业销售收入增速连续三年高于全国平均水平10个百分点以上。

(3) 自主创新能力有所增强

国家投入力度不断加大,科技重大专项持续实施,企业为主体的创新体系逐步形成。高世代薄膜晶体管液晶显示屏(TFT-LCD)和等离子显示屏(PDP)面板规模化生产技术取得重大进展,填补了国产平板电视面板空白。中央处理器(CPU)、移动通信芯片等一批中高端集成电路产品取得突破,65纳米先进工艺和高压工艺等特色技术实现量产,三维封装等新型封装技术均有开发和生产应用。高密度离子刻蚀机、大角度离子注入机等集成电路核心制造设备进入生产线。千万亿次高性能计算机研制成功,迈入国际先进行列。时分同步码分多址接入(TD-SCDMA)技术形成完整的产业链体系,实现规模商用,40G超大容量光传输系统领域取得技术突破。数字电视地面传输技术及数字音视频编解码技术达到国际先进水平。标准和知识产权战略有力推进,形成了时分双工长期演进技术(TD-LTE)、数字视频编解码标准(AVS)、数字音频编解码标准(DRA)、地面数字电视传输标准(DTMB)、闪联等一批以自主知识产权为依托的技术标准。2010年全国信息技术领域专利申请总量超过110万件,稳居各行业之首。

(4) 产业集聚发展效应明显

长江三角洲、珠江三角洲、环渤海和福厦沿海四大产业集聚区的工业增加值、销售收入、利润和从业人员占全行业比重均已超过80%,建立了高度细化的产业配套分工体系,具备了较为完备的产业配套能力,发展成为影响全球市场的国际化生产制造基地,提升了我国在全球产业链中的地位。中西部承接产业转移能力不断增强,形成了整机制造、光电子、平板显示、太阳能光伏等特色化发展的产业基地,产业集聚效应日益显现。

(5) 支撑引领作用日益凸显

信息技术及产品在推动工业转型升级、促进两化深度融合等方面发挥了积极作用,钢铁、化工、汽车、船舶、航空等主要行业大中型企业数字化设计工具普及率超过60%,关键工序数(自)控化率超过50%,制造技术和信息技术融合步伐进一步加快。信息技术在工业领域深度融合和渗透,汽车电子、机床电子、医疗电子、智能交通、金融电子等量大面广、拉动性强的产品及信息系统发展迅速,为加快推进国民经济与社会信息化建设、保障信息安全提供了重要的技术和产品支撑。

经过五年的发展,我国电子信息制造大国的地位进一步巩固,总体实力跃上新台阶,但产业发展的深层次问题和结构性矛盾仍然突出,主要表现为:关键核心技术受制于人,产业总体上仍处价值链中低端,代工制造和加工贸易所占比重较高,研发投入强度与发达国家相比尚有差距,资源配置较为分散,产业政策环境亟待完善,内需带动机制尚未健全。这些问题和矛盾制约了我国电子信息制造业由大变强，需要在“十二五”时期着力解决。

“十一五”期间产业发展获得的成绩有以下几方面。

(1) 电子信息制造业规模继续扩大，国际地位持续提高

2004年至2009年，我国规模以上电子信息制造业销售产值从24 501亿元增长到50 202亿元，年均增长15.43%；利润从1 004亿元增长到1 791亿元，年均增长12.27%；出口额从2 070亿美元增长到4 572亿美元，年均增长17.17%，出口额占全国外贸出口的比重一直保持在三分之一以上。2007年，我国即已成为世界电子信息产品第一制造大国。2009年，我国重点电子信息产品中手机、计算机、彩电、数码相机和激光视盘机的产量分别占全球的49.9%、60.9%、48.3%、80%和85%，电子信息产品贸易额占全球15%以上。

(2) 产业技术创新实力稳步提高，重点企业发展良好

2004年至2009年，全国电子信息制造业新产品产值增长保持在2%以上，占销售比重保持在20%左右。截止到2009年年底，全国信息技术领域专利申请总量达到100万件，其中发明专利超过六成。2009年，电子信息百强制造业主营业务收入接近1万亿，利润持续保持正增长，其中主营业务收入超过100亿的企业占到1/5，重点企业各项指标均好于行业平均水平。

(3) 积极应对金融危机冲击，产业企稳回升态势明朗

国际金融危机对我国电子信息制造业带来很大的冲击，但经过一年多的努力，电子信息制造业逐步克服了国际金融危机的影响，产业回升的速度逐月加快，2009年1—12月，规模以上电子信息制造业增加值同比增长5.3%，增速比1—11月提高1.5%，12月增速达到19.8%；出口降幅进一步收窄，2009年1—12月出口同比下降12.4%，降幅比1—11月收窄3.6%，全年出口额占全国外贸出口总额的38%；产品结构持续升级，高端产品继续以高于同类产品的增速增长，1—12月，部重点监测企业的平板电视产量同比增长106.1%，移动通信基站设备产量同比增长102.2%。

2010年上半年，规模以上电子信息制造业增加值增长20.4%，比同期工业水平高2.8个百分点。其中6月增长15.1%，比5月下降2.7个百分点。实现销售产值28 622.6亿元，同比增长29.5%，比2008年同期增长23.8%。上半年，全行业500万元以上项目累计完成投资2 362亿元，同比增长41%，增速比去年同期提高7.8个百分点。今年以来，随着外需不断回暖，外销出现持续增长，到5月底，全行业累计外销增速开始超过内销，进入6月，外销增速优势进一步加强，超过内销增速4个百分点。其中，内销产值11 975.5亿元，同比增长27.2%；出口交货值16 647.1亿元，同比增长31.2%，高于产业平均增速1.7个百分点。从整体上看，我国电子信息制造业已基本走出金融危机的阴影，运行中的积极因素日益增多，总体回升趋势明朗。

8.2 电子信息类企业进入21世纪遇到的机遇与困难

8.2.1 电子信息类企业进入21世纪遇到的困难和新问题

1. 2012年工信部提出的“十二五”面临的形势

(1) 电子信息产业仍是全球竞争的战略重点

电子信息产业具有集聚创新资源与要素的特征，仍是当前全球创新最活跃、带动性最强、

渗透性最广的领域。新一代信息技术正在步入加速成长期,带动产业格局深刻变革。金融危机以来,不仅美国、日本、欧盟等主要发达国家和地区纷纷将发展电子信息产业提升到国家战略高度,抢占未来技术和产业竞争制高点,巴西、俄罗斯、印度等国也着力发展电子信息产业,增长尤为迅速,竞争在全球范围内更加激烈。

(2) 融合创新推动产业格局发生重大变革

信息产业各行业边界逐渐模糊,信息通信技术在各类终端产品中应用日益广泛,云计算、物联网、移动互联网等新兴领域蓬勃发展。价值链重点环节发生转移,组装制造环节附加值日趋减少,国际领先企业纷纷立足内容及服务环节加快产业链整合,以争夺产业链主导权。制造业、软件业、运营业与内容服务业加速融合,新技术、新产品、新模式不断涌现,对传统产业体系带来猛烈冲击,推动产业格局发生重大变革,既为我国带来发展的新机遇、新空间,也使我国面临着新一轮技术及市场垄断的严峻挑战。

(3) 工业转型升级催生新的产业增长点

在实现由传统工业化道路向新型工业化道路转变、促进工业结构整体优化升级的进程中,信息技术及产品在工业各领域及生产各环节持续深化应用,综合集成度不断提升,与汽车、船舶、机械装备、新型材料等产品加速融合,为产业发展创造了广阔的市场空间。同时,随着节能环保、高端装备制造、新能源汽车等战略性新兴产业的崛起,信息技术在经济和社会各领域将得到更为深入的应用,形成一批辐射范围广、带动作用强的产业新增长点,为产业持续稳定健康发展提供坚实保障。

(4) 国内外市场环境机遇与挑战并存

国际市场规模稳步扩大,新产品、新应用不断涌现,产业发展空间更为广阔;国家信息化建设全面深化,城镇化进程持续加速,市场化程度不断提升,居民收入增长、内需扩张、消费结构升级和市场机制完善,为产业发展提供新动力、新方向。同时,产业发展也面临严峻挑战,人民币升值压力增大,生产成本持续上升,资源和环境承载力不断下降,周边国家和地区同质竞争日益激烈,国际贸易保护势力抬头,以知识产权、低碳环保、产品安全为代表的技术性贸易限制措施被广泛使用,对我国电子信息制造业持续稳定发展造成一定的压力。

2. 科学的发展观对 21 世纪电子电器业提出了新的要求

1992 年联合国环境与发展会议之后,世界各国都把走可持续发展道路作为 21 世纪的发展战略,是人类社会在面临全球性人口增长、资源短缺、环境污染和生态恶化的严峻形势下的抉择。可持续发展将生态环境与经济发展联结为一个互为因果的有机整体,要求经济发展考虑自然生态环境的长期承载能力,建立经济、社会、资源和环境相协调的全新发展模式,就是科学的发展观。它要求制造业体现循环经济的可持续发展理念,走一条科技含量高、经济效益好、资源消耗低、环境污染少、人力资源得到充分发挥的新型工业化道路。

坚持可持续发展战略的要求下,有关资源和环保的问题成为制造业的热点。科学的发展观要求电子电器企业综合考虑环境影响和资源利用效率,借助各种先进技术使产品在设计、制造、使用直到报废及回收处理的整个生命周期中不产生环境污染或环境污染最小化、资源利用率最高、能源消耗最低,从而实现企业经济效益与社会效益的协调优化。

从产品设计到制造技术,从企业组织管理到营销策略的制定,可持续发展战略在制造业中的体现为:产品设计和制造工艺考虑节约材料和能源;采用回收再生与复用技术,实现资源、能源和物料的可再生循环;产品加工制造过程避免环境污染,实现绿色制造;同时做到以人为本,充分发挥人力资源优势和人的创造力,促进人与自然的协调发展。

(1) 节能、节材的产品与制造工艺

21 世纪的电子电器企业要求在产品设计、制造和使用过程中减少所需要的材料投入量和能源消耗量，尽可能通过短缺资源的代用、可再生或易于再生资源（如太阳能和可再生生物资源）以及二次能源的利用，提高资源利用率。通过资源、原材料的节约和合理利用，使原材料中的所有组分通过生产过程尽可能转化为产品和副产品，从而消除废料的产生，减少环境污染。

改革制造工艺，开发新的工艺技术，采用能够使资源和能源利用率高、原材料转化率高、污染物产生量少的新工艺，减少制造过程中资源浪费和污染物的产生，使中间废弃物能够回收再利用、最终废弃物可以分解处理，最大限度实现少废或无废生产。

(2) 可再生循环的制造

可持续发展的制造业应是可再生循环的。要求在产品的设计和制造过程中采用回收再生与复用技术，尽可能减少制造产品的用材种类，选用可回收、可分解材料，形成“资源—产品—再生资源”的闭环流程。可再生循环的制造过程主要应用拆卸技术和循环再利用技术。

(3) 绿色制造

绿色制造倡导资源、环境和人口的持续、稳定和健康发展，包括生产过程技术和末端治理技术，涵盖设计、生产过程、产品和服务以及企业的组织与管理等整个过程，以环境可容受的方式最大限度地减少废物排放和污染，建立极少产生废料和污染物的工艺和技术系统，实现清洁生产。

绿色制造要求在设计新产品时，从材料的选择、产品的结构功能和生产加工过程设计，以及包装和运输方式都综合考虑资源优化和环境影响；在产品的生产制造过程中，采用的生产工艺与设备最大限度地减少资源消耗和环境污染，提高材料和能源的循环利用；产品在使用过程和处理时都必须考虑对环境的影响，同时为没工提供一个绿色的工作环境，实现制造业的绿色化。

(4) 以人为本，人与自然协调发展的制造

谋求人与大自然的协调发展，重视环境保护已经成为许多先导企业的共识，在坚持以人为本的原则下电子电器企业的生产方式，将实现以技术为中心向以人为中心的转变。

在制造环境的安全性方面，应使工作现场的声、热、振动、粉尘、有毒气体等指标严格限制在人体能承受的安全范围之内。在制造环境的人性化方面，应使作业空间、工作环境使员工感到舒适，保证员工的身心健康。

可持续发展的电子电器企业不仅通过最大限度地提高资源利用率，减少资源消耗，从而直接降低成本，而且坚持以人为本的原则可使生产环境因考虑工人健康和安全条件得以改善，有利员工身心健康。员工工作时心情舒畅则有助于提高主观能动性、工作质量和效率。提高电子电器企业的生产与消费过程与环境的融合程度，最终实现经济和环境效益的最优化，实现人与自然的协调发展。

我国是一个人口众多、资源相对不足的国家，许多重要资源人均占有量远低于世界平均水平。因此，电子电器企业在现代化经济建设中坚持科学发展观、走可持续发展道路显得尤为重要。

8.2.2 电子信息类企业进入 21 世纪遇到的机遇

电子电器企业进入 21 世纪要深入贯彻落实科学发展观，以转型升级为主线，坚持创新引领、应用驱动、融合发展。突破重点领域核心关键技术，夯实产业发展基础，深化信息技术应

用，推动军民结合，统筹内外需市场，优化产业布局，着力提升产业核心竞争力，持续引导产业向价值链高端延伸，推动产业由大变强，为加快工业转型升级及国民经济和社会信息化建设提供有力支撑。

1. 2012 年工信部提出的主要任务

（1）集中突破核心关键技术，全面提升产业核心竞争力

追踪和把握新一代信息技术重点方向及产业机遇，以企业为主体，坚持产学研用相结合，完善创新体系、增强创新能力，集中力量和资源突破核心关键技术。以整机需求为导向，大力开发高性能集成电路产品；加快发展新型平板显示、传感器等关键元器件，提高专用电子设备、仪器及材料的配套支撑能力；以新一代移动通信、下一代互联网、物联网、云计算等领域自主技术为基础，推动计算机、通信设备及视听产品升级换代；推进军民融合发展，加速军民共用电子信息技术开发和转化。

（2）着力发展战略性新兴领域，培育产业新增长点

紧密结合产业转型升级的趋势，统筹考虑市场需求和支撑条件，引领新兴产业发展。以新一代网络通信系统设备及智能终端、高性能集成电路、新型显示、云计算、物联网、数字家庭、关键电子元器件和材料七大领域作为战略性新兴领域，以重大工程应用为带动，加速创新成果产业化进程，打造完整产业链，培育一批辐射面广、带动力强的新增长点。

（3）推动企业做大做强，构建合理分工体系

加大企业技术改造力度，建立健全企业技术改造长效机制，提升企业效率效益。鼓励和引导企业兼并重组，支持龙头骨干企业开展并购。大力推动产业链整合，提高产业链管理及运作水平，强化产业链整体竞争力。以资本为纽带推进资源整合及产业融合，加快发展和形成一批掌握关键核心技术、创新能力突出、品牌知名度高、国际竞争力强的跨国大公司。促进中小企业向“专、精、特、新”方向发展，与大企业共同构建合理分工体系。探索创新合作机制，加强企业间的联合与协作，推动形成密切合作的研发体系，支持组建产业联盟。

（4）优化产业空间布局，加快形成区域新增长极

继续发挥东部地区的辐射带动作用，增强珠三角、长三角、环渤海和福厦沿海等优势地区的集聚效应，率先实现产业转型升级。支持中西部地区和东北等老工业基地立足自身优势，积极吸引国外投资，因地制宜地承接东部产业转移，切实增强研发能力，提高在产业分工体系和价值链中的地位。形成东、中、西部优势互补、良性互动、特色突出、协调发展的产业格局，培育一批具有较强辐射带动作用的新型工业化产业示范基地，加快推动中西部地区形成新增长极。

（5）统筹利用国内外市场资源，促进产业均衡发展

充分利用国内信息化、城镇化建设机遇，大力挖掘电子信息产品的行业应用市场，不断满足城乡消费者的多样化需求。积极拓展国际市场，持续优化出口结构，加大新兴市场开发力度，推动出口市场多元化。大力实施“走出去”战略，通过政策扶持、信用担保、完善通关服务等手段，鼓励有条件的骨干企业在境外设立分支机构、拓宽市场渠道、建立研发中心，与海外科技企业和研发机构开展多层次合作，增强国际竞争力。

（6）积极推进绿色制造，实现产业持续健康发展

突出“源头控制”与“末端治理”，构建产品全生命周期绿色化发展模式。建设产业绿色发展技术支持和公共服务平台，加强节能清洁生产技术和工艺的研发。针对各行业特点，建立环境影响评价体系和能效标准体系。提升低碳环保电子产品的标准和检测水平，减少有毒有害物质使用。严格控制“三废”排放，鼓励开展电子产品回收、处理和再利用。

（7）深化信息技术应用，服务经济社会发展

支持信息技术企业与传统工业企业开展多层次合作，推进信息技术和产品在工业各领域的广泛应用，提升工业研发设计、生产制造、营销服务等环节的自动化、智能化和信息化水平，支持应用电子产品和系统的研发及产业化，切实推动两化深度融合。推进信息技术和产品在交通、能源、水利、环保等领域的深度应用，加快国计民生重要领域基础设施智能化进程；大力推进信息技术和产品在医疗卫生、交通运输、文化教育、就业和社会保障等领域的广泛应用，提高公共服务水平。

（8）完善公共服务体系，优化产业发展环境

围绕基础产业和战略性新兴产业的发展，着力构建集成电路、平板显示、数字家庭、云计算、物联网、太阳能光伏、绿色照明等专业性公共服务平台，提供技术研发、成果转化、资本运作、知识产权、标准制定、产品检测、资质认证、人才服务、企业孵化和品牌推广等专业服务；加强产用合作，依托行业组织，推动重点工业领域信息技术应用平台建设，提供共性技术支持和公共服务；依托产业基地和专业园区，建设特色的区域性公共服务体系，引导和加强电子信息产业聚集区配套服务体系建设。

2. 2012 年工信部提出的发展重点

（1）计算机；（2）通信设备；（3）数字视听；（4）集成电路；（5）关键电子元器件；（6）电子材料；（7）新型显示器件；（8）电子专用设备和仪器；（9）发光二极管(LED)；（10）太阳能光伏；（11）信息技术应用。

3. 21 世纪电子电器企业的挑战与机遇

（1）提升自主创新能力，创造自主知识产权，提高国际竞争能力

改革开放以来电子电器等科技含量较高的产品发展较快。但与国外先进水平相比，仍有较大差距，高新技术产业中一些核心技术和关键部件仍然依靠进口。我们必须大力提升自主创新能力。

（2）推动设计革命，形成中国电子电器设计声誉，使电子电器产品从低中档量产转变为量+高档个性化需求。

随着经济全球化的不断发展，21 世纪制造业面临的是全球多样化、个性化的需求，用户对于产品的个性化需求不仅在于对产品的功能，更对产品的内在质量和外观质量、性价比、艺术性等提出越来越高的要求，现代设计则是在立足于市场和需求的基础上，从设计、制造到行销、使用以及废弃回收全过程考虑产品功能、售后服务、制造工艺、成本、物耗与能耗、质量、环境效应，乃至外观及文化艺术和社会效应等综合因素，设计与品牌代表着企业乃至国家的制造与服务水平、工艺、文化艺术水平和品位。

像发达国家那样通过长期的产品开发活动，并与本国的文化融合，形成具有本国特色的产品设计风格，如美国产品的豪华、日本产品的精致、德国产品的严谨等。

（3）推动电子电器企业的中国制造自主进入全球链，创造全球著名品牌

品牌作为一个企业的某个或某些产品或服务的独特标志，其作用在于以其独特性表征产品或服务的产地、商家，并由此向买者传递产品的质量、服务、信誉等，使产品区别于其他同类产品。在全球市场竞争日益激烈的今天，企业间、行业间乃至国家间的竞争在一定程度上表现为品牌的竞争，有竞争力的品牌能够提升企业形象，增加企业盈利。自主著名品牌产品的创立正是国家经济实力强大的典型表现。

目前，由于我国尚处于产业链低端，国内电子电器企业处于加工制造环节，主要依靠劳动力成本低在国际市场上获得优势，还没有形成自主品牌，因此利润低下、竞争激烈，要受到国际

贸易种种壁垒的限制；粗放式的制造与经营也受到国内资源、环境、生态等因素限制，继续扩张，难以为继。要使电子电器企业的发展走新型道路，必须通过技术创新和技术进步，充分利用信息技术，不断提高工艺技术水平、产品设计能力及系统集成能力，创造自主的世界著名品牌产品，只有具备了具有特色的、以自有技术为核心的中国设计技术和系统集成技术，才能自主进入全球产业链，不仅实现产品出口，而且实现自主品牌出口，才能实现电子电器企业的跨越发展。

(4) 电子电器企业从"制成品出口大国"向制成品＋技术＋装备出口国"转变

随着世界经济一体化进程的加快，全球经济正在进行着一场剧烈的战略性重组。在这个重组过程中，加入 WTO 后的中国以特有的持续高速增长的经济、巨大的市场潜力、低廉而丰富的劳动力资源，成为发达国家制造业大规模转移的首选之地。跨国公司在进行全球布局过程中，纷纷把其制造车间移向中国。改革开放以来，我国出口以比 GDP 高出一倍的速度增长，在世界出口大国中的排名相应从 1978 年的第 32 位升至 2003 年的第 4 位，大量的"中国制造"涌向世界市场。

但是，当中国成为彩电、微波炉等产品的世界第一生产大国的时候，当我们把目光投向生产"中国制造"的技术和装备时，发现更多的却是"本国躯壳、外国脑袋"与"中国制造、外国设备"。我国的计算机生产正跻身世界前列，但我国集成电路芯片制造装备的 85％的却被进口产品占领；我国"光谷"的建设正如火如荼，但我国光纤制造装备的 100％仍依赖进口……显然，中国仅仅是"制成品出口大国"，而且是"低附加值的制成品出口大国"。

从比较优势来看，在贸易自由化和资源配置全球化的背景下，大多数工业产品在中国制造符合经济规律，也是制造业与世界接轨、提升国际竞争力的难得机会。然而要成为真正意义上的"电子电器强国"，应该既表现为占有世界制成品而且是高附加值制成品市场的相当份额，更应体现在拥有相当的技术知识产权和自主研发生产设备，同时还要拥有一大批在世界同类产业中的领衔企业和著名品牌。这些企业以其具有竞争力的生产能力、新产品开发能力、技术创新能力、经营管理水平、著名品牌市场份额的占有等，在制造和全球交易中拥有决定性的影响力。只有这样，电子电器企业才能实现从"制成品出口大国"向"制成品＋技术＋装备出口强国"的转变，才能逐步缩小与发达国家的差距。

案例分析

中国民族电子电器企业

1. 华为技术有限公司

华为技术有限公司是一家总部位于中国广东省深圳市的生产销售电信设备的员工持股的民营科技公司，于 1987 年由任正非创建于中国深圳，是全球最大的电信网络解决方案提供商，全球第二大电信基站设备供应商。华为的主要营业范围是交换，传输，无线，数据通信类电信产品，在电信领域为世界各地的客户提供网络设备、服务、解决方案。在 2011 年 11 月 8 日公布的 2011 年中国民营 500 强企业榜单中，华为技术有限公司名列第一。同时华为也是世界 500 强中唯一一家没有上市的公司，也是全球第六大手机厂商。

谈到中国的科技企业，笔者第一想到的是联想，从收购 IBM Thinkpad 打造 Lenovo idea，联想第一个将中国科技产品推向了全球。说到第二个科技品牌，笔者则想到了华为，作为中国第一通信品牌，2010 年华为就以 147 件 LTE(4G 通信技术)专利跻身全球前四，并在全球电信设备商中位居前二。从最初的模仿到走在4G网络专利的前沿，华为以中国人那股自强不息的倔强，让世界看到了中国的自主创新之路。北京时间2013年1月9日，华为技术有限公司高级副总裁余承东先生接受了中关村在线总编承健的专访。

从2012年的德国CBIT，到正在举行的2013美国CES消费电子展，在世界级展会上我们总能看到华为的身影，抢眼的广告牌正见证着中国创造的力量。在CES2013，华为推出三款重磅产品：6.1英寸屏的Ascend mate，全球最强的五英寸屏手机Ascend D2，还有Windows phone 8手机华为W1。而据余承东先生讲："D2主要元器件都是业界一流水平，我们也在考虑将售价控制在4 000元以内。"

在手机市场，华为品牌正在坚持和努力创新。"低价是没有未来的，要做精品，以品质取胜才是正途。"这是华为技术有限公司高级副总裁余承东先生对于品牌发展的理解。对于产品，华为正在巩固安卓手机的同时，推出了W1 Windows Phone手机，用余承东先生的话讲："是否会像Windows一样受欢迎也是未知之数，所以也尝试一下，想成为Windows Phone的大量提供者。"

2. 中兴通讯

中兴通讯是中国最大的通信设备制造业上市公司、中国政府重点扶持的520户重点企业之一。1985年公司成立。1997年，中兴通讯A股在深圳证券交易所上市。2003年实现合同销售额251.9亿元。

中兴通讯是中国通信设备制造业的开拓者、中国综合性的电信设备及服务提供商，拥有无线产品、网络产品、终端产品（手机）三大产品系列，在向全球用户提供多种通信网综合解决方案的同时，还可以提供专业化、全天候、全方位的优质服务，并逐步涉足国际电信运营业务。

无线产品领域，中兴通讯已形成CDMA、GSM、PHS等全网解决方案，成为国产无线设备"第一品牌"。在联通CDMA三期招标中，中兴通讯新获市场容量超过300万线，主设备进入联通15个省分公司市场。从联通CDMA开始建网至今，中兴通讯是唯一拥有全套自主开发、自主品牌基站、交换系统的中国厂商。中国信息产业部电信研究院的数据表明，中兴通讯2006年在全球CDMA设备市场排名发货量首位。小灵通设备连续取得广东、天津、湖南、江苏、山西、北京、上海等省、市新建市场，同时在已有市场大规模扩容，总体市场占有率上升到40%。GSM设备2003年实现了历史性突破，国内外市场份额同步稳定提升，跻身全球主流GSM设备供应商行列。在国内3.5 GHz宽带无线接入市场中，中兴通讯市场份额稳居第一。在WCDMA、CDMA 2000领域，中兴通讯均已具备为全球运营商提供成熟商用化系统的能力，TD-SCDMA预计2004年年底推出商用产品。作为综合性网络设备厂商，中兴通讯将深入整合企业内部资源，倾力打造多方共赢、可持续发展的3G产业链。

有线领域，中兴宽带数据产品异军突起，ADSL设备大规模服务于上海、北京、武汉、南京、深圳、西安等大城市，国内运行超过500万线。公司软交换产品已步入国际前沿，并在国内主要运营商市场获得正式商用，牢固确立了国内第一品牌的地位。高端光网络市场继续不断获得突破，连续获得中国电信西北环、新疆联通全区网等一大批国家级和省级骨干DWDM传输网，光传输产品全年合同销售额同比增长30%以上。

手机代表了公司经营领域的拓展。中兴通讯手机研发立足于掌握核心技术，拥有核心软件、硬件电路、核心芯片、整机设计集成等全套自主技术，是目前国内唯一提供GSM、CDMA、PHS三大系列产品的手机生产企业。2003年，GSM、CDMA、PHS三大类合同销售额已占到公司总合同销售额的20%以上。2003年9月，中兴CDMA手机荣膺"中国名牌"称号。

中兴通讯是中国火炬计划重点高新技术企业、技术创新试点企业和863高技术成果转化基地,承担中国第三代移动通信、高性能IPv6路由器平台、国家信息示范网(3Tnet)等多项863重大专项课题,每年投入的科研经费占销售总额的10%以上。中兴通讯实施以人为本的人才战略,建立了一套引进、培训、使用、激励人才的机制。17 000名员工中,博士、博士后500多人,硕士5 500人,本科以上学历占员工总数的80%。

最近三年,在全球范围的电信业调整中,中兴通讯通过实施积极的市场策略,发挥多元化产品优势,加强管理,实现了持续增长,合同销售额保持34.1%的复合增长率,成为全球通信设备领域最受关注、最具差异化竞争力的通信设备企业之一。

国际市场是中兴通讯的战略市场。中兴通讯CDMA、交换、接入、光传输、GSM、视讯等多元化产品已进入全球50多个国家和地区市场。未来中兴通讯将以人才国际化为根本,市场国际化为重点,资本国际化为依托,积极迎接挑战,打造全球范围的中兴通讯品牌,建设世界级的卓越企业。

该企业在中国企业联合会、中国企业家协会联合发布的2006年度中国企业500强排名中名列第一百四十二,2007年度中国企业500强排名中名列第一百六十七。

问题:

请简要描述一下华为技术有限公司在中国的电子产品的发展特点和创新。

本章思考题

简要描述我国电子电器行业进入21世纪遇到的挑战与机遇。

参考文献

[1] 王玉莲.价值型企业管理模式应用的若干问题思考[J].商业时代,2013(14):79-80.

[2] 冯曹冲.浅谈企业管理标准化在企业管理中的作用[J].经营管理者,2013(10).

[3] 陈超,谢完成.电子制造业从业指南.北京:人民邮电出版社,2012.

[4] 关杰.物流配送与仓储实务.重庆:重庆大学出版社,2013.

[5] 赵红梅.生产制造业绩效考核实操全案.北京:北京工业出版社,2013.

[6] 纪宝成.市场营销学教程.北京:中国人民大学出版社,2008.

[7] 朱立.市场营销经典案例.北京:高等教育出版社,2006.

[8] 张百章.家电市场与营销.北京:中国商业出版社,1998.

[9] 李鹰,唐德新.现代企业管理.北京:冶金工业出版社,2007.

[10] 安维,孙健升.现代企业管理.北京:中国金融出版社,2012.

[11] 赵智峰.电子电器产品营销实务.北京:人民邮电出版社,2008.